지역사회복지론

박주영 · 김서연 · 허태봉 · 안헌주 · 홍현정

KNOWLEDGE COMMUNITY 공동체

머리말

지역사회는 인간이 태어나고 자라며 살아가는 삶의 터전이며, 그 안에서 이루어지는 복지의 실천은 공동체의 건강성과 지속 가능성을 결정짓는 핵심 요소입니다. 급속한 사회 변화와 복지 환경의 다변화 속에서 지역사회는 다양한 복합적 문제에 직면하고 있으며, 이에 대한 대응은 단순한 지원을 넘어 구조적이고 지속 가능한 복지 체계의 구축으로 나아가야 할 필요성이 커지고 있습니다.

『지역사회복지론』은 이러한 시대적 흐름 속에서 지역사회와 지역사회복지에 대한 통합적 이해를 제공하고자 기획되었습니다. 이 책은 이론과 실천, 구조와 주체, 제도와 운동이 유기적으로 연결되는 지역사회복지의 전반을 체계적으로 다루며, 학문적 기초는 물론 현장 적용 가능성을 높이고자 하는 데 그 목적이 있습니다.

개인적으로 이 교재를 처음 집필하기로 결심했을 당시, 설렘보다는 무거운 책임감과 조심스러움이 앞섰습니다. 학문적으로나 실천 경험 측면에서 여전히 배움의 과정을 이어가고 있는 제가 한 권의 교재를 집필한다는 것은 결코 가볍게 결정할 수 있는 일이 아니었기 때문입니다. 그러나 지난 수년간 사회복지 실천 현장에서의 경험, 특히 지역자활센터를 지원하고 조정하는 광역자활센터에서의 활동은 이 교재의 내용 구성에 있어 실질적인 토대가 되어 주었습니다. 자활사업을 포함한 지역사회복지 실천의 복잡성과 역동성을 체감하며, 이론과 실제가 어떻게 유기적으로 연결될 수 있는지를 지속적으로 고찰할 수 있었던 시간이 이 책의 방향을 형성하는 데 큰 도움이 되었습니다.

이 교재는 사회복지사 자격증을 준비하는 학습자뿐만 아니라, 지역사회복지 실천의 구조와 과정을 종합적으로 이해하고자 하는 실무자들에게도 실질적인 도움을 주고자 합니다. 단순한 지식 전달을 넘어, 실제 현장의 맥락을 반영한 사례와 분석을 통해 지역사회복지에 대한 총체적 이해를 가능하게 하고자 하였습니다. 이러한 점에서 이 책은 학습서의 기능을 넘어 전문성과 실천성을 아우르는 교육 도구로 활용되기를 기대합니다.

본 교재는 총 4부 13장으로 구성되어 있습니다.

제1부에서는 지역사회의 개념, 기능, 제도, 유형 등 지역사회 이해에 필요한 핵심 개념을 제시하고, 지역사회복지의 의의와 이념, 실천 원칙을 중심으로 이론적 기초를 다루었습니다. 특히 영국, 미국, 한국의 지역사회복지 역사 고찰을 통해 제도적 맥락을 비교하고, 현재와 미래의 방향성을 성찰할 수 있도록 구성하였습니다.

제2부는 지역사회복지를 바라보는 다양한 이론과 실천 모델을 소개합니다. 기능주의, 갈등이론, 사회체계이론, 생태학이론 등 전통적 접근에서부터 거버넌스, 사회자본이론에 이르기까지 현대 지역사회복지를 이론적으로 조망하였으며, 로스만, 웨일과 갬블, 포플 등의 실천 모델을 통해 이론과 실천의 접목 가능성을 탐색하였습니다.

제3부는 지역사회복지의 실천 과정과 기술을 핵심 주제로 하여, 지역사회 문제의 발견, 목표 수립, 개입 실행, 평가의 전 과정을 구체적으로 서술하였습니다. 주민조직화, 네트워크 형성, 옹호 활동, 역량강화, 통합사례관리 등 다양한 실천기술과 자원동원 전략을 체계적으로 정리하여 현장 적용성을 높였습니다.

제4부는 지역사회복지의 실천 체계와 사회운동에 초점을 두고, 공공 및 민간 부문의 제도적 구조와 실행 체계를 다루었습니다. 공공복지 전달체계, 민·관

협력 기반의 지역사회보장계획, 사회복지기관과 단체의 역할 등을 통해 실천 현장의 구조적 이해를 도모하였으며, 지역사회복지운동과 NGO의 참여를 포함하여 거시적 실천의 가능성을 조망하였습니다.

또한, 각 장 말미에는 단원 평가와 '생각해 보기' 문제를 수록하여, 학습자가 단순히 지식을 습득하는 데 그치지 않고, 비판적 사고와 실천적 응용 능력을 함께 함양할 수 있도록 구성하였습니다.

무엇보다 『지역사회복지론』은 단순한 교과서에 머무는 것이 아니라, 지역사회를 변화시키기 위한 실천적 지침이자 사유의 도구로 활용되기를 희망합니다.

덧붙여, 본 교재의 내용 중 부족한 부분이나 향후 보완이 필요한 점에 대해서는 독자 여러분의 아낌없는 지적과 제언을 부탁드리며, 향후 지속적인 개정과 개선을 통해 보다 완성도 높은 교재로 발전시켜 나가고자 합니다.

끝으로, 본 교재의 출판을 위해 정성을 다해 주신 도서출판 공동체 임직원 여러분의 노고에 깊이 감사드리며, 이 책이 지역사회복지에 관심 있는 모든 분께 실천과 교육의 유의미한 자원으로 자리매김할 수 있기를 진심으로 바랍니다.

2025년 9월

저자 씀

차 례

Part 2

지역사회복지의 이론과 실천 모델

Part 3

지역사회복지 실천과 기술

Part 01

지역사회와 지역사회복지의 이해

Chapter 01

지역사회의 이해

개 요

지역사회는 사회복지 실천이 이루어지는 공간적 · 사회적 기반으로, 다양한 복지 욕구가 발생하고 이에 대응하는 핵심 무대이다. 단순한 지리적 단위를 넘어 주민 간 상호작용과 공동체적 삶이 형성되는 사회적 공간으로 이해되며, 전통적 개념에서 현대적 관점까지 그 구조와 기능이 복합적으로 발전해 왔다. 또한, 지역사회의 유형과 특성이 복지 실천에 미치는 영향을 분석하고, 변화하는 사회 환경 속에서 사회복지가 적응해 온 과정을 살펴봄으로써 지역사회복지의 이론적 기반과 실천적 사고 틀을 형성한다.

학습목표

1. 지역사회의 개념과 기능에 대한 이론적 관점을 이해하고 설명할 수 있다.
2. 지역사회의 유형과 특성이 사회복지 실천에 미치는 영향을 분석할 수 있다.
3. 변화하는 사회 환경에 따라 지역사회복지가 어떻게 적응 · 발전하고 있는지를 비판적으로 탐색할 수 있다.

1. 지역사회의 개념

지역사회는 단순한 물리적 공간이 아니라, 일정한 범위 내에서 사람들 간의 상호작용, 정서적 유대, 제도와 가치체계 등이 복합적으로 작용하여 형성되는 사회체계이다. 사회복지의 실천 현장에서 지역사회는 문제의 발생과 해결이 동시에 이루어지는 생활 기반이며, 복지 대상자의 일상과 밀접히 연결된 실천 공간이다. 지역사회는 형성 원리와 결속 양상에 따라 지리적 지역사회, 기능적 지역사회, 지리-기능 통합적 지역사회로 유형화할 수 있으며, 이 구분은 실천 전략 수립과 정책 설계에 중요한 이론적 토대를 제공한다.

1) 지리적 지역사회(Geographical Community)

지리적 지역사회는 일정한 물리적 공간을 공유하는 사람들의 집합체로서, 주로 행정구역이나 생활권을 중심으로 구성된다. 예를 들어, 마을이나 읍·면·동, 도시, 특정 아파트 단지 등은 모두 지리적 지역사회의 대표적인 사례에 해당한다. 이러한 지리적 공동체에서는 공간적 근접성을 기반으로 주민 간 일상적인 접촉이 이뤄지며, 이로 인해 사회적 관계망이 자연스럽게 형성된다. 이에 따라 지리적 지역사회는 지역사회복지 실천에서 가장 전통적이며 보편적인 기반으로 활용되고 있다.

또한 지리적 지역사회는 지역 내 자원의 공간적 분포, 공공 서비스에 대한 접근성, 물리적 환경 조건 등과 밀접한 관련을 가지므로, 복지 실천 현장에서 대상 지역을 선정하거나 지역 맞춤형 프로그램을 설계하는 데 매우 유용하다. 특히 행정구역 단위를 기준으로 정책과 제도가 운영되는 현실을 고려할 때, 지리적 지역사회는 정책 실행의 효과성과 실천의 효율성을 높이는 데 중요한 역할을 수행한다. 나아가 이웃 간 교류의 활성화, 주민참여 기반 회의체의 구성, 그리고 지역사회 조직화 활동 등은 지리적 공동체를 중심으로 전개되는 주요 실천 전략으로 자리잡고 있으며, 이는 지역 내 연대의식과 자조 역량을 강화하는 데 크게 기여한다.

2) 기능적 지역사회(Functional Community)

기능적 지역사회는 공통의 문제의식, 관심사, 생활 양식, 목표를 공유하는 사람들 간의 사회적 관계망을 기반으로 형성되는 공동체이다. 이러한 공동체는 물리적 공간과 관계없이 심리적 연대와 공동의 목적의식이 중심이 되며, 장애인 부모모임, 청년 자조모임, 노동조합, 온라인 커뮤니티 등이 대표적 사례이다.

이 공동체는 정서적 지지, 정보 공유, 자조 활동, 권리 옹호를 실천 목표로 조직되며, 심리사회적 유대감과 정체성 공유를 통해 결속력을 갖는다. 디지털 기술의 발전과 사회의 다원화는 기능적 공동체의 중요성을 더욱 높이고 있으며, 사회복지 실천에서도 자조집단 구성, 온라인 프로그램 개발, 맞춤형 지원체계 구축 등 다양한 방식으로 활용된다. 기능적 지역사회는 물리적 경계를 넘어 사회적 연대와 복지 실천의 새로운 기반을 제공하며, 사회복지의 지평을 확장하는 핵심 요소로 작용한다.

3) 지리적-기능적 통합 지역사회

현대 사회에서는 지리적 공동체와 기능적 공동체가 분리되지 않고, 상호 교차·융합되는 형태로 진화하고 있다. 지리적 인접성을 바탕으로 기능적 관계성이 강화된 이러한 공동체는 '혼합형 지역사회' 또는 '지리-기능 통합적 공동체'로 개념화된다. 예를 들어, 같은 지역에 거주하는 다문화 가정들이 공통의 문화와 언어, 문제의식을 공유하며 결속할 경우, 그들은 지리적·기능적 공동체로 동시에 기능하게 된다.

이러한 통합 공동체는 사회복지 실천에 있어 물리적 공간과 관계성·정체성·주민참여를 결합하는 이중적 접근을 가능케 한다. 특히 커뮤니티 케어, 마을복지계획 수립, 주민조직화 활동은 통합형 공동체의 특징을 반영하며, 주민 삶의 질 향상과 공동체 역량 강화에 효과적인 전략으로 작용한다.

또한, 지리성과 기능성을 모두 활용하는 통합적 접근은 복잡한 사회문제에 대한 다층적 대응을 가능하게 하며, 사회복지사는 특정 지역의 지리적 특성과 주민의 관심사, 사회적 관계망, 집단적 정체성 등을 종합적으로 고려한 실천 전략을 수립해야 한다. 이를 통해 지역사회복지의 실효성과 지속가능성을 제고하고, 주민 중심의 통합 복지 실현에 기여할 수 있다.

2. 지역사회의 기능과 제도

지역사회는 인간의 삶이 영위되는 가장 기초적인 생활 단위로서, 개인의 생존과 발달, 집단의 질서와 통합을 유지하기 위해 다양한 기능을 수행한다. 이러한 기능들은 지역사회복지 실천의 기반이자, 복지 정책 수립의 논리적 출발점이 된다. 특히 워렌(Warren)을 비롯한 지역사회학 이론가들은 지역사회의 기능을 다차원적으로 규정하며, 이를 통해 지역사회가 복잡한 사회적 요구에 어떻게 대응하고 있는지를 분석하고자 하였다. 본 절에서는 지역사회가 수행하는 주요 기능을 다섯 가지 범주로 나누어 살펴보고자 한다.

1) 생산·분배·소비의 기능

지역사회는 자원의 생산, 분배, 소비가 이루어지는 경제적 단위로서 핵심적인 기능을 수행한다. 이러한 기능은 주민들이 생계 유지를 위해 노동 활동에 참여하고, 지역 내에서 재화와 서비스를 소비함으로써 지역 경제의 순환 구조를 형성한다. 이는 고용 기회 제공, 소득 분배의 장으로 작용하며, 자원의 효율적 활용과 경제적 안정성 확보에 기여한다.

궁극적으로 이러한 경제 흐름은 주민의 삶의 질 향상에 긍정적 영향을 미친다. 사회복지 관점에서 지역의 경제 기능은 단순한 활동을 넘어, 취약계층의 자립을 지원하는 실천 기반으로 작용한다. 특히 저소득층, 실업자, 장애인, 고령자 등이 지역 내에서 일자리와 소득 창출의 기회를 갖는 구조 마련은 중요한 과제이다.

이에 따라 지역사회복지 실천에서는 맞춤형 일자리 창출, 사회적 경제 조직

육성, 공공부조와 연계된 생계지원체계 구축, 직업훈련 및 취업 연계 프로그램 운영 등이 활발히 활용되고 있다. 이러한 전략은 주민이 지역사회 구성원으로서 경제 활동에 참여하도록 돕는 과정이며, 지속가능한 발전과 포용적 복지 실현의 토대를 형성한다. 나아가 지역 공동체의 연대 강화와 역량 증진에도 긍정적 영향을 미친다.

2) 사회화 기능

사회화 기능은 지역사회 구성원들이 사회적 규범, 가치, 역할, 행동 양식을 내면화함으로써 사회적 정체성과 기능을 획득하도록 돕는 교육적 역할을 수행한다. 이 과정은 인간이 타인과의 상호작용을 통해 사회적 존재로 성장하는 데 필수적이며, 가정·학교·종교기관·커뮤니티 등 다양한 사회화 기관을 통해 실현된다. 개인은 지역사회 내에서 요구되는 역할과 책임을 이해·수용하며, 공동체 일원으로서 바람직한 태도와 행동을 형성하게 된다.

지역사회는 공식·비공식 교육의 장으로 기능하며, 아동부터 노년층까지 전 생애 주기에 걸친 사회화 과정을 촉진한다. 사회복지 실천에서는 아동·청소년의 권리와 복지를 위한 예방적 교육, 평생학습체계 구축, 문화 다양성 교육, 고령자를 위한 사회참여 및 인성교육 프로그램 등을 통해 사회화 기능이 구체화된다. 이러한 교육은 단순한 정보 전달을 넘어 가치관·태도·행동 변화라는 실천적 효과를 지닌다.

사회화 기능은 지역공동체의 정체성 유지, 구성원 간 연대 강화, 세대 간 지식·문화·가치의 전승을 가능하게 하며, 나아가 사회통합과 시민의식 함양이라는 거시적 목표 실현에 기여한다. 사회복지사는 지역 내 사회화 자원을 발굴하고, 참여 중심 교육 프로그램을 설계함으로써 공동체성 강화와 지속가능한 지역사회 발전에 중추적 역할을 수행해야 한다.

3) 사회통제 기능

지역사회는 구성원 간의 질서와 규범을 유지하고 사회적 안정성을 확보하기 위한 사회통제 기능을 수행한다. 이 기능은 개인의 행동을 사회적 기준 내에서 조절해 공동체의 지속성을 유지하는 데 기여한다. 사회통제는 공식적 기제(법률 · 제도 · 행정조치)와 비공식적 기제(관습 · 도덕 · 지역 규범 등)로 나뉜다. 예를 들어, 주민자치기구, 종교단체, 지역 어르신의 권위, 이웃 간 상호 감시 등은 비공식적 통제로 작동한다. 이러한 사회통제 기능은 갈등을 조정하고 일탈을 예방하며 공동체 일체감을 강화한다. 단순 규제를 넘어 자발적 규범 준수를 유도하는 통합적 역할을 수행한다. 사회복지 실천에서는 커뮤니티 네트워크 구축, 갈등 중재, 신뢰 회복 등으로 사회통제 기능을 강화한다. 범죄 예방, 약물 남용 방지, 아동학대 · 가정폭력 · 학교폭력 대응 등도 핵심 영역에 해당한다. 이는 지역 전반의 안전망을 형성하고, 예방 중심의 복지 실현을 돕는다.

나아가 사회복지사는 지역의 사회통제 자원을 발굴 · 조직화하여 주민의 자율성과 공동체 책임을 조화롭게 증진시켜야 한다. 이러한 실천은 지역 문제 대응력 향상과 더불어 지속가능한 복지공동체 형성에 기여한다.

4) 사회통합 기능

사회통합 기능은 지역사회의 구성원들이 갈등과 분열 없이 공존하며 상호 협력하는 공동체를 형성하도록 돕는 역할을 수행한다. 이 기능은 인종, 계층, 성별, 연령, 종교, 문화적 배경 등 다양한 사회적 차이를 지닌 사람들이 하나의 공동체 안에서 조화를 이루고, 공동의 목표를 향해 협력할 수 있도록 하는 데 핵심적이다. 특히 현대 사회는 다문화화, 고령화, 사회적 양극화 등의 복합적인 변화 속에서 공동체의 해체와 분절 현상이 심화되고 있는 만큼, 사회통합 기능의 중요성은 더욱 강조되고 있다.

사회복지 실천에서는 이 기능을 실현하기 위한 다양한 접근이 이루어진다. 소외계층의 사회 참여 기회를 확대하고, 다문화가정이 지역사회에 안정적으로 정착할 수 있도록 지원하며, 장애인과 고령자의 지역사회 통합을 도모하는 전략 등은 대표적인 예라 할 수 있다. 또한 공동체 활동, 주민 간 네트워크 형성, 세대 간 소통 프로그램 등은 사회통합을 촉진하는 구체적 실천 방법으로 활용된다. 이러한 실천은 단순한 사회적 참여를 넘어서, 차이를 존중하고 다양성을 포용하는 지역공동체 문화를 형성하는 데 기여한다.

아울러 사회통합 기능은 공동체의 응집력을 높이고, 주민 상호 간의 신뢰를 바탕으로 협력과 연대를 활성화하는 기반이 된다. 이는 지역사회가 외부 충격이나 위기 상황에 직면했을 때 공동 대응 능력을 강화시키고, 지속가능한 발전을 위한 사회적 기반을 견고히 하는 데 중요한 역할을 한다. 따라서 사회복지사는 다양한 구성원이 지역사회 안에서 소외되지 않고 주체적으로 참여할 수 있도록 통합적 실천 전략을 설계해야 하며, 이를 통해 건강하고 포용적인 공동체 형성에 기여할 수 있다.

5) 상부상조 기능

상부상조 기능은 지역사회 구성원들이 상호 간의 신뢰와 유대를 바탕으로 어려움을 함께 극복하고 공동의 복리를 증진하는 협력적 기능이다. 이 기능은 인간 사이의 상호 의존성과 공동체적 삶의 필요성을 반영하며, 전통 사회에서는 품앗이, 두레, 계모임, 향약, 마을 공동 작업 등의 자생적이고 비공식적인 구조를 통해 명확히 나타났다. 이러한 전통은 협동과 상호 부조를 기반으로 공동체의 안정성과 지속가능성을 유지하는 데 크게 기여해 왔다.

현대에 들어서면서 상부상조는 자조모임, 공동육아 · 돌봄체계, 커뮤니티케어, 복지공동체, 재난 자원봉사 네트워크 등 더욱 다양하고 제도화된 방식으로 발전하고 있다. 이들은 제도나 서비스가 미치기 어려운 복지 사각지대를 보완하며, 주민 간 자율적 돌봄과 지원체계를 강화하는 데 중요한 역할을 한다.

상부상조 기능은 지역사회복지의 핵심 가치인 '서로 돕는 공동체' 실현과 맞닿아 있으며, 주민의 자발성과 공동체 의식을 실천으로 전환하는 촉진제 역할을 한다. 단순한 지원을 넘어 위기 대응력 강화, 사회적 신뢰 형성, 주민 연대 촉진 등 다차원적 효과를 창출하며, 제도로는 해결이 어려운 사회적 고립이나 돌봄 공백 상황에서 공동체 기반의 대안적 복지 전략으로도 기능한다.

따라서 사회복지사는 주민의 자발적 참여를 유도하고, 상부상조의 전통과 정신을 현대적으로 재해석해 주민주도형 복지 생태계 구축에 힘써야 한다. 이는 지역사회의 회복탄력성과 연대 기반을 강화하고 지속가능한 공동체 형성에 기여하는 중요한 실천이 된다.

3. 지역사회 기능의 비교 척도

지역사회 간 기능 수행의 수준과 구조는 지역의 인구 규모, 사회경제적 조건, 문화적 특성, 제도적 기반에 따라 다르게 나타난다. 이러한 차이는 단순한 지역 간 격차를 넘어 사회복지 정책의 설계와 실천 전략 수립에 있어 핵심적인 기초 자료로 활용된다. 워렌(Warren)은 지역사회 기능의 비교 분석을 위해 기능적 분화 수준, 자율성 수준, 통합 수준이라는 세 가지 주요 척도를 제시하였으며, 이후 여러 학자들이 이를 보완하여 지역적 차치성(spatial jurisdiction), 서비스 영역의 일치성(service congruence), 심리적 동일시(psychological identification), 수평적 유형(horizontal typology) 등 다양한 비교 기준을 제시하였다. 본 절에서는 이 네 가지 관점을 중심으로 지역사회의 기능 수행 수준을 비교하는 틀을 고찰하고자 한다.

1) 지역적 차치성

지역적 차치성(spatial jurisdiction)은 행정구역이나 지리적 경계가 실제 주민들의 생활권과 얼마나 일치하는지를 평가하는 개념이다. 이는 교육, 보건, 복지, 소비, 여가, 교통 등 주민이 일상적으로 이용하는 서비스 영역과 행정 경계의 정합성을 의미하며, 지역사회복지 전달체계의 효율성과 실효성을 판단하는 중요한 기준이 된다.

'읍·면·동'과 같은 행정 단위가 주민의 실질적 생활권과 높은 일치성을 보일 경우, 복지 자원의 배분은 더 정확해지고 맞춤형 서비스 제공이 가능해지며, 결과적으로 행정·재정 자원의 낭비도 줄일 수 있다. 반면 행정구역이 실제 생활 범위와 괴리될 경우, 주민의 욕구 반영이 어려워지고 복지 사각지대, 서비스 중복, 지역 간 격차 등의 문제가 발생할 수 있다.

이에 따라 지역사회복지 정책은 단순한 행정 구획을 넘어 주민 생활권 중심의 기능적 권역화 전략을 반영해야 하며, 인접 지역 간 협력을 통해 자원을 통합·조정하는 광역 복지 연계 모델이 효과적인 대안이 될 수 있다(김범수 외, 2020). 이는 지역 주민의 실제 삶을 기반으로 한 복지 행정체계를 구축함으로써 보다 참여적이고 통합적인 지역사회복지 실현에 기여한다.

2) 서비스 영역의 일치성

서비스 영역의 일치성(service congruence)은 복지 서비스가 실제 수요자에게 적절한 범위와 수준으로 전달되는지를 평가하는 핵심 지표이다. 이는 지역 내 복지 수요와 공급 간의 정합성을 진단하고, 복지기관 및 서비스 제공 주체 간의 역할 분담과 협력체계, 전달 경로의 통합성을 분석하는 기준으로 활용된다.

서비스 영역의 일치성이 높은 지역에서는 공공기관, 민간단체, 지역 조직 등이 유기적으로 연계되어 복지 서비스를 제공하며, 정보 공유와 협력이 체계적으로 이루어진다. 그 결과 대상자의 복합적 욕구에 대한 통합적·다층적 개입이 가능해지고, 서비스 효과성도 극대화된다. 예를 들어, 방문간호, 식사지원, 주거개선, 여가활동 등이 통합적으로 운영될 경우 고령자의 삶의 질을 종합적으로 향상시킬 수 있다.

반면, 서비스 영역의 일치성이 낮은 지역에서는 수요에 비해 공급이 부적절하거나 서비스 간 단절과 중복이 발생되어 실제 필요한 대상자가 적절한 시점에

도움을 받지 못하는 상황이 발생한다. 이는 복지 사각지대 확산, 형평성 저하, 행정의 비효율성, 수급자의 불만 등을 초래할 수 있다.

이러한 문제를 해결하기 위해 최근에는 '지역사회 통합돌봄(Community Care)'과 같은 거버넌스 기반의 통합 서비스 체계가 강조되고 있다. 이는 기능적 서비스 통합과 협력 네트워크 구축을 통해 대상자 중심의 맞춤형 복지 전달을 실현하고자 하는 전략으로, 접근성과 행정 효율성, 만족도 향상에 효과적이다.

따라서 서비스 영역의 일치성은 지역사회복지의 실천 품질을 가늠하는 실질적인 척도로 기능하며, 복지자원의 합리적 배분과 통합적 운영체계를 위한 기초 분석 도구로서도 활용될 수 있다. 이를 기반으로 지역사회복지 실천가는 복지 공급체계의 점검과 조정을 통해 보다 체계적이고 지속가능한 복지 환경을 조성해야 한다.

3) 심리적 동일시

심리적 동일시(psychological identification)는 지역사회 구성원이 자신이 속한 공동체에 대해 정서적 소속감과 정체성을 얼마나 강하게 느끼는지를 나타내는 개념이다. 이는 단순히 물리적 거주 여부를 넘어서, 주민이 그 지역을 '나의 공동체'로 인식하고, 자발적으로 참여하며, 공동체의 문제에 대한 책임과 관심을 공유하는 정도를 포괄한다. 즉, 지역사회와의 감정적 연결과 공동체 의식의 심화 수준을 반영하는 지표라고 할 수 있다.

심리적 동일시가 높은 지역사회는 구성원 간 유대가 강하고, 지역 공동체 활동 참여율이 높으며, 사회적 신뢰(social trust)가 촘촘하게 형성되어 있다. 이는 자연스럽게 사회적 자본(social capital)의 축적으로 이어지며, 공동체 내부의 연대, 협력, 자조, 상호 지원체계를 강화하는 기반이 된다. 이 같은 환경은 지역사회복지의 실천에서 매우 유리하게 작용하며, 주민 주도의 복지기획, 공동체 돌봄, 생활 문제 해결 등 주민참여 기반의 실천을 촉진한다.

예를 들어, 마을계획 수립, 커뮤니티 케어 활동, 자원봉사 참여 등은 모두 주민의 심리적 동일시가 전제될 때 효과적으로 추진될 수 있다. 주민이 공동체의 일원으로서 자부심과 소명의식을 갖고 지역에 기여하려는 동기가 형성되어야만 지역사회복지 실천이 지속가능하고 자생적인 구조로 발전할 수 있다.

반대로, 심리적 동일시가 낮은 지역은 개인주의적 경향이 강하고, 주민 간 상호 불신이 깊으며, 지역사회 문제에 대한 무관심이 지배적일 수 있다. 이러한 지역에서는 공동체 기반 복지 실천이 활성화되기 어렵고, 주민의 복지 수요조차 표면화되지 않기 때문에 실질적인 개입 효과도 제한적이다. 특히 인구 이동이 잦거나, 주거의 안정성이 낮은 지역에서 이러한 현상이 두드러지며, 이는 지역사회복지의 구조적 한계를 초래할 수 있다.

따라서 심리적 동일시는 단순한 감정의 척도가 아닌, 지역사회복지의 실천 가능성과 지속성을 진단하는 핵심 지표이며, 실천가에게는 주민의 지역 정체성과 공동체 의식을 증진시키기 위한 프로그램 개발 및 참여 구조 설계가 중요한 과제가 된다.

4) 수평적 유형

수평적 유형(horizontal typology)은 지역사회의 기능 수행 수준을 단일한 우열 기준이 아닌, 복수의 기능 지표들을 다차원적으로 조합해 유형화하는 분석 접근이다. 이는 지역사회가 지닌 다양성과 복합성을 인정하고, 상대적 강점과 약점을 종합적으로 진단하려는 시도로 볼 수 있다. 수평적 유형화는 예를 들어, 자율성과 통합 수준은 높지만 서비스 일치성이 낮은 지역, 또는 기능적 분화는 부족하지만 주민의 심리적 동일시가 강한 지역 등, 다양한 기능 요소 간 상호작용을 통해 실질적인 복지 환경을 파악할 수 있다. 이를 통해 지역사회복지 개입 전략을 획일적 방식이 아닌, 지역 특성에 맞춘 맞춤형 접근으로 설계할 수 있다.

또한 수평적 유형은 실천 개입이나 정책 변화에 따라 지역의 복지 역량이 점진적으로 향상될 수 있음을 반영한다. 이는 지역사회복지가 고정된 구조가 아니라 동태적이며 진화 가능한 체계임을 시사한다.

아울러 수평적 유형은 비교 평가의 객관성을 높이기 위해 다양한 지표 간 상관성을 통계적 · 질적 방법으로 분석함으로써 실천 현장의 평가보고서, 정책 브리핑, 복지계획 수립 등에 실증적 자료로 활용할 수 있다. 궁극적으로 이 접근은 지역 간 획일적 비교를 지양하고, 고유한 맥락에 기반한 복지 실천의 다양성과 적합성을 존중하는 방향으로 지역사회복지를 이끌어갈 수 있다.

위와 같은 내용으로 지역적 차치성(spatial jurisdiction), 서비스 영역의 일치성(service congruence), 심리적 동일시(psychological identification), 수평적 유형(horizontal typology)에 대한 다양한 비교 기준을 제시한 비교 척도 요약표는 〈표 1-1〉과 같다.

<표 1-1> **지역사회의 기능 수행 수준 비교 틀**

구분	척도명	개념 정의	주요 평가 기준
1	지역적 자치성	행정구역과 주민의 실제 생활권 간의 일치 정도	• 생활권과 행정경계의 정합성 • 복지자원 배분의 적절성
2	서비스 영역의 일치성	복지 서비스 수요와 공급 간의 정합성 및 통합 정도	• 서비스 간 연계 · 협업 여부 • 기관 간 협력체계 수준
3	심리적 동일시	지역사회에 대한 정서적 소속감 및 공동체 의식의 강도	• 주민참여율 • 공동체 활동 · 신뢰도
4	수평적 유형	지역사회의 기능을 다차원적으로 조합하여 유형화	• 자율성, 통합성, 서비스 일치성 등 복수 지표 조합 • 상호작용 분석

4. 지역사회 유형

지역사회는 구성 방식, 결속 양상, 기능 수행 구조 등에 따라 다양한 유형으로 분류된다. 특히 현대 사회에서는 지리적 공간에 국한되지 않고, 기능적 목적이나 사회적 특수성에 따라 복합적으로 형성되는 양상이 강해지고 있다. 이러한 유형 구분은 지역사회복지의 실천 단위를 설정하고, 개입 전략을 설계하는 데 중요한 기준이 된다. 지역사회 유형은 일반적으로 다음과 같은 기준에 따라 분류된다.

1) 이주의 역사와 지역 정체성에 따른 유형

지역사회의 형성 과정에서 이주의 역사와 이에 따른 유대감 및 문화적 동질성은 공동체의 결속력과 안정성에 결정적인 영향을 미친다. 장기간 동일한 집단이 정주한 지역은 강한 정체성과 전통을 바탕으로 상호 간 깊은 신뢰를 유지하는 반면, 외부 인구 유입에 의해 형성된 지역은 상호작용의 깊이와 공동체 연대가 상대적으로 약한 경향이 있다. 이러한 맥락에서 지역사회는 일반적으로 다음 세 가지 유형으로 구분된다.

(1) 정착형 지역사회

정착형 지역사회는 수 세대에 걸쳐 동일한 주민 집단이 거주하며 형성된 지역으로, 혈연 · 지연 · 학연 등의 전통적 관계망이 견고하게 구축되어 있다. 이러한 지역은 구성원 간의 상호 신뢰와 정서적 유대가 깊고, 자생적 상호부조 문화와 공동체 중심의 가치체계가 강하게 유지된다. 농촌 마을, 향촌 공동체, 전통시장 기반 상인 공동체 등이 대표적 예로, 지역사회복지 실천에서는 이 같은 내적 연대감을 기반으로 한 주민 주도형 복지 모델이 가능하다. 그러나 동시에 폐쇄성과 외부 수용에 대한 저항이라는 한계를 동반할 수 있어, 외부 변화에 대한 조정 능력이 중요한 과제로 남는다.

(2) 이주형 지역사회

이주형 지역사회는 도시화, 산업단지 개발, 주거단지 조성 등의 외부 요인에 의해 다수의 인구가 유입되어 형성된 공동체로, 구성원 간 상호 유대감이 낮고, 지역에 대한 소속감이나 정체성이 약한 편이다. 신도시, 아파트 단지, 산업공단 인근 지역 등이 이에 속한다. 이주형 지역사회는 물리적 인프라는 잘 갖춰져 있을 수 있으나, 주민 간 관계망이 취약하고, 공동체 참여가 미약하여 복지 실천의 기반이 부족한 경우가 많다. 이에 따라 커뮤니티 활성화, 주민 간 연결망 강화, 참여 기반 조성 등의 전략적 개입이 요구된다.

(3) 혼합형 지역사회

혼합형 지역사회는 기존 정주민과 외부 이주민이 혼재하여 구성된 형태로, 두 집단 간 상호 이해와 문화적 통합이 지역사회 결속에 중요한 변수로 작용한다. 도시 외곽의 재개발 지역, 귀농 · 귀촌 지역, 다문화 가정이 증가한 농촌 등이 이에 해당된다. 이러한 지역은 이질적인 생활 양식, 가치관, 기대 수준이 충돌하거나 병존하는 양상을 보이며, 복지 실천의 측면에서는 통합적 접근과 문화 간 조정 역량이 매우 중요해진다. 정주민의 배타성과 이주민의 소외감을 동시에 완화하는 중재적 역할이 요구되며, 커뮤니티 리더십 개발, 소통의 장 마련, 공동 프로젝트 참여 유도 등의 실천 전략이 유효하게 작동할 수 있다.

2) 경제적 기반에 따른 유형

지역사회의 경제적 기반은 주민의 생활 양식, 직업 구조, 소득 수준, 복지 수요를 직접적으로 형성하는 핵심 요소이며, 지역 내 사회자본의 축적과 분배 방식에도 지대한 영향을 미친다. 산업 구조의 차이는 복지 실천의 방향성에 있어 매우 다른 환경적 조건을 제공하며, 이에 따라 지역사회는 대체로 다음과 같이 유형화될 수 있다.

(1) 농업 기반 지역사회

농업 기반 지역사회는 주로 1차 산업에 의존하는 농촌 지역으로, 고령화 비율이 높고 청년층 유출이 두드러진 구조적 특성을 보인다. 노동시장의 규모가 작고 소득 수준이 낮은 편이며, 지역 내 복지 자원과 인프라도 도시 지역에 비해 상대적으로 열악한 경우가 많다. 그러나 한편으로는 강한 공동체적 결속력, 전통적인 상호부조 문화, 비공식 돌봄체계 등이 복지적 자원으로 기능하기도 한다. 이러한 특성은 공공복지의 보완적 기능으로 활용될 수 있으나, 초고령사회로의 진입과 사회 변화에 대응하기 위해서는 외부 자원과의 연계, 찾아가는 복지, 건강 돌봄 모델 구축 등이 필요하다.

(2) 산업 기반 지역사회

산업 기반 지역사회는 제조업, 광공업 등 2차 산업이 주된 경제활동으로 자리 잡은 지역이다. 근로자 계층이 인구의 주류를 이루며, 이들의 고용 안정성, 직장 내 복지, 가족생활의 안정성 등이 중요한 복지적 이슈로 등장한다. 산업단지, 공단지역, 항만도시 등이 대표적이며, 이주노동자와 외국인 근로자 유입으로 인해 노동복지와 다문화 복지의 결합이 중요한 과제로 부상하고 있다. 이 지역은 산재 예방, 근로자 건강 관리, 아동 돌봄, 직장 내 가족지원 프로그램 등 기업 중심 복지와 지역사회복지의 협력 모델 구축이 요구된다.

(3) 상업 · 서비스 기반 지역사회

상업 · 서비스 기반 지역사회는 유통, 금융, 관광, 정보통신 등 3차 산업이 중심이 되는 도시형 지역으로, 인구 이동이 활발하고 유동 인구와 비정규 고용 비중이 높은 특징을 보인다. 이 지역은 다문화 가구, 1인 가구, 청년층 등의 다양한 복지 수요가 혼재되어 있으며, 복지 서비스의 다양성과 접근성, 그리고 유연성이 핵심 실천 과제가 된다. 상업 중심지, 관광특구, 대도시 상권 밀집 지역 등이 이에 해당하며, 주민등록 여부와 상관없이 실질적 생활권 기반으로 이동 인구에 대한 포괄적 복지 접근이 필요하다. 공공과 민간, 온라인 기반 서비스 제공 체계 간 연계와 통합이 복지 실천의 성패를 좌우하게 된다.

3) 행정구역 및 지리적 범위에 따른 유형

지역사회복지 실천에서 가장 기본적인 공간적 기준은 지리적 공간성과 행정적 경계이다. 복지 서비스가 전달되고, 정책이 실행되며, 주민이 일상생활을 영위하는 공간은 일정한 물리적 경계 내에서 이루어진다. 따라서 지역사회는 그 형성과 운영의 기준에 따라 다음과 같은 유형으로 구분할 수 있다.

(1) 지리적 공동체

지리적 공동체는 일정한 물리적 공간을 공유하는 주민들이 상호작용하면서 형성된 공동체를 의미한다. 이들은 거주지 기반의 생활 환경을 공유하며, 일상적 접촉과 관계망을 통해 사회적 연대를 형성한다. 읍 · 면 · 동, 자연마을, 동네, 아파트 단지 등이 대표적인 예에 해당한다. 이러한 유형의 지역사회는 지역사회복지의 전통적인 실천 단위로 기능해 왔으며, 지역 밀착형 복지 서비스 제공, 자조조직 운영, 주민자치 활동 등의 실천이 활발하게 이루어진다. 특히 지리적 근접성은 주민 간 심리적 소속감과 참여의지를 높이는 중요한 요인으로 작용한다.

(2) 행정구역형 지역사회

행정구역형 지역사회는 법적 · 제도적으로 설정된 행정 단위를 기준으로 조직된 공동체이다. 이는 국가 및 지방정부의 행정체계에 기반하여 형성된 것으로, 중앙과 지방의 복지정책이 전달되고 집행되는 실질적 단위이다. 시 · 군 · 구, 동 · 읍 · 면, 행정동 등의 단위가 여기에 해당한다. 이 유형은 복지 재정의 배분, 인력 배치, 기관 운영 등 행정관리의 효율성과 직결되며, 법령에 따라 공공복지 기관이 설치되고 제도적 서비스가 운영되기 때문에 실천 현장에서는 행정 단위와의 연계가 매우 중요하다. 다만, 행정 경계가 실제 주민의 생활 반경과 불일치할 경우 복지의 사각지대가 발생할 수 있다는 점에서 생활권 중심 접근이 보완적으로 요구된다.

(3) 생활권형 지역사회

생활권형 지역사회는 주민이 실제로 생활을 영위하는 기능적 공간을 기준으로 형성된 공동체로, 의료 이용권, 교육권, 상업권, 직장 및 교통권역 등이 결합된 생활 반경에 따라 구성된다. 이는 물리적 거리보다 생활 동선과 실질적 활동 범위를 중심으로 형성된 지역사회로서, 최근 복지정책에서는 행정구역 중심의 경직된 구조를 보완하기 위한 실천 단위로 주목받고 있다. 예를 들어, 아동이

재학 중인 학교가 다른 행정구역에 속하더라도, 그 주변에서 돌봄 서비스나 상담 서비스가 필요하다면 이는 생활권 기반의 접근을 통해 해결되어야 한다. 지역사회 통합돌봄(community care), 복지 전달체계 개편 등의 주요 정책에서는 이러한 생활권 기반 접근을 중심에 두고 있다.

4) 인구 구성과 사회적 특수성에 따른 유형

지역사회의 인구학적 구조와 사회문화적 특수성은 복지 실천의 대상, 내용, 방식을 결정짓는 핵심 요소이다. 인구의 연령대, 가족 구조, 문화적 배경, 노동시장 참여 형태 등은 지역사회가 직면한 사회적 욕구의 양상과 복지 개입의 우선순위를 형성한다. 이에 따라 다음과 같은 유형의 지역사회가 구분될 수 있다.

(1) 고령화 지역사회

고령 인구의 비율이 전체 인구의 20% 이상을 차지하는 초고령사회 또는 고령화 단계의 지역사회로, 주로 농촌, 산간, 도서 지역에 집중되어 있다. 이 지역은 인구 감소와 청년층 유출로 인해 돌봄 인력 부족, 보건의료 접근성 저하, 사회적 고립 문제가 심각하며, 고령자의 건강관리, 일상생활 지원, 정서적 교류, 자산관리, 장기요양서비스 등 복지 요구가 다층적으로 나타난다. 사회복지 실천에서는 '찾아가는 복지', '노인 맞춤돌봄 서비스', '마을 단위 공동체 돌봄'과 같은 포괄적 노인복지 전략이 요구된다. 또한 고령화가 가져오는 지역 경제의 침체와 지역사회 기능의 약화를 극복하기 위한 정책적 노력이 병행되어야 한다.

(2) 다문화 지역사회

결혼이민자, 외국인 노동자, 난민, 유학생 등 다양한 문화적 배경을 지닌 인구가 밀집한 지역사회로, 대개 산업단지 인근의 도시형 지역, 일부 농촌 지역, 국제결혼 비율이 높은 읍·면 지역 등에 해당한다. 이 지역은 언어 장벽, 제도 접근성 부족, 문화적 편견 등의 복합 문제가 존재하며, 문화 간 소통, 통역·번역 서비스, 자녀교육 지원, 문화이해 교육, 차별 예방 캠페인 등의 복지 실천이 필수적이다. 다문화 복지는 단순한 서비스 제공을 넘어 사회통합과 인권 보장, 그리고 문화 다양성의 인정이라는 관점을 바탕으로 접근해야 하며, 지역 내 거버넌스를 활용한 공공-민간 협력체계 구축이 요구된다.

(3) 청년 밀집형 지역사회

대학가, 창업 지원 단지, 문화예술 중심지, 도시형 주거지 등 청년층이 다수를 구성하거나 유입이 많은 지역사회로, 전통적인 지역사회복지와는 다른 형태의 욕구와 문제가 나타난다. 특히 불안정한 고용, 주거 불안, 사회적 고립, 정신건강 문제가 주요 쟁점으로 부각된다. 또한 디지털 네이티브 세대의 특성상 온라인 기반의 정보 접근, 비대면 참여, 자기표현 욕구 등이 실천 방식에 반영되어야 한다. 이에 따라 청년지원센터, 심리상담, 청년 기본소득, 공유주거, 커뮤니티랩 등 다양한 정책과 실천 모델이 적용되고 있으며, 자기주도적 참여와 실험적 접근이 중요한 실천 가치로 대두되고 있다.

(4) 가상 공동체

정보통신기술의 발달로 인해 물리적 공간의 제약 없이 온라인을 통해 형성되는 공동체로, 팬데믹 이후에는 비대면 돌봄, 온라인 상담, 가상 자조모임, 디지털 복지 플랫폼 등 새로운 실천 방식이 활성화되고 있다. 가상 공동체는 장애인, 만성 질환자, 정신건강 문제를 지닌 사람, 이동이 어려운 고령자, 청소년 등에게 접근성과 자율성을 보장하는 실천 공간이 될 수 있다. 특히 소셜미디어, 커뮤니티 앱, 온라인 포럼 등을 기반으로 한 정보 공유, 정서 지원, 집단 활동은 사회복지 실천의 새로운 장을 열고 있으며, 향후 디지털 역량 강화를 위한 디지털 포용 정책이 병행되어야 한다.

단 원 평 가

1. 다음 중 지역사회의 정의에 가장 부합하는 설명은 무엇인가?
   ① 동일 직업을 가진 사람들의 집단
   ② 일정한 범위 내 물리적 공간만을 의미하는 단위
   ③ 상호작용과 정서적 유대를 기반으로 구성된 사회체계
   ④ 정부에 의해 법적으로 지정된 도시계획 단위
   ⑤ 특정 종교를 중심으로 활동하는 신앙 공동체

해설 ③ 지역사회는 단순히 공간적 단위나 법적 구역에 그치지 않으며, 구성원 간의 상호작용, 정서적 유대, 공유된 가치와 제도 등이 복합적으로 작용하는 사회적 체계로 이해된다. 이는 공동체성과 기능을 함께 내포한 포괄적 개념이다.

2. 상부상조 기능의 현대적 실천 사례로 가장 적절한 것은?
   ① 경찰의 순찰 활동
   ② 장애인 부모들의 자조모임
   ③ 지방자치단체의 예산 편성
   ④ 세금에 의한 공공 서비스 제공
   ⑤ 교육청 주관의 표준 교육과정 운영

해설 ② 상부상조 기능은 주민들 간의 자발적 연대와 상호 도움을 바탕으로 한 공동체적 실천을 의미한다. 장애인 부모들의 자조모임은 공통된 경험과 어려움을 공유하는 이들이 서로 돕고 지지하는 대표적인 현대적 상부상조 실천 사례이다.

3. 로렌스의 지역사회 기능 비교 척도에서 '자원의 조직화'는 어떤 의미를 갖는가?
   ① 국가 예산을 요청하는 과정
   ② 지역의 자원을 효과적으로 조합하고 활용하는 능력
   ③ 외부 전문가의 지원을 받는 구조
   ④ 사회복지기관의 시설 수를 비교하는 것
   ⑤ 지방정부의 권한 이양 여부

해설 ② 자원의 조직화는 지역사회 내의 인적·물적 자원을 효과적으로 연결하고 활용하여 문제 해결을 도모하는 능력을 의미한다.

4. 다음 중 '정착형 지역사회'의 대표적인 특성으로 가장 적절한 것은?

① 주민 간 관계망이 약하며 공동체 의식이 희박하다.
② 외부 인구 유입으로 인한 다문화 구성
③ 주민 간 전통적 유대와 상호 신뢰가 강하게 형성되어 있다.
④ 이주노동자가 주로 거주하는 지역이며 다언어 지원이 필요하다.
⑤ 고령화로 인해 청년층 비율이 높다.

해설 ③ 정착형 지역사회는 세대 간 정주와 전통적 관계망을 기반으로 형성되며, 주민 간의 신뢰와 공동체적 결속력이 높다.

5. 다음 중 '가상 공동체'에 대한 설명으로 가장 부적절한 것은?

① 정보통신기술을 기반으로 물리적 경계 없이 구성된다.
② 사회적 고립을 경험하는 이들에게 새로운 참여 공간을 제공한다.
③ 지역 내 전통시장과 정서적 유대감을 기반으로 형성된다.
④ 온라인 자조모임, 비대면 상담 등 새로운 복지 실천 방식이 활용된다.
⑤ 디지털 포용정책과 함께 실천 모델로서 주목받고 있다.

해설 ③ 전통시장과 정서적 유대를 기반으로 하는 지역사회는 정착형 공동체에 해당하며, 가상 공동체는 온라인 네트워크 중심의 비물리적 공동체이다.

생각해 보기

- 사회 환경 변화에 따라 지역사회복지가 적응해야 할 방향은 무엇이라고 생각하나요?

Chapter 02

지역사회복지의 이해

개 요

지역사회복지는 단순한 지리적 공간에서의 활동을 넘어서, 주민 간 상호작용과 관계망, 자원과 제도가 유기적으로 작동하는 사회적 공간에서 전개되는 실천이다. 협의와 광의의 개념 비교를 통해 지역사회복지의 범위를 이해하고, 사회구조의 변화와 지방분권화 흐름 속에서 지역사회복지가 주목받게 된 배경을 살펴본다. 또한 관련 이론과 핵심 이념, 현대 복지 실천의 통합적 흐름을 고찰함으로써, 지역사회복지가 공동체 재구성과 지속가능한 복지 환경 조성을 위한 전략임을 조명한다.

학습목표

1. 지역사회복지의 개념과 이론적 기반을 이해하고, 협의와 광의의 개념을 구분하여 설명할 수 있다.
2. 지역사회복지가 주목받게 된 사회적 배경과 현대 복지실천의 흐름을 연계하여 분석할 수 있다.
3. 지역사회복지의 핵심 이념과 실천 전략을 통해 공동체 중심의 복지 실천 방향을 제시할 수 있다.

1. 지역사회복지의 의의

1) 지역사회복지의 개념

지역사회복지는 그 개념의 범위와 적용 방식에 따라 협의의 개념과 광의의 개념으로 구분될 수 있다. 이러한 구분은 단순한 의미상의 차이를 넘어서, 사회복지 실천이 어떤 차원에 중점을 두는가에 따라 달라지며, 지역사회복지의 정책적 방향 설정과 실천 전략 수립에 있어 중요한 기준으로 작용한다. 협의의 개념은 주로 복지 서비스의 조직과 전달체계 구축에 초점을 맞추는 반면, 광의의 개념은 주민참여, 공동체 역량 강화, 사회 구조 개선 등 지역사회의 변화를 유도하는 거시적 실천까지 포괄한다.

(1) 협의의 지역사회복지 개념

협의의 지역사회복지는 지역 수준에서 사회복지 서비스를 제공하고 전달체계를 조직하는 데 중점을 두는 개념이다. 이는 지방정부, 공공기관, 민간 복지기관 등이 지역주민의 복지 욕구를 충족시키기 위해 수행하는 복지 서비스의 기획, 전달, 조정 등 일련의 행정 과정에 기반하여 이해된다.

이 관점은 지역사회복지를 기술적이고 행정적인 기능으로 간주하며, 복지 자원을 효율적으로 조직하고 관리함으로써 주민에게 접근성 높은 서비스를 제공하는 데 초점을 둔다. 특히 복지정책의 실현을 위한 지역 단위의 실행력 확보, 전달체계의 체계화, 복지 수요의 현장 중심 대응 등이 중요한 요소로 강조된다. 협의의 지역사회복지는 공공복지체계의 한 축으로 작용하면서, 서비스의 누락과 중복을 최소화하고, 행정적 효율성을 제고하는 실천적 기능을 수행한다.

(2) 광의의 지역사회복지 개념

광의의 지역사회복지는 지역사회를 하나의 사회적 체계로 보고, 주민의 참여와 공동체 역량 강화를 통해 구조적 불평등을 개선하고 사회통합을 실현하려는 포괄적 접근이다. 복지를 단순한 행정 기능이나 서비스 전달로 보지 않고, 주민의 삶의 질 향상과 사회정의 실현을 위한 적극적인 사회변화의 실천으로 이해한다. 주민이 문제를 주체적으로 인식하고 해결 과정에 참여함으로써 갈등 조정, 주민 조직화, 자원 개발, 사회적 자본 축적 등 다양한 전략이 전개된다. 워크숍, 공동 의사결정, 자발적 네트워크 형성과 같은 주민참여 기반 활동은 실천의 민주성과 주도성을 높인다. 이러한 관점은 지역사회를 변화의 주체로 바라보며, 자율성과 연대성을 기반으로 지속가능한 공동체 형성을 지향한다.

2) 지역사회복지의 속성

지역사회복지는 단순한 행정구역이나 물리적 공간을 넘어, 주민 간의 상호작용, 사회적 관계망, 문화와 제도 등이 복합적으로 작용하는 사회적 공간에서 전개되는 실천이다. 지역사회는 단순한 장소가 아닌 사회적 맥락이 구성되는 장(場)으로, 사회복지 실천 역시 이 다층적 구조 속에서 이뤄져야 한다. 지역사회복지는 주민의 삶의 문제를 해결하고 자원을 조직하며, 공동체 내 연대와 협력을 강화하는 실천 전략으로서 사회통합을 촉진한다. 특히 주민의 주체성과 공동체성은 지역사회복지의 핵심으로, 주민이 문제 해결과 자원 개발, 의사결정에 참여하는 과정은 복지의 지속성과 효과성을 높이는 요인이 된다.

3) 지역사회복지의 등장 배경

현대 사회는 급격한 사회구조의 변화와 복지 패러다임의 전환 속에서, 지역사회복지의 필요성과 위상이 한층 강조되고 있다. 산업화, 도시화, 고령화, 가족해체 등의 구조적 변화는 지역 단위에서 복지 문제를 구체적으로 드러내고 있으며, 이러한 변화는 지역 중심의 실천 전략을 요청하게 된다. 특히 기존의 중앙집중적 복지체계가 지닌 구조적 한계는 지역주민의 참여와 지역 맞춤형 접근을 중시하는 새로운 실천 방식의 등장을 촉진하였다.

(1) 사회구조 변화에 따른 복지 욕구의 지역화

현대 사회는 산업화, 고령화, 가족구조의 변화 등 복합적인 사회구조 변화로 새로운 복지 욕구가 나타나고 있다. 특히 돌봄 공백, 고립, 경제적 취약성 등의 문제는 지역사회에서 더욱 뚜렷하게 드러나며, 이에 대한 대응 역시 지역 단위의 실천적 접근이 요구된다. 예를 들어 고령 인구 증가는 장기요양 수요를, 1인 가구 증가는 정서적 고립 문제를 심화시키고 있다. 복지 수요가 다층화되면서 중앙정부 중심의 획일적 정책으로는 한계가 분명해졌고, 이에 따라 지역의 특성과 주민의 욕구를 반영한 맞춤형 지역사회복지 실천이 중요해지고 있다.

(2) 중앙집중적 복지체계의 한계

기존의 복지전달체계는 중앙정부 주도의 상향식 구조로, 정책의 일관성과 행정 효율성에는 장점이 있었으나, 지역 간의 격차와 다양한 복지 욕구를 반영하는 데 한계가 있다. 특히 고령화, 가족 변화, 고용 불안, 소득 양극화 등 복잡한 사회 변화는 획일적 정책으로 포괄하기 어렵다. 이로 인해 지역의 특수성과 주민 삶의 맥락이 간과되며, 수요자 중심의 복지 실현이 저해된다. 이러한 한계는 지역의 자율성과 책무성을 기반으로 한 분권적 복지체계의 필요성을 부각시키며, 지역사회 중심의 실천이 대안으로 주목받고 있다.

(3) 지역 중심 하향식 · 수평적 접근의 대두

중앙집중적 복지 전달체계의 한계를 극복하기 위해 지역사회복지는 하향식 및 수평적 접근을 전략적으로 도입하였다. 이는 정책의 중심을 중앙정부에서 지역사회와 주민으로 이동시키고, 복지 실천의 주체를 지역주민으로 재정립하는 구조적 전환이다. 주민이 문제를 인식하고 해결에 참여하는 과정은 지역의 자생력과 공동체성을 강화하는 핵심 요소로 작용한다. 이러한 주민 주도형 실천은 단순한 서비스 제공을 넘어, 복지의 설계 · 실행 · 평가에 주민이 참여하는 참여 민주주의의 구체적 실현이며, 지역 내 다양한 주체의 협력을 통해 공동체적 가치를 실현하는 기반이 된다. 이 접근은 복지정책의 수용성과 현장 적합성을 높이고, 지역 맞춤형 복지를 가능하게 하며, 지속가능한 지역복지 모델로 자리 잡고 있다.

(4) 복지국가의 지방분권화와 민관 협력의 강화

지역사회복지의 제도화와 확산은 복지국가의 구조 변화, 특히 지방분권화 흐름과 밀접하게 관련된다. 중앙집중적 복지체계는 지역 간 격차와 다양한 욕구를 반영하는 데 한계가 있었고, 이에 따라 정책 결정권과 재정 권한이 지방정부로 이양되며 지역 맞춤형 복지정책 수립이 가능해졌다. 이는 주민 중심성과 지역 맥락에 민감한 실천을 강화하는 계기가 되었으며, 동시에 복잡한 복지 수요에 대응하기 위해 민간 부문과의 협력이 필수 전략으로 부상했다. 시민사회, 복지기관, 기업 등 다양한 민간 주체와의 파트너십은 자원의 다원화와 공급 방식의 다양화를 촉진하고, 복지 전달체계의 효율성과 접근성을 높인다.

(5) 참여형 복지체계 구축과 지역사회복지의 전략적 위상

오늘날 지역사회복지는 단순한 복지전달체계의 보완을 넘어, 주민참여와 공동체 역량 강화를 중심으로 한 전략적 실천 방식으로 진화하고 있다. 이는 중앙정부 중심의 일방적 정책에서 벗어나, 지역 내부의 주체적 변화 동력에 기반한 하향식(bottom-up) 체계를 지향한다. 주민은 수혜자가 아닌 문제 해결의 주체로 참여하며, 자조조직, 비공식 돌봄, 공동체 복원 활동 등은 참여형 복지의 핵심 요소로 작용한다. 이러한 실천은 공동체성, 연대, 책임 의식을 회복하게 하며, 사회통합과 지속가능한 지역 발전이라는 거시적 목표 실현에 기여한다. 지역사회복지는 단순한 서비스 전달을 넘어, 지역 변화를 이끄는 전략적 거버넌스 체계로서의 위상을 강화하고 있다.

4) 지역사회 관련 관점

지역사회복지는 단순히 문제 해결을 위한 도구적 개입을 넘어, 지역 구성원의 잠재력과 자원을 발굴하고 공동체의 회복탄력성을 강화하는 실천으로 발전해 왔다. 이러한 실천적 전환은 지역사회를 바라보는 관점의 다양성과 밀접하게 관련되며, 이론적 기반에 따라 지역사회의 성격과 복지 실천의 방향을 달리 해석하게 된다. 대표적인 이론적 틀로는 지역사회상실이론, 지역사회보존이론, 지역사회개방이론이 있으며, 각 이론은 지역사회의 본질, 변화 양상, 그리고 지역사회복지 실천의 전략에 대해 상이한 시사점을 제공한다.

(1) 지역사회상실이론

지역사회상실이론은 산업화와 도시화로 인해 전통적인 지역공동체가 해체되고, 주민 간 유대와 상호작용이 약화되었다는 전제에서 출발한다. 도시의 익명성, 개인주의 확산, 인구 이동 증가 등은 공동체 기능과 사회적 통합 능력을 저하시켜 사회적 자본의 축소로 이어지며, 이는 복지 실천의 기반을 약화시킨다. 이에 따라 지역사회복지는 해체된 공동체 기능을 회복하고 새로운 사회적 관계망을 재구성하는 데 중점을 둔다. 특히 고립 위험이 큰 노인, 이주민, 저소득층 등을 대상으로 한 관계 재구축 프로그램과 주민 간 연결망 강화 사업은 공동체성 회복과 사회적 연대 강화를 위한 핵심 실천으로 간주된다.

(2) 지역사회보존이론

지역사회보존이론은 현대 사회의 변화 속에서도 지역사회가 여전히 고유의 사회적 관계망과 공동체 정체성을 유지하고 있다고 본다. 도시화와 산업화에도 불구하고 개인은 가족, 이웃, 종교 · 취미 모임 등 다양한 네트워크를 통해 공동체 소속감을 지속하며, 새로운 형태의 유대가 형성되고 있다. 이 이론은 지역사회복지가 해체된 관계를 복원하는 데 그치지 않고, 이미 존재하는 자생적 사회관계망과 내부 자원을 발굴 · 강화하는 실천을 강조한다. 부녀회, 자조모임, 온라인 커뮤니티 등 비공식 조직은 실천 기반이 되며, 주민의 자발적 참여와 공동체 자원의 활용을 통해 지속가능성과 회복탄력성을 높일 수 있다. 이는 지역사회를 '결핍의 대상'이 아닌 '자원의 기반'으로 보고, 강점 기반 접근과 조직화 실천과 깊이 연결된다.

(3) 지역사회개방이론

지역사회개방이론은 후기 산업사회에서 지역사회의 물리적 경계가 약화되고, 사회적 관계망이 시간과 공간을 초월해 형성된다는 점에 주목한다. 지역사회는 더 이상 고정된 장소가 아닌, 다중의 정체성과 참여가 가능한 유동적 사회적 공간으로 재개념화된다. 이에 따라 지역사회복지는 행정 구역에 국한되지 않고, 온라인 플랫폼, 디지털 커뮤니티 등 새로운 공간에서도 실천이 이뤄져야 한다. 특히 이주민, 고령자, 청년층 등에게 복지 접근성을 확장할 수 있는 기회를 제공하며, 디지털 포용, 정보 접근권, 다문화 네트워크 형성 등의 과제를 제안한다. 이 이론은 지역사회복지가 기술과 사회문화적 다양성을 수용하며 실천 영역을 유연하게 확장해야 함을 강조하며, 변화하는 환경 속에서도 연대와 참여라는 복지의 핵심 가치를 실현하는 기반이 된다.

2. 지역사회복지의 이념

지역사회복지의 이념은 복지대상자의 인간다운 삶을 보장하고, 지역사회 안에서 자율성과 존엄을 유지하며 살아갈 수 있도록 하는 데 그 핵심적 목적이 있다. 이러한 이념은 다양한 사회적 가치와 철학을 바탕으로 발전해 왔으며, 지역사회복지 실천의 방향성을 제공하는 토대로 기능한다. 아래에서는 지역사회복지를 구성하는 주요 이념들을 정상화에서부터 네트워크에 이르기까지 여덟 가지로 구분하여 설명하고자 한다.

1) 정상화

정상화(normalization)는 장애인, 노인, 아동 등 사회적 약자가 지역사회에서 비장애인과 유사한 조건 속에서 일상적인 삶을 살 수 있도록 지원해야 한다는 복지 이념이다. 이는 단순한 보호를 넘어서, 인간으로서의 존엄성과 권리를 실현하며 자율적 삶을 영위하도록 돕는 것을 목표로 한다. 북유럽의 장애인 복지에서 시작된 이 개념은 지역사회복지에서도 중요한 실천 원리로 작용하며, 사회적 약자가 교육, 고용, 여가, 주거 등 다양한 영역에 참여할 수 있도록 지원하는 방향으로 실천된다. 정상화는 복지대상자를 권리와 역량을 지닌 시민으로 재정의하며, 권리 기반 접근과 포용적 실천과 연결된다. 지역사회복지는 이 원칙에 따라 차별과 낙인을 해소하고, 모두가 평등하게 살아갈 수 있는 조건을 조성해야 한다.

2) 사회통합

사회통합은 인종, 성별, 장애, 계층 등 다양한 배경을 지닌 구성원들이 상호 이해와 협력을 바탕으로 지역사회에서 평등하게 공존하는 상태를 의미한다. 이는 단순한 공간 공유를 넘어 심리적 수용, 문화적 존중, 제도적 접근권 보장을 포함한다. 지역사회복지에서 사회통합은 차별과 배제를 해소하고, 모든 주민의 복지 접근성과 연대를 기반으로 공동체를 재구성하는 핵심 원칙이다. 나아가 통합은 선별적 지원이 아닌 보편적 복지를 통해 지속가능한 지역 발전과 삶의 질 향상을 실현하는 실천 전략으로 기능한다.

3) 시설보호

시설보호는 장애인, 노인, 아동 등 복지대상자에게 일정 수준 이상의 보호와 서비스를 제공하기 위해 전문적이고 조직화된 기관에서 이루어지는 보호체계이다. 의료, 돌봄, 교육 등 통합적 서비스를 제공하고, 가정 보호가 어려운 경우 중요한 대안이 되어 왔다. 그러나 획일적인 생활과 집단 환경은 자율성과 개별 욕구 반영에 한계를 보이며, 사회적 고립과 지역사회 단절을 초래할 수 있다. 이에 따라 복지 실천은 점차 시설 중심에서 지역사회 중심으로 전환되고 있다.

4) 시설의 사회화

시설의 사회화는 폐쇄적 보호 중심의 시설 운영에서 벗어나 복지시설이 지역사회와 연계되어 개방적이고 참여적인 공간으로 전환되는 과정을 의미한다. 이는 시설 거주자가 지역사회 내에서 사회적 관계를 유지하고 다양한 활동에 참여할 수 있도록 지원하는 실천 전략이다. 지역주민과의 교류, 외부 자원 활용, 공동 프로그램 운영 등을 통해 사회적 통합이 촉진되며, 복지시설은 지역 자원 네트워크 안에서 능동적 역할을 수행하게 된다.

5) 지역사회 보호

지역사회 보호는 복지대상자가 시설에 입소하지 않고 지역사회에서 자립적이고 독립적인 삶을 유지할 수 있도록 지원하는 실천 방식이다. 이는 대상자가 익숙한 환경에서 삶의 연속성과 사회적 관계망을 유지하도록 돕고, 복지 서비스의 중심을 시설이 아닌 지역으로 전환하는 접근이다. 의료, 돌봄, 주거 등 다양한 서비스를 통합적으로 연계해 맞춤형 지원을 제공하며, 정서적 안정과 자기결정권의 존중에도 기여한다. 특히 고령자, 장애인, 정신질환자 등에게는 삶의 질 향상과 사회통합을 실현하는 핵심 전략이 된다. 지역사회 보호는 이용자 중심의 복지체계로 발전하고 있으며, 사회적 배제를 예방하고 지역사회의 포용력을 강화한다. 또한 민관 협력, 주민참여, 지역자원 연계를 바탕으로 한 통합적 서비스 제공을 통해 지속가능하고 인간 중심적인 복지 실천 모델로 자리매김하고 있다.

6) 탈시설화

탈시설화는 대규모 시설 중심의 보호에서 벗어나, 복지대상자가 지역사회에서 자립적 삶을 영위할 수 있도록 지원하는 복지 이념이자 실천 전략이다. 이는 시설의 폐쇄성과 비인간화 문제를 극복하고, 대상자의 사회통합과 자율성 실현을 목표로 한다. 단순한 시설 퇴소를 넘어, 지역자원 연계, 전달체계 개편, 전문

인력의 재배치 등 다차원적 변화가 요구된다. 탈시설화는 비용 절감이 아닌 인간 존엄성과 복지의 질 향상을 중심에 두며, 주거 · 돌봄 · 건강 · 고용 등 일상 전반에 걸친 통합적 지원체계를 전제로 한다. 이는 지역사회 보호와 긴밀히 연결되며, 복지대상자를 권리의 주체로 인식하는 전환적 접근을 필요로 한다. 복지정책과 사회 인식 전반의 변화 속에서 탈시설화는 지역사회복지의 핵심 과제로 부각되고 있다.

7) 주민참여

주민참여는 복지 정책과 프로그램의 기획부터 평가까지 전 과정에 주민이 능동적으로 참여함으로써, 복지 실천의 민주성, 실효성, 수요자 중심성을 확보하는 핵심 원리이다. 주민을 단순한 수혜자가 아닌 복지의 공동 생산자로 인식하여, 책임감과 공동체 의식을 높이고 실천의 정당성과 지속가능성을 강화한다. 주민참여는 마을복지계획 수립, 자조조직 활동, 복지 의사결정 참여 등 다양한 형태로 나타나며, 현장 중심의 실효성 있는 복지 실현을 가능하게 한다. 나아가 주민 역량 강화와 수평적 거버넌스를 통해 자발적 문제 해결 능력을 높이며, 시민성과 사회적 자본을 축적하는 과정으로 작용한다. 특히 소외계층의 참여 보장은 복지 형평성 제고에도 기여한다. 주민참여는 지역사회복지의 실천적 기반이자, 주체성 회복과 민주적 정당성을 실현하는 핵심 전략이다.

8) 네트워크

네트워크는 지역사회 내 공공기관, 민간단체, 주민조직, 전문가, 자원봉사자, 복지대상자 등이 상호 연계되어 협력적 복지체계를 구축하는 것을 의미한다. 이는 단일 기관 중심의 한계를 극복하고, 지역 자원을 통합적으로 조직해 지속가능하고 효과적인 서비스를 제공하는 전략이다. 네트워크는 자원의 중복을 방지하고, 복합적 욕구를 지닌 대상자에게 맞춤형 지원을 제공하는 기반이 된다. 특히 고령자, 장애인, 다문화 가정 등 다양한 집단에 대한 통합적 접근을 위해 다기관 간 협력이 필수적이다. 이를 통해 서비스 질 향상, 자원 활성화, 주민참여 확대, 사회적 신뢰 형성 등 지역 복지 생태계의 건강한 확장이 가능해진다. 나아가 복지 거버넌스 체계 구축의 기반이 되며, 정책의 민주성과 실효성을 높인다. 네트워크는 지역 문제를 공동으로 해결하는 핵심 실천 기제로 기능한다.

3. 지역사회복지의 특성

지역사회복지는 지역을 기반으로 한 실천이라는 점에서 전통적인 개별 사례관리 중심의 사회복지와 구별되는 고유한 특성을 지닌다. 이는 단순한 복지 서비스의 전달이 아니라, 주민참여와 공동체성 회복, 지역 자원의 조직화를 통해 문제 해결을 도모하는 통합적이고 역동적인 실천 형태로서 다음과 같은 특징을 지닌다.

1) 주민 중심성과 참여성

지역사회복지는 복지의 대상자를 단순한 수혜자가 아닌, 지역사회의 구성원이자 문제 해결의 주체로 인식하는 실천 패러다임에 기반한다. 이러한 관점은 주민을 복지 서비스의 수동적 소비자가 아니라, 복지 기획과 실행, 평가 등 전 과정에 적극적으로 참여하는 능동적 존재로 설정하며, 주민의 참여가 곧 지역사회복지의 성패를 좌우하는 핵심 요소임을 강조한다.

주민참여는 지역사회 문제에 대한 집단적 인식을 형성하고, 다양한 이해관계자 간 협력을 촉진하며, 공동체적 해결 역량을 강화하는 동력으로 작용한다. 이는 주민이 자신의 삶과 관련된 의사결정 과정에 직접 개입함으로써, 복지정책과 서비스가 보다 현실적이고 지속가능한 방향으로 실행되도록 하는 데 기여한다. 나아가 주민의 역량을 기반으로 한 실천은 지역사회복지를 단순한 서비스 전달체계를 넘어, 민주적 참여를 통한 공동체적 성장의 장으로 확장시키며, 복지의 수직적 구조를 수평적 관계로 전환하는 데 중요한 의미를 지닌다.

2) 지역성과 맥락성

지역사회복지는 특정 지역사회의 지리적 · 사회적 · 문화적 맥락을 중시하는 실천이다. 각 지역은 고유한 역사와 자원, 문화, 인구 구조를 가지고 있기 때문에, 이에 따라 주민의 복지 욕구와 문제 양상 또한 매우 다양하게 나타난다. 이러한 차이는 단순한 환경적 차원에 그치지 않고, 복지 서비스의 수요 형태와 실천 접근 방식에 실질적인 영향을 미친다.

따라서 지역사회복지는 일률적이고 획일적인 개입이 아니라, 해당 지역의 특성과 맥락에 부합하는 맞춤형 실천 전략을 요구한다. 이러한 접근은 주민의 삶에 밀착된 복지 서비스를 가능하게 하며, 실천의 효과성과 지속가능성을 동시에 높이는 핵심 요인으로 작용한다. 특히 지역 고유의 사회문화를 존중하고, 지역주민의 생활세계에 기반한 참여적 실천이 병행될 때, 지역사회복지는 보다 정체성과 응집력을 갖춘 공동체 복지를 실현할 수 있다.

3) 통합성 및 다학문성

지역사회복지는 보건, 교육, 주거, 고용 등 다양한 삶의 영역에서 발생하는 문제를 동시에 다루는 통합적 접근이 요구되는 실천 분야이다. 이는 개별적인 복지 욕구가 서로 긴밀히 연결되어 있는 현실 속에서, 단일 분야의 개입만으로는 효과적인 해결이 어려움을 의미한다.

이에 따라 지역사회복지는 다양한 전문 영역 간의 협업을 전제로 하며, 사회복지사뿐 아니라 보건의료인, 교육자, 주거 및 고용 전문가 등 다학문적 실천 주체들과의 연계와 협력이 필수적이다. 이러한 협업 구조는 복합적 욕구를 지닌 주민에 대한 다각적이고 통합적인 대응을 가능하게 하며, 실천의 질과 효율성을 높이는 데 기여한다. 특히 민관 협력체계의 구축, 다기관 간의 서비스 연계, 주민 조직과의 협업 등은 지역사회복지의 통합성과 실행력을 강화하는 핵심 기반으로 작용한다. 나아가 이러한 다학문적 연계는 단순한 정보 교류를 넘어, 공동의 목표를 위한 전략적 파트너십으로 발전할 필요가 있다.

4) 예방성과 지속가능성

지역사회복지는 사후적 개입에만 의존하기보다는 문제의 조기 발견과 예방, 그리고 구조적 문제에 대한 근본적인 대응을 강조하는 실천 영역이다. 예방 중심의 접근은 단기적인 처치에 그치지 않고, 문제의 재발을 방지하며 지역사회 전체의 복지 수준을 향상시키는 데 중점을 둔다. 이러한 접근은 장기적으로 사회적 비용을 절감하는 동시에, 위기 발생 이전에 위험 요소를 차단함으로써 지역사회의 자생력과 회복력을 강화하는 효과를 가져온다.

또한 주민 스스로의 역량을 개발하고 이를 지역사회 속에서 실천으로 연결하는 과정은 복지의 지속가능성을 담보하는 핵심 요소이다. 특히 지역 내 다양한 자원을 발굴하고, 이를 유기적으로 연계 · 활성화하는 시스템을 구축함으로써 외부 자원에 대한 의존도를 낮추고, 지역 중심의 복지 실천을 가능하게 한다. 결과적으로 예방성과 지속가능성은 지역사회복지를 보다 책임 있는 공동체 실천으로 이끌며, 주민 주도의 건강한 사회 환경을 조성하는 데 기여한다.

5) 공동체성과 연대성

지역사회복지는 주민 간 상호 신뢰와 협력, 그리고 공동체 의식을 복원하고 강화하는 데 핵심적인 역할을 한다. 이는 현대 사회에서 개인주의의 확산과 사회적 고립이 심화됨에 따라 점차 약화되고 있는 공동체성과 사회적 연대를 회복하는 데 기여하는 실천적 전략으로 기능한다. 특히 지역사회 내에서 세대 간, 계층 간, 문화 간 갈등을 완화하고, 상호 이해와 협력을 증진시킴으로써 사회통합을 위한 중요한 기반을 형성한다.

이와 같이 지역사회복지는 주민 중심성과 참여성, 지역 고유의 맥락을 반영한 맞춤형 실천, 다양한 자원과의 통합적 연계, 문제의 조기 대응을 중시하는 예방 중심의 접근, 그리고 공동체성의 회복이라는 다섯 가지 핵심 특성을 중심으로 전개된다. 이러한 특성들은 지역사회복지가 단순한 복지 서비스의 전달을 넘어서, 주민이 주체가 되어 지역사회의 변화를 촉진하고 지속가능한 복지 환경을 조성하는 실천 전략으로 자리매김할 수 있도록 하는 기반이 된다.

4. 지역사회복지 실천의 원칙

지역사회복지 실천은 지역주민의 일상과 밀접하게 연계된 사회복지 실천 영역으로서, 실천의 타당성과 효과를 확보하기 위해 일정한 원칙과 가치 지향에 근거하여 수행되어야 한다. 이러한 원칙들은 단순한 실천기술의 지침을 넘어서, 사회복지사가 지역사회에서 활동할 때 따라야 할 윤리적 기준과 실천 철학을 구성한다. 더불어, 지역사회 구성원과의 신뢰를 형성하고, 주민의 주체적 참여를 유도하며, 다양한 기관 및 조직과의 협력체계를 구축하는 데에도 중요한 역할을 한다.

지역사회복지 실천의 원칙은 다양한 이론가들에 의해 제시되어 왔으며, 실천의 방향과 과정을 체계화하려는 시도는 꾸준히 이루어져 왔다. 예컨대 일부 학자들은 지역사회복지 실천이 지녀야 할 기본적 가치와 목표를 구조화하고, 이를 통해 현장에서의 실천적 판단과 개입 전략에 이론적 기반을 제공하고자 하였다. 이러한 원칙들은 지역사회의 다양성과 복합성을 고려하면서도, 주민 중심의 실천을 가능하게 하는 핵심 기준으로 기능한다.

1) 지역사회복지 실천에 관한 맥닐(McNeil)의 원칙

지역사회복지 실천은 주민의 삶과 밀접하게 연결된 문제를 다루는 실천 영역으로, 그 성공적인 수행을 위해서는 체계적인 원칙과 방향성이 필요하다. 맥닐은 지역사회복지 실천의 효과성과 정당성을 확보하기 위해 일곱 가지 핵심 원칙을 제시하였으며, 이들은 지역사회 내 주체적 변화와 지속가능한 복지 실천을 위한 이론적 · 실천적 토대를 제공한다.

맥닐은 지역사회조직이 효과적으로 수행되기 위해 다음의 일곱 가지 실천 원칙을 제시하였다. 이 원칙들은 지역사회복지 실천의 지향점과 실천가의 태도를 규정하는 기준으로 기능하며, 주민 중심의 실천이 이루어지도록 하는 핵심 토대를 제공한다.

(1) 지역주민과 그들의 욕구에 대한 우선적 관심

지역사회복지 실천은 무엇보다 지역주민의 삶의 질 향상과 그들의 복지 욕구 충족에 우선적 관심을 두어야 한다. 이는 단순히 외부 자원을 투입하는 일방적 지원이 아니라, 주민 스스로가 자신의 삶에 대한 결정권을 행사하고, 능동적으로 문제 해결 과정에 참여할 수 있도록 촉진하는 실천적 태도를 포함한다. 이러한 접근은 지역 내 다양한 복지 자원과 주민의 역량을 통합하여, 인간다운 삶을 보장하는 지속가능한 복지체계를 구축하는 데 기여한다.

(2) 지역사회 전체를 일차적 클라이언트로 간주

지역사회복지의 실천 대상은 개인이나 특정 집단에 한정되지 않고, 지역사회 전체를 포괄해야 한다. 이는 물리적 공간으로서의 지역뿐만 아니라, 그 안에서 생활하고 관계를 맺는 모든 주민과 공동체가 실천의 중심이 되어야 함을 의미한다. 지역사회 단위의 문제 해결은 개별적 개입을 넘어 구조적 접근을 가능하게 하며, 궁극적으로는 주민 전체의 복지 향상이라는 목표로 수렴된다.

(3) 지역사회의 특성과 환경을 있는 그대로 수용

실천의 출발점은 지역사회의 고유한 역사, 문화, 관계망, 자원 구조 등을 있는 그대로 이해하고 수용하는 데 있다. 표면적 진단이나 외부 기준에 근거한 개입은 지역의 현실을 왜곡하거나 주민의 저항을 유발할 수 있다. 따라서 지역사회복지는 해당 지역의 맥락을 반영한 실천 전략을 수립함으로써 보다 현실적이고 효과적인 개입을 가능하게 해야 한다.

(4) 다양한 계층과 집단의 참여 유도

지역사회복지 실천은 특정 계층이나 이해 집단의 배제를 허용하지 않으며, 가능한 한 모든 구성원이 참여하고 목소리를 낼 수 있도록 해야 한다. 특히 소외된 계층이나 복지 사각지대에 놓인 집단의 참여를 보장하는 것은 복지 실천의 형평성과 정당성을 강화하는 핵심 요소다. 집단 간의 상호 이해와 협력은 지역사회 통합과 사회적 자본의 축적을 촉진하는 기반이 된다.

(5) 욕구와 관계 구조의 변화에 대한 유연한 대응

인간의 욕구와 집단 간 관계는 고정된 것이 아니라 지속적으로 변화한다는 점에서, 지역사회복지 실천은 언제나 유연성과 적응력을 갖춰야 한다. 정형화된 개입 틀은 급변하는 사회 환경에서 실효성을 상실할 수 있으며, 주민의 현실을 반영하지 못할 위험이 있다. 이에 따라 복지 실천은 상황 변화에 민감하게 반응하고, 끊임없이 전략을 수정 · 보완할 수 있는 유연한 구조를 지녀야 한다.

(6) 사회복지기관 간의 상호 의존성과 협력

지역사회 내 복지기관과 단체들은 독립적으로 존재하는 것이 아니라 상호 의존적 관계 속에 놓여 있으며, 이러한 관계는 실천의 효과성을 결정짓는 중요한 요인이다. 협력은 선택이 아닌 필수로 간주되어야 하며, 공동의 목표와 자원 공유를 통해 보다 효율적이고 통합적인 대응이 가능해진다. 실천 주체 간 신뢰와 연계망 구축은 지역사회의 복지 역량을 집단적으로 강화하는 토대가 된다.

(7) 지역사회 조직화는 사회복지 실천의 목적에 부합해야 함

지역사회 조직화는 사회복지 실천의 기술이자 수단으로서, 그 목적은 주민 복지의 증진과 공동체의 자율적 역량 강화에 있다. 따라서 조직화 과정은 절차적 효율성보다 실천의 가치와 윤리에 근거해 구성되어야 하며, 주민 주체성을 중심으로 전개되어야 한다. 이러한 접근은 지역사회복지를 단순한 행정 기능이 아닌, 변화와 성장의 실천 전략으로 전환시키는 데 기여한다.

위 내용을 토대로 맥닐(McNeil)의 지역사회조직이 효과적으로 수행되기 위한 실천 원칙은 다음과 같다.

<표 2-1> 맥닐(McNeil)의 지역사회복지 실천 원칙

번호	원칙명	핵심 내용	실천적 시사점
1	지역주민과 그들의 욕구에 대한 우선적 관심	주민의 삶의 질 향상과 복지 욕구 충족에 실천의 중심을 둠	주민참여를 촉진하고, 자발적 문제 해결 역량을 강화해야 함
2	지역사회 전체를 일차적 클라이언트로 간주	특정 개인이나 집단이 아닌 지역 전체를 실천의 대상	구조적 접근과 지역 전체의 복지 향상을 목표로 삼아야 함
3	지역사회의 특성과 환경을 있는 그대로 수용	지역의 역사 · 문화 · 자원 · 관계망을 존중하고 반영	지역 고유의 맥락을 고려한 개입 전략을 수립해야 함
4	다양한 계층과 집단의 참여 유도	소외 집단 포함 모든 구성원의 참여 보장	형평성과 통합성 증진, 사회적 자본 축적 유도
5	욕구와 관계 구조의 변화에 대한 유연한 대응	변화하는 사회 환경에 적응 가능한 실천 필요	유연성과 민감성을 갖춘 전략 수정 · 보완체계 필요
6	사회복지기관 간의 상호 의존성과 협력	기관 간 연계와 협력은 복지 실천의 필수 조건	공동의 목표 설정과 자원 공유, 연계망 구축 강화 필요
7	지역사회 조직화는 사회복지 실천 목적에 부합해야 함	조직화는 주민 주체성 강화와 복지 증진을 위한 수단	가치 중심, 윤리 기반의 실천 구성 필요

2) 지역사회복지 실천에 관한 존스 · 디마치(Jones & Dimasi)의 원칙

존스와 디마치는 지역사회복지를 주민의 자조와 협력을 기반으로 한 실천으로 보고, 복지 실천 전반에 적용될 13가지 원칙을 제시하였다. 이들은 주민참여, 다양성 존중, 공정한 자원 분배, 지역 특성의 반영, 공동 책임과 사회정의 실현 등을 핵심 가치로 강조하였다.

이러한 원칙들은 지역사회 내 자원과 관계망을 조화롭게 활용하며, 주민의 주체성과 공동체성을 강화하는 실천 방향을 제시한다. 나아가 지역사회복지를 단순한 서비스 전달을 넘어 포용적 공동체 구축을 위한 전략적 접근으로 확장시키는 이론적 토대를 제공한다.

(1) 지역사회 조직은 수단이며 목적이 아니다.

지역사회 조직은 단순히 조직 자체의 유지나 기능 수행을 위한 목적이 아니라, 인간의 삶의 질 향상과 복지 실현이라는 궁극적 목적을 위한 수단이다. 따라서 지역사회복지 실천은 조직의 규모나 체계보다도 주민의 복지 향상과 사회적 성장에 기여하는가를 중심으로 평가되어야 한다. 조직의 수단성에 대한 명확한 인식은 실천의 방향성과 가치를 설정하는 데 필수적이다.

(2) 지역사회는 개인이나 집단처럼 고유한 특성을 가진다.

각 지역사회는 고유한 역사, 문화, 자원, 주민 특성을 지니며, 이러한 맥락적 다양성은 복지 실천의 개별화를 요구한다. 획일적인 개입보다는 지역의 특수성과 주민의 삶의 양식을 반영한 맞춤형 전략이 필요하다. 따라서 지역사회복지사는 지역사회에 대한 충분한 이해를 바탕으로 실천을 설계하고 실행해야 한다.

(3) 지역사회 역시 자기결정권을 가진다.

개인이나 집단이 자기결정권을 갖는 것처럼, 지역사회 역시 자체적인 의사결정과 실천 방향을 설정할 권리가 있다. 외부의 일방적인 개입은 지역사회의 자율성과 주체성을 저해할 수 있으므로, 주민 주도의 참여가 보장되어야 한다. 이는 지역사회복지의 민주성과 정당성을 확보하는 핵심 원리이다.

(4) 사회적 욕구는 지역사회복지 실천의 토대이다.

지역사회복지 실천은 주민이 지닌 다양한 사회적 욕구의 충족을 목적으로 하며, 이러한 욕구의 파악과 반영이 실천의 출발점이 된다. 표면적인 문제보다 구조적이고 잠재된 욕구까지도 통합적으로 이해할 필요가 있다. 따라서 욕구 중심의 접근은 실천의 효과성과 타당성을 높이는 핵심 요인이다.

(5) 복지기관은 지역사회의 욕구에 기반하여 설계되어야 한다.

사회복지기관은 지역주민의 실제적인 욕구를 반영하여 설립되고 운영되어야 하며, 기관의 존재 목적이 지역사회와 긴밀히 연결되어야 한다. 이는 기관 중심의 공급자적 관점을 탈피하고, 수요자 중심의 실천을 가능하게 한다. 지역 기반

복지 실천은 복지기관의 책무성과 공공성을 강화하는 방향으로 이루어져야 한다.

(6) 조정은 공동의 이익과 목표를 위한 과정이다.

지역사회 내 다양한 이해당사자 간의 조정은 단순한 갈등 해소를 넘어, 공동의 이익과 목표에 대한 지적 · 합리적 인식을 바탕으로 진행되어야 한다. 효과적인 조정은 실천 주체 간의 신뢰를 형성하고 협력을 촉진하는 기반이 된다. 이는 지역사회복지 실천의 통합성과 효율성을 제고하는 중요한 원칙이다.

(7) 사업 수행 구조는 단순하고 명료해야 한다.

지역사회복지사업은 불필요한 행정 절차나 복잡한 구조보다는 단순화된 조직 체계 속에서 민첩하고 유연하게 운영되어야 한다. 구조의 단순성은 주민의 접근성과 참여도를 높이는 데 긍정적인 영향을 미친다. 명료한 사업 구조는 실천의 효율성과 투명성을 동시에 확보할 수 있는 조건이 된다.

(8) 자원의 분배는 공정성과 형평성을 갖추어야 한다.

복지 자원의 배분은 차별 없이 공평하게 이루어져야 하며, 이는 사회 정의의 실현과 밀접하게 연결된다. 자원의 불균형은 사회적 갈등과 불신을 초래할 수 있으므로, 형평성 있는 분배는 복지 실천의 신뢰성과 정당성을 높인다. 특히 취약계층을 우선 고려한 배분 전략은 지역사회 통합에 기여한다.

(9) 문제 해결에는 다양한 접근 방식이 인정되어야 한다.

지역사회가 직면한 문제는 복합적이고 다층적이기 때문에, 단일한 해법보다는 다양한 관점과 방법의 적용이 필요하다. 실천 현장에서는 창의적이고 유연한 접근을 통해 문제의 본질을 다각도로 이해하고 해결해야 한다. 이는 지역사회복지 실천의 다양성과 포용성을 반영하는 원칙이다.

(10) 복지기관협의체는 다양한 집단의 이익을 반영해야 한다.

지역사회복지 협의체는 특정 기관이나 계층의 이해만이 아닌, 다양한 주민 집단의 요구와 관점을 포괄하는 대표성을 갖추어야 한다. 이는 협의체의 공공성과 민주성을 보장하는 전제 조건이다. 광범위한 참여는 정책 수립과 자원 배분의 정당성을 높이고 실천의 수용성을 강화한다.

(11) 집중과 분산의 균형이 실천의 효과성을 높인다.

지역사회복지의 효과적인 운영을 위해서는 중앙집중식 구조와 지역분산형 실천 간의 적절한 균형이 필요하다. 과도한 집중은 지역의 자율성을 위축시키고, 지나친 분산은 통합성과 효율성을 저해할 수 있다. 따라서 두 요소 간의 균형 잡힌 조율은 실천의 지속성과 안정성을 높인다.

(12) 집단 간 의사소통 장애는 제거되어야 한다.

지역사회 내 다양한 집단 간 의사소통을 가로막는 구조적 · 심리적 장벽은 협력과 연대 형성을 저해한다. 복지 실천은 이러한 장애를 적극적으로 해소하고, 소통과 참여가 가능한 환경을 조성하는 방향으로 전개되어야 한다. 이는 지역사회 내 신뢰 기반의 협력체계를 구축하는 데 필수적이다.

(13) 지역사회는 전문적 지원을 필요로 한다.

지역사회복지 실천은 주민 주도성을 중심에 두면서도, 전문적 지식과 기술의 지원을 통해 보다 효과적인 개입이 가능하다. 사회복지사는 변화의 촉진자이자 지원자로서, 지역의 역량을 개발하고 문제 해결을 조력하는 역할을 수행해야 한다. 이는 실천의 질과 지속성을 확보하는 기반이 된다.

위 내용을 토대로 존스(Jones)와 디마치(Dimasi)가 제시한 지역사회복지 실천 원칙은 다음과 같다.

<표 2-2> 존스(Jones)와 디마시(Dimasi)의 지역사회복지 실천 원칙

번호	원칙명	핵심 내용	실천적 시사점
1	조직은 수단, 목적 아님	조직은 수단, 목적 아님	실천의 평가 기준은 조직의 규모가 아니라 주민의 삶의 질 향상 여부에 두어야 함
2	지역의 고유성 인정	지역사회는 고유한 역사, 문화, 자원 구조를 지님	획일적 개입 대신 지역 맞춤형 전략을 수립해야 함
3	지역사회의 자기결정권	지역사회도 자율적 의사결정 권리를 갖고 있음	외부 주도보다는 주민 주도 실천 구조를 설계해야 함
4	사회적 욕구 중심	주민의 다양한 사회적 욕구 충족이 실천의 출발점	명시적·잠재적 욕구 모두를 통합적으로 파악해야 함
5	욕구 기반의 기관 설계	기관은 주민 욕구에 맞춰 설계되어야 함	공급자 중심이 아닌 수요자 중심 운영이 중요함
6	공동 이익 위한 조정	조정은 갈등 해소가 아닌 공동 목표 달성을 위한 과정	이해관계자 간 신뢰와 협력을 기반으로 해야 함
7	단순한 구조 강조	실천 구조는 단순하고 명료해야 함	접근성과 참여도를 높이기 위한 행정 절차 간소화가 필요
8	공정한 자원 분배	자원은 공정하고 형평성 있게 배분되어야 함	사회적 약자를 고려한 우선 배분 전략이 요구됨
9	다양한 접근 방식 인정	문제 해결에는 다각적, 창의적 방법이 필요함	복합 문제 해결을 위한 유연한 실천 전략이 필요함
10	협의체의 대표성	복지협의체는 다양한 집단의 이익을 반영해야 함	다양한 계층과 집단의 참여 보장이 필요함
11	집중과 분산의 균형	중앙과 지역의 기능 간 균형이 필요함	분산된 자율성과 중앙의 통합력 간 조화를 도모해야 함
12	의사소통 장애 해소	집단 간 소통 장벽은 실천을 저해함	투명하고 개방적인 의사소통 구조를 구축해야 함
13	전문적 지원 필요	주민 주도 실천에는 전문가의 조력도 필요함	실천가는 촉진자·지원자로서 주민 역량 개발을 지원해야 함

3) 통합적 시사점

맥닐(McNeil)과 존스 · 디마치(Jones & Dimasi)가 각각 제시한 지역사회복지 실천의 원칙은 출발 지점과 강조점에는 차이가 있지만, 주민참여, 자립성 강화, 자원 통합, 사회 정의 실현, 공동체성 회복이라는 공통의 가치를 중심으로 수렴된다. 이들 원칙은 지역사회복지 실천이 단순한 서비스 전달을 넘어서, 주민을 주체로 세우고 지역의 문제를 공동체 안에서 해결해 나가야 한다는 방향성을 제시한다.

특히 현대 지역사회복지는 복합적인 사회 문제에 대응하고, 주민의 역량을 기반으로 지속가능한 변화를 이끌어 내는 것을 핵심 과제로 삼는다. 이러한 관점에서 맥닐(McNeil)과 존스 · 디마치(Jones & Dimasi)가 제시한 원칙들은 지역 특성에 맞는 전략 수립, 협력적 실천체계의 형성, 그리고 주민 중심의 통합적 접근을 모색하는 데 중요한 이론적 · 실천적 토대를 제공한다.

단 원 평 가

1. 다음 중 '광의의 지역사회복지'에 대한 설명으로 가장 적절한 것은?
   ① 지방정부 중심의 행정 서비스 전달체계를 통해 복지의 효율성을 극대화하는 데 중점을 둔다.
   ② 복지서비스 제공보다는 주민참여와 공동체 역량 강화를 중심으로 사회 구조 개선을 지향한다.
   ③ 지역 내 복지 수요에 신속하게 대응하기 위한 기술적 조정 기능에 초점을 둔다.
   ④ 국가가 주도하는 복지 정책의 일관성과 통일성을 강조하며 지역 차이를 최소화한다.
   ⑤ 복지 실천을 서비스 공급 중심으로 이해하며, 주민은 수혜자의 역할에 머무른다.

해설 ⑤ 광의의 지역사회복지는 지역사회 자체를 하나의 사회체계로 보고, 주민참여, 공동체 역량 강화, 사회 구조 개선을 통해 사회통합과 정의 실현을 추구하는 포괄적 · 거시적 접근이다.

2. 다음 중 '지역사회개방이론'에 대한 설명으로 가장 적절하지 않은 것은?
   ① 지역사회는 더 이상 고정된 지리적 공간에 한정되지 않고, 유동적 사회적 관계망으로 이해된다.
   ② 디지털 플랫폼과 온라인 커뮤니티도 지역사회의 구성 요소로 간주된다.
   ③ 복지 실천은 행정 단위 내 주민 조직화에 집중해야 한다는 전통적 접근을 지지한다.
   ④ 정보 접근권 보장과 디지털 포용이 복지 실천의 주요 과제로 제시된다.
   ⑤ 물리적 경계를 넘어 다양한 채널을 통해 새로운 사회적 연대 형성이 가능하다고 본다.

해설 ③ 지역사회개방이론은 지역사회가 시간과 공간을 초월한 관계망으로 구성된다고 보며, 전통적 지리 중심 접근을 넘어서 디지털 기술과 네트워크 기반의 사회 연결성을 강조한다.

3. '대규모 시설 중심 보호체계에서 벗어나, 복지 대상자가 지역사회 안에서 자립적으로 생활하도록 지원하는 체계로의 전환'을 핵심으로 하는 개념은?
   ① 시설의 사회화　② 네트워크　③ 탈시설화
   ④ 사회통합　⑤ 시설보호

해설 ③ 탈시설화는 시설 의존을 줄이고 지역사회 기반 자립 생활을 지원하는 체계 전환을 뜻한다.

4. 다음 중 지역사회복지의 특성에 대한 설명으로 가장 적절한 것은?

① 지역사회복지는 중앙정부의 통일된 지침에 따라 일률적으로 운영되어야 한다.
② 주민은 복지서비스의 소비자로서 수동적 역할을 수행하는 것이 일반적이다.
③ 지역사회복지는 단기적 위기 개입보다 예방 중심의 접근을 강조한다.
④ 복지 실천은 특정 전문가 집단에 의해 독립적으로 수행되는 것이 효율적이다.
⑤ 지역사회복지는 서비스 전달보다 사후 처벌 중심의 개입을 중시한다.

해설 ③ 지역사회복지의 예방성과 지속가능성을 잘 설명한 보기이다.

5. 다음 중 맥닐(McNeil)과 존스·디마지(Jones & Dimasi)가 제시한 지역사회복지 실천 원칙의 공통된 핵심 가치로 가장 적절하지 않은 것은?

① 주민참여
② 자립성 강화
③ 자원 통합
④ 사회 정의 실현
⑤ 전문가 중심의 위기 개입

해설 ⑤ 맥닐과 존스·디마치가 강조한 지역사회복지 실천의 핵심 가치는 주민참여, 자립성 강화, 자원 통합, 사회 정의, 공동체성 회복이다.

생각해 보기

• 지역사회복지의 협의의 개념과 광의의 개념을 비교하여 설명하시오.

Chapter 03

지역사회복지의 역사

개 요

영국, 미국, 한국의 지역사회복지 역사는 자선 중심의 초기 단계를 거쳐 제도화되고 통합적인 복지체계로 발전해 온 흐름을 보여 준다. 영국은 자선조직협회와 인보관운동을 통해 과학적 자선과 공동체 중심 실천을 도입하였고, 이후 복지국가 형성과 주민참여적 체계를 확립하였다. 미국은 자선조직운동과 뉴딜정책을 기반으로 공공 중심의 전달체계를 정립한 뒤, 민간 위탁과 디지털 복지로의 전환을 시도하고 있다. 한국은 전통적인 상부상조 문화를 바탕으로 새마을운동과 민주화 과정을 거치며 제도적 기반을 다졌고, 최근에는 지역사회 통합돌봄과 복지분권을 통해 지역 중심의 실천체계를 강화하고 있다.

학습목표

1. 영국, 미국, 한국의 지역사회복지 발달 과정을 각국의 사회적 · 정치적 맥락 속에서 설명할 수 있다.
2. 각국의 지역사회복지 역사에서 나타나는 공통점과 차이점을 비교 · 분석할 수 있다.
3. 국가별 지역사회복지 발전 경험을 바탕으로 현대적 과제와 실천 방향을 비판적으로 탐색할 수 있다.

1. 영국 지역사회복지의 역사

영국은 자선조직협회를 중심으로 과학적 자선과 사례조사를 도입하며 근대 지역사회복지의 기틀을 마련하였다. 인보관운동은 공동체 중심의 실천을 확산시키며 주민참여와 사회적 연대의 가치를 강조하였고, 이후 복지국가 형성과 신자유주의, 복지분권의 흐름을 거치며 지역사회복지는 제도화되고 통합적·협력적 체계로 발전하였다.

1) 자선조직협회 : 근대 지역사회복지의 출발

(1) 자선조직협회의 설립 배경과 사상적 기반

영국의 자선조직협회(Charity Organisation Society, COS)는 1869년 런던에서 설립된 이후, 근대 지역사회복지 실천의 제도적 토대를 마련한 선구적 조직으로 평가된다. COS는 당시 영국 사회에 만연하던 감정적이고 무분별한 자선활동이 빈곤 문제를 효과적으로 해결하지 못한다는 비판에서 출발하여, 자선의 과학화라는 새로운 실천 이념을 제시하였다. 이들은 빈곤을 단순한 물질적 결핍이 아닌 개인의 도덕성과 생활 태도, 가족 구조와 관련된 사회적 문제로 인식하였으며, 이에 따라 '과학적 자선(scientific charity)'이라는 개념을 정립하였다. 이 개념은 자선이 감정이 아닌 이성에 기반해야 하며, 체계적인 조사와 평가, 그리고 명확한 자원 배분 기준을 통해 수혜자의 자립을 유도해야 한다는 철학을 내포하고 있다.

(2) 사례조사와 선별주의 원칙의 실천

COS는 이러한 철학을 실천하기 위해 사례조사(case investigation) 방식을 도입하였다. 이를 통해 구호가 필요한 대상자의 가정 환경, 경제 상태, 직업 능력, 도덕적 성향 등을 면밀히 검토하였으며, 그 결과를 바탕으로 수혜 자격을 선별하는 선별주의(selectivism)의 원칙을 실현하였다. 이는 무분별한 자원 낭비를 방지하고, 자립 가능성이 있는 빈곤층에게는 적절한 개입을 제공함으로써 빈곤의 악순환을 차단하고자 하는 목적이었다. 아울러, 수혜자에게는 도덕적 개선과 자조노력을 구호의 전제조건으로 요구함으로써 자선활동의 윤리성과 사회통합 기능을 동시에 강조하였다.

(3) 우애방문과 사례관리 기법의 출현

COS는 우애방문(friendly visiting) 제도를 적극적으로 운영하였다. 중산층 자원봉사자들은 빈곤 가정을 정기적으로 방문하여 정서적 지지와 생활지도, 그리고 도덕적 조언을 제공하였으며, 이러한 실천은 단순한 물질적 지원을 넘어선 심리사회적 개입의 형태로 발전하였다. 이 방식은 이후 사회복지 실천의 개별화 개입 원칙과 밀접한 관련을 가지게 되었으며, 현대 사례관리(casework) 기법의 원형으로 간주된다. 또한 대상자와의 만남을 기록하고 사례별 정보를 문서화하는 기록화(documentation) 시스템을 도입함으로써, 복지실천의 사후 점검과 행정적 연계의 기반도 마련하였다.

(4) 자선조직협회의 역사적 의의와 평가

COS는 빈곤 문제 해결을 단순한 구호 차원이 아니라, 도덕적 개입과 행정적 통제를 포함하는 복합적이고 체계적인 접근으로 이해하고 실천하였다. 그 과정에서 사회복지사의 역할은 자선을 전달하는 단순 중개자에서 문제를 진단하고 개입하는 전문 실천가로 변화하게 되었으며, 복지 서비스는 선의에 의존하는 임의적 활동에서 벗어나 전문성과 체계성을 갖춘 공공 서비스로 전환되는 계기를 마련하였다. 물론 COS의 활동은 지나치게 도덕주의에 기초하였다는 점, 그리고 빈곤의 구조적 원인을 간과하였다는 비판이 존재한다. 그럼에도 불구하고 자선조직협회는 복지 실천의 과학화와 전문화, 제도화라는 측면에서 지역사회복지의 역사적 발전에 중대한 공헌을 한 조직으로 평가할 수 있다.

2) 인보관운동 : 공동체 기반 실천의 확산

(1) 인보관운동의 등장과 역사적 배경

인보관운동(Settlement Movement)은 1884년 런던 이스트엔드에 설립된 토인비홀(Toynbee Hall)을 기점으로 시작되었다. 이 운동은 중산층 지식인들이 빈민지역에 직접 거주하며, 지역주민과 일상생활을 함께 나누는 방식으로 전개되었고, 당시 산업화로 인해 심화된 도시 빈곤과 계층 간 단절 문제를 해결하기 위한 새로운 사회복지 실천의 형태로 주목받았다. 인보관운동은 자선이나 시혜가 아닌 '함께 살아가는 삶' 속에서 상호 이해와 연대를 기반으로 하는 공동체 복지의 철학을 실현하고자 하였다.

(2) 실천 원리와 공동체 중심 서비스

인보관은 단순한 복지기관이 아닌 지역사회의 생활 중심지로서, 교육, 문화, 보건, 상담, 여가 등 다양한 분야의 프로그램을 통합적으로 제공하였다. 특히 지역주민의 필요를 중심에 둔 생활밀착형 서비스는 주민 스스로의 참여와 역량 개발을 유도하였으며, 사회문제를 구조적 시각에서 이해하고 변화시키고자 하는 실천적 기반이 되었다. 이러한 접근은 주민을 수동적 수혜자가 아닌 적극적인 복지의 주체로 인식하였다는 점에서 기존 자선 중심의 복지와 뚜렷한 차이를 보였다.

(3) 미국 헐하우스로의 확산과 국제적 영향

인보관운동은 미국 시카고의 헐하우스(Hull House, 1889년 설립)로 확산되면서 국제적 지역사회복지 실천 모델로 자리매김하게 되었다. 제인 애덤스(Jane Addams)와 엘렌 게이츠 스타(Ellen Gates Starr)가 주도한 헐하우스는 여성, 아동, 이민자, 노동자 등 다양한 사회적 약자를 위한 교육과 조직화, 권익 옹호 활동을 전개하였다. 이는 지역사회 조직화의 효시이자, 실천 현장에서 주민참여와 사회개혁을 결합한 대표적인 복지 실천 사례로 평가된다.

(4) 인보관운동의 이념과 지역사회복지에의 기여

인보관운동은 인간 상호작용과 공동체 유대, 참여와 자율성, 교육과 계몽을 핵심 가치로 삼았으며, 지역사회 내에서 함께 살아가는 실천을 통해 복지의 공동체적 성격을 강조하였다. 이 운동은 이후 지역사회복지 실천에 있어 참여성(participation), 지역성(locality), 통합성(integration)의 중요성을 부각시켰고, 주민 조직화와 사회복지사의 지역활동가적 역할에 대한 이론적 · 실천적 토대를 제공하였다.

(5) 인보관운동의 현대적 함의와 비판적 시각

오늘날 인보관운동은 지역사회복지의 실천 원리와 전략에 있어 중요한 역사적 자산으로 평가받고 있다. 다만, 초기 인보관이 중산층 중심의 계몽적 시각에서 출발하였고, 지역주민의 자율성과 주체성을 충분히 보장하지 못했다는 한계도 지적된다. 그럼에도 불구하고 인보관운동은 공동체 기반 복지의 가능성과 방향성을 제시하며, 지역사회복지의 철학과 실천의 근간을 형성한 중요한 역사적 실천으로 자리매김하고 있다.

3) 복지국가 형성 : 지역사회복지 제도화

(1) 복지국가 체제의 형성과 공공복지의 확대

제2차 세계대전 이후 영국은 복지국가(welfare state) 체제의 확립을 위한 정책적 전환을 맞이하였다. 특히 1942년 발표된 베버리지 보고서(Beveridge Report)는 사회보험, 공공부조, 보건, 주택, 고용 등 국민 생활 전반에 걸친 국가의 책임을 강조하며, '요람에서 무덤까지(from cradle to grave)'의 생애주기별 복지보장을 비전으로 제시하였다. 이를 계기로 1945년 이후 노동당 정부는 이 보고서의 권고를 수용하여 NHS(국민보건서비스)를 창설하고, 전국 단위의 공공복지 체계를 제도화하였다. 이러한 조치는 지역사회복지의 공공성과 국가적 책무성을 제도적으로 인정받게 하는 중요한 계기가 되었다.

(2) 국민보건서비스(NHS)와 공공부조 체계의 구축

1948년 시행된 국민보건서비스(National Health Service)는 의료를 포함한 공공보건을 국가가 무상으로 제공하는 복지국가의 상징적 제도였다. 이는 국민의 건강권을 국가가 보장한다는 원칙 아래 운영되었으며, 특히 지역사회 내 1차 의료와 보건 서비스 제공 체계를 공고히 하였다. 아울러 국민부조(National Assistance) 제도의 정비를 통해 저소득층과 취약계층에 대한 최소한의 생활보장을 실현함으로써, 공공부조의 범위와 역할도 제도적으로 확장되었다. 이 시기는 지역 단위에서의 복지행정의 기초가 마련되기 시작한 단계였다.

(3) 시봄 보고서와 지역사회복지 행정의 통합적 개혁

1968년 발표된 시봄 보고서(Seebohm Report)는 기존의 복지 서비스가 부문별로 분절되어 있으며, 복지 대상자가 중복된 기관을 이용하면서 혼란을 겪고 있다는 점을 지적하였다. 이에 보고서는 지방정부의 복지 기능을 통합하여 단일 창구(one-door approach)를 마련하고, 서비스 접근성과 전달의 효율성을 높일 것을 권고하였다. 이 보고서는 지역사회 내에서 포괄적 복지 서비스를 제공할 수 있는 구조적 개편의 이론적 기반이 되었으며, 이후 지역사회복지 행정체계의 제도화를 촉진하였다.

(4) 「지역사회복지법」 제정과 사회복지국의 설치

1970년 제정된 「지역사회복지법(Local Authority Social Services Act)」은 시봄 보고서의 권고를 법제화한 것으로, 지방정부 산하에 다양한 복지 기능을 통합한 '사회복지국(Social Services Department)'을 공식적으로 설치하도록 규정하였다. 이로써 지역사회 내 복지 서비스는 단일 조직을 통해 종합적으로 기획 · 조정 · 제공될 수 있게 되었으며, 행정의 일원화와 실천의 통합성이 획기적으로 향상되었다. 이러한 변화는 지역사회복지를 국가 책임하의 공식적 제도로 정착시키는 데 기여하였다.

(5) 사회복지사의 전문성 확립과 실천 기반 강화

사회복지국의 설치는 사회복지사의 조직적 배치를 가능하게 하였고, 이에 따라 실천 현장에서의 전문성도 제도적으로 공인받기 시작하였다. 복지 수요자의 다양한 문제에 통합적으로 대응하기 위한 사례관리, 상담, 지역사회조직 등의 실천 영역이 명확해졌으며, 사회복지사는 복지서비스 전달체계의 핵심 주체로서 역할을 수행하게 되었다. 이 시기는 지역사회복지가 단순한 시혜나 민간 중심의 활동을 넘어, 국가의 복지책무하에 행정적으로 운영되는 '공적 시스템'으로 발전하게 된 중대한 전환점이라 할 수 있다.

4) 신자유주의 시기 : 지역사회 보호체계의 재편

(1) 신자유주의 복지개혁의 등장과 배경

1980년대 영국은 마거릿 대처(Margaret Thatcher) 정부의 집권과 함께 신자유주의(neoliberalism)를 기조로 하는 대대적인 복지개혁을 추진하였다. 대처 정부는 '작은 정부(small government)'와 공공부문 축소를 핵심 정책으로 삼으며, 복지 지출의 효율성과 민간부문의 역할 확대를 강조하였다. 이러한 기조는 복지국가의 전통적 모델이 비효율적이며 재정적으로 지속 불가능하다는 인식에 기반한 것으로, 지역사회복지 또한 그 영향을 직접적으로 받게 되었다.

(2) 그리피스 보고서와 새로운 지역사회 보호 모델

1988년 발표된 그리피스 보고서(Griffiths Report)는 기존의 복지 전달체계가 비효율적이며 공급자 중심적이라는 점을 지적하고, 지역사회 보호(community care)의 새로운 운영 모델을 제시하였다. 이 보고서는 지방정부를 서비스의 조정자(coordinator)로, 민간 및 비영리기관을 실제 서비스의 제공자(provider)로 명확히 구분할 것을 권고하였다. 이러한 이원적 구조는 '구매와 제공의 분리(purchaser-provider split)' 원칙을 도입함으로써 시장 경쟁을 유도하고, 서비스의 질과 비용 효율성을 제고하려는 목적을 담고 있었다.

(3) 재가서비스 중심의 전달체계 재편

그리피스 보고서를 기반으로 지역사회 보호는 재가서비스(home-based care)를 중심으로 전환되었으며, 복지수요자의 지역사회 내 생활 유지를 가능하게 하는 서비스가 강조되었다. 이에 따라 공공기관은 서비스 공급보다는 계약과 조정, 품질관리의 기능에 집중하였고, 실제 서비스는 민간·비영리기관이 담당하는 구조로 재편되었다. 이 과정에서 시장 경쟁 메커니즘, 성과 중심 평가, 외주 및 민간 위탁 등이 도입되며 전달체계의 민영화가 본격화되었다.

(4) 신자유주의 개혁의 영향과 비판적 시각

신자유주의적 복지개혁은 복지제도의 효율성과 수요자 선택권을 강조하는 한편, 복지 서비스의 상업화와 공공성 저하에 대한 우려를 동시에 야기하였다. 특히 수익성이 낮은 영역은 공급 기피 현상이 발생하였으며, 민간 위탁 과정에서 서비스 질의 편차와 책임 회피 문제가 드러났다. 또한 복지 이용자의 경제적 지위에 따라 서비스 접근성이 차등화됨으로써 복지 불평등이 심화되었다. 이와 같은 현상은 지역사회복지의 가치인 보편성, 형평성, 공동체성을 훼손하는 결과로 이어졌다는 비판을 낳았다.

(5) 지역사회 보호체계의 재구조화와 함의

이 시기의 지역사회 보호는 효율성과 다양성을 명분으로 한 민영화와 시장화의 방향으로 급격히 재편되었으며, 이는 복지 서비스를 공공에서 민간으로 전이시키는 제도적 전환의 대표 사례로 평가된다. 한편 이러한 변화는 공공책임의 후퇴와 지역 간 격차, 사회적 배제의 심화를 초래하였고, 복지 전달체계의 공공성과 통합성 회복에 대한 새로운 논의의 필요성을 제기하였다. 신자유주의 시기의 경험은 향후 지역사회복지 정책이 시장 논리와 공공책무 사이에서 어떻게 균형을 모색할 것인가에 대한 중요한 시사점을 제공한다.

5) 복지분권 : 현대 지역사회복지의 전개

(1) 복지 거버넌스의 분권화 배경

1990년대 이후 영국은 신자유주의 복지개혁의 한계를 극복하고, 지역사회의 자율성과 주민의 참여를 강화하기 위한 새로운 복지정책 방향을 모색하였다. 특히 1997년 노동당 정부 출범 이후에는 중앙정부 중심의 수직적 정책 집행 방식에서 벗어나, 지역의 다양성과 자율성을 인정하는 분권화(decentralization) 정책이 본격화되었다. 이러한 정책 기조는 복지 거버넌스를 국가와 지방정부, 지역주민, 시민사회가 협력하는 수평적 관계로 전환하고자 하는 시도로 해석된다.

(2) 지역주의(Devolution)의 추진과 제도화

영국은 1998년을 기점으로 스코틀랜드, 웨일스, 북아일랜드에 대해 정치적 · 행정적 자율성을 부여하는 지역주의(devolution)를 단계적으로 추진하였다. 이로써 각 지역은 고유의 복지정책을 수립하고 집행할 수 있는 권한을 부여받았으며, 이는 지역 실정에 맞는 복지 전략을 가능하게 하는 제도적 전환점이 되었다. 지역주의는 중앙정부의 획일적 정책이 아닌, 지역 주도의 정책 형성과 실행을 통해 지역사회복지의 다양성과 창의성을 촉진하였다.

(3) 「지역주의법(Localism Act, 2011)」과 공동생산의 제도화

2011년 제정된 「지역주의법(Localism Act)」은 주민 중심의 공공서비스 개혁을 핵심으로 하며, 공동체가 지역 문제 해결에 주도적으로 참여할 수 있는 법적 근거를 마련하였다. 특히 이 법은 공공 서비스의 공동생산(co-production)을 제도화하여, 지방정부와 지역주민, 비영리조직, 사회적 기업 간의 협력 네트워크 형성을 촉진하였다.

(4) 현대 지역사회복지의 새로운 방향성과 실천

최근 영국의 지역사회복지는 협력적 거버넌스(collaborative governance), 사회적 경제(social economy)의 활성화, ICT 기술을 활용한 데이터 기반 정책 설계 등 다양한 혁신적 방향성을 추구하고 있다. 특히 지역 기반 협동조합, 커뮤니티 이익

회사(Community Interest Company, CIC), 자조조직 등 사회적 경제 주체의 복지 참여가 확대되었으며, 주민이 주도하는 정책 실험이 활발하게 이루어지고 있다.

(5) 지속가능성과 공동체 중심 복지로의 전환

영국 지역사회복지는 현재 수요자 중심, 공동체 기반, 지속가능성(sustainability)을 핵심 가치로 하는 복지 모델로 진화하고 있다. 지역 간 격차를 해소하고, 주민의 실질적 삶의 질을 향상시키기 위한 접근이 강조되며, 이는 단순한 서비스 제공을 넘어 주민 삶의 총체적 향상을 지향하는 지역복지 생태계 구축으로 이어지고 있다. 복지분권의 추진과 협력적 거버넌스는 지역사회복지의 자율성, 민주성, 통합성 확보를 가능하게 하는 중요한 동력으로 작용하고 있다.

2. 미국 지역사회복지의 역사

미국은 자선조직협회를 통해 조직적이고 전문화된 복지 실천의 기초를 마련하며 지역사회복지의 기반을 다졌다. 인보관운동은 주민과의 일상적 관계 속에서 공동체 중심의 실천을 확산시켰고, 뉴딜 정책을 통해 지역 단위의 복지제도가 제도화되었다. 이후 신자유주의 정책과 복지분권을 거치며 협약과 계약 기반의 전달체계, 주민참여형 복지 모델이 발전하였다.

1) 자선조직협회 : 근대 지역사회복지의 출발

(1) 도시화와 이민자 증가에 따른 사회문제의 심화

19세기 후반 미국은 급격한 산업화와 도시화, 그리고 대규모 이민자 유입이라는 사회구조적 변화를 경험하였다. 이에 따라 도시 빈곤, 주거 밀집, 보건 위생 문제 등이 복합적으로 발생하였으며, 기존의 종교적 자선과 공동체 중심 구호만으로는 이러한 문제에 효과적으로 대응하기 어려운 상황에 직면하였다. 이러한 배경 속에서 체계적이고 조직적인 자선활동에 대한 사회적 요구가 커지게 되었다.

(2) 자선조직협회(COS)의 등장과 조직화된 자선 실천

이에 대응하여 1870년대부터 미국 주요 도시들, 특히 버팔로(Buffalo, NY)를 시작으로 자선조직협회(Charity Organization Societies, COS)가 설립되었다. 이들 협회는 자선활동을 비체계적이고 감정적인 시혜가 아닌, 이성과 과학에 기반한 합리적 실천으로 전환하고자 하였다. COS는 중복 지원을 방지하고, 효율적인 자원 배분을 실현하기 위해 '중앙등록제도(central registration system)'를 도입하였으며, 수혜자의 상황을 체계적으로 조사하는 '사례조사(case investigation)' 방식을 활용하였다.

(3) 우애방문과 도덕적 개입의 강조

COS는 중산층 여성 자원봉사자들을 중심으로 '우애방문(friendly visiting)' 활동을 전개하였다. 이들은 빈곤 가정을 정기적으로 방문하여 생활 실태를 조사하고, 도덕적 조언과 정서적 지지를 제공하며 자립을 격려하였다. 이는 단순한 물질적 지원이 아닌, 도덕적 계몽과 인격 향상을 통한 빈곤 문제 해결이라는 관점을 반영한 것으로, 복지 실천의 초기 모델에 '도덕주의적 선별주의(moralistic selectivism)'의 성격을 부여하였다.

(4) 사회복지 실천의 제도화와 전문직 기반 마련

COS의 실천은 이후 미국 사회복지의 제도화 과정에 중대한 기여를 하였다. 사례조사, 기록화(documentation), 상담, 방문 활동 등은 현대 사회복지 실천기법의 기반이 되었으며, 사례관리 중심의 실천 모델이 정립되는 데 결정적인 영향을 미쳤다. 또한 COS 활동을 통해 사회복지사의 전문 직무가 형성되었고, 사회복지를 하나의 '전문직(profession)'으로 발전시키는 제도적 토대가 마련되었다.

(5) 비판과 의의

비록 자선조직협회의 접근이 지나치게 도덕주의적이며, 빈곤의 구조적 원인을 간과했다는 한계가 존재하였지만, 이들의 활동은 자선의 조직화와 복지실천의 전문화를 선도한 중요한 이정표로 평가된다. 특히 미국의 COS 운동은 이후 진보주의 사회개혁운동, 사회복지 교육제도 구축, 공공복지체계 형성 등에 영향을 미치며 근대 지역사회복지의 출발점으로서 역사적 의의를 지닌다.

2) 인보관운동 : 공동체 중심 실천의 확산

(1) 미국 인보관운동의 태동과 배경

19세기 말 산업화와 도시화가 급속히 진행되면서 미국의 대도시들은 이민자 밀집 지역을 중심으로 빈곤, 위생, 교육, 노동 착취 등의 복합적 사회문제에 직면하게 되었다. 이러한 맥락에서 등장한 인보관운동(Settlement Movement)은 구조적 빈곤의 원인을 공동체 안에서 해결하고자 하는 실천적 시도였다. 이 운동은 단순한 구호 활동을 넘어서 지역사회 내 상호 이해, 참여, 조직화를 핵심 가치로 삼았다.

(2) 뉴욕 University Settlement의 설립과 확산

미국의 인보관운동은 1886년 뉴욕 이스트사이드에 설립된 University Settlement를 기점으로 본격화되었다. 이는 영국의 토인비 홀(Toynbee Hall) 모델을 계승한 것으로, 교육받은 중산층 지식인이 빈민가에 거주하며 지역주민과 일상생활을 공유하고, 복지 실천을 전개하는 방식을 지향하였다. 초기 인보관은 이민자와 노동자 계층의 삶에 밀착한 서비스를 제공하며, 지역 내 공동체성과 자조 역량을 회복하는 데 중점을 두었다.

(3) 헐하우스(Hull House)와 실천의 전형

1889년 제인 애덤스(Jane Addams)와 엘렌 게이츠 스타(Ellen Gates Starr)가 시카고에 설립한 헐하우스(Hull House)는 미국 인보관운동의 대표적 사례로 평가된다. 이 인보관은 교육 프로그램, 보건 서비스, 아동 돌봄, 노동 상담, 문화예술 활동 등을 통합적으로 제공하였으며, 지역주민이 직접 운영에 참여하거나 서비스를 공동 생산하는 구조를 갖추고 있었다. 헐하우스는 단순한 복지시설을 넘어 지역사회의 사회적 연대와 정치적 개입을 실현하는 실천 플랫폼으로 기능하였다.

(4) 주민참여와 공동체 조직화의 강조

인보관운동은 주민을 단순한 수혜자가 아니라 지역사회 문제 해결의 주체로 인식하였다. 거주자(residents)들은 주민들과 함께 생활하며 그들의 일상 속에서 문제를 파악하고, 공동체 기반의 해결책을 모색하였다. 이는 지역사회의 자생력 강화, 사회적 관계 회복, 시민의식 고양으로 이어졌으며, 참여 중심 복지 실천의 모범적 모델로 자리 잡았다. 특히 여성, 이민자, 노동자 등의 권익 보호와 사회개혁운동과의 연계는 인보관운동의 정치사회적 함의를 확대시켰다.

(5) 인보관운동의 유산과 의의

인보관운동은 미국 지역사회복지 실천의 공동체 지향성과 참여적 성격을 확립하는 데 결정적인 기여를 하였다. 이는 이후 지역사회 조직화(community organization), 사회행동(social action), 정책 옹호(advocacy) 등 현대 사회복지 실천의 다양한 실천 모델로 발전하였으며, 주민 역량강화(empowerment)와 복지 민주주의의 기초를 형성하였다. 또한 사회복지사가 지역 내 '변화 촉진자(change agent)'로서 기능해야 함을 강조한 점에서 사회복지 전문직의 정체성과 사명을 구체화한 중요한 전환점이었다.

3) 복지국가 형성 : 지역사회복지 제도화

(1) 대공황과 뉴딜 정책의 전환점

1930년대 미국은 대공황(Great Depression)이라는 전례 없는 경제위기를 경험하며 대량 실업과 빈곤, 주거 불안, 영양실조 등 사회적 위기가 전면화되었다. 당시 민간 자선기관과 지역사회 중심의 대응만으로는 전국적 재난 수준의 빈곤 문제를 해결하기 어려웠으며, 이에 따라 연방정부가 직접 사회문제 해결에 개입하는 정책적 전환이 요구되었다. 이러한 흐름 속에서 프랭클린 D. 루스벨트

(Franklin D. Roosevelt) 대통령이 추진한 뉴딜(New Deal) 정책은 연방정부 주도의 공공복지 개입을 제도화하는 중요한 계기가 되었다.

(2) 사회보장법의 제정과 제도적 기반 구축

1935년 제정된 「사회보장법(Social Security Act)」은 미국 복지국가 체계의 출발점으로 평가된다. 이 법은 노령연금(old-age insurance), 실업보험(unemployment insurance), 공공부조(public assistance), 아동복지 및 공공보건 등 다양한 영역에서 연방정부의 복지 책임을 명확히 규정하였으며, 그 실행을 위해 연방-주-지방 간 협력체계를 구축하였다. 사회보장법은 빈곤의 구조적 원인에 주목하고, 최소한의 소득보장과 복지 서비스 제공을 국가의 책무로 전환시켰다는 점에서 중요한 의의를 가진다.

(3) 지역사회복지 전달체계의 형성과 확산

사회보장법의 시행은 각 주(State)와 지방정부(Local Government)의 사회복지 행정체계를 강화하였으며, 지역사회 단위의 서비스 전달체계를 본격적으로 정비하게 되었다. 특히 공공복지기관과 민간자선기관, 비영리조직이 협력하는 이중체계(dual system)의 형성은 미국 복지전달체계의 고유한 특성으로 자리 잡게 되었다. 지역사회복지는 이와 같은 협력적 구조 속에서 노인, 아동, 장애인, 빈곤층 등 다양한 대상에게 서비스를 제공하며, 복지의 실질적 실행 현장으로 기능하였다.

(4) 복지행정의 전문화와 사회복지사의 역할 정립

이 시기 공공복지의 확장은 사회복지사의 고용 확대와 전문성 향상에도 중요한 영향을 미쳤다. 연방정부의 정책 하달과 예산 지원을 받아 각 주 및 지역 차원의 복지사업이 추진되면서, 사회복지사는 행정기획자, 사례관리자, 전달조직 구성원으로서의 다층적 역할을 수행하게 되었다. 이는 사회복지의 공공성 확대와 함께 실천 기반의 제도화를 이끄는 동력으로 작용하였다.

(5) 복지국가 형성과 지역사회복지의 제도화 의의

결과적으로 1930~1940년대는 미국 지역사회복지가 민간 자선 중심의 시혜적 형태에서 연방정부 중심의 제도적 공공복지체계로 전환된 시기로 평가된다. 특히 지역사회 차원에서 공공과 민간이 협력하는 전달 구조는 이후 미국 사회복지정책의 기조로 자리 잡았으며, 지역사회복지의 지속성과 자율성을 보장하는 기반이 되었다.

4) 신자유주의 시기 : 지역사회보호 체계의 재편

(1) 신자유주의의 확산과 복지국가에 대한 도전

1970년대 말부터 미국은 경제 침체, 인플레이션, 재정 적자 등의 문제를 겪으며 복지국가 체제에 대한 비판이 대두되기 시작하였다. 이에 따라 1980년대 레이건(Ronald Reagan) 행정부는 '작은 정부(small government)'를 지향하며 공공부문의 축소와 시장 중심의 자율성을 강조하는 신자유주의적 정책을 본격화하였다. 이러한 정책 기조는 사회복지 영역에서도 민영화, 탈규제(deregulation), 민간 위탁(privatization) 등을 통해 지역사회복지 전달체계의 전면적인 재편을 유도하였다.

(2) '빈곤과의 전쟁(War on Poverty)'의 축소와 민간부문 이양

1960년대 존슨 대통령의 주도하에 시행된 '빈곤과의 전쟁(War on Poverty)'은 공공복지를 강화하고 지역사회 중심의 포괄적 복지 서비스를 확대하는 방향을 제시하였다. 그러나 신자유주의적 흐름 속에서 이러한 연방 차원의 개입은 축소되었고, 많은 복지 예산과 기능이 민간기관과 비영리조직(NGOs)으로 이전되었다. 이에 따라 지역사회복지는 공공행정 중심의 운영 방식에서 벗어나, 계약(contracting)과 위탁(purchasing)의 형식으로 전환되었으며, 행정적 역할은 조정(coordination) 기능으로 제한되었다.

(3) 서비스 전달체계의 시장화와 성과 중심 구조

이러한 변화는 지역사회복지 실천에 있어 계약 기반의 성과 중심 운영을 강화하였다. 민간·비영리기관은 경쟁 입찰을 통해 공공자원을 배분받고, 일정한 성과지표에 따라 평가되는 구조 속에서 복지 서비스를 제공하게 되었다. 이는 자원의 효율적 활용과 공급 다양성 확보라는 긍정적 효과를 낳았으나, 동시에 상업화(commercialization)로 인한 서비스의 질 저하, 수요자의 선택권 제한, 지역 간 격차 확대 등의 부작용도 초래하였다.

(4) 지역사회복지 실천의 변화와 전문성의 재정립

신자유주의 정책 아래에서 사회복지사는 공공기관의 일방적 제공자가 아닌, 민간기관 소속의 계약 전문가, 성과 관리자, 사례 중재자 등의 새로운 역할을 수행하게 되었다. 이로 인해 사회복지 실천의 영역은 개인 개입 중심에서 행정관리, 조직 운영, 민관 조정 등으로 확장되었으며, 지역사회복지 역시 재정 효율성과 성과 중심 접근에 적응하는 구조적 변화를 겪게 되었다.

(5) 평가와 과제

결론적으로 미국의 신자유주의 시기는 지역사회복지의 전달체계가 '공공의 책무'에서 '민간의 책임'으로 점차 이양되는 과도기적 시기로 평가된다. 복지 서비스의 경제성, 경쟁성, 효율성을 강조한 점은 단기적 운영 성과를 높였으나, 공공성 약화와 사회적 불평등 심화라는 구조적 문제를 남겼다. 이는 향후 지역사회복지의 지속가능성과 형평성, 접근성 보장을 위한 새로운 복지 거버넌스 체계 마련의 필요성을 제기하게 되었다.

5) 복지분권 : 현대 지역사회복지의 전개

(1) 복지분권화의 배경과 제도적 흐름

1980년대 이후 미국은 연방정부의 재정 압박과 신자유주의적 행정개혁의 영향으로 복지정책의 분권화를 본격적으로 추진하였다. 이러한 흐름은 중앙정부의 역할을 축소하고 지방정부의 자율성과 책임을 확대하는 방향으로 전개되었으며, 지역사회 중심의 문제 해결 역량을 강화하는 데 목적이 있었다. 특히 복지

전달의 권한을 연방에서 주(state) 및 지방(local) 단위로 이전하면서, 지역 특성에 맞는 정책 설계와 실행이 가능해지는 기반이 마련되었다.

(2) 사회운동과 지역사회 기반 실천의 확산

1960년대 시민권운동(Civil Rights Movement)과 여성운동(Feminist Movement)은 지역사회 내 평등한 접근권과 권리 기반 접근(rights-based approach)의 확산을 촉진하였다. 이 시기 지역사회개발(community development), 공동체 조직화(community organizing), 주민 역량강화(empowerment) 등 다양한 주민참여형 복지 모델이 등장하였으며, 이는 지역사회복지를 시민권 실현의 수단이자 사회정의 구현의 장으로 변화시켰다.

(3) 공동생산(Co-production) 모델의 정착

1990년대 이후 복지 전달체계는 정부 중심의 일방적 공급 모델에서 벗어나, 지방정부, 사회복지기관, 주민이 협력하여 서비스를 공동생산하는 '공동생산(co-production)' 방식으로 진화하였다. 이는 단순한 행정 효율성 확보를 넘어, 주민의 참여를 통해 서비스의 질과 적합성을 제고하고, 지역사회 문제에 대한 지속가능한 해결을 추구하는 방식으로 발전하였다. 이러한 모델은 주민 주도의 계획 참여, 민간 네트워크 조직화, 중간지원조직(intermediary organizations)의 성장으로 구체화되었다.

(4) 디지털 기반 복지와 새로운 지역사회 주체

21세기 들어 디지털 기술과 데이터 기반 행정이 발전하면서 지역사회복지의 접근 방식에도 변화가 나타났다. 다양한 공공 플랫폼과 빅데이터 활용을 통해 지역 내 서비스 수요를 정밀하게 파악하고, 주민 의견을 실시간으로 반영하는 복지정책이 가능해졌다. 또한 사회적 기업, 협동조합, 상호부조 조직(mutual aid networks) 등 새로운 주체들이 지역복지의 실천 기반으로 부상하며, 공식 기관 중심의 복지체계가 보다 유연하고 다원적인 구조로 전환되고 있다.

(5) 현대 지역사회복지의 특성과 과제

오늘날 미국의 지역사회복지는 중앙집중적 모델에서 분권화된 협력체계로 전환되었으며, 주민참여와 지역 자율성을 핵심 가치로 내세우고 있다. 특히 정책 설계에서의 주민 주도성, 실행 단계에서의 네트워크 기반 협력, 평가에서의 투명성과 데이터 활용 등은 현대 복지의 중요한 기준으로 자리 잡았다. 그러나 지역 간 자원의 불균형, 주민참여의 지속가능성, 협력조직 간 역할 중복 문제 등은 여전히 해결해야 할 과제로 남아 있다.

3. 한국 지역사회복지의 역사

한국은 전통적인 상부상조 문화에서 출발하여 자선기관과 종교단체 중심의 복지활동을 통해 지역사회복지의 초석을 다졌다. 이후 새마을운동과 민중운동을 통해 공동체 중심 실천이 확산되었고, 지방자치제 도입과 복지국가 기조 확산을 통해 제도화가 이루어졌다. 최근에는 복지분권과 주민참여 기반의 통합돌봄 체계를 중심으로 지역사회복지가 발전하고 있다.

1) 자선기관 활동 : 근대 지역사회복지의 출발

(1) 공동체 전통에서 제도적 복지로의 이행

한국의 지역사회복지는 본래 향약, 계, 두레, 품앗이와 같은 전통적 상부상조 문화 속에서 자연발생적으로 이루어졌다. 이러한 공동체 중심의 상호부조는 국가 개입이 미비했던 시기, 생활상의 위험에 대응하기 위한 민간 자율적 복지체계의 성격을 지녔다. 그러나 이러한 구조는 제도적 · 조직적 복지체계로 발전하지 못한 채 근대 국가 체제와 외세의 개입 속에서 점차 한계를 드러내게 되었다.

(2) 일제강점기와 종교 · 민간단체의 구호활동

근대적 지역사회복지의 출발점은 일제강점기 자선기관과 종교단체의 활동에서 찾을 수 있다. 1920년대 이후 YMCA, 구세군, 천주교, 개신교 등은 도시 빈민, 고아, 노인을 대상으로 구호 및 교육, 상담, 생활지도 등의 사업을 시작하였다. 이들 기관은 주로 서구 선교단체의 후원 또는 일본 정부의 간접적 통제를 받으며, 점진적으로 지역 내 사회문제에 대응하는 실천을 전개하였다. 특히 사회문제를 개인의 도덕성과 기독교적 윤리로 해결하려는 시각이 강하게 반영되었으며, 이는 후속 복지활동의 문화적 토대를 제공하였다.

(3) 광복 이후 민간 중심 복지활동의 확대

광복 이후 한국은 6 · 25전쟁이라는 국가적 재난을 겪으면서 지역사회의 복지 수요가 폭발적으로 증가하였다. 이 시기 전쟁고아, 미망인, 장애인, 빈곤 노인 등 다양한 취약계층이 발생하였으며, 정부의 직접적 대응 역량이 부족한 상황에서 민간단체와 종교기관이 구호활동을 주도하였다. 특히 미국의 원조에 기반한 해외 선교기관 및 구호단체들의 지원은 복지물자 제공과 지역사회 내 서비스 전달을 가능하게 하였다.

(4) 자선 중심 접근의 한계와 의의

이 시기의 지역사회복지는 개인과 기관의 선의에 의존한 비공식적 · 비전문적 활동이 중심이었으며, 체계적인 행정구조나 정책적 뒷받침이 부족하였다. 서비스 제공은 일회적이며, 수혜자의 자립을 위한 전략보다는 생존 보장이 목적이 되는 경우가 많았다. 그럼에도 불구하고 자선기관과 종교단체의 활동은 지역사회복지의 개념을 사회적 실천으로 정립하는 데 기여하였으며, 이후 제도화로 나아가는 전환점 역할을 수행하였다.

2) 사회운동 : 공동체 실천의 확산

(1) 새마을운동과 국가 주도의 지역개발

1970년대 한국 사회는 산업화와 도시화를 본격적으로 추진하면서, 국가 주도의 농촌 개발 운동인 새마을운동이 전개되었다. 새마을운동은 '근면 · 자조 · 협동'의 슬로건 아래 주민의 자발성과 지역사회의 집단적 참여를 유도하였으며, 마을 단위의 환경 개선, 주거 정비, 소득 창출 사업 등을 중심으로 실행되었다. 이러한 활동은 지역 단위의 공동체 조직화와 참여 기반의 형성에 일정한 기여를 하였으며, 자조 기반 복지의 가능성을 보여 주는 초기 모델로 평가된다.

(2) 민중운동과 지역사회 기반 복지 실천

한편 1970년대 후반부터는 도시빈민운동, 노동운동, 야학운동 등 민중운동의 흐름 속에서 시민사회의 자발적인 복지 실천이 등장하기 시작하였다. 서울의 산동네, 인천 · 부산 등지의 공단지역을 중심으로 노동자, 빈민, 청소년 등을 위한 생활상담, 의료봉사, 교육지원 등이 자원활동가를 중심으로 이루어졌으며, 이는 제도권 밖에서의 공동체 복지의 가능성을 실천한 사례로 볼 수 있다.

(3) 공동체 중심 복지철학의 대두

이 시기의 지역사회복지는 국가의 계획적 개발과 시민사회의 자발적 실천이 병존하는 과도기적 특성을 지녔다. 국가 주도 아래 추진된 새마을운동은 지역 리더십 강화, 마을 공동체의 물적 기반 확충 등 긍정적 성과를 남긴 반면, 주민 주체성의 자발적 성장보다는 관 주도의 동원적 성격이 강하다는 한계를 드러냈다. 반면 민중운동 기반의 실천은 공동체의 내적 역량과 주민 간 연대의 중요성을 강조하며 이후 지역사회복지 철학의 한 축으로 자리매김하였다.

(4) 복지 실천의 다원적 기반 형성

결과적으로 1970~1980년대는 지역사회복지 실천이 국가 주도와 시민사회 자율성이라는 이중적 경로로 확산된 시기로 볼 수 있다. 전자는 물리적 생활 환경의 개선과 제도적 복지의 전 단계로서의 기능을, 후자는 주민 중심의 복지철학과 공동체 연대의 가치 기반 형성이라는 실천적 의의를 지닌다. 이는 이후 제도화된 지역사회복지체계가 형성될 수 있는 기반을 마련하였다는 점에서 중요한 전환점으로 평가된다.

3) 복지국가 기조 확산 : 제도화의 시작

(1) 민주화 이후 복지국가 담론의 등장

1980년대 후반 민주화의 진전은 한국 사회에 복지국가 이념이 본격적으로 유입되는 계기가 되었다. 1987년 6월 민주항쟁을 기점으로 시민사회는 보다 포괄적이고 국가책임적인 복지체계를 요구하기 시작하였으며, 이는 지역 단위에서의 복지 실천이 제도적으로 설계되고 정책적으로 구체화되는 기반을 형성하였다. 이 시기에는 기존의 시혜적이고 자선 중심의 복지에서 벗어나 권리 기반 접근에 대한 사회적 논의가 확산되기 시작하였다.

(2) 「사회복지사업법」 개정과 지역사회복지계획 도입

1995년 「사회복지사업법」의 전면 개정은 지역사회복지 제도의 형성에 있어 결정적인 전환점을 마련하였다. 개정안은 지역 단위에서의 체계적인 복지계획 수립과 실천을 가능하게 하기 위해 '지역사회복지계획' 제도를 도입하였고, 이를 통해 지방정부가 지역 특성과 수요를 반영한 복지정책을 수립할 수 있는 법적 근거가 마련되었다. 이는 지역 중심의 복지 거버넌스를 제도적으로 가능케 한 초석이었다.

(3) 지방자치제도의 전면 시행과 복지행정의 분권화

같은 해 전면 시행된 지방자치제도는 지역사회복지 제도화의 속도를 가속화시켰다. 지방정부는 주민의 생활권 내에서 자율적으로 복지정책을 기획하고 집행할 수 있는 권한을 갖게 되었으며, 이는 중앙정부 주도의 일방향적 전달체계를 대체하는 복지분권의 출발점이 되었다. 이 과정에서 지역사회 내 민간 복지기관, 사회복지사, 시민단체 등 다양한 주체의 참여가 제도적으로 보장되기 시작하였다.

(4) 국민기초생활보장제도의 도입과 지역복지체계 강화

2000년에 시행된 국민기초생활보장제도는 한국형 복지국가의 핵심 기초제도로 평가되며, 지역사회복지체계의 실질적 작동을 가능하게 한 제도적 계기로 작용하였다. 이 제도는 수급권자의 생계, 의료, 주거, 교육을 포괄하는 공공부조 체계를 확립하였고, 지방정부를 중심으로 한 전달체계가 운영되면서 지역 차원의 복지행정이 본격화되었다. 아울러 사회복지전담공무원의 배치와 읍·면·동 단위의 서비스 제공망 구축 등 실천 기반이 제도화되었다.

(5) 제도화 시기의 성과와 과제

이 시기는 한국 지역사회복지가 시혜 중심의 임의적 복지에서 벗어나 법적·제도적 틀 속에서 통합적으로 운영되기 시작한 중요한 시점이었다. 지역 내 사회복지기관과 민간 영역 간의 연계 협력이 강화되었고, 지방정부의 복지책임성과 기획 능력이 점진적으로 확대되었다. 그러나 여전히 중앙정부 중심의 재정 구조, 인력 및 조직의 미비, 지역 간 격차 등의 한계가 병존하였으며, 이러한 문제들은 이후 지역사회복지의 실질적 통합과 성숙을 위한 과제로 남게 되었다.

4) 신자유주의 정책 : 지역사회복지체계의 재편

(1) 신자유주의의 확산과 복지정책의 변화

2000년대 들어 한국 사회복지체계는 시장 중심의 효율성과 경쟁을 강조하는 신자유주의적 정책 기조의 영향을 받기 시작하였다. IMF 외환위기 이후 정부는 재정의 효율적 운영과 서비스의 성과 극대화를 강조하면서, 민간 위탁 확대와 성과 중심 평가체계를 도입하였고, 이는 지역사회복지 전달체계 전반에 변화를 촉진하였다. 이러한 흐름은 민간 부문의 복지 참여를 확대하는 한편, 복지 운영의 책임 주체가 공공에서 민간으로 이양되는 계기로 작용하였다.

(2) 민간 위탁과 서비스 전달체계의 변화

지역사회복지관, 지역자활센터, 노인복지센터 등 다양한 사회복지시설이 지방정부와의 위·수탁 계약을 통해 운영되기 시작하였다. 이러한 민간 위탁 체계는 복지 서비스의 전문화와 자원 다양화를 유도하였으며, 민간기관의 창의적 실천과 지역 특화 사업의 전개를 가능하게 하는 긍정적 측면이 존재하였다. 그러나 동시에 복지 서비스의 공공성 약화, 계약기관의 운영 안정성 저하, 공급자 중심의 서비스 기획이라는 구조적 문제가 병존하였다.

(3) 성과 평가와 복지 서비스의 경쟁 구조화

정부는 복지기관의 성과를 정량화된 지표로 평가하고, 평가 결과에 따라 예산 및 재계약 여부를 결정하는 방식으로 관리하였다. 이는 일정 수준의 서비스 질 확보와 행정의 책임성을 높였다는 점에서 긍정적으로 평가되기도 하지만, 기관 간 과도한 경쟁을 유도하고, 단기성과 위주의 프로그램 운영을 조장하는 등 복지 본연의 목적과 충돌하는 측면도 드러났다.

(4) 탈시설화와 재가복지 중심의 전환

장애인과 노인 등을 위한 복지정책에서는 탈시설화(deinstitutionalization) 정책이 추진되었고, 재가복지(home-based care) 서비스가 점차 확대되었다. 이는 시설 중심의 보호에서 벗어나 지역사회 안에서 일상생활을 영위할 수 있도록 지원하는 방향으로 복지실천을 전환시켰으며, 지역사회 내 다양한 자원과의 연계가 더욱 중요해지는 배경이 되었다. 이러한 흐름은 지역복지 네트워크의 필요성과 공동체 기반의 복지철학을 재조명하는 계기가 되었다.

(5) 지역사회복지체계의 재편에 따른 과제

신자유주의적 복지 운영 방식은 행정 효율성과 비용 절감을 도모하였다는 점에서 일정한 성과를 보였으나, 서비스의 불균형, 공공책임의 축소, 지역 간 격차 등의 문제를 야기하였다. 특히 복지시설의 운영 주체가 민간기관으로 다양화되면서 서비스 표준화와 질 관리의 문제가 부각되었고, 지역주민의 실제 수요보다는 행정편의적 기준에 따른 서비스 기획이 이루어지는 한계도 드러났다. 따라서 이후 지역사회복지는 복지의 공공성과 민주성, 전문성 간 균형을 어떻게 확보할 것인가에 대한 과제를 안고 발전해 나가야 할 필요가 있다.

5) 복지분권과 현대 지역사회복지의 전개

(1) 복지분권 정책의 본격화

2010년대 이후 한국은 중앙집중형 복지전달체계에서 벗어나 지방정부와 지역주민의 역할을 강조하는 복지분권 정책을 본격적으로 추진하였다. 이는 지역의 특성과 주민의 다양한 복지 수요에 유연하게 대응하고, 지역주도형 복지 실천을 제도적으로 강화하기 위한 흐름 속에서 이루어졌다. 이러한 변화는 지역사회의 자율성과 책임성을 확대하고, 복지 거버넌스의 다층적 구조를 정립하는 기초가 되었다.

(2) 지역사회복지계획 수립 의무화

2012년부터 모든 지방자치단체는 법에 따라 '지역사회복지계획'을 수립해야 하는 의무를 부여받았다. 이는 지역 내 복지 자원과 수요를 분석하고, 중장기적인 복지정책 방향을 체계적으로 설계하도록 하는 제도로서, 지역사회복지의 전략성과 계획성을 강화하는 기제로 작용하였다. 더불어 계획 수립 과정에 지역주민, 사회복지기관, 민간 전문가 등이 참여함으로써 실질적인 참여 기반 거버넌스를 실현하는 틀이 마련되었다.

(3) 복지협의체와 읍 · 면 · 동 복지허브화 정책

복지협의체는 중앙-광역-기초-읍 · 면 · 동 단위로 구성되며, 다양한 복지 주체 간 협력과 조정을 통해 지역사회복지 실행력을 제고하는 역할을 담당한다. 특히 2010년대 중반 이후 추진된 '읍면동 복지허브화' 정책은 최일선 지역 단위에서의 통합적 복지 서비스 제공을 목표로, 복지 담당 공무원과 민간 사회복지사가 협력하는 체계를 제도화하였다. 이는 지역주민의 접근성을 높이고, 복지

사각지대를 해소하는 기반으로 작동하였다.

(4) 지역사회 통합돌봄(커뮤니티 케어)의 도입

2019년 「사회보장기본법」 개정을 통해 지역사회 통합돌봄(community care)이 국가 정책으로 도입되었다. 통합돌봄은 노인, 장애인, 정신질환자 등 돌봄이 필요한 주민이 익숙한 지역에서 건강, 돌봄, 주거, 소득, 일상생활 지원 등을 통합적으로 제공받을 수 있도록 설계된 복지 모델이다. 이는 기존의 분절된 서비스 체계를 통합하고, 지역 내 다양한 자원을 연계하여 수요자 중심의 맞춤형 복지를 실현하고자 하는 시도였다.

(5) 주민참여와 공동생산 중심의 복지 전환

현대 지역사회복지는 단순한 복지 서비스의 전달을 넘어, 주민 스스로가 지역사회의 문제를 진단하고 해결하는 공동생산(co-production)의 주체로 기능하는 방향으로 나아가고 있다. 주민참여형 복지기획, 주민조사 및 마을복지계획, 마을 리더 양성 등의 다양한 정책과 실천이 이루어지고 있으며, 이는 지역사회의 역량을 강화하고 복지의 지속가능성을 높이는 전략으로서 의미를 가진다. 이러한 흐름은 지역 중심, 주민 중심, 통합적 실천이라는 현대 지역사회복지의 핵심 패러다임을 형성하는 토대가 되고 있다.

단 원 평 가

1. 영국의 자선조직협회(COS)가 도입한 '과학적 자선' 실천 요소로 가장 적절하지 않은 것은?
   ① 사례조사를 통해 수혜 자격을 선별한다.
   ② 우애방문을 통해 정서적 · 도덕적 지지를 제공한다.
   ③ 무조건적 현금 지원으로 빈곤층의 소비여력을 높인다.
   ④ 기록화 체계를 통해 사례관리의 행정적 연계를 강화한다.
   ⑤ 도덕적 개선과 자조노력을 구호의 전제조건으로 요구한다.

해설 ③은 과학적 자선의 핵심과 거리가 먼 무분별한 시혜적 지원을 설명한다. COS는 ① 선별주의, ② 우애방문, ④ 기록화, ⑤ 도덕적 · 자조 촉진 등을 통해 자선을 체계화 · 전문화하였다.

2. 인보관운동(Settlement Movement)에 대한 설명으로 옳지 않은 것은?
   ① 중산층 지식인이 빈민지역에 거주하며 주민과 일상을 공유했다.
   ② 주민을 복지의 수동적 수혜자로 보고 전문적 돌봄 서비스를 제공했다.
   ③ 교육 · 문화 · 보건 등 다영역 프로그램을 생활 밀착형으로 통합 제공했다.
   ④ 토인비 홀이 시작점이며, 미국 헐하우스로 확산되어 국제적 모델이 되었다.
   ⑤ 참여 · 지역성 · 통합성을 강조하며 지역사회 조직화의 토대를 마련했다.

해설 ②는 인보관운동의 핵심 철학(주민참여와 자율성 존중)에 어긋난다. 인보관은 주민을 복지의 주체로 인식하고 상호 이해 · 연대를 바탕으로 공동체 기반 실천을 전개하였다.

3. 다음 중 미국 자선조직협회(COS)에 대한 설명으로 가장 적절하지 않은 것은?
   ① 도시화 · 이민자 유입 증가에 따라 조직적 자선 실천의 필요성이 대두되었다.
   ② 중앙등록제도와 사례조사를 통해 자원 배분의 효율성을 높였다.
   ③ 우애방문 활동은 도덕적 계몽과 정서적 지지를 중심으로 이루어졌다.
   ④ 사회복지사의 전문직화와 복지 실천의 제도화를 이끈 기반이 되었다.
   ⑤ 빈곤을 구조적 요인보다는 계급투쟁의 결과로 보며 집단행동을 중심에 두었다.

해설 ⑤는 자선조직협회의 관점과 맞지 않는 설명이다. COS는 빈곤을 개인의 도덕성과 생활태도 문제로 보았고, 집단행동보다는 사례조사와 도덕 개입 중심의 개별적 접근을 취했다. 나머지 보기는 모두 COS의 실제 활동과 의의를 잘 반영한 설명이다.

4. 다음 중 미국 인보관운동에 대한 설명으로 가장 적절한 것은?

① 인보관은 전문가 중심의 진단과 처방을 통해 복지서비스를 일방적으로 제공했다.
② 인보관은 주민과의 생활 공유보다 실험적 프로그램 개발에 주력하였다.
③ 인보관운동은 시민참여를 배제하고 사회개혁보다는 시설 운영에 초점을 두었다.
④ 헐하우스는 단순한 복지시설이 아닌 정치적 개입과 사회적 연대를 실현한 공간이었다.
⑤ 인보관운동은 복지 서비스의 양적 확대와 일원화된 전달체계를 우선시하였다.

해설 ④는 헐하우스를 포함한 인보관운동의 핵심 가치를 잘 반영한 보기이다. 헐하우스는 복지 서비스 제공뿐 아니라, 지역주민의 사회참여, 권익 옹호, 공동체 조직화의 중심 플랫폼으로 기능하였다.

5. 다음 중 일제강점기 한국 지역사회복지의 특징으로 가장 적절한 것은?

① 국가 주도하에 조직적인 복지 전달체계가 구축되었다.
② 농민운동과 노동조합이 복지 실천의 중심축을 담당하였다.
③ 향약과 두레 등 전통적 공동체는 국가 제도화로 계승되었다.
④ YMCA · 구세군 등 종교단체가 도시 빈민을 대상으로 복지활동을 전개하였다.
⑤ 일제는 민간 복지활동을 전면적으로 탄압하여 복지 실천이 중단되었다.

해설 ④는 일제강점기 복지활동의 핵심 특징이다. YMCA, 구세군, 개신교, 천주교 등 종교단체는 주로 빈민, 고아, 노인 등 도시 취약계층을 대상으로 구호 · 교육 · 상담 · 생활지도를 수행했다.

생각해 보기

• 영국 지역사회복지의 역사적 발전 과정과 그 주요 특징을 설명해 보시오.

Part 02

지역사회복지의 이론과 실천 모델

Chapter 04

지역사회복지의 주요 이론

개 요

지역사회복지 실천은 주민, 조직, 제도, 환경 등 복합적 요소가 상호작용하는 맥락 속에서 이루어진다. 이 장에서는 사회 현상을 해석하고 실천 전략을 도출하는 데 필요한 주요 이론들을 소개하고, 각각의 이론이 지역사회복지에 어떻게 적용될 수 있는지를 살펴본다.

학습목표

1. 지역사회복지에 적용되는 다양한 이론의 개념과 구조를 이해한다.
2. 각 이론이 지역사회복지 실천 현장에서 어떻게 활용되는지를 사례 중심으로 설명할 수 있다.
3. 이론의 장단점을 비교하고, 복합적 사회문제에 적절한 통합적 접근 방법을 모색할 수 있다.

1. 기능주의이론과 갈등이론

1) 기능주의이론

(1) 이론의 개관

기능주의이론은 사회를 하나의 유기적 체계로 간주하며, 각 구성 요소가 고유한 기능을 수행함으로써 사회 전체의 안정성과 조화를 유지한다고 본다. 이 이론의 중심 사상가인 탈콧 파슨스(Talcott Parsons)는 사회체계를 유지하는 데 필수적인 네 가지 기본 기능을 AGIL 모형을 통해 설명하였다. 여기서 A는 환경에 대한 적응(Adaptation), G는 사회적 목표의 설정과 달성(Goal Attainment), I는 사회 구성 요소 간의 통합(Integration), L은 문화적 가치와 규범의 유지 및 전수(Latency)를 의미한다. 파슨스는 사회를 구성하는 각 하위체계가 이러한 기능들을 수행함으로써 전체 사회가 질서와 연속성을 유지할 수 있다고 보았다.

이러한 기능주의 관점은 사회의 문제를 기능적 부조화나 기능 상실의 결과로 해석하며, 지역사회복지 실천에서도 사회 각 부분의 기능 회복을 통해 통합과 균형을 도모하는 전략적 개입의 이론적 기반으로 활용된다.

(2) 파슨스의 AGIL 모형

탈콧 파슨스(Parsons, 1951)에 따르면, 사회체계는 다음 네 가지 기능을 충족시켜야 존속할 수 있다. 첫째, 적응(Adaptation)은 사회가 외부 환경에 적절히 반응하고 필요한 자원을 확보하는 능력을 의미하며, 이는 경제체계나 노동시장이 주로 담당한다. 둘째, 목표달성(Goal Attainment)은 사회가 집단적 목표를 설정하고 달성하는 과정으로, 주로 정부나 정치체계가 이 역할을 수행한다. 셋째, 통합(Integration)은 사회 구성원 간의 갈등을 조정하고 사회적 일체감을 유지하는 기능으로, 법, 도덕, 사법제도 등이 이에 해당한다. 마지막으로 잠재유형 유지(Latency)는 사회 구성원이 공유하는 가치와 규범을 사회화 과정을 통해 지속적으로 전수하고 재생산하는 기능이며, 교육, 종교, 가족과 같은 제도에서 나타난다.

(3) 적용 사례

기능주의이론은 복지 실천을 사회체계의 안정 유지라는 관점에서 정당화한다. 예를 들어, 지역아동센터는 가정의 교육적 · 정서적 기능을 보완하고, 노인복지관은 세대 간 단절을 완화함으로써 사회통합을 촉진한다. 또한 A지역에서는 부모의 이혼과 청소년 중퇴 문제가 증가하자, 지역복지기관과 학교, 상담센터 등이 협력하여 통합적 개입을 시도하였다. 이로 인해 청소년의 적응률이 향상되었고 지역사회 안정성 또한 회복되었다. 이 사례는 기능주의적 개입이 사회 전체의 균형을 유지하는 데 효과적으로 작용할 수 있음을 보여 준다.

(4) 한계점

기능주의이론은 사회문제를 기능의 결손으로만 해석함으로써 구조적 불평등이나 권력의 불균형과 같은 근본 원인을 간과할 수 있으며, 빈곤이나 범죄와 같은 문제를 체계적 결함이 아닌 단순한 기능 오류로 축소해 설명하는 경향이 있다. 이러한 시각은 사회의 안정과 유지 메커니즘을 이해하는 데는 유용하지만, 사회 변동이나 개혁적 접근을 설명하는 데는 이론적 한계를 지닌다.

2) 갈등이론

(1) 이론의 개관

갈등이론은 사회를 자원과 권력이 불균등하게 분배된 구조로 바라보며, 이로 인해 사회는 본질적으로 갈등과 긴장의 장으로 존재한다고 본다. 이 이론은 칼 마르크스(Karl Marx)의 자본주의 분석에 그 사상적 뿌리를 두며, 사회구조의 중심에는 지배계급과 피지배계급 사이의 구조적 대립이 존재한다고 주장한다(Marx, 2004). 마르크스에 따르면, 사회 제도는 중립적인 구조물이 아니라 지배계층의 이익을 유지 · 강화하기 위한 수단으로 기능하며, 이에는 사회복지제도도 예외가 아니다.

갈등이론은 사회문제를 기능의 부조화보다는 권력 불균형, 자원의 편중, 계급 간 이해관계의 충돌에서 비롯된 구조적 문제로 해석한다. 빈곤, 차별, 소외와 같은 현상은 단순히 개인의 무능력 때문이 아니라 제도의 작동 방식 자체가 불공정하게 설계되어 있기 때문이라는 관점에서 접근한다. 따라서 지역사회복지 실천은 단순한 서비스 전달을 넘어, 구조적 불평등을 분석하고 이에 저항하며 사회정의를 실현하는 과정으로 인식되어야 한다.

(2) 이론적 기반과 사회제도에 대한 비판적 이해

마르크스주의에 기반한 갈등이론은 자본주의 사회에서 권력은 자본의 소유자에게 집중되어 있으며, 교육, 종교, 법률, 복지제도 등은 이러한 권력을 정당화하는 이데올로기적 도구로 작용한다고 본다(Marx, 2004). 사회복지제도는 약자 보호라는 긍정적 기능을 수행하면서도 동시에 체제에 대한 불만을 완화하거나 억압하는 이중적 역할을 수행할 수 있다는 점에서 비판의 대상이 된다(Gil, 1976).

이 이론은 빈곤, 실업, 사회적 소외 등을 개인의 실패로 환원하는 설명을 비판하며, 이러한 문제의 근본 원인을 사회구조 속 권력의 불균형에서 찾는다. 제도는 종종 불평등을 은폐하거나 재생산하는 메커니즘으로 작동할 수 있으며, 따라서 사회복지 실천가에게 요구되는 것은 제도의 외형을 유지하는 기술자가 아니라 구조 개혁을 위한 비판적 주체로서의 역할이다.

(3) 적용 사례

갈등이론은 사회복지제도의 이중적 성격을 명확히 보여 준다. 예컨대 기초생활보장제도는 빈곤층의 생계를 보호하는 동시에 수급자의 삶을 규율하고 통제하는 장치로 작용할 수 있다. 수급자는 제도에 대한 과도한 의존과 낙인의 위험에 놓이며, 이는 복지 수혜가 권리이기보다 시혜로 간주되도록 만든다(Fraser & Gordon, 1994).

또한 노동시장에서의 구조적 차별 예를 들어, 여성, 청년, 비정규직 노동자의 낮은 임금과 불안정한 고용은 능력 부족의 문제가 아니라 권력 구조에 따른 배제의 결과로 설명된다. 지역사회에서의 재개발 사례 역시 마찬가지이다. 예를 들어 B지역의 재개발 과정에서 원주민이 퇴거를 강요당하고, 개발 이익이 정치·경제 엘리트에 집중된 상황은 갈등이론의 핵심 논지를 잘 보여 주는 사례이다. 이에 맞서 주민들은 공동체 조직을 결성하여 집단행동을 통해 정책 변화를 요구하였으며, 이는 지역사회 내 구조적 불평등에 대한 저항의 한 예로 볼 수 있다.

(4) 한계점

갈등이론은 사회를 지나치게 대립과 투쟁 중심으로 해석함으로써 협력과 합의의 가능성을 간과할 수 있으며, 모든 제도를 지배계층의 도구로 보는 관점은 제도의 긍정적 기능을 충분히 설명하지 못한다. 이러한 한계로 인해 복지 실천 현장에서는 갈등이론의 설명력을 활용하되, 기능주의 등과의 통합적 접근을 통해 이론적 균형을 유지할 필요가 있다. 결과적으로 갈등이론은 비판적 분석에 유용하지만 실천에서는 보다 다층적인 시각이 요구된다.

2. 사회체계이론과 생태학이론

1) 사회체계이론

(1) 이론의 개관

사회체계이론은 사회를 독립적이고 폐쇄적인 단일 실체로 보기보다는, 상호작용하는 다양한 하위체계들이 유기적으로 연결된 복합적 구조로 이해한다(Bronfenbrenner, 1979). 개인은 고립된 존재가 아니라 가족, 또래 집단, 조직, 지역사회, 국가 등의 다양한 사회체계에 동시에 소속되며, 이들 간의 상호작용 속에서 행동과 인식이 형성된다.

이 이론의 이론적 기반은 니클라스 루만(Niklas Luhmann)의 체계이론에서 찾을 수 있다. 루만은 현대 사회를 정치, 경제, 교육, 복지 등 기능적으로 분화된 하위체계로 구성된 자율적 구조로 보았다. 각 체계는 고유한 의사소통 코드에 따라 자기지시적(self-referential)이고 자기생산적(autopoietic) 방식으로 작동하며, 외부와는 상호작용하지만 내부 논리에 따라 스스로를 유지한다(Luhmann, 1995).

사회체계이론은 복잡한 사회문제를 다층적 원인과 체계 간 상호작용의 결과로 설명함으로써, 통합적 이해와 개입을 가능하게 한다. 예컨대, 청소년의 학교 부적응은 단지 개인의 심리적 문제에 국한되지 않고, 가족의 소통 방식, 또래와의 갈등, 지역사회 내 교육 자원 부족 등 다양한 요인의 복합 작용으로 분석된다.

또한 이 이론은 하나의 체계에서 발생한 변화가 다른 체계에 연쇄적 영향을 미칠 수 있음을 강조한다. 지역사회복지에서 이러한 관점은 복지 실천이 단일 차원에서 머무르지 않고, 다양한 체계와의 연결과 조율을 통해 보다 효과적인 개입을 설계할 수 있게 한다.

(2) 적용 사례

C지역 청소년센터는 자해 시도 증가라는 문제에 대응하기 위해 사회체계이론 기반의 다차원적 개입을 설계하였다. 이 센터는 청소년 문제를 단지 개인의 심리적 요인으로 제한하지 않고, 가정, 학교, 또래 집단, 지역사회라는 주요 하위 체계를 함께 고려하였다.

구체적으로는 부모 교육을 통한 가족체계의 개선, 교사 연수를 통한 학교 체계의 민감도 향상, 또래 상담 프로그램을 통한 사회적 지지체계 강화, 전문기관 연계를 통한 지역자원 활용 등을 통해 통합적 접근이 이루어졌다. 이는 체계 간 상호작용과 연계를 중시하는 사회체계이론의 실제 적용 사례라 할 수 있다.

(3) 한계점

사회체계이론은 사회문제를 통합적으로 이해하는 데 유용하지만, 빈곤이나 불평등 같은 구조적 원인을 충분히 설명하지 못하고, 개념적 추상성으로 인해 실천적 적용이 어렵다는 한계를 지닌다. 억압이나 차별을 단순한 기능 불균형으로 축소할 위험이 있으며, 실천 현장에서 구체적 개입 전략으로 전환하기 위해서는 보완적 해석이 필요하다. 따라서 이론적 분석력은 높지만, 구조적 개혁과 실천적 구체화를 위해서는 타 이론과의 통합적 접근이 요구된다.

2) 생태학이론

(1) 이론의 개관

생태학이론은 인간을 환경과의 상호작용 속에서 존재하는 주체로 이해하며, 인간 행동과 문제를 둘러싼 다층적 구조와 상호작용의 맥락에서 분석한다. 특히 브론펜브레너(Bronfenbrenner, 1979)의 생태학적 모델은 인간 발달을 중심으로 개인을 둘러싼 환경을 미시체계, 중간체계, 외체계, 거시체계, 시간체계로 나누어 설명한다. 이는 인간의 행동이 단일한 요인에 의해 발생하기보다는 여러 환경 요인의 상호작용에 따라 형성된다는 전제를 바탕으로 한다.

브론펜브레너는 개인이 속한 일상적 환경인 미시체계(예 가족, 또래, 학교)에서부터, 이들 체계 간의 상호작용을 나타내는 중간체계, 개인에게 간접적으로 영향을 주는 외체계(예 부모의 직장, 지역 정책), 사회의 가치와 이념을 구성하는 거시체계(예 법, 문화), 그리고 시간의 흐름 속에서 나타나는 변화와 이행을 의미하는 시간체계까지 포괄적으로 설정하였다. 이러한 구조는 인간 발달과 사회문제에 대한 생태학적 분석 틀을 제공하며, 지역사회복지 실천에서도 개인과 환경 간의 관계를 통합적으로 이해할 수 있게 한다.

(2) 지역사회복지 실천의 생태학적 의미

생태체계이론은 지역사회복지 실천에서 개인을 고립된 존재가 아닌 다층적 환경 속에 위치한 주체로 간주한다. 실천가는 복지 대상자의 문제를 단일한 원인으로 환원하지 않고, 그가 속한 다양한 환경체계 간 상호작용을 분석하여 개입 전략을 수립한다. 특히 중간체계와 외체계에서 발생하는 기관 간 불일치, 자원의 단절 문제 등을 조정하는 연결자(linker) 또는 조정자(coordinator)의 역할이 강조된다.

또한 생태학적 실천은 체계 수준에 따라 개입의 방식과 목표가 달라져야 함을 시사한다. 예를 들어, 미시체계에서는 가족 내 정서적 지지와 일상 환경 개선이 중요하고, 거시체계에서는 제도적 불평등에 대한 구조적 개입이 필요하다. 이처럼 생태학적 실천은 다층적 분석과 그에 따른 맞춤형 개입을 요구하는 통합적 접근이라 할 수 있다.

(3) 적용 사례

D지역에서 시행된 저소득층 아동 지원 프로젝트는 생태체계이론의 적용 사례로, 아동을 둘러싼 다양한 체계에 동시에 개입하였다. 가족 수준에서는 부모 상담과 생활지원이 제공되었고, 학교와는 교육계획을 협력하여 수립하였으며, 지역사회에서는 도서관과 복지관의 자원을 활용해 아동의 사회적 관계망을 확장하였다. 또한 지자체는 제도적 기반을 마련하여 전반적인 정책적 환경을 강화하였다.

(4) 한계점

생태체계이론은 인간과 환경의 상호작용을 이해하는 데 유용하지만, 권력이나 구조적 불평등 같은 갈등 요소를 충분히 설명하지 못하고, 실천 현장에서는 모든 체계를 균형 있게 다루기 어려운 한계를 지닌다. 빈곤이나 차별과 같은 문제를 구조적 관점에서 분석하기에는 설명력이 약하며, 자원과 인력의 제약으로 인해 실제 개입은 일부 체계에 국한될 수 있다. 따라서 생태체계이론의 효과적 적용을 위해서는 체계 간 우선순위를 설정하고, 현실적인 실천 전략을 마련할 필요가 있다.

3. 자원동원이론과 교환이론

1) 자원동원이론

(1) 이론의 개관

자원동원이론(Resource Mobilization Theory)은 사회운동 및 사회문제 해결의 성패가 단순한 참여자의 수나 열정에 의존하는 것이 아니라, 얼마나 효과적이고 조직적으로 자원을 확보하고 활용하느냐에 달려 있다고 본다(McCarthy & Zald,

1977). 이 이론은 사회운동과 복지활동 모두를 전략적 · 체계적 관점에서 조명하며, 주요 자원으로는 재정, 정보, 기술, 인적 자원, 사회적 네트워크, 지지 기반 등이 포함된다.

지역사회복지 실천에서는 이 이론이 복지 문제 해결을 위한 실질적 전략의 틀로 활용된다. 단순한 자발성과 선의에만 기대기보다는 지역 내 자원을 구조화하고 통합하여 실질적 변화를 이끌어 내기 위해 실천가의 조직적 기획 능력과 네트워크 구축 역량이 요구된다. 이 이론은 복지 실천을 보다 지속가능하고 성과 중심적인 활동으로 전환시키는 데 기여한다.

(2) 이론의 핵심 내용

자원동원이론은 체계적 자원 관리와 조직화 수준이 실천 성과를 결정짓는 핵심 요인임을 강조한다. 성공적인 실천을 위해서는 계획 수립, 자원의 효율적 배분, 조직 구조의 견고함이 필수적이다. 이 이론은 단순한 물리적 자원뿐 아니라 사회적 자본—관계망, 지지 기반, 신뢰 등 도 중요한 자원으로 간주한다(Edwards & Foley, 2003).

자원동원이론은 또한 리더십, 조직 구조, 외부 협력 전략 등 다양한 요소를 분석 대상으로 삼아 실천 전략의 구체화를 지원한다(Kriesi, 1996).

(3) 적용 사례

E지역의 독거노인 고독사 예방 사업은 자원동원이론이 실천 현장에서 성공적으로 적용된 사례이다. 이웃살핌 네트워크는 자원봉사자, 지역 기업, 복지기관, 행정기관이 연계되어 물리적 · 인적 · 정보 자원을 통합 운용하였다.

이 결과, 고독사 발생률이 실질적으로 감소하였으며, 이는 단순한 방문 · 후원 활동을 넘어 조직적이고 전략적인 자원 운용이 복지 성과에 미치는 영향을 보여 준다(이준영 · 이현숙, 2020).

(4) 한계점

자원동원이론은 실천 효율성과 실행력을 강조하지만, 몇 가지 비판점도 존재한다. 첫째, 지역 간 자원 격차로 인해 자원동원 능력이 비대칭적으로 나타나 복지 격차를 초래할 수 있다. 둘째, 자원의 조직화와 확보에 초점을 지나치게 둘 경우, 사회문제의 구조적 원인, 불평등, 억압, 제도적 결함 등을 간과할 위험이 있다(민소영, 2019).

따라서 자원동원이론은 실천 전략 수립에 유용한 이론이지만, 구조적 분석과 사회정의 실현을 위한 보완적 접근이 병행되어야 한다.

2) 교환이론

(1) 이론의 개관

교환이론은 인간의 사회적 행동을 경제적 원리인 보상과 비용 간의 합리적 계산에 기반하여 설명하는 사회심리학 이론이다(Homans, 1961). 인간은 사회적 관계나 행동 속에서 얻는 보상이 그에 따르는 비용보다 크거나 최소한 상응할 때 그러한 관계를 유지하거나 행동을 반복하는 경향이 있다. 이처럼 교환이론은 경제적 사고 방식을 사회적 상호작용에 적용하여, 인간의 선택과 관계 형성을 설명하는 강력한 분석 도구를 제공한다(Blau, 1964).

지역사회복지 실천에서 이 이론은 주민참여, 자원봉사, 협력관계 형성, 서비스 이용 등의 영역에서 실용적인 틀로 활용된다. 참여자들은 정서적 만족, 사회적 인정, 소속감과 같은 보상이 충분하다고 느낄 때 자발적으로 활동에 참여하며, 이때 실천가의 주요 역할은 보상의 가치를 극대화하고 비용을 최소화하여 참여 동기를 유지 · 강화하는 것이다(Cropanzano & Mitchell, 2005).

(2) 이론의 핵심 개념

교환이론의 중심은 보상(reward)과 비용(cost)의 상호작용에 있다. 보상이란 특정 행동을 통해 얻을 수 있는 긍정적 결과를 의미하며, 이는 물질적 보상(예 금전, 혜택)뿐 아니라 인정, 애정, 신뢰, 소속감 등의 비물질적 보상을 포함한다. 반면 비용은 행동 수행에 따르는 시간, 노력, 감정 소모, 금전적 지출 등을 의미한다.

개인은 이들 요소를 합리적으로 평가하여, 보상이 비용보다 크거나 최소한 상응할 경우 행동을 지속하거나 관계를 유지하려는 경향을 보인다(Emerson, 1976). 특히 지역사회복지의 맥락에서 중요한 것은 금전적 보상뿐 아니라 사회적 보상(social rewards)의 역할이다. 지역주민이 받는 인정, 소속감, 감사 표현 등은 참여를 지속하게 하는 강력한 동기로 작용한다.

(3) 적용 사례

예를 들어, 한부모 가정을 대상으로 한 상담 프로그램에 참여하던 내담자가 "자존심이 상하고 번거롭다"며 중도에 이탈한 경우, 이는 프로그램의 보상이 비용(감정적 불편, 낙인 등)을 상쇄하지 못한 것으로 해석할 수 있다.

또한 F지역의 자원봉사센터는 활동 지속률 저하 문제를 해결하기 위해 '자원봉사 마일리지 제도'를 도입하고, 우수봉사자에게 감사패, 지역상품권, 명예의 전당 등 다양한 사회적 보상을 제공하였다. 이 전략은 자원봉사자의 만족감과 인정을 강화하였고, 참여율이 30% 이상 증가하는 효과를 보였다.

이러한 사례들은 교환이론의 핵심인 '보상이 비용을 상회할 때 행동이 지속된다'는 원리가 지역사회복지 실천에 실질적인 적용 가능성이 있음을 보여 준다.

(4) 한계점

교환이론은 인간 행동을 설명하는 데 유용하지만, 모든 행위를 계산적 보상에 기반한다고 보는 한계가 있다. 실제로 지역사회복지에서는 연민이나 공감, 도덕적 신념 같은 비합리적 동기가 실천의 핵심이 되며, 이는 교환이론이 설명하기 어려운 부분이다. 따라서 이 이론은 행위 동기의 일부를 설명하는 틀로 활용하되, 관계 중심적 · 구조 중심적 이론들과의 보완적 접근이 필요하다.

4. 엘리트이론과 다원주의이론

1) 엘리트이론

(1) 이론의 개관

엘리트이론(Elite Theory)은 사회 내 권력과 자원이 소수의 엘리트에게 집중되어 있으며, 이들이 주요 사회적 의사결정을 주도한다는 전제에 기반한 이론이다(Mills, 1956). 이러한 엘리트는 정치인에 국한되지 않고, 고위 관료, 대기업 경영자, 언론인, 학자 등 정치 · 경제 · 사회 전반에 걸쳐 실질적인 영향력을 행사하는 집단을 포함한다. 이들은 공공의 이익이라는 명분 아래 자신들의 이해관계를 합리화하거나 은폐하면서, 형식적으로는 민주주의를 표방하더라도 실제로는 권력의 독점적 운영을 가능하게 한다(Dye, 2001).

이 이론은 사회 내부에서 권력과 자원이 어떻게 분배되는지를 구조적으로 조망하며, 특히 사회복지정책의 결정과 실행 과정에서 소수의 엘리트가 자원 배분에 영향을 미칠 수 있음을 비판적으로 분석한다. 예컨대, 지역 내 복지자원이 정치적 유 · 불리 또는 영향력 있는 인사의 이해에 따라 배분될 경우, 정작 취약계층은 정책의 사각지대에 놓일 수 있다.

따라서 지역사회복지 실천가들은 단순한 서비스 제공자에 머물지 않고, 구조적 권력관계를 비판적으로 인식하며 주민의 참여 확대와 정책 감시 역할을 수행해야 한다.

(2) 이론의 핵심 내용

엘리트이론의 중심 개념은 사회의 결정권이 공개적이고 평등하게 분배되는 것이 아니라, 상호 연계된 소수 엘리트 집단에 의해 비공식적으로 장악되어 있다는 것이다. Mills(1956)는 이를 '권력 엘리트(power elite)'라고 명명하였으며, 이들은 정치, 경제, 군사 분야를 중심으로 상호 유착되어 국가 주요 의사결정 과정을 주도한다. Dye(2001) 또한 이들 엘리트가 단순히 상층 지위에 위치해 있는 것이 아니라, 정책 형성과 자원 배분 등 실질적인 권력 행사에 직접 관여하고 있다고 주장한다.

이러한 권력의 집중은 사회적 정당성이나 대표성을 가장한 채 제도적으로 정당화될 수 있으며, 일반 시민들은 형식적 참여에 국한될 뿐 실질적 영향력을 행사하지 못하는 경우가 많다. 다시 말해, 엘리트이론은 권력의 집중화와 재생산 구조를 분석하고, 사회정의와 공공성의 실현을 위해 권력 감시와 대안 제시의 필요성을 강조한다.

(3) 적용 사례

예를 들어, G지역의 한 사례에서 지역 복지예산이 특정 정치인의 영향 아래 소수 단체에 집중되었고, 이에 따라 저소득 고령층 등 실제 서비스가 절실한 집단은 배제되는 상황이 발생하였다. 이 문제는 지역 시민단체의 고발과 언론 보도를 통해 공론화되었으며, 이후 복지예산 심의체계 개편과 시민 참여 기반 거버넌스 구성이 이루어졌다.

이 사례는 엘리트 중심의 권력 구조가 복지 자원의 공정한 배분을 저해할 수 있으며, 시민 감시와 제도적 개입을 통해 보다 민주적인 복지체계를 구축할 수 있음을 보여 준다. 엘리트이론은 이러한 구조적 문제에 대한 비판과 실천적 대안을 동시에 제시하는 분석 틀로 기능할 수 있다.

(4) 한계점

엘리트이론은 권력과 자원의 집중을 구조적으로 분석하는 데 유용하지만, 모든 사회 현상을 지배와 피지배의 이분법으로 환원함으로써 협력과 제도적 진화 가능성을 간과할 수 있다. 지역사회복지 실천에서는 주민참여나 협력적 네트워크 등 긍정적 변화의 가능성이 중요한데, 엘리트이론은 이러한 역동성을 충분히 설명하기 어렵다. 따라서 이 이론은 권력 분석의 틀로 활용하되, 다원주의나 참여민주주의 이론과의 통합적 접근이 필요하다.

2) 다원주의이론

(1) 이론의 개관

다원주의이론(Pluralism Theory)은 사회를 다양한 이해집단이 상호 경쟁하고 협력하는 정치적 공간으로 이해한다. 이 이론은 사회 내 권력과 자원이 소수에게 집중되는 것이 아니라, 여러 집단 간의 상호작용을 통해 분산되고 조율된다고 본다(Dahl, 1961). 즉, 정책과 제도는 단일한 엘리트에 의해 일방적으로 형성되는 것이 아니라, 다양한 이해관계자들의 협상과 타협을 통해 구성된다는 것이다.

다원주의 관점에서는 갈등, 경쟁, 협력이 모두 정당한 정치적 과정으로 간주되며, 이는 권력이 특정 집단에 독점되지 않고 일정 수준으로 분산되어 있다는 전제에서 출발한다. 이러한 이론은 지역사회복지의 맥락에서 다양한 행위 주체들의 참여와 협력이 중심적 가치임을 강조한다. 주민, 민간기관, 시민단체, 전문가, 공공기관 등 다양한 이해당사자들이 복지정책의 형성과 집행 과정에서 협력적으로 작동할 때, 복지의 민주성, 수용성, 대표성이 제고될 수 있다.

결과적으로, 다원주의이론은 지역사회복지를 공공적이고 개방적인 영역으로 인식하게 하며, 거버넌스 체계 구축의 방향성과 운영 원리를 제시하는 이론적 기반이 된다.

(2) 이론의 핵심 내용

다원주의이론은 사회 권력이 고정된 특정 집단에 집중되는 것이 아니라, 여러 이해집단 사이에 분산되어 있다고 주장한다. 이들은 정치 및 정책 결정 과정에 자율적으로 접근할 수 있으며, 공정한 경쟁과 견제를 통해 권력의 균형을 유지한다고 본다(Truman, 1951). 이론에 따르면, 노동조합, 시민사회단체, 종교기관, 기업, 지역사회조직 등 다양한 단체들이 정책 과정에 참여하며, 이들의 로비 활동이나 공론화를 통해 다양한 이익이 조정된다.

정책 결정은 단일 권위자에 의해 내려지는 것이 아니라, 여러 집단 간의 협의, 타협, 조율 과정에서 발생하는 결과물로 간주된다. 이때 특정 집단이 지나치게 영향력을 행사하면, 다른 집단의 반작용을 통해 견제 기능이 작동하는 메커니즘도 존재한다(Dahl, 1982).

이러한 관점은 사회가 본질적으로 이질적이고 다원적인 집단들로 구성되어 있으며, 집단 간의 경쟁과 협력이 정책 생산의 중요한 동력이 된다는 민주주의 이론과 맞닿아 있다.

(3) 적용 사례

H지역의 복지협의체 사례는 다원주의이론이 지역사회복지에 어떻게 적용되는지를 보여 주는 대표적인 예시이다. 이 지역에서는 주민, 복지기관, 지방정부, 전문가 등이 참여하는 지역사회복지협의체를 구성하여, 복지계획 수립 및 예산 편성 과정에서 의견을 수렴하고 반영한다. 공청회 개최, 설문조사, 온라인 시민 제안제 등을 통해 다수의 시민 참여가 보장되었고, 그 결과 청년복지, 노인복지, 장애인 접근성 개선 등 다양한 계층의 요구가 정책에 고르게 반영되었다.

이 사례는 복지정책이 특정 집단에 의해 독점되지 않고, 다양한 이해집단의 의견과 정보가 수렴되어 의사결정이 이루어질 수 있음을 보여 준다.

(4) 한계점

다원주의이론은 권력 분산과 민주적 참여를 이상적으로 제시하지만, 현실에서는 자본력과 정보력의 격차로 인해 소수자나 사회적 약자의 실질적 참여가 제약되는 구조적 한계를 지닌다. 집단 간 자율성과 평등한 경쟁이라는 전제도 자원의 비대칭성과 제도 접근성의 차이로 인해 실현되기 어렵다. 따라서 다원주의적 거버넌스가 효과적으로 작동하기 위해서는 형식적 참여를 넘어 실질적 평등성과 대표성을 보장할 제도적 장치가 필요하다.

5. 사회구성론과 권력의존이론

1) 사회구성론

(1) 이론의 개관

사회구성론(Social Constructionism)은 사회 현상이나 문제가 본래부터 존재하는 고정된 실체가 아니라, 인간 사이의 사회적 상호작용과 담론을 통해 구성되고 의미화된 것이라는 관점에서 출발한다(Berger & Luckmann, 1966). 즉, 어떤 현상이 사회문제로 간주되는지는 그것의 객관적 특성보다는 사회 내에서 어떻게 정의되고 해석되는지에 달려 있다.

이 이론은 사회문제를 단순한 '객관적 사실'로 간주하지 않으며, 언론, 정치, 제도, 전문가 담론 등 다양한 사회적 기제들을 통해 구성되는 과정에 주목한다. 지역사회복지 실천의 맥락에서 이는 실천가가 문제를 단순한 표면적 현상으로 받아들이기보다는, 그 문제에 대한 사회적 정의와 지배 담론, 서사 구조를 비판적으로 분석하고 개입할 필요가 있음을 시사한다.

예를 들어, 동성애, 노숙, 정신질환과 같은 주제들은 시대적 · 문화적 맥락에 따라 전혀 다르게 규정되어 왔다. 특히 노숙은 어떤 사회에서는 '개인의 책임 부족'으로 낙인찍히는 반면, 다른 사회에서는 '구조적 빈곤의 결과'로 이해된다. 이는 사회문제가 객관적 실체가 아닌, 사회적으로 구성된 해석의 결과임을 보여준다.

따라서 사회구성론은 지역사회복지 실천가로 하여금 보다 포용적이고 정의로운 담론을 형성하고, 사회적 인식을 전환할 수 있는 비판적 개입자로서의 역할을 수행할 수 있도록 하는 이론적 기반을 제공한다.

(2) 이론의 핵심 내용

사회구성론은 사회 현상이 객관적으로 존재하는 실체라기보다, 인간 상호작용과 담론을 통해 구성된 결과물이라고 본다. 사회적 현실은 언어, 상징, 미디어,

제도적 프레임 등 다양한 담론적 수단을 통해 형성되고 공유되며, 이는 공동체 내에서 반복적으로 재생산된다(Gergen, 2001).

이러한 관점은 사회문제의 정의가 절대적일 수 없음을 강조한다. 하나의 현상이 사회문제로 인식되기 위해서는 사회적 정의와 공감대가 형성되어야 하며, 이는 다양한 이해당사자 간의 담론을 통해 결정된다. 따라서 문제를 바라보는 시각은 시간, 문화, 계층, 정치적 맥락에 따라 다양하게 나타날 수 있다.

사회 구성은 언어와 상징이라는 담론적 도구를 통해 의미가 창출되고 확산되는 과정으로 작동하며, 이로 인해 동일한 현상에 대한 해석이 전혀 달라질 수 있다. 사회복지 실천에 있어 이러한 인식은 문제를 단지 존재하는 현실로 보기보다는 그것이 어떻게 구성되고 의미화되어 왔는지를 성찰하고 재구성하는 접근을 가능하게 한다.

(3) 적용 예시

사회구성론은 정책의 형성과 실천 방식이 사회적 인식과 담론에 따라 달라질 수 있음을 보여 준다. 예를 들어, 노숙인을 '무능한 개인'으로 보는 담론이 지배적일 경우, 정책은 통제적이고 선별적인 방식으로 작동하게 된다. 반면 노숙인을 '구조적 빈곤의 피해자'로 인식할 경우, 통합적 지원과 주거권 보장을 중심으로 하는 접근이 가능해진다.

또한 G지역의 청소년 흡연 정책 사례에서도 사회구성론적 접근이 확인된다. 기존에는 청소년 흡연을 '비행행위'로 간주하여 단속 중심의 정책이 시행되었으나, 청소년의 경험을 반영한 구성론적 시각이 도입되면서, 흡연이 스트레스 해소, 소외감 표현 등 사회적 맥락에서 이해되기 시작했다. 이에 따라 정책은 정서 지원과 참여형 프로그램 중심으로 전환되었고, 지역사회와 청소년 간의 신뢰 회복에도 긍정적 영향을 미쳤다.

이러한 사례는 사회문제에 대한 인식의 틀이 변화함에 따라 정책과 실천의 내용과 방식이 달라질 수 있음을 보여 주며, 사회구성론의 실천적 유용성을 강조한다.

(4) 한계점

사회구성론은 문제의 정의와 인식 구조를 비판적으로 성찰하는 데 유용하지만, 구조적 현실을 상대화하거나 간과할 위험이 있다. 절대적 빈곤이나 아동학대와 같은 실질적 피해를 담론 중심으로만 접근할 경우 문제의 심각성과 개입의 시급성이 약화될 수 있다. 따라서 사회구성론은 인식 비판 도구로 활용하되, 물리적 현실과 구조적 불평등을 고려한 균형 있는 시각이 필요하다.

2) 권력의존이론

(1) 이론의 개관

권력의존이론(Resource Dependence Theory)은 조직이나 집단이 생존과 성장을 위해 외부 자원에 의존할 수밖에 없다는 전제에서 출발한다(Pfeffer & Salancik, 1978). 자원의 흐름을 통제하는 주체가 권력을 갖게 되며, 자원을 제공하는 측은 조직에 대해 상대적으로 더 큰 영향력을 행사할 수 있다.

비영리조직이나 사회복지기관은 특히 재정, 인력, 정보 등의 핵심 자원을 정부나 후원기관에 의존하는 구조를 보인다. 이로 인해 조직은 자체 실천 철학이나 운영 방식에서 자율성을 제약받기 쉽고, 외부 정책 변화나 지원 조건에 민감하게 반응할 수밖에 없다. 예컨대 지역복지관이 시청의 예산에 과도하게 의존할 경우, 시의 복지정책 방향이 바뀌면 기존 프로그램의 방향이나 내용 또한 변화가 불가피할 수 있다. 이와 같은 현실은 조직의 정체성과 장기 전략의 일관성을 위협할 수 있다.

따라서 권력의존이론은 복지조직이 자원 의존이라는 현실 속에서 어떻게 자율성과 책무성을 확보하며, 외부 권력과 협상하고 지속가능한 구조를 구축해 나갈 수 있을지를 분석하는 유효한 이론적 틀을 제공한다.

(2) 이론의 핵심 개념

권력의존이론의 주요 개념은 다음과 같다.

첫째, 자원(resource)은 조직이 활동을 유지하는 데 필수적인 요소로, 재정, 인력, 정보, 시설, 기술 등이 포함된다. 대부분의 조직은 이 자원을 스스로 충족시키기 어렵기 때문에 외부에 의존하게 된다.

둘째, 의존(dependence)이란 조직이 필요한 자원을 외부에서 공급받을 수밖에 없는 구조를 말한다. 의존도가 높을수록 조직은 외부의 영향력에 취약하며, 정책 결정과 운영에 있어 자율성이 제한된다.

셋째, 권력(power)은 자원을 통제하거나 배분할 수 있는 능력을 의미한다. 자원을 통제하는 쪽은 조직에 대해 상대적으로 우월한 위치에서 영향력을 행사하게 되며, 이로 인해 비대칭적인 권력관계가 형성된다.

마지막으로, 조직은 정부, 기업, 재단 등 외부 환경과의 상호작용 속에서 권력관계를 형성하며, 이러한 관계를 조율하기 위한 전략이 요구된다. 특히 사회복지기관은 외부 자원에 대한 의존도가 높기 때문에, 환경 변화에 민감하게 반응하면서도 자율성을 유지하려는 전략적 노력이 필요하다.

(3) 적용 사례

예를 들어, A시의 한 사회복지관은 전체 예산의 85% 이상을 시의 보조금에 의존하고 있었다. 이에 따라 기관은 시청의 평가 기준과 행정 지침에 지나치게 순응하게 되었고, 결과적으로 지역주민의 실제 욕구와 기관의 실천 철학이 반영되기 어려운 상황이 지속되었다.

반면, H지역의 복지기관은 기업 후원, 주민 기부, 자체 수익사업 등 재정원을 다변화함으로써 외부 영향에 대한 의존도를 낮추었다. 또한 공공기관과의 협력관계에서 능동적으로 협상력을 발휘하며, 조직의 고유한 실천 전략을 유지할 수 있었다.

이러한 사례는 자원 의존 구조를 어떻게 인식하고 대응하느냐에 따라 복지조직의 지속가능성과 자율성이 달라질 수 있음을 잘 보여 준다.

(4) 한계점

권력의존이론은 외부 자원과 권력 구조를 분석하는 데 유용하지만, 사회복지기관처럼 공공성과 비영리성이 강한 조직은 현실적으로 외부 자원 의존을 피하기 어려워 완전한 자율성 확보에는 한계가 있다. 또한 권력을 자원 흐름과 통제 중심으로 단선적으로 설명하기 때문에, 정치적 · 제도적 · 문화적 맥락에서 작용하는 권력의 복합성과 역동성을 충분히 반영하지 못한다. 따라서 이 이론은 자원의존 구조에 대한 통찰을 제공하되, 보다 통합적이고 다층적인 이론과 병행해 활용할 필요가 있다.

6. 거버넌스이론과 사회자본이론

1) 거버넌스이론

(1) 이론의 개관

거버넌스이론(Governance Theory)은 전통적인 국가 중심의 위계적 통치(government) 방식에서 벗어나 정부와 민간, 시민사회 등 다양한 주체가 수평적 협력을 통해 공공 문제를 해결하는 새로운 통치 방식의 이론적 틀을 제공한다(Rhodes, 1996). 이는 명령과 통제를 중심으로 한 중앙집권적 구조에서 벗어나 분권화, 조정, 네트워크를 중시하는 통치 방식으로의 전환을 의미한다. 특히 복지 영역에서의 거버넌스는 복잡하고 다층적인 사회문제에 대응하기 위한 협치(co-governance)의 전략으로 간주된다. 이 과정에서 정부, 민간기관, 시민단체, 주민 등 다양한 행위자들이 상호 신뢰를 기반으로 복지 의제를 설정하고 공동 실천에 참여함으로써 지속가능한 복지공동체를 구축한다. 이에 따라 사회복지사는 단순한 서비스 제공자를 넘어 파트너십을 조정하고 협력 구조를 매개하는 실천가로서의 역할을 수행하게 된다.

(2) 이론의 핵심 개념

거버넌스이론은 참여, 협력, 조정, 분권을 중심 개념으로 한다. 이 접근은 다원적 이해관계자들이 정책의 기획, 실행, 평가 전 과정에 공동으로 참여하며, 역할과 책임을 분담하는 구조를 지향한다. 첫째, 다양한 주체의 참여를 통해 민주성과 대표성이 강화된다. 둘째, 기존의 계층적 지시체계와는 달리, 동등한 위치에서의 협력관계가 형성된다. 셋째, 분권화는 지역 단위 및 조직 간 권한 분산을 가능케 하며, 넷째, 공공 가치는 공동생산되는 사회적 실천으로 재정의된다.

(3) 적용 사례

첫째, A지역의 복지계획 공동 수립 사례에서는 복지행정기관, 민간기관, 전문가, 지역주민 등이 위원회를 구성하여 지역사회복지계획을 수립하였다. 이는 수평적 협치의 전형으로, 정책 의제 선정부터 실행까지 모든 과정에서 공동 의사결정이 이루어졌다. 둘째, B지역의 노인돌봄 협력 모델에서는 행정기관, 민간요양기관, 시민단체가 협력하여 서비스 제공, 정서 지원, 자원 연계 등의 역할을 분담함으로써 돌봄의 질과 효율성이 높아졌다. 셋째, G지역의 청년드림 거버넌스는 청년 실업 문제 해결을 위해 청년단체, 지자체, 기업, 중앙정부가 공동으로 참여하여 정책을 설계하고 실행하였고, 청년의 직접 참여를 제도화함으로써 실질적인 정책 성과를 달성하였다.

(4) 한계점

거버넌스는 효율성과 민주성을 동시에 추구하지만, 참여 주체 간 권력과 자원의 불균형으로 인해 형식적 참여에 그치거나 특정 집단에 유리하게 작동할 수 있다. 이해관계자 간 갈등 조정이 어려울 경우 정책 추진력이 약화되고, 책임 소재가 불분명하면 시스템에 대한 신뢰 저하로 이어질 수 있다. 따라서 거버넌스의 실효성을 높이기 위해서는 정교한 제도 설계, 조정자의 중재 능력, 명확한 역할 분담이 필수적이다.

2) 사회자본이론

(1) 이론의 개관

사회자본이론(Social Capital Theory)은 개인이나 집단이 속한 사회적 관계망

(social network) 속에서 형성되는 신뢰(trust), 규범(norms), 상호성(reciprocity), 네트워크(network) 등의 비물질적 자원이 공동체 내 자원 활용과 문제 해결에 실질적으로 기여한다고 보는 이론이다(Coleman, 1988 ; Putnam, 1993). 이러한 사회자본은 경제자본이나 인적 자본과 달리, 공동체 구성원 간의 관계성과 집합적 행위를 통해 생성되며, 공동체의 통합과 협동 문화를 강화하는 데 핵심적인 역할을 수행한다.

지역사회복지의 관점에서 사회자본은 외부 자원의 일방적인 투입만으로는 확보하기 어려운 지속가능성, 자조성, 주민 주도성을 실현하는 데 필수적인 자산으로 간주된다. 주민 간의 신뢰와 협력, 자발적 참여는 지역사회 문제 해결을 위한 집합적 역량을 높이며, 공동체 복지의 자율성과 회복탄력성을 증대시킨다.

(2) 이론의 핵심 구성 요소

사회자본이론은 다음과 같은 주요 구성 요소로 설명된다.

첫째, 사회적 네트워크는 사람들 사이의 연결망을 의미하며, 네트워크가 조밀하고 다양할수록 정보와 자원의 교류가 활발해진다.

둘째, 신뢰는 타인에 대한 기대를 의미하며, 협력의 기반이자 사회적 안정성의 토대가 된다.

셋째, 규범과 상호성은 사회적 규칙 및 호혜적 관계를 통해 협동 행동을 촉진하고, 사회 통합에 기여한다.

넷째, 결속형 자본(Bonding Capital)과 교량형 자본(Bridging Capital)은 각각 유사한 집단 간 강한 유대, 상이한 집단 간 느슨한 연결을 의미하며(Putnam, 2000), 이 두 자본이 균형을 이룰 때 사회자본의 순기능이 극대화된다.

(3) 적용 사례

사회자본이론은 실제 지역사회복지 실천에서 다음과 같은 사례로 구현된다. H지역에서는 마을회관 프로그램, 주민협의체, 지역 축제 등을 통해 주민 간 상호작용이 증가하고, 그 결과 공동체 소속감과 생활 만족도가 높아졌다. 또한, 노인을 대상으로 한 식사 배달, 공동 육아, 순찰 활동 등은 신뢰와 상호성을 바탕으로 이웃 간 연대감을 형성하고, 제도적 복지의 한계를 보완하고 있다. 동 단위 마을회의나 중재 프로그램을 통해 이웃 간 분쟁을 예방하고 조율하는 체계는 사회자본이 실질적인 사회통합 기제로 기능할 수 있음을 보여 준다.

(4) 한계점

사회자본이론은 지역사회복지 실천에서 유용한 틀을 제공하지만, 내집단 중심성이 배제와 차별로 이어질 수 있고, 접근성의 불균등성은 소외계층의 자원 활용을 제약할 수 있다. 또한 미시적 관계망에 초점을 두기 때문에 구조적 불평등이나 제도적 문제를 근본적으로 해결하는 데에는 한계가 있다. 따라서 이 이론은 포용성과 개방성을 고려하고, 구조적 분석과의 통합적 관점에서 비판적으로 활용할 필요가 있다.

<표 4-1> 지역사회복지 주요 이론 비교표

이론명	핵심 관점	핵심 내용/개념	지역사회복지 적용 방식	한계점
기능주의 이론	사회는 유기적 체계이며 안정과 조화를 중시	AGIL 기능(적응, 목표달성, 통합, 잠재유형 유지)	기능 회복을 통한 사회통합	구조적 불평등 간과, 보수적 접근 한계
갈등이론	사회는 권력과 자원이 불균등하게 분배된 구조	마르크스의 계 갈등이론, 지배-피지배 구조 분석	구조적 불평등 해소를 위한 실천	지나친 대립적 해석, 제도의 긍정적 기능 간과
사회체계 이론	다양한 하위체계 간 상호작용을 강조	루만의 체계이론(자율적, 자기지시적 하위체계)	체계 간 연계 및 조율을 통한 통합적 개입	개념의 추상성, 구조적 문제 설명 부족
생태학 이론	개인과 환경의 다층적 상호작용 강조	브론펜브레너의 생태체계이론(미시~거시체계)	다층적 분석과 맞춤형 개입	구조적 불평등 설명 부족
자원동원 이론	실천 성과는 자원의 확보와 활용 능력에 따라 달라짐	전략적 자원 운용(재정, 인력, 네트워크 등)	조직화 및 기획력 강화 통한 실천	지역 간 자원격차, 구조분석 부족
교환이론	인간은 보상과 비용 간 합리적 계산을 통해 행동 결정	보상(물질 · 정서), 비용(노력 · 감정), 관계 유지 원리	참여 동기 유지 위한 보상체계 강화	비계산적 동기(공감 등) 설명 어려움

이론명	핵심 관점	핵심 내용/개념	지역사회복지 적용 방식	한계점
엘리트 이론	권력과 자원이 소수 엘리트에 집중됨	Mills의 권력 엘리트 개념, 정책 자원 분배의 불균형	주민참여 확대와 감시 기능 강조	협력 가능성 간과, 지나친 이분법적 해석
다원주의 이론	권력은 여러 집단 간 경쟁·견제를 통해 분산됨	Dahl의 다원주의 정치 모형, 집단 간 협상·조율 강조	다양한 이해당사자 참여 통한 정책 구성	자본력·정보력의 격차에 따른 형식적 참여 우려
사회 구성론	사회문제는 담론과 인식을 통해 사회적으로 구성됨	Berger & Luckmann의 구성주의이론, 문제 정의의 상대성	인식 변화를 통한 비판적 개입	실질적 피해나 구조적 원인 간과 가능성
권력의존 이론	조직은 외부 자원에 의존하며 자율성 제약을 받음	Pfeffer & Salancik의 자원의존이론, 권력=자원 통제력	자율성 확보 위한 전략 필요	권력의 복합성·맥락성 설명 부족
거버넌스 이론	정부-민간-시민사회 협력을 통한 문제 해결 강조	수평적 협치, 참여와 조정, 분권화 강조	공동의 복지 실천 및 정책 수립	권력 불균형 시 형식적 참여 우려
사회자본 이론	신뢰·규범·네트워크 등 비물질적 자산이 공동체 작동에 기여	Putnam의 결속형/교량형 자본 구분, 공동체 자조성 강화	공동체 연대와 상호 협력 강화	내집단 중심성, 자원 접근 불균형, 배제 위험

단원평가

1. 다음 중 기능주의이론에 대한 설명으로 옳은 것은 무엇인가?
   ① 사회를 본질적으로 갈등과 긴장의 장으로 본다.
   ② 각 사회 제도의 기능이 사회문제의 원인이라고 본다.
   ③ 사회를 유기적 체계로 보고 안정과 조화를 중시한다.
   ④ 권력과 자원의 집중이 사회문제를 유발한다고 본다.

해설 ③ 기능주의이론은 사회를 유기적이고 통합된 체계로 이해하며, 각 부분의 기능을 통해 전체의 안정성을 유지한다고 본다.

2. 파슨스의 AGIL 모형에 관한 설명으로 올바르지 않은 것은 무엇인가?
   ① A는 환경에 적응하기 위한 자원 확보를 의미한다.
   ② G는 집단적 목표를 설정하고 달성하는 기능이다.
   ③ I는 사회 구성원의 갈등 조정과 일체감 유지를 말한다.
   ④ L은 사회적 통제를 위한 강제적 규칙의 적용을 뜻한다.

해설 ④ L(Latency)은 가치와 규범을 전수하고 유지하는 기능으로, 강제적 규칙 적용보다는 사회화와 내면화가 중심이다.

3. 갈등이론의 관점에서 지역사회복지를 바라보는 시각으로 적절한 것은?
   ① 복지제도는 사회통합을 위한 중립적 장치이다.
   ② 복지제도는 권력과 자원의 불평등을 완화하는 역할만 한다.
   ③ 복지제도는 지배계층의 이익을 유지하기 위한 수단이 될 수 있다.
   ④ 복지제도는 개인적 노력 부족의 결과를 보완하기 위해 존재한다.

해설 ③ 갈등이론은 복지제도가 약자 보호와 더불어 지배구조의 유지를 돕는 이데올로기적 장치로 작동할 수 있다고 본다.

4. 다음 중 생태학이론에 관한 설명으로 옳은 것은 무엇인가?
   ① 사회문제를 단일 체계 내부의 기능 상실로만 본다.
   ② 체계 간 상호작용보다는 개인의 심리적 요인에 초점을 둔다.
   ③ 개인과 환경의 다층적 상호작용을 중시한다.
   ④ 권력 불균형과 계급갈등이 주요 분석 대상이다.

해설 ③ 생태학이론은 인간과 환경의 상호 교류와 다층적 체계 간 상호작용을 통해 문제를 해석한다.

5. 다음 중 사회체계이론에 대한 설명으로 옳은 것은 무엇인가?

① 사회문제를 각 제도의 기능 상실이나 부조화로 설명한다.
② 사회는 상호작용하는 하위체계들로 구성된 복합적 구조이다.
③ 자원과 권력의 불평등을 중심으로 사회문제를 해석한다.
④ 사회문제는 주로 특정 집단의 담론을 통해 구성된다고 본다.

해설 ② 사회체계이론은 사회를 독립적이고 고정된 단일 실체로 보지 않고, 상호작용하는 다양한 하위체계들이 연결된 복합적 구조로 이해한다. 이 관점에서는 개인의 행동과 문제를 가족, 학교, 조직, 지역사회 등 다층적 체계의 상호작용 속에서 분석하며, 하나의 체계에서 발생한 변화가 다른 체계에 연쇄적으로 영향을 미친다고 본다.

생각해 보기

- 기능주의이론과 갈등이론이 지역사회복지를 어떻게 다르게 해석하는지 간단히 비교하여 설명해 보시오.

Chapter 05

지역사회복지 실천 모델

개 요

지역사회복지실천 모델은 지역의 문제 해결과 주민 삶의 질 향상을 위한 조직적 개입 전략을 제시한다. 이 장에서는 로스단, 웨일과 갬블 등의 이론을 바탕으로 다양한 실천 모델의 특성과 적용 방법을 살펴보고, 지역사회복지사의 실천적 판단과 전략 수립에 필요한 통합적 관점을 제시한다.

학습목표

1. 지역사회복지 실천 모델의 개념과 이론적 기반을 이해하고 설명할 수 있다.
2. 주요 실천 모델(로스만, 웨일과 갬블, 포플 등)의 특징과 적용 전략을 비교·분석할 수 있다.
3. 지역사회 상황에 적합한 실천 모델을 선택하거나 통합하여 실천 계획을 수립할 수 있다.

1. 실천 모델 개요

지역사회복지 실천은 단순한 복지 서비스의 전달을 넘어, 지역 내 다양한 사회문제에 대응하고 주민의 삶의 질을 향상시키기 위한 체계적이고 조직적인 개입 과정을 포함한다(Popple & Leighninger, 2019). 이러한 실천은 단편적 처방이 아니라, 주민참여, 자원동원, 문제 해결, 공동체 역량 강화 등을 통합적으로 고려하는 전략적 행위로 이해된다. 이러한 맥락에서 다양한 지역사회복지 실천 모델들이 발전해 왔으며, 각 모델은 고유의 이론적 기반, 목표, 개입 전략을 중심으로 구성된다. 예컨대, 로스만(Rothman)의 세 가지 실천 모델(지역사회개발 모델, 사회계획 모델, 사회행동 모델)은 지역사회의 변화 방향과 참여 방식에 따라 구분되며, 사회구조적 맥락에 따라 그 효과성과 적합성이 달라진다(Rothman, 2008).

실천 모델은 지역사회복지사가 실천 현장에서 어떠한 가치와 목표를 바탕으로, 어떤 대상에게, 어떤 방식으로 개입할 것인가를 결정짓는 실천적 틀이 된다. 이는 단지 방법론의 선택을 넘어서, 복지 실천의 철학과 방향을 구체화하는 기준점으로 작용한다(Farrell & Bryant, 2009).

실천 모델은 대체로 다음과 같은 공통 요소를 갖는다. 첫째, 문제를 정의하고 개입 대상을 설정하는 이론적 전제. 둘째, 지역사회 자원과 구조에 대한 분석. 셋째, 주민참여와 관계 형성을 통한 실천 전략의 수립. 마지막으로, 목표 달성을 위한 개입 도구와 평가체계의 구성이다(Payne, 2014). 이러한 구성은 실천의 전 과정에서 지역사회 특성과 주민의 맥락을 반영하는 데 중요한 기준이 된다.

특히 지역사회는 경제적 · 사회적 · 문화적 자원이 불균형적으로 분포된 공간이므로, 하나의 단일한 모델이 보편적으로 적용되기 어렵다. 이에 따라 지역사회복지사는 다양한 실천 모델을 비교 · 분석하고, 현장의 조건과 주민 욕구에 부합하는 모델을 융합적 또는 선택적으로 적용할 수 있어야 한다(Lee, 2020). 이는 실천 모델이 이론과 실천을 매개하며, 지역사회 변화의 지향점을 제시하는 실천적 지도가 되어야 함을 의미한다.

2. 로스만(Jack Rothman)의 세 가지 지역사회복지 실천 모델

Jack Rothman(1967)은 지역사회복지 실천의 다양성과 복잡성을 체계적으로 설명하기 위해 세 가지 실천 모델—지역사회개발(Locality Development), 사회계획(Social Planning), 사회행동(Social Action)—을 제시하였다. 이 세 모델은 지역사회의 문제를 인식하고 개입하는 방식, 실천가의 역할, 주민참여의 수준 등에서 뚜렷한 차이를 보이며, 각기 고유한 철학과 전략을 지닌다(Rothman, 2008). 실제 현장에서는 이 세 모델이 상황에 따라 융합되어 사용되기도 하지만, 교육과 이론적 이해를 위해서는 각각의 특성을 명확히 구분하는 것이 필요하다.

1) 지역사회개발 모델(Locality Development Model)

지역사회개발 모델은 주민참여와 공동체 역량 강화를 핵심 원리로 삼는 실천 접근이다. 이 모델은 지역주민들이 자신의 문제를 직접 인식하고 자발적으로 참여하여 해결해 나가는 과정을 중시하며, 주민을 단순한 수혜자가 아닌 변화의 주체로 바라본다(Brager & Specht, 1973).

이 모델의 주요 가치로는 자조(self-help), 공동체 의식(community spirit), 주민참여(citizen participation), 신뢰 형성(social trust)이 있으며, 사회복지사는 조력자(facilitator)로서 주민들이 공동의 문제를 정의하고 해결하는 과정에 능동적으로 참여할 수 있도록 돕는다(Payne, 2014).

예를 들어, 지역 쓰레기 문제를 해결하기 위한 주민 자조조직, 고령자 돌봄을 위한 마을 안부 확인 모임, 마을 벽화 그리기와 환경 정비 등의 사례는 이 모델의 실천적 구현이라 할 수 있다. 서울시의 '마을공동체 만들기 사업'은 정책적 차원에서 지역사회개발 모델을 구현한 대표적 사례로 평가된다.

2) 사회계획 모델(Social Planning Model)

사회계획 모델은 지역사회 문제를 체계적이고 과학적으로 분석하여 합리적 해결책을 도출하는 데 초점을 둔 실천 모델이다. 이 접근은 전문가 중심의 상향식 의사결정 구조를 기반으로 하며, 효율성과 객관성, 기술적 개입을 강조한다(Weil & Gamble, 1995).

이 모델은 특히 복잡한 사회문제에 대한 실태 조사, 통계 분석, 정책 기획 및 자원 배분을 통해 문제를 해결하려는 전략적 계획 수립에 유용하다. 실천가는 기술자나 분석가로서 기능하며, 정책 결정자 및 공공기관과 협력하여 실천 전략을 수립하고 실행한다.

실제 사례로는 지방정부가 청소년 자살률 증가 문제에 대응하여 실태조사, 고위험군 선별, 통합 정신건강서비스 구축 등을 통해 체계적인 대응체계를 마련한 것이 있으며, 미국의 'Housing First' 정책은 주거권 보장을 중심으로 홈리스 문제를 데이터 기반으로 해결한 사회계획 모델의 전형적 예다.

3) 사회행동 모델(Social Action Model)

사회행동 모델은 구조적 불평등, 사회적 억압, 권력의 불균형에 도전하여 사회정의와 평등 실현을 목적으로 하는 실천 접근이다. 이 모델은 사회적으로 소외된 집단의 권리 회복과 제도 변화, 권력 재분배를 추구하며, 실천가는 행동가이자 옹호자로서의 역할을 수행한다(Hyde & Hopkins, 2004).

사회행동 모델은 시위, 집회, 조직화, 정치적 로비, 언론 활용, 법적 대응 등 집단적 행동을 통해 사회 변화를 도모하며, 당사자 중심의 조직화를 통해 권력 구조에 도전한다. 용산 철거민 투쟁, 주거권 운동, 노동자 연대 운동 등은 이 모델의 국내 적용 사례로 평가된다. 국외에서는 미국의 민권운동(Civil Rights Movement)이 대표적인 사례이다.

이 모델은 서비스 제공을 넘어 사회 구조 자체의 변화를 추구함으로써 지역사회복지의 정치적 · 변혁적 역할을 강조한다.

3. 웨일(Weil)과 갬블(Gamble)의 실천 스펙트럼 모델

1) 지역사회 역량강화

웨일과 갬블(Weil & Gamble, 2005)은 지역사회복지 실천이 고정된 모델이나 단일한 전략에 의존하기보다, 지역의 맥락과 주민의 특성에 따라 다양한 실천 방식이 통합적으로 적용되어야 함을 강조하였다. 이들의 실천 스펙트럼 모델(Spectrum of Community Intervention Models)은 총 8개의 영역으로 구성되며, 각 영역은 실천의 목적과 방법, 대상의 특성에 따라 구분된다. 그중 첫 번째 영역인 지역사회 역량강화(Community Capacity Building)는 주민 주도의 변화를 핵심으로 삼는 실천 접근이다.

지역사회 역량강화는 주민 스스로가 자신이 속한 지역사회의 문제를 인식하고, 이를 해결할 수 있는 능력(knowledge), 태도(attitude), 기술(skill)을 개발하도록 지원하는 과정이다(Harder, 2010). 이는 단순히 서비스를 제공하거나 외부 자원을 유입하는 방식이 아니라, 공동체 내부의 자생력과 조직적 회복력을 높이는 데 초점을 둔다. 궁극적으로는 지역사회의 지속가능성을 확보하고, 주민이 문제 해결의 수동적 수혜자가 아닌 능동적 주체로 성장할 수 있도록 하는 데 그 목적이 있다.

이 모델의 주요 구성 요소는 다음과 같다. 첫째, 주민참여는 역량강화의 출발점이다. 주민은 문제의 진단, 계획 수립, 실행, 평가 전 과정에 걸쳐 주체적으로 개입함으로써 실질적인 변화의 동인이 된다. 둘째, 자조성(self-help)은 외부의 일방적 지원이 아닌, 공동체 내부의 자원과 역량을 활용하여 문제를 해결하려는 태도를 의미한다. 셋째, 공동체 의식은 주민 간의 신뢰와 유대를 바탕으로 공동체에 대한 소속감과 책임감을 형성하게 한다. 넷째, 조직화된 역량강화는 주민이 개인을 넘어 집단으로서의 힘을 발휘하도록 지원하는 체계적인 훈련과 리더십 발달 과정을 포함한다(Gamble & Weil, 2010).

서울시 은평구의 한 지역에서 진행된 사례는 지역사회 역량강화 모델의 실천적 예시를 보여 준다. 이 지역에서는 주민들이 자발적으로 마을의 쓰레기 문제를 해결하고자 공동으로 자원 조사를 수행하고, 분리수거 캠페인과 벽화 작업을 전개하였다. 이 과정은 단순한 미화 활동을 넘어, 주민 간 신뢰 회복, 공동체의식 고양, 지역 자긍심 제고 등 다층적인 사회적 효과를 창출하였다(서울연구원, 2021).

이러한 실천은 단기적 문제 해결에 그치지 않고, 지역사회 전체의 문제 대응 능력을 향상시키는 기반이 된다.

2) 정책개입(Policy and Legislative Action)

정책개입은 사회문제를 구조적 차원에서 해결하고자 할 때 적용되는 대표적인 지역사회복지 실천 전략이다. 이는 단순한 서비스 제공의 수준을 넘어, 법률과 제도, 정책의 변화를 통해 문제의 재발을 방지하고 사회적 약자의 권리를 제도적으로 보장하는 것을 목적으로 한다(Weil, Reisch, & Ohmer, 2013). 정책개입은 특히 개인이나 소규모 공동체 차원의 해결 방식으로는 한계가 있는 반복적이고 복합적인 사회문제에 효과적인 개입 방식으로 간주된다.

이 접근은 사회문제의 원인을 정책 환경에서 찾고, 이를 개선하기 위한 전략적 활동을 포함한다. 구체적으로는 정책 분석, 법 개정 요구, 공청회 참여, 시민 로비, 캠페인 활동, 언론 보도 및 여론 형성 등의 다양한 방법이 활용된다(Haynes & Mickelson, 2010). 이러한 활동은 단지 제도적 권한을 가진 사람들을 설득하는 데에 그치지 않고, 사회적 불평등의 구조를 인식하고 이를 변화시키기 위한 시민참여적 실천을 동반한다.

실천 현장에서는 시민단체, 전문가, 당사자 집단 등이 연대하여 정책 변화를 도모한다. 예를 들어, 한 시민단체가 장애인의 이동권 확보를 위해 전개한 정책개입 사례는 이 전략의 실제 적용을 잘 보여 준다. 해당 단체는 대중교통 접근성에 대한 문제를 공론화하고자 언론을 통한 이슈 제기, 공공기관 질의서 제출, 서명운동 등의 활동을 전개하였다. 그 결과, 국회는 관련 법률을 개정하였고, 장애인의 접근권을 확대하는 교통 정책이 마련되었다(한국장애인단체총연합회, 2020).

이는 정책개입이 현장의 문제 인식에서 출발하여 제도 개선으로까지 확장될 수 있음을 입증한 대표적 사례이다.

정책개입의 효과는 단기적인 서비스 제공을 넘어선 장기적이고 구조적인 변화에서 확인된다. 특히 사회복지사는 이 과정에서 옹호자(advocate), 전략가(strategist), 정책 촉진자(policy facilitator)로서의 역할을 수행하며, 실천 현장에서 형성된 주민의 목소리와 문제의식을 제도권 내 의사결정 구조에 반영시키는 매개자 역할을 담당한다(Jansson, 2019).

3) 사회행동 및 조직화(Social Action and Community Organizing)

사회행동 및 조직화는 구조적 불평등과 억압에 맞서 지역사회 구성원들이 집단적으로 조직화되어 공동의 목소리를 내고, 정의롭고 공정한 사회 변화를 도모하는 실천 전략이다(Mullaly, 2010). 이 접근은 개인 수준의 권리 주장이나 제도 이용을 넘어서, 집단적 연대와 행동을 통해 사회구조 자체를 변화시키는 데 목적을 둔다. 특히 사회적으로 소외되거나 제도적으로 배제된 집단의 권리를 회복하고, 이들의 참여를 통해 사회정의를 실현하고자 하는 실천 방식이다(Weil et al., 2013).

이 모델에서 핵심은 '조직화된 집단행동'이다. 참여자들은 문제를 공론화하고, 다양한 직접 행동을 통해 사회에 압력을 행사함으로써 정책 변화를 유도한다. 시위, 캠페인, 집회, 기자회견, SNS를 통한 여론 형성, 행정기관과의 면담 등은 대표적인 사회행동의 도구이며, 이 과정은 자발적인 조직화와 명확한 목표 설정을 바탕으로 이루어진다(Hardcastle et al., 2011). 사회복지사는 이때 단순한 촉진자(facilitator)를 넘어 조직가(organizer)로서 주민들의 조직화를 돕고, 의사소통 구조를 설계하며, 집단의 역량을 체계적으로 강화하는 역할을 수행한다.

사회행동 및 조직화는 특히 권력에서 배제된 이들이 자신의 문제를 직접 해결하기 위한 집단적 실천을 가능하게 한다는 점에서 중요하다. 이는 지역사회복지가 단순한 복지 서비스 전달을 넘어서, 사회구조의 개혁을 위한 정치적 실천의 영역임을 강조하는 이론적 기반을 형성한다(Freire, 1970 ; Lee, 2011).

국내 사례로는 서울시 청년주거권 운동이 대표적이다. 대학가 주변 원룸 임대료 급등 문제에 대응하기 위해 여러 청년단체가 연합하여 거리 시위, 언론 대응, 온라인 청원 등의 활동을 전개하였다. 이러한 조직된 실천은 서울시 차원의 청년주택 지원정책 수립으로 이어졌으며, 이는 집단적 사회행동이 정책 변화를 유도한 성공적 사례로 평가된다.

4) 서비스 조정 및 연계(Service Integration and Coordination)

서비스 조정 및 연계는 사회복지 실천 현장에서 발생할 수 있는 서비스 간의 단절, 중복, 누락 문제를 해결하고, 클라이언트에게 필요한 복지 자원을 효율적이고 통합적으로 제공하기 위한 실천 전략이다(Miley, O'Melia, & DuBois, 2017). 복지 대상자의 욕구가 점점 더 복잡하고 다면화되는 현대 사회에서는, 단일 기관이나 전문 영역만으로는 효과적인 문제 해결이 어려우며, 다양한 자원을 유기적으로 연계하고 조정하는 접근이 필수적이다(OECD, 2015).

복지 대상자는 아동, 노인, 장애인, 저소득층, 위기가정 등 다양하며, 이들은 의료, 교육, 법률, 심리, 주거, 고용 등 여러 영역의 서비스를 동시에 필요로 한다. 이러한 복잡한 욕구를 충족시키기 위해서는, 복수 기관 간 협업과 정보 공유, 서비스 전달체계의 정비가 요구되며, 이를 통해 중복을 줄이고 누락을 방지함으로써 서비스의 질과 효율성을 높일 수 있다(Leutz, 1999).

서비스 조정과 연계의 핵심은 다기관 협력체계의 구축이다. 사회복지사는 이 과정에서 조정자(coordinator), 사례관리자(case manager), 또는 서비스 네트워크 설계자로서 기능하며, 기관 간 소통을 촉진하고 클라이언트의 개별적 욕구에 적합한 맞춤형 서비스를 설계하고 조정하는 역할을 수행한다(Pollack et al., 2012). 특히, 통합적 사례관리와 연계 프로토콜 수립, 정보 공유 시스템 정비 등은 서비스 간 경계를 허물고, 클라이언트 중심의 실천을 가능하게 하는 중요한 수단이다.

실천 사례로는 한 아동복지기관이 위기 아동을 대상으로 학교, 병원, 상담센터와의 연계를 통해 통합 사례관리를 수행한 경우를 들 수 있다. 이 기관은 아동의 복합적 욕구를 조율·지원하여 정서 안정, 학업 참여, 가정 복귀 가능성을 높이며 삶의 질 향상에 기여하였다.

5) 프로그램 개발 및 실행(Program Development and Implementation)

프로그램 개발 및 실행은 지역사회 내에서 특정한 문제나 욕구를 해결하기 위해 실천적 개입을 구조화하고 구체화하는 전략적 과정이다(Brooks et al., 2020). 이는 지역사회복지 실천의 가장 밀착된 현장 중심 접근으로, 지역주민의 실제 삶의 조건과 요구를 반영한 프로그램을 기획하고 실행함으로써 실질적 변화를 도모하는 데 중점을 둔다.

이 접근은 통상적으로 문제 인식, 욕구 사정, 목표 설정, 프로그램 설계, 실행, 평가의 순환적 단계로 구성된다. 각 단계는 지역사회 특성과 대상자의 맥락을 충분히 고려해야 하며, 주민의 적극적인 참여와 피드백 수렴 과정을 통해 프로그램의 적합성과 효과성을 향상시킬 수 있다(McDavid et al., 2019). 특히, 프로그램은 지역사회 내 자원과 인프라를 기반으로 현실 가능한 범위에서 설계되어야 하며, 실행 과정에서 유연한 조정과 지속적인 모니터링이 동반되어야 한다.

실천가는 이 전 과정에서 기획자(planner), 실행자(implementer), 평가자(evaluator)로서 복합적 역할을 수행한다. 이들은 지역사회 내 자원을 파악하고 조율하며, 프로그램의 실행 가능성을 판단하고, 실행 후에는 성과를 측정하고 환류(feedback)를 통한 개선을 도모한다. 이는 단순한 활동 수준의 실천을 넘어, 지역사회 내 구조적 변화를 유도하는 전략적 개입이자 지속가능한 지역복지 기반을 조성하는 핵심 방법이다(Jansson, 2018).

예를 들어, 고령화 농촌의 독거노인 고립 문제에 대응해 지역사회복지사가 기획한 '이웃 돌봄 자조모임'은 정기 모임과 공동 급식을 통해 사회적 관계와 정서적 안정을 회복시키고, 자조 역량을 높여 노인복지 정책의 기초 자료로 활용되었다.

6) 사회기획(Social Planning)

사회기획은 지역사회에서 발생하는 다양한 복잡한 문제를 체계적으로 해결하기 위해 전문적 지식과 분석 기법을 활용하여 장기적이고 전략적인 실천 계획을 수립하는 접근이다(Gil, 1998). 이는 지역사회복지 실천을 과학적이고 조직적인 틀로 구조화함으로써, 사회문제의 근본 원인을 진단하고 그에 적절한 개입 방안을 도출하는 데 목적이 있다.

사회기획은 대체로 전문가 중심의 실천 모델로 분류되며, 문제 해결 과정에서 정확한 자료 수집과 분석, 정책 환경에 대한 이해, 실행 가능성에 대한 평가가 핵심 요소로 작용한다(Midgley & Livermore, 2009). 실천가는 이 과정에서 조사연구자, 정책 설계자, 평가자로서 활동하며, 지역사회 내 자원의 효율적 배분과 제도 개선을 위한 실행 전략을 수립한다.

기획 과정은 문제의 정의, 욕구 사정, 자료 분석, 목표 설정, 자원 매핑, 실행 로드맵 수립, 평가 계획 마련의 일련의 단계로 구성된다. 각 단계는 실천 현장의 특성과 이해관계자의 요구를 균형 있게 반영하여야 하며, 계획의 실현 가능성을 높이기 위해 행정적 · 정책적 지원이 동반되어야 한다(Weil & Gamble, 2020).

사회기획에서는 주민참여가 주요 전략이기보다는, 전문가의 분석 역량과 정책적 설계 능력이 중시된다. 그러나 최근에는 기술관료주의적 기획을 보완하기 위해 참여적 기획(participatory planning) 방식이 도입되기도 하며, 지역주민과 이해관계자의 의견을 반영한 혼합형 접근이 실천 현장에서 점차 확대되고 있다(Rubin & Rubin, 2008).

구체적인 국내 사례로는 부산광역시의 노인복지 기획이 있다. 급속한 고령화에 대응하기 위해 시는 고령 인구가 밀집한 지역을 중심으로 생활 환경 및 건강 실태 조사를 실시하고, 이를 기반으로 주거 환경 개선, 건강 서비스 강화, 사회참여 기회 확대 등 맞춤형 노인복지 계획을 수립하였다. 이 계획은 과학적 자료 분석과 전문가 중심의 계획 수립 과정을 통해 실행되었으며, 지역주민의 삶의 질 향상에 기여한 정책 사례로 평가된다.

7) 리더십 개발(Leadership Development)

리더십 개발은 지역사회 내 지속가능한 사회 변화를 실현하기 위해 주민 리더를 발굴하고 이들의 역량을 체계적으로 육성하는 전략적 실천 접근이다(Weil & Gamble, 2020). 이는 단순히 대표성을 갖는 인물을 선정하는 것에 그치지 않고, 주민 스스로 지역사회의 문제를 인식하고 해결을 주도할 수 있는 태도와 기술을 함양하도록 지원하는 일련의 과정이다.

지역사회복지 실천에서 리더십 개발은 주민 주도성의 핵심 기제로 작용한다. 주민이 단순한 복지 서비스의 수혜자에서 벗어나 공동체의 변화와 개선을 이끄는 주체로 전환될 때, 자발적인 실천이 활성화되고 참여 기반의 민주적 문화가 조성된다(Checkoway, 1995). 이는 공동체 내부에서 형성되는 사회적 자본과 협력적 네트워크를 확장시키는 동력이 되며, 궁극적으로 지역사회의 지속가능성을 담보하는 기반이 된다.

실천가는 지역 내 잠재적 리더를 조기에 발굴하여, 이들이 조직 운영, 갈등 해결, 효과적 의사소통, 전략적 의사결정 등의 다양한 역량을 계발할 수 있도록 교육 및 훈련을 제공해야 한다. 이러한 지원은 형식적인 리더 양성을 넘어, 지역의 다양한 구성원들이 각자의 고유한 리더십을 발휘할 수 있도록 돕는 포괄적 접근을 포함한다(Minkler, 2012).

구체적인 실천 사례로는, 한 다문화 지역사회에서 진행된 여성 이주민 대상의 커뮤니티 리더십 교육을 들 수 있다. 이 프로그램을 통해 참여자들은 자신감과 주도적 사고를 함양하였고, 이후에는 마을 교육 프로그램 운영, 지역 행사 기획, 통역 봉사 등 다양한 역할을 수행하며 지역 내 실질적인 변화 주체로 자리매김하게 되었다. 이는 소외계층도 적절한 교육과 기회를 통해 지역사회의 핵심 리더로 성장할 수 있음을 보여 주는 대표적 사례이다.

8) 기타 융합적 접근(Mixed or Integrated Strategies)

기타 융합적 접근은 단일한 실천 전략만으로는 해결하기 어려운 지역사회 문제의 복합성과 다층성을 반영하여, 다양한 실천 전략을 통합적으로 설계하고 실행하는 복합적 개입 방식이다(Gamble & Weil, 2010). 이는 지역사회복지 실천의 총체적 접근을 지향하는 전략으로, 개입의 유연성, 적응성, 조정 능력을 핵심 가치로 삼는다.

복지 현장에서 마주하는 문제는 다차원적이고 서로 긴밀하게 얽혀 있기 때문에, 하나의 모델이나 고정된 전략만으로는 실질적인 변화를 도출하기 어렵다. 이에 따라 융합적 접근은 실천의 목적과 대상자의 특성, 지역의 구조적 여건에 따라 전략을 유연하게 배치하고 조정할 수 있는 실천가의 통합적 역량을 요구한다(Bracht & Tsouros, 1990). 예를 들어, 지역 문제가 단순한 서비스 제공으로 해결되지 않는 경우, 서비스 연계, 정책 개입, 주민 조직화, 리더십 개발 등 여러 전략을 복합적으로 조합하여 개입의 심화와 확장을 도모할 수 있다.

실천 사례로는 한부모 가정을 위한 통합 실천이 대표적이다. 단순한 생계지원이나 보육 서비스 제공만으로는 그들의 복합적 문제를 충분히 해결할 수 없었다. 이에 따라, 공공복지 서비스의 연계, 지역 네트워크 구축, 정책 개선을 위한 주민 의견 수렴, 자조모임 조직을 통한 정서적 지지 및 리더십 역량 강화가 통합적으로 이루어졌다. 이러한 융합적 개입은 한부모 가정이 경제적 안정뿐만 아니라 지역사회 내 주체로 성장할 수 있는 기반을 마련하였다.

4. 길버트(Gilbert)와 스펙트(Specht)의 실천 분석 모델

길버트와 스펙트(Gilbert & Specht, 1977)는 본래 사회복지정책 분석을 목적으로 개발한 분석 틀을 지역사회복지 실천에도 적용할 수 있는 체계적 접근을 제시하였다. 이 모델은 지역사회복지 실천을 구성하는 핵심 요소를 네 가지 기준, 즉 급여의 형태(what is delivered), 전달체계(how is it delivered), 재원 조달 방식(how is it financed), 대상자 범주(who receives it)로 구분하여 실천 프로그램과 정책을 구조적으로 분석할 수 있도록 돕는다. 이러한 틀은 지역사회복지 실천의 설계와 평가에 있어 일관성 있고 종합적인 접근을 가능하게 하며, 실천의 방향성과 자원 배분의 적절성을 판단하는 데 실질적인 기준으로 작용한다.

1) 급여의 형태(What is Delivered)

급여의 형태는 사회복지 실천이 서비스 대상자에게 어떠한 자원을, 어떤 방식으로 제공하는지를 분석하는 주요 요소이다. 이는 복지정책이나 프로그램이 궁극적으로 추구하는 개입의 본질과 효과를 이해하는 데 핵심적인 기준이 된다. 길버트와 스펙트(Gilbert & Specht, 1977)는 복지 급여를 크게 현금 급여(cash benefits), 서비스 급여(in-kind services), 기회 제공(opportunity provision)의 세 가지 유형으로 구분하였다.

첫째, 현금 급여는 대상자의 생계 유지를 위한 직접적인 금전 지원을 의미한다. 이는 수혜자의 선택권을 존중하면서도 자율성을 증진시키는 방식으로, 대표적으로 기초생활보장제도의 생계비 지원이나 아동수당, 양육수당 등이 이에 해당한다. 현금 급여는 행정비용이 상대적으로 낮고, 시장을 통한 자율적 소비가 가능하다는 장점이 있지만, 자원 낭비나 부적절한 사용에 대한 우려가 존재할 수 있다.

둘째, 서비스 급여는 돌봄, 교육, 의료, 주거, 상담 등과 같이 복지 서비스 제공자가 직접 대상자에게 비금전적 서비스를 제공하는 형태이다. 예를 들어, 재가노인을 위한 방문요양서비스, 장애인을 위한 직업재활서비스, 저소득 아동을 위한 방과 후 돌봄 프로그램 등이 이에 포함된다. 서비스 급여는 전문성을 바탕으로 표준화된 개입이 가능하며, 공공성의 실현에 효과적이다.

셋째, 기회 제공은 대상자의 자립과 사회통합을 도모하기 위해 필요한 교육, 취업, 창업, 사회 참여 등의 기회를 제공하는 형태이다. 이는 수혜자가 장기적으로 자생적 생활을 영위할 수 있도록 지원하는 데 초점을 둔다. 예를 들어, 여성가장을 대상으로 한 직업훈련 프로그램이나 청년 창업지원, 자조모임 및 주민참여 활동 지원 등이 이에 해당한다.

이처럼 급여의 형태는 단순히 '무엇을 제공하느냐'를 넘어, 사회복지 개입의 철학과 목표를 내포하는 중요한 구조적 요소이다. 각 급여 유형은 사회적 배경, 정책 목표, 대상자의 특성에 따라 선택적으로 또는 병행하여 활용될 수 있으며, 사회복지사는 대상자의 복합적인 욕구와 환경을 고려하여 가장 효과적인 급여 조합을 설계하는 전문성을 요구받는다. 특히 지역사회복지 실천에서는 급여의 형태가 주민참여, 공동체 강화, 자립 역량 제고와 직결되기 때문에, 실천가의 전략적 판단이 필수적이다.

2) 급여의 전달체계(How is it Delivered)

급여의 전달체계는 사회복지 서비스가 정책적으로 설계된 이후 실제로 대상자에게 어떻게 제공되는지를 나타내는 구조적 메커니즘을 의미한다(Gilbert & Specht, 1977). 이는 단순한 행정 절차를 넘어, 복지 실천의 현장에서 급여가 얼마나 효율적이고 적절하게 도달하는지를 판단하는 핵심 기준이다. 전달체계의 구성과 운영은 서비스의 접근성과 지속성, 품질, 효율성에 직접적인 영향을 미치며, 복지 정책의 실질적 효과를 결정짓는 중추적 요인으로 간주된다(Payne, 2021).

복지 전달체계는 일반적으로 공공 중심형, 민간 위탁형, 혼합형(공공-민간 협력형)으로 분류된다. 첫째, 공공 중심형 전달체계는 중앙정부나 지방자치단체 등 공공기관이 직접 서비스를 기획하고 집행하는 구조로, 국가 주도의 통제력과 정책 일관성이 확보되는 장점이 있다. 둘째, 민간 위탁형 전달체계는 공공이 정책과 재원을 마련하고, 서비스는 민간 복지기관이나 비영리단체, 사회복지법인 등이 수행하는 방식이다. 이 구조는 민간의 유연성과 전문성을 활용할 수 있으나, 공공성과 책임성 확보에 대한 관리가 병행되어야 한다. 셋째, 혼합형 전달체계는 공공과 민간, 지역사회 조직이 협력 네트워크를 통해 서비스를 제공하는 방식으로, 최근에는 지역사회 중심의 통합적 전달체계로 주목받고 있다(김형용, 2022).

예를 들어, 노인 돌봄 서비스의 경우, A지역에서는 지방자치단체 복지부서 소속 공무원이 직접 서비스를 제공하는 공공 중심 체계가 적용되고 있으며, B지역에서는 지역복지관이 위탁운영을 맡아 민간 인력을 통해 서비스를 전달하고 있다. 또한 일부 지역에서는 지자체, 복지관, 자원봉사센터, 지역의료기관이 협력하는 통합 사례관리 방식의 전달체계가 운영되기도 한다. 이처럼 지역별로 전달체계의 형태와 수준이 다양하며, 이러한 구조적 차이는 서비스 수급자에게 제공되는 복지의 질과 만족도에도 영향을 미칠 수 있다(이태희 외, 2025).

결론적으로, 급여의 전달체계는 단순한 물리적 경로가 아니라, 서비스가 설계된 목적에 부합되도록 '어떻게', '누구에 의해', '어떤 방식으로' 제공되는지를 결정짓는 복지 실천의 핵심 축이다. 따라서 사회복지사는 해당 지역사회의 전달체계의 특성과 자원 흐름을 면밀히 분석하고, 효과적인 서비스 연계를 위해 협업과 조정을 주도하는 실천적 조정자(coordinator)로서의 역량을 갖추어야 한다.

3) 재원 조달 방식(How is it Funded)

재원 조달 방식은 사회복지 서비스와 급여가 실질적으로 제공되기 위해 필요한 자금이 어떠한 원천에서, 어떤 방식으로 마련되는지를 분석하는 핵심 항목이다(Gilbert & Specht, 1977). 이는 복지제도의 지속가능성과 재정 건전성, 서비스 수혜자의 부담 수준, 형평성 실현 등 다양한 정책적 판단에 영향을 미치는 주요 요인이며, 실천적 차원에서도 복지 서비스의 안정성과 확장 가능성을 결정짓는다(Pierson, 2006).

사회복지의 재원 조달 방식은 일반적으로 다음과 같은 네 가지 주요 경로로 구분된다. 첫째, 조세 기반 조달(taxation)은 국가 또는 지방정부가 국민으로부터 징수한 세금을 기반으로 공공복지 예산을 마련하는 방식이다. 이는 대표적인 공공복지 제도의 재정 원천으로, 기초생활보장제도, 아동수당, 장애인연금 등 대부분의 보편적 복지 서비스가 여기에 해당한다. 조세 기반은 수평적 · 수직적 형평성을 실현하는 데 강점을 가지지만, 정치적 환경에 따라 예산의 안정성이 영향을 받을 수 있다(Spicker, 2014).

둘째, 사회보험료(social insurance)는 일정한 보험료를 납부한 가입자를 대상으로 필요시 급여를 제공하는 제도로, 고용보험, 건강보험, 산재보험, 국민연금 등이 이에 속한다. 사회보험은 수급권과 납부의 연계를 기반으로 하며, 안정성과 지속가능성이 비교적 높지만, 가입 이력이 부족한 취약계층은 배제될 가능성이 있다(Esping-Andersen, 1990).

셋째, 기부 및 민간 후원(donations and philanthropic support)은 개인, 기업, 종교단체, 재단 등 민간 주체의 자발적 재원을 통해 복지 서비스를 제공하는 방식이다. 이는 특정 소외계층이나 긴급구호 대상자에게 유연하고 신속하게 서비스를 제공할 수 있는 장점이 있으나, 재원의 일관성과 장기 지속가능성 측면에서는 제약이 있다. 예컨대, 사회복지공동모금회나 NGO가 운영하는 장학금, 무료급식 사업 등이 이에 해당한다(김수정, 2021).

넷째, 이용자 부담(user charges)은 서비스 수혜자가 일부 비용을 직접 부담하는 방식으로, 주로 수익자 부담 원칙에 근거한다. 예를 들어, 노인요양시설 이용 시 본인부담금 제도가 이에 해당하며, 서비스의 남용을 방지하고 공공재원 부담을 완화할 수 있다는 점에서 장점이 있으나, 저소득층에게는 진입 장벽이 될 수 있어 신중한 설계가 요구된다.

이처럼 사회복지 재원은 그 확보 방식과 운영 구조에 따라 제도의 실효성과 수혜자의 접근성에 중요한 영향을 미친다. 따라서 사회복지사는 다양한 재원 조달 메커니즘을 이해하고, 대상자의 경제적 상황에 적합하면서도 지속가능한 서비스 제공이 가능하도록 재정 구조를 설계하고 조율하는 실천적 역량이 요구된다. 아울러, 복지 재정의 투명성, 책무성(accountability), 재정 효율성을 확보하기 위한 정책적 · 제도적 개선도 병행되어야 할 과제로 남아 있다.

4) 대상자 범주(Who Receives it)

사회복지 서비스의 대상자 범주란 복지 급여나 프로그램이 누구를 위해 설계되고 실행되는지를 분석하는 핵심 요소이다(Gilbert & Specht, 1977). 이는 복지정책의 형평성, 효율성, 접근성에 대한 철학적 · 실천적 입장을 드러내며, 자원 배분의 우선순위와 사회정의 구현의 방향성을 가늠하는 기준이 된다(Saunders, 2002).

복지 대상자 선정 방식은 일반적으로 보편주의(universalism)와 선별주의(selectivism)라는 두 이념적 틀에서 출발한다.

첫째, 보편적 급여(universal benefits)는 사회 구성원 모두에게 자격 심사 없이 일정 조건을 충족하는 경우 급여를 제공하는 방식이다(Spicker, 2014). 예컨대, 일정 연령 이상의 모든 노인에게 제공되는 기초연금은 대표적인 보편적 제도로, 행정 비용이 적고 낙인 효과를 줄이며, 사회통합을 강화하는 장점이 있다(남기민, 2023). 이러한 제도는 국민의 권리를 기반으로 하며, 복지를 보편적 권리로 규정함으로써 사회적 연대의 기반을 강화하는 데 기여한다.

둘째, 선별적 급여(selective benefits)는 소득, 자산, 사회적 조건 등 구체적인 자격 기준을 설정하여 제한된 계층에게만 급여를 제공하는 방식이다. 이는 제한된 재원을 보다 필요성이 큰 계층에게 집중하기 위한 전략으로, 기초생활보장제도의 생계급여처럼 특정 소득 이하의 가구만을 대상으로 하는 제도가 대표적이다. 선별주의는 자원 효율성을 높이는 데 효과적일 수 있으나, 신청 절차에서의 낙인감(stigma)과 배제 문제(exclusion error)가 발생할 수 있다는 비판도 존재한다(Bradshaw, 2010).

이외에도 복지 정책은 특정 소수자 집단(예 장애인, 한부모 가정, 이주민)이나 위기 상황에 처한 계층(예 실직자, 위기청소년)을 대상으로 하는 경우도 많다. 이러한 접근은 소수자 권리 보장과 사회적 약자 보호를 핵심 가치로 삼으며, 불평등 구조를 완화하고 사회적 기회를 재분배하는 기능을 수행한다(Béland & Gran, 2008).

결론적으로, 복지 대상자의 범주 설정은 복지 정책이 실질적으로 누구에게, 어떤 방식으로 영향을 미치는지를 결정하는 핵심 설계 요소이다. 이에 따라 사회복지사는 지역사회의 인구 구성과 사회적 맥락을 고려하여 적절한 대상자 범주를 도출하고, 정책 입안자와 협력하여 포용적이면서도 형평성 있는 서비스를 제공해야 한다.

5. 테일러(Taylor)와 로버츠(Roberts)의 실천과정 중심 모델

테일러와 로버츠는 지역사회복지 실천에서 과정 중심의 접근을 강조하며, 실천이 일회적 개입이 아니라 연속적이고 순환적인 과정임을 보여 주는 다섯 가지 단계의 모델을 제시하였다. 이 모델은 지역사회 문제를 체계적으로 해결하기 위한 절차적 틀을 제공하며, 실제 현장 적용이 용이하다는 특징을 가진다.

1) 문제 인식(Problem Identification)

지역사회복지 실천의 출발점은 지역 내 존재하는 문제를 명확히 인식하고 정의하는 과정이다. 이는 단순히 문제를 표면적으로 나열하는 수준을 넘어서, 문제의 발생 배경과 사회 구조적 맥락을 분석하고, 해당 문제가 지역사회 구성원에게 어떤 영향을 미치는지를 다각도로 고찰하는 과정을 포함한다(Rothman et al., 2001). 문제 인식 단계는 실천의 타당성과 전략의 방향성을 설정하는 기초 작업으로, 이후 단계의 성공 여부를 결정짓는 핵심적 절차라 할 수 있다.

문제 인식은 일반적으로 지역주민, 현장 실천가, 전문가, 공공기관 등 다양한 이해관계자의 참여를 통해 수행되며, 이들의 경험과 시각은 문제 정의의 다면성과 현실성을 높이는 데 기여한다. 특히 이 단계에서는 주관적 인식에 기반한 단편적 판단을 피하고, 데이터와 지역사회의 구조적 진단을 바탕으로 한 문제의 객관화와 사회적 합의 형성이 강조된다(Anderson & McFarlane, 2004).

예를 들어, A시에서는 청소년 비행이 급증하면서 사회적 문제로 부각되었다. 초기 대응은 단순히 청소년의 규율 위반에 초점을 맞추는 처벌 중심의 방식이었으나, 사회복지사들은 문제의 심층 원인을 파악하기 위해 지역 교사, 주민, 경찰, 부모와 함께 청소년 문제 대응협의체를 구성하였다. 이를 통해 청소년 일탈 행동이 가정 해체, 교육체계의 경직성, 지역 내 놀이·문화공간의 부족과 같은 구조적 요인과 밀접하게 연관되어 있음을 밝혀냈고, 그 결과 실천 개입의 방향이 단순 처벌이 아닌 사회적 환경 개선과 예방적 접근으로 전환되었다.

2) 자원 사정(Resource Assessment)

자원 사정은 지역사회 문제 해결을 위한 실천 전략을 수립하기에 앞서, 현재 활용 가능한 자원과 그 잠재적 가치를 체계적으로 파악하고 분석하는 과정이다. 이는 단순히 자원의 존재 여부를 확인하는 것을 넘어, 자원의 접근 가능성, 가용성, 연계 가능성, 활용 조건 등을 다차원적으로 평가함으로써, 실천 개입의 실효성과 실행력을 높이는 데 핵심적인 역할을 한다(Rothman et al., 2001).

자원 사정의 범주는 매우 광범위하며, 일반적으로 인적 자원, 물적 자원, 제도적 자원으로 구분된다. 인적 자원에는 사회복지사, 교사, 자원봉사자, 주민 리더 등이 포함되며, 물적 자원은 복지관, 학교, 주민센터, 회의실, 교통시설 등으로 구성된다. 제도적 자원은 지방정부의 정책 및 예산 지원, 민간 재단의 공모사업, 기존에 구축된 공공·민간 네트워크 등이 이에 해당한다(Nettles & Mincy, 2011).

이 과정은 지역사회의 자산 기반 접근(asset-based approach)과도 밀접하게 연관된다. 전통적인 문제 중심 접근과 달리 자산 기반 접근은 지역사회 내에 이미 존재하는 자원과 강점을 토대로 실천 전략을 설계하며, 주민 주도성을 강화하는 데 초점을 둔다(McKnight & Kretzmann, 1996). 자원 사정을 통해 확보된 정보는 실천 목표 설정, 전략 수립, 실행 계획 구체화 과정에 있어 현실적이고 지속가능한 기초 자료로 기능한다.

예를 들어, 청소년 비행 문제에 직면한 한 지역에서는 자원 사정 단계에서 청소년 관련 기관(학교, 상담소, 청소년문화센터), 사법기관(경찰서, 보호관찰소), 민간 단체(상담 전문가 그룹, 지역 NGO) 등과의 연계 가능성을 분석하였다. 또한, 회의 공간 확보 여부, 운영 예산, 자원봉사자 참여 가능성 등 구체적인 물리적 조건과 제도적 지원 요소를 점검하였다. 이를 통해 중복된 자원 활용을 방지하고, 부족한 자원은 외부 협력 또는 추가 확보 전략으로 보완함으로써 실천의 기반을 탄탄하게 다질 수 있었다.

3) 전략 수립(Strategy Planning)

전략 수립은 지역사회 문제 해결을 위한 실천 과정에서 핵심적인 중간 단계로, 자원 사정 결과를 바탕으로 실현 가능한 목표를 설정하고, 그 목표에 도달하기 위한 구체적인 개입 전략과 실행 계획을 수립하는 과정이다. 이는 단순한 계획 제시가 아니라, 지역사회 환경에 대한 충분한 이해를 바탕으로 현실적, 효과적, 그리고 지속가능한 방식으로 이루어져야 한다(Minkler & Wallerstein, 2008).

전략 수립은 대개 단기, 중기, 장기의 구분을 통해 단계별 목표를 설정하고, 각 단계별로 우선순위, 핵심 대상 집단, 자원 배분 계획, 역할 분담, 협력 네트워크 구성 등 세부 실행 요소를 함께 설계한다. 이러한 전략적 계획은 지역사회의 문제 해결을 단순 대응이 아닌 구조적 변화로 전환하는 데 필수적인 기초가 된다(Gamble & Weil, 2010).

또한, 전략은 지역사회 주민, 실천가, 관련 기관 등 다양한 이해관계자의 참여 속에서 수립되어야 하며, 이를 통해 실천의 수용성과 실행 가능성을 높일 수 있다. 공동 전략 수립은 주민의 주도성과 참여감을 고양시키며, 실천의 민주성과 정당성을 강화하는 수단이 된다(Popple, 2015).

예를 들어, 지역사회에서 청소년의 자립 역량 강화를 목표로 설정한 경우, 실천 전략은 다음과 같이 구체화될 수 있다. 첫째, 위기 청소년의 발굴을 위한 지역 아웃리치 프로그램을 강화한다. 둘째, 심리 · 사회적 상담 서비스를 확충하여 개별 지원체계를 마련한다. 셋째, 방과 후 보호 및 야간 쉼터 프로그램을 개발 · 운영함으로써 실질적인 보호 환경을 제공한다. 이러한 전략은 시간표, 평가 지표, 예산 배분, 참여기관의 역할 분장 등을 포함한 구조화된 실행계획과 함께 구성되어야 한다.

4) 행동 실행(Implementation)

행동 실행은 전략 수립 단계에서 설계된 실천 계획을 실제 행위로 전환하는 단계로, 지역사회복지 실천의 현장성과 실천력을 가장 직접적으로 반영하는 과정이다(Gilchrist & Taylor, 2016). 이 단계는 계획이 추상적 수준에 머무르지 않고, 구체적인 프로그램과 활동을 통해 현실화된다는 점에서 실천의 중심 축을 형성한다.

행동 실행은 다양한 목적과 상황에 따라 다양하게 구성될 수 있으며, 주요 형태로는 직접 서비스 제공, 주민 조직화 활동, 공공 캠페인, 교육 및 훈련 프로그램 운영, 정책 제안 및 로비 활동 등이 포함된다(Stepney & Popple, 2008). 무엇보다 실행 과정에서 지역주민의 능동적인 참여가 보장될 때 실천의 효과성과 지속가능성이 강화되며, 이는 궁극적으로 공동체의 역량 강화와 자생력 증대로 이어진다(Minkler & Wallerstein, 2008).

실천가는 이 단계에서 촉진자, 관리자, 조정자의 역할을 수행하며, 자원의 효율적 배분, 협력 네트워크의 활성화, 실천 내용의 모니터링과 피드백 체계의 구축 등에 주도적으로 관여해야 한다. 이는 실천의 유연성을 확보하고, 변화하는 지역사회 요구에 적절히 대응할 수 있도록 한다.

예를 들어, 청소년 비행 문제 해결을 위해 전략적으로 거리 아웃리치와 청소년 주도 조직화를 계획한 경우, 행등 실행 단계에서는 거리 상담 프로그램을 실질적으로 운영하고, 청소년 위원회를 구성하여 지역사회 활동 참여를 유도하는 실천이 필요하다. 이는 단지 문제 해결을 위한 개입을 넘어, 청소년이 지역사회의 주체로 성장할 수 있는 기반을 조성하는 역할을 수행하게 된다.

5) 성과 평가(Evaluation)

성과 평가는 지역사회복지 실천과정의 최종 단계로, 개입 활동이 설정한 목표에 도달했는지 여부를 점검하고, 실천의 효과성과 타당성을 체계적으로 분석하는 과정이다(Fawcett et al., 2000). 이는 단순히 결과를 확인하는 절차를 넘어, 실천 전반의 질적 · 양적 성과를 다면적으로 검토하고, 향후 개입 전략 수립을 위한 기초 자료를 제공한다는 점에서 중요한 의의를 갖는다(Pawson & Tilley, 1997).

이 단계에서는 사전에 수립된 성과지표와 목표를 기준으로 평가가 이루어지며, 통계 자료와 같은 정량적 지표뿐 아니라 참여자 경험, 만족도, 태도 변화 등과 같은 정성적 자료도 함께 고려된다. 특히, 실천의 수용성과 적절성, 참여자 중심성과 같은 요소는 양적 지표로는 파악하기 어려운 실천의 질을 반영하기 때문에, 다양한 평가 방법의 병행이 요구된다(Patton, 2012).

또한, 실천 성과 평가는 단일 평가자의 판단에 의존하기보다는, 클라이언트, 사회복지사, 지역사회 관계자 등 다양한 이해관계자의 의견을 수렴하여 다각적인 관점에서 이루어져야 한다. 이러한 다층적 평가 구조는 실천의 신뢰성을 높이고, 향후 개입의 정당성과 실행 가능성을 확보하는 데 기여한다.

또한, 청소년 비행 예방 프로그램 종료 후에는 비행률 감소·출석률 증가 같은 정량 지표와 참여자·실천가의 정성적 피드백을 함께 분석하여 효과를 종합 평가하고, 필요시 전략을 보완·재설계한다.

6. 포플(Mark Popple)의 지역사회복지 실천 모델

마크 포플(Mark Popple)은 지역사회복지 실천에서 실천가가 지니는 이념과 가치가 실천 방식에 결정적인 영향을 미친다고 강조하며, 지역사회복지를 세 가지 이념적 접근 유형으로 분류하였다. 이 모델은 사회복지 실천이 단순한 기술적 개입을 넘어 복지의 철학과 사회적 가치에 따라 방향이 달라질 수 있음을 보여주는 틀이다.

1) 보편주의적 모델(Universalist Model)

보편주의적 모델은 복지를 국가의 핵심 책무로 보고, 모든 국민이 조건 없이 접근할 수 있는 공공 권리로 간주하는 접근 방식이다. 이 모델은 복지 서비스를 특정 취약계층에게만 제공되는 시혜적 혜택으로 보지 않고, 사회 구성원 모두가 향유할 수 있는 공공재(public good)로 정의한다(Dean, 2010). 이러한 철학은 복지를 '권리(right)'의 관점에서 이해하고, 시민 전체를 복지 정책의 수혜 대상으로 설정함으로써 사회통합을 촉진한다(Esping-Andersen, 1990).

보편주의적 모델의 특징은 국가가 조세를 기반으로 복지 책임을 수행하고, 공공기관 중심의 전달체계를 통해 모든 국민에게 보편적 급여와 서비스를 제공하여 효율성과 형평성을 확보하며 낙인을 방지하는 것이다.

또한 이 모델은 단순히 문제가 발생한 이후에 개입하는 사후적 접근이 아니라, 조기 개입(prevention)과 예방 중심의 정책 설계를 중시한다. 예를 들어, 아동보호, 노인 돌봄, 기초 건강관리, 보편적 교육 등은 삶의 전 생애 주기를 포괄하는 지원체계로 통합되며, 이는 국민의 삶의 질을 구조적으로 보장하는 기반이 된다.

보편주의 모델이 가장 성공적으로 구현된 사례는 북유럽 복지국가(예 스웨덴, 노르웨이)에서 확인할 수 있다. 이들 국가는 아동수당, 기초연금, 무상교육, 무상의료 등 포괄적인 복지 제도를 운영하며, 복지를 시혜가 아닌 시민의 기본 권리로 규정하고 있다. 이러한 시스템은 높은 사회적 신뢰, 낮은 빈곤율, 높은 삶의 만족도와 같은 긍정적 사회적 성과와 연결되고 있다(Anttonen & Sipilä, 2012).

2) 잔여주의적 모델(Residual Model)

잔여주의적 모델은 복지를 국가의 기본 책임이 아닌 예외적 상황에 대응하기 위한 보완적 수단으로 간주하는 접근 방식이다(Gilbert & Terrell, 2013). 이 모델에서 복지 개입은 사회 구성원 개개인의 자조 노력과 가족, 시장의 기능이 모두 실패한 경우에만 제한적으로 제공되는 최후의 수단으로 인식된다. 즉, 복지는 정상적 사회 운영이 작동하지 않는 위기 상황에서만 임시적으로 허용되는 '잔여적(residual)' 형태의 개입이라는 관점이다.

잔여주의적 관점은 개인 책임을 강조하고 시장의 자유를 중시하여 국가의 역할은 최소화되며, 복지는 민간 자선·종교단체·지역사회 조직 등 비공식적 네트워크가 주로 담당하며 일시적·응급적 지원에 초점이 맞춰진다.

이 모델에서 복지는 권리(right)라기보다 시혜(charity)로 간주되며, 수급자는 종종 비정상적 상태의 존재로 낙인(stigmatization)되는 경향이 있다. 특히 복지 서비스의 접근 조건이 엄격하고, 자격 심사가 까다로운 경우가 많아 복지 수급의 문턱이 높다. 이러한 특성은 복지 배제가 구조화되기 쉬운 위험을 내포한다.

정책 실행 측면에서도 잔여주의적 모델은 사후적 처치(post hoc interventicn)를 중시하며, 예방보다는 사태 발생 후의 대응에 집중한다. 이는 복지 정책이 선제적으로 사회문제를 완화하기보다는 이미 발생한 문제에 대해 '응급조치'나 '보조적 조치'의 성격으로 작동하는 구조를 낳는다(Bambra, 2005).

대표적인 예로는 민간 기부에 의존하여 운영되는 무료급식소, 긴급의료비 지원, 갑작스러운 재난에 대응하기 위한 구호물자 제공 등에서 이 모델의 성격이 드러난다. 이러한 프로그램은 정부의 제도화된 개입보다는 민간의 자율성과 자선 활동에 크게 의존하며, 복지의 불균형성과 지역 간 편차를 야기할 가능성도 존재한다.

3) 급진적 모델(Radical Model)

급진적 모델은 사회복지를 단순히 개인의 고통을 완화하는 수단이 아니라, 기존 사회 구조의 근본적 변화를 위한 정치적 실천 도구로 간주한다. 이 접근은 사회복지 실천이 구조적 불평등을 정당화하거나 방치하는 체계를 유지하기보다, 사회정의와 평등을 실현하기 위한 집단적 변혁의 과정이어야 한다는 전제를 바탕으로 한다(Midgley, 1999).

이 모델은 자본주의 체제와 같은 기존 경제 · 정치 질서가 소수 엘리트 계층에 자원을 집중시키고 다수 대중의 권리와 기회를 제한한다고 비판한다. 이러한 구조 속에서 사회복지의 목적은 단순한 재분배를 넘어서 억압적 구조의 해체와 권력의 재구성, 그리고 사회적 약자의 권리 회복에 있다(George & Wilding, 1994). 따라서 복지는 개인의 수혜 차원을 넘어, 정치적 해방과 집단적 참여의 매개체로 기능해야 한다.

급진적 모델은 국가 복지를 기득권 유지 수단으로 비판하며, 시민 조직화·사회운동·참여민주주의·사회적 경제 등을 통해 기존 제도의 보완보다 사회 구조적 변혁을 지향한다.

실천 방식은 다양한 형태를 취할 수 있으며, 예컨대 집회, 시위, 캠페인, 정치 참여, 대안적 생산 조직(예 사회적 협동조합) 운영 등이 포함된다. 특히 노동자, 여성, 장애인, 이주민, 빈민 등 구조적으로 소외된 집단의 집단적 권리 주장을 통해 권력 재편과 사회 변화를 지향한다.

국내에서는 철거민 연대운동이나 비정규직 노동조합 조직화, 도시 빈민의 주거권 운동 등이 급진적 복지 실천의 사례로 볼 수 있다. 국외에서는 라틴아메리카의 민중 참여형 사회복지 정책(Bottom-up welfare policy)이나, 사회적 연대 경제를 기반으로 한 브라질의 연대협동조합(Cooperativa Solidária) 등이 급진적 접근의 실천 예로 언급된다(Maclean & Harrison, 2009).

<표 5-1> **지역사회복지 실천 모델 비교표**

모델명	구성자	핵심 가념	실천 전략/내용	주요 특징 및 적용
실천 모델 개요	공통 기반	지역사회복지 실천은 주민 삶의 질 향상을 위한 조직적 개입전략	주민참여, 자원동원, 공동체 역량 강화 등을 종합 고려	다양한 모델을 상황에 따라 융합/선택하여 적용 필요
로스만의 세 가지 모델	Jack Rothman	① 지역사회개발 ② 사회계획 ③ 사회행동	① 주민자조와 공동체 참여 ② 전문가 중심 문제 분석 및 계획 ③ 권력 불평등에 대한 집단적 실천	철학, 전략, 참여 수준별로 명확한 구분 및 적용 가능
웨일과 갬블의 스펙트럼 모델	Weil & Gamble	8개 실천 영역 (예: 역량강화, 정책개입, 조직화 등)	지역사회 역량강화, 정책개입, 사회행동, 서비스 연계 등 다양한 전략 통합	실천가의 전략적 통합 역량 요구, 주민 중심 실천 강조

모델명	구성자	핵심 개념	실천 전략/내용	주요 특징 및 적용
길버트와 스펙트의 분석 모델	Gilbert & Specht	사회복지 구성요소 4가지 : 급여 형태, 전달체계, 재원조달, 대상자 범주	무엇을, 어떻게, 누구에게, 어떤 방식으로 제공할지를 구조적으로 분석	정책 설계 및 프로그램 평가에 효과적 분석 틀 제공
테일러와 로버츠의 실천 과정 모델	Taylor & Roberts	5단계 : 문제 인식 → 자원 사정 → 전략 수립 → 실행 → 평가	실천의 순환적 구조 강조, 단계별 실천의 흐름과 역할 명확화	현장 적용 가능성 높고, 실천가 훈련과 교육에 적합
포플의 실천 모델	Mark Popple	이념에 따라 ① 보편주의 ② 잔여주의 ③ 급진주의	각 이념별로 복지의 책임 주체 · 대상 · 실천 방식이 달라짐	복지철학과 가치에 따라 실천 방향 결정, 비판적 실천 강조

단 원 평 가

1. 다음 중 로스만(Jack Rothman)의 세 가지 지역사회복지 실천 모델에 해당하지 않는 것은 무엇인가?

   ① 지역사회개발 모델　　② 사회계획 모델
   ③ 사회행동 모델　　④ 사회기획 및 조정 모델

해설 ④ 로스만의 세 가지 실천 모델은 지역사회개발, 사회계획, 사회행동이며, '사회기획 및 조정 모델'은 이에 포함되지 않는다.

2. 다음 중 사회계획 모델의 특징으로 옳지 않은 것은 무엇인가?

   ① 전문가 중심의 문제 해결을 중시한다.
   ② 과학적 분석과 체계적 계획을 강조한다.
   ③ 주민 자조와 공동체 의식 형성을 핵심 가치로 삼는다.
   ④ 정책적 · 제도적 차원의 개입이 포함될 수 있다.

해설 ③ 주민 자조와 공동체 의식은 사회계획 모델이 아니라 지역사회개발 모델의 핵심 가치이다.

3. 다음 중 사회행동 모델의 특징이 아닌 것은 무엇인가?

   ① 권력의 불평등에 도전하는 집단적 실천을 강조한다.
   ② 사회적 약자의 권리를 회복하기 위한 활동을 포함한다.
   ③ 전문가의 분석과 계획 중심의 상향식 접근을 중요시한다.
   ④ 시위, 캠페인, 정책 로비 등의 전략을 활용한다.

해설 ③ 전문가 중심의 상향식 분석과 계획은 사회계획 모델의 특징으로, 사회행동 모델의 특징은 아니다.

4. 다음 중 웨일과 갬블의 지역사회 역량강화 모델에 대한 설명으로 옳은 것은 무엇인가?

   ① 주민은 수동적 수혜자로서 전문가의 지시에 따른다.
   ② 외부 자원의 단기적 투입이 중심이 된다.
   ③ 주민의 학습과 자조성을 강화하는 데 초점을 둔다.
   ④ 정책 환경을 분석하고 제도를 개선하는 것이 주 목적이다.

해설 ③ 지역사회 역량강화 모델은 주민이 문제를 스스로 인식하고 학습하며 자조적 역량을 개발하도록 지원하는 데 중점을 둔다.

5. 다음 중 포플(Mark Popple)이 제시한 지역사회복지 실천 모델 중 급진적(radical) 모델의 특징으로 옳은 것은 무엇인가?

① 복지를 국가의 기본 책무로 보고 모든 국민에게 보편적 권리로 제공한다.

② 복지를 개인 책임의 관점에서 예외적 상황에만 제한적으로 제공한다.

③ 기존 사회 구조의 근본적 변화를 추구하며 정치적 실천을 중시한다.

④ 복지를 주로 민간 자선단체의 기부와 구호품 배분에 의존한다.

해설 ③ 급진적(radical) 모델은 복지를 단순한 문제 완화가 아닌, 구조적 불평등을 해체하고 사회정의를 실현하기 위한 정치적·변혁적 실천의 과정으로 본다. 따라서 사회복지사는 주민 조직화, 집단적 권리 주장, 권력 재구성을 위한 참여적 활동에 중점을 둔다.

생각해 보기

- 로스만의 사회행동 모델이 지역사회복지 실천에서 어떤 상황에 적합하며, 실천가의 역할은 무엇이라 생각하는가?

Part **03**

지역사회복지 실천과 기술

Chapter 06

지역사회복지 실천 과정

개 요

지역사회복지 실천 과정은 지역 문제를 발견하고, 주민과 함께 해결책을 모색하는 전략적이며 참여 중심의 활동이다. 이는 단순한 서비스 제공을 넘어, 주민의 집단적 역량을 조직하고 공동체의 자생력을 키우는 데 목적이 있다. 실천가는 조력자이자 촉진자로서 주민의 권한 강화를 지원하며, 실천의 각 단계는 주민참여, 자발성 존중, 자원 활용, 협력, 지속가능성 등의 원칙을 바탕으로 유기적으로 전개된다. 이 단원에서는 실천 과정의 흐름과 핵심 구성 요소를 살펴보고, 지역사회복지를 효과적으로 수행하기 위한 방향을 제시하고자 한다.

학습목표

1. 지역사회복지실천의 주요 원칙과 단계별 흐름을 이해하고 설명할 수 있다.
2. 지역사회 내 문제 해결을 위한 전략과 전술을 구분하고, 상황에 맞게 적용할 수 있다.
3. 실천의 전 과정에서 주민과의 협력적 관계를 바탕으로 실천가의 역할을 수행할 수 있다.

1. 지역사회복지 실천의 원칙

지역사회복지 실천을 효과적으로 수행하기 위해서는 우선 그 기본 원칙에 대한 이해와 실천 현장에의 적용이 선행되어야 한다. 여러 학자들이 다양한 실천 원칙을 제시해 왔으나, 이 글에서는 널리 활용되는 Ross의 원칙과 유동철 · 홍재봉(2024)의 이론을 바탕으로 다음과 같이 정리하고자 한다.

1) 개인의 문제가 아닌, 구조적 문제로의 전환적 인식

지역사회복지 실천은 개인의 어려움을 단순한 개인적 문제로 보지 않고, 사회구조 속에서 발생한 관계적 문제로 재해석한다. 이는 문제의 원인을 개인 내부에 국한하지 않고, 제도적 불균형과 사회적 배제 구조 속에서 파악함으로써 개입의 지평을 넓히는 실천 철학이다. 궁극적으로는 사회적 책임과 제도 개선을 통해 문제 해결의 가능성을 모색한다.

2) 주민의 권한화와 주체화에 기반한 실천 구조

주민은 더 이상 정책의 수동적 수혜자가 아니라, 지역사회 의사결정에 실질적으로 참여하는 능동적 주체로 재정의되어야 한다. 실천은 주민참여를 중심으로 공동체의 주권을 재구성하는 과정이며, 이는 곧 민주적 실천의 구현이라는 점에서 실천의 방향에 근본적인 전환을 요구한다.

3) 문제 지향에서 강점 지향으로의 패러다임 전환

지역사회는 단순한 결핍의 공간이 아니라 잠재적 자원과 역량을 지닌 공동체이며, 주민은 결함의 대상이 아닌 가능성의 주체이다. 실천은 개인과 공동체가 지닌 강점과 자원을 발굴하고 활용함으로써, 문제를 '극복해야 할 결핍'이 아닌 성장과 변화의 기회로 전환한다. 이는 지역사회복지 실천이 단순한 문제 해결을 넘어, 역량강화와 긍정적 전환을 지향해야 함을 의미한다.

4) 현실 기반 실천의 윤리 : '지금-여기' 원칙

사회복지 실천은 이상적 이론이나 외부에서 수입된 모델을 그대로 적용하는 과정이 아니라, 지역사회가 처한 구체적 현실에 기반하여 맥락 속에서 재구성되는 활동이어야 한다. 이러한 관점에서 '지금-여기(Now-Here)' 원칙은 실천의 윤리적 기준으로 제시되며, 이는 현장에서 마주하는 삶의 조건을 있는 그대로 수용하고, 그 맥락 안에서 변화와 개입의 가능성을 탐색하는 태도를 의미한다. 즉, 실천가는 지역사회가 처한 역사적 · 사회적 · 문화적 조건을 충분히 이해한 뒤, 그 안에서 가능한 개입 전략을 세워야 하며, 이를 통해 현실에 뿌리내린 실천(contextualized practice)을 구현할 수 있다. 이는 추상적인 이상보다 구체적 현실에 밀착한 실천이 보다 효과적이고 윤리적인 개입이 될 수 있음을 보여 준다.

5) 참여의 구조화와 실행 가능한 플랫폼 구축

참여는 단순한 선언이 아니라 구조적 제도화의 문제이다. 효과적인 사회복지 실천은 누구나 안전하게 의견을 표현하고 의사결정 과정에 참여할 수 있는 제도적 장치를 갖추는 것으로부터 출발한다. 이러한 참여 구조의 제도화는 실천의 민주성을 확보하고, 장기적 지속가능성을 담보하는 핵심 메커니즘으로 기능한다. 따라서 참여는 수동적 동원이 아닌 구조화된 플랫폼 위에서 실행되어야 하며, 이는 실천의 질을 결정짓는 중요한 기준이다.

6) 집단적 목표 설정과 운영의 집합적 합의성 확보

사회복지 실천은 공동체 내 다양한 이해관계를 조율하여 공통의 목표를 설정하고, 이를 실현하기 위한 운영체계를 집합적 합의를 바탕으로 구축해야 한다. 이는 실천 과정에서 발생할 수 있는 갈등을 예방하고, 추진 과정의 정당성과 지속성을 확보하는 전략적 조건이다. 구성원 간 합의는 단순한 의견 조율을 넘어, 실천의 방향성과 정체성을 형성하는 기반이 되며, 집단적 의사결정과 책임 있는 실행을 가능하게 한다.

2. 지역사회 문제 발견과 사정

지역사회 문제 발견은 실천의 출발점으로, 다양한 주체가 참여하여 주민의 욕구와 문제를 주관적 경험을 바탕으로 정의하는 과정이다. 이후 사정을 통해 원인과 자원, 욕구 등을 체계적으로 분석하고, 개입의 우선순위와 방향을 설정한다. 설문, 포커스 그룹, 관찰 등 다양한 조사 방법이 활용된다.

1) 지역사회의 환경 이해

(1) 지역사회의 발전 과정 이해

지역사회가 현재에 이르기까지 어떤 역사적 · 사회적 변화를 겪어왔는지를 파악하는 것은, 지역 문제의 구조적 배경을 이해하는 데 필수적이다. 예를 들어 도시화의 속도, 인구의 유입과 유출, 산업의 성장과 쇠퇴 등의 변화는 주거 환경, 고용 구조, 지역 간 불균형과 같은 핵심 사회문제와 밀접한 연관을 갖는다.

(2) 정치적 · 사회적 구조 분석

지방자치의 운영 방식, 주민참여의 제도적 기회, 지역 내 권력의 분포 및 의사결정 흐름 등은 사회복지 실천의 가능성과 한계를 결정짓는 주요 요소다. 특히, 주민 의견이 제도적으로 수렴되는 구조의 유무, 또는 특정 계층의 과도한 영향력 등은 복지정책의 형평성과 대표성을 평가하는 기준이 된다.

(3) 지역의 경제적 조건 분석

고용률, 평균 소득 수준, 산업 구조와 같은 경제적 지표는 주민의 삶의 질과 직결되며, 복지 서비스의 수요와 공급 구조에 영향을 미친다. 특히, 산업 쇠퇴나 지역 내 경제적 불균형은 빈곤, 주거 불안, 사회적 배제 등 복합적 문제로 이어질 수 있어 이에 대한 정밀한 분석이 필요하다.

(4) 사회문화적 특성 파악

지역주민의 가치관, 전통문화, 세대 간 인식의 차이, 외부 이주민과의 사회적 통합 정도 등은 지역사회의 통합성과 긴장도를 좌우하는 요소다. 이러한 문화적 요인은 주민의 욕구 표현 방식, 갈등 양상, 참여 수준 등에 영향을 미치므로, 복지 실천에서 문화 감수성에 기반한 접근이 요구된다.

2) 지역사회의 현재 상태 분석

(1) 지역주민의 욕구 파악

지역사회복지 실천에서 주민의 욕구를 정확히 이해하는 것은 핵심 출발점이다. 그러나 이는 단순히 주민이 '원하는 것'을 수집하는 수준을 넘어서, 지역사회 구성원이 실질적으로 필요로 하는 서비스와 변화의 방향을 구조적으로 파악하는 것을 의미한다. 즉, 개별 주민의 표면적 요구에 머무르지 않고, 지역 전체의 삶의 질 향상을 위한 사회적 결핍과 불균형의 구조를 드러내는 과정이어야 한다. 이를 통해 복지 개입의 우선순위를 명확히 할 수 있으며, 정책 수립의 근거를 마련하게 된다. 예를 들어, 특정 계층이 지속적으로 배제되고 있는 영역, 복지 사각지대에 놓인 인구 집단, 새로운 사회적 위험(예 디지털 소외, 고령화, 기후 위기 등)에 효과적으로 대응하지 못하는 제도적 공백 등을 식별하는 과정이 이에 해당한다. 이러한 분석은 지역사회복지가 개별 욕구 충족을 넘어, 구조적 변화와 사회적 통합을 지향해야 함을 보여 준다. 다음은 지역사회 욕구 조사 방법을 표로 정리한 예이다.

<표 6-1> 지역사회 욕구 조사 방법

조사 방법	개념	특징	장점
설문조사 (Survey)	다수의 사람에게 구조화된 질문지를 통해 획득한 양적 조사 방법	많은 사람의 의견을 빠르게 수집 가능, 객관적인 자료 확보에 유리함	많은 사람의 의견을 빠르게 수집하고 객관적인 자료 확보에 유리
포커스그룹 인터뷰 (Focus Group Interview)	6~10명의 소규모 그룹을 중심으로 특정 주제에 대해 토의하면서 정보를 수집하는 질적 방법	참여자 간 다양한 시각 공유, 심층적으로 탐색할 수 있음	심층적 이해 가능
2차 자료 활용 (Secondary Data)	기존에 존재하는 자료(통계, 보고서 등)를 분석하여 활용	주제 타당성과 연관성에 따라 활용 가치 다름	자료 접근이 용이하며 시간과 비용 절감 가능
관찰 (Observation)	현장에서 사람들의 행동, 환경 등을 직접 관찰하여 정보를 수집하는 방법	현장을 기반으로 하여 생생한 정보 확보 가능	자연스러운 상황에서 정보 수집 가능
지역사회 지도 그리기 (Community Mapping)	지역사회 주민이 지도를 직접 그리면서 지역사회의 공간적 구조와 자원을 시각화하는 방법	지역의 물리적 구조와 이해관계를 파악하는 데 유용함	주민의 참여를 통해 실제적 이해 제고에 효과적
민속학적 방법 (Ethnographic Method)	관찰, 인터뷰, 현장연구를 통해 일상생활 속 규범과 인식을 파악하는 질적 연구방법	참여자들의 실제 행동과 인식, 문화적 맥락 등을 심층적으로 이해 가능	일상생활의 규범과 구조에 대한 깊이 있는 분석 가능
지역사회 포럼 및 공청회	지역사회 문제나 주제에 대해 다양한 사람들이 모여 의견을 나누고 정보를 공유하는 공개 토론의 장	구조화 혹은 비구조화된 방식 모두 활용, 다양한 관점 공유 가능	다양한 참여자 의견을 수렴하고, 주민참여를 촉진할 수 있음
델파이 기법 (Delphi Method)	전문가를 대상으로 반복적 설문을 통해 지역사회 문제 및 욕구에 대한 합의점을 도출하는 방법	반복적이고 체계적인 과정을 통해 전문가 의견의 수렴과 합의 도출	객관성 있는 전문가 의견을 체계적으로 수렴할 수 있음
명목집단기법 (Nominal Group Technique)	비교적 짧은 시간 안에 다양한 배경을 가진 소규모 집단이 참여하여 우선순위 결정과 욕구 조사를 수행하는 질적 조사방법	참여자 개개인이 의견을 자유롭게 제시하고, 익명성을 바탕으로 의견을 종합하여 우선순위를 도출함	소수의 독단을 방지하고, 참여자 모두의 의견을 반영할 수 있어 공정성과 객관성 확보에 유리함

출처 : Hawtin, M. & Percy-Smith, J. (2007). Community Profiling : A Practical Guide. Open University Press. pp. 143-145.

※ 연구자가 제시한 분류를 바탕으로 한국 지역사회에 맞게 재구성함.

(2) 지역사회 자원 파악

지역사회 문제 해결은 욕구 파악만으로는 충분하지 않으며, 해당 지역이 보유한 자원을 어떻게 활용할 수 있는지를 함께 분석하는 것이 필수적이다. 이를 위해서는 지역 내에 존재하는 다양한 자원을 체계적으로 조사하고, 그 활용 가능성을 평가하는 과정이 필요하다. 이를 위해 지역 내의 인적 자원(예 사회복지사, 자원봉사자, 지역 활동가, 주민 리더 등), 물적 자원(예 복지기관, 병원, 학교, 공공시설, 예산, 장비 등), 제도적 자원(예 지방자치단체 정책, 법률, 복지 네트워크, 민관 협력 구조 등)들은 단순히 '존재하는가'의 여부를 넘어서, 실제 접근 가능성은 어떠한가, 실천 현장에서 어떻게 연결·활용될 수 있는가, 장기적으로 지속가능한 자원인가 등의 측면까지 종합적으로 분석되어야 한다.

3) 지역사회 자원조사

지역사회 자원조사는 지역에 있는 다양한 자원을 찾아보고, 이를 복지 활동에 어떻게 활용할 수 있을지 살펴보는 과정이다. 여기에는 복지기관, 병원, 학교, 종교시설, 시민단체, 자조모임 등 여러 조직이 포함되며, 시청이나 경찰서 같은 행정기관도 조사 대상이 된다. 이러한 자원들은 주민에게 필요한 서비스를 제공하는 데 중요한 역할을 하므로, 자원조사를 통해 지역사회의 강점과 활용 가능한 자산을 파악하는 것이 중요하다. 다음은 지역사회 자원을 그림으로 정리한 예이다.

[그림 6-1] 지역사회 자원

4) 브래드쇼의 욕구이론 활용

브래드쇼(Bradshaw)의 욕구이론은 지역사회복지 실천에서 주민들의 다양한 욕구를 체계적으로 분류하고 이해할 수 있도록 돕는 이론적 틀이다. 이 이론은 욕구를 다음의 네 가지 유형으로 구분하며, 주민의 주관적 인식과 객관적 기준을 동시에 고려한 복지 서비스 기획을 가능하게 한다. 특히 '표현된 욕구'와 '비교적 욕구'는 주민의 참여 수준과 지역 간 서비스 격차를 파악하는 데 효과적이며, 이러한 분석은 지역 맞춤형 복지 정책 수립을 위한 기초 자료로 활용될 수 있다.

(1) 규범적 욕구(Normative Need)

전문가 또는 제도적 기준에 따라 욕구로 판단되는 상태를 말한다. 즉, 사회가 설정한 기준(예 최저 생계비, 건강 지표 등)에 미치지 못하는 경우 해당 개인은 욕구를 가진 것으로 간주된다. 예를 들어, 소득이 최저 생계비 이하인 경우, 규범적 욕구가 존재한다고 본다.

(2) 인지된 욕구(Felt Need)

개인이 주관적으로 느끼는 욕구로, 본인이 어떤 것이 필요하다고 인식하는 것 자체를 의미한다. 인지된 욕구는 설문조사, 인터뷰 등을 통해 파악 가능하다. 예를 들어, 한 주민이 "나는 장애인 주차공간이 부족하다고 느낀다"라고 말한다면, 그것이 인지된 욕구이다.

(3) 표현된 욕구(Expressed Need)

인지된 욕구가 실제 행동으로 표출된 상태를 의미한다. 욕구를 느낀 개인이 관련 서비스 신청이나 민원 제기 등의 구체적인 행동을 취할 때 표현된 욕구로 볼 수 있다. 예를 들어, "구청에 장애인 주차공간 확대를 요청하는 민원을 제출했다"는 경우가 해당된다.

(4) 비교적 욕구(Comparative Need)

비슷한 조건의 다른 지역 또는 집단과 비교하여 파악되는 욕구이다. 특정 지역의 주민이 다른 지역에서는 제공받고 있는 서비스를 제공받지 못할 경우, 해당 지역은 비교적 욕구를 가진 것으로 본다. 예를 들어, A지역에는 장애인 돌봄 서비스가 제공되지만 B지역에는 없을 경우, B지역은 비교적 욕구가 존재한다고 판단된다. 이 유형은 지역 간 형평성과 서비스 격차 분석에 유용하다.

3. 지역사회복지 실천의 목표 수립과 실행 전략

지역사회복지 실천에서 목적과 목표 설정은 실천의 방향을 명확히 하고, 실행계획의 기반을 마련하는 핵심 단계이다. 목표는 단순한 지향점이 아니라, 전략과 실행의 구체적인 기준이 되어야 한다. 이를 위해 SMART 원칙에 기반한 목표 설정이 요구되며, 지역의 특성과 자원에 적합한 전략 및 전술의 연계가 필수적이다. 실천가는 이를 종합적으로 고려하여 실현 가능성과 평가 가능성이 높은 계획을 수립하고 조율할 수 있어야 한다.

1) SMART 원칙 기반 목표 설정

SMART 원칙(Specific, Measurable, Achievable, Realistic, Time-bound)은 목표를 명확하고 실행 가능하게 구체화하는 데 유용한 기준으로, 실행계획 수립과 성과 평가의 기준이 된다.

(1) 구체성(Specific)

목표는 명확한 방향성과 행동 요소를 포함해야 하며, 추상적인 표현보다 실천 가능한 과업으로 구성되어야 한다. 예를 들어, "지역사회 참여를 활성화한다"는 표현보다는 "6개월 이내에 주민 30명을 대상으로 자원봉사단을 조직한다"와 같이 행동과 주체·내용·대상·기한이 명확히 드러나야 한다.

(2) 측정 가능성(Measurable)

목표 달성 여부를 정량적 또는 정성적 지표를 통해 확인할 수 있어야 한다. 예를 들어, 참여자 수, 만족도, 활동 횟수 등 객관적인 평가 기준을 설정함으로써 실행 경과를 모니터링하고, 필요시 조정할 수 있다.

(3) 달성 가능성(Achievable)

목표는 현실적으로 실현 가능한 수준이어야 하며, 자원이나 인력 등 현재 조건에서 수행할 수 있는 범위 내에서 설정되어야 한다. 과도한 기대치는 오히려 참여 동기 저하와 실행 실패로 이어질 수 있으므로, 실천 현장의 역량을 고려한 설정이 중요하다.

(4) 현실성(Realistic)

목표는 조직의 역량, 지역사회 상황, 제도적 여건 등 외부 환경과 실천 구조를 고려하여 설정되어야 한다. 실행 가능성 없는 목표는 실현되기 어려울 뿐만 아니라, 계획 전체의 신뢰성까지 저해할 수 있다.

(5) 기한 설정(Time-bound)

명확한 시간적 기한은 실행력을 확보하고 우선순위를 설정하는 데 필수적이다. "언젠가"가 아닌 "언제까지"라는 시간 조건이 있어야 구체적인 실행 계획과 성과 평가가 가능해진다.

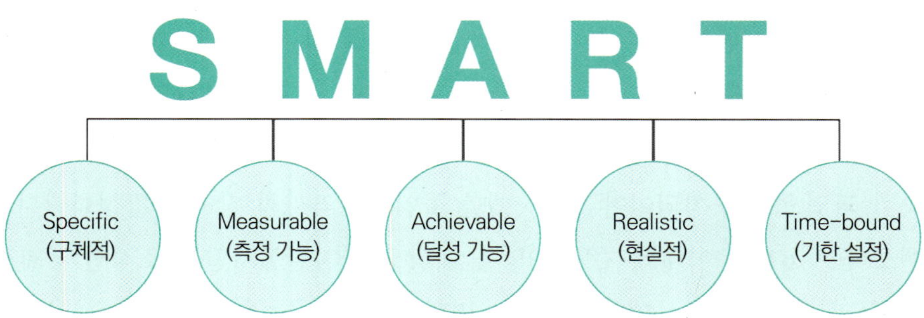

[그림 6-2] SMART 원칙

2) 개입의 전략과 전술

지역사회복지 실천을 체계적이고 효과적으로 전개하기 위해서는, 전략(strategy)과 전술(tactics)의 개념을 명확히 구분하고 이를 실천 과정에 적절히 적용하는 것이 중요하다. 전략은 궁극적인 목표를 달성하기 위한 포괄적이고 장기적인 방향성을 의미하며, 전술은 전략을 실현하기 위한 구체적이고 단기적인 실행 수단이다. 즉, 전략은 "무엇을 이룰 것인가"에 대한 방향을 설정하고, 전술은 "어떻게 실현할 것인가"를 결정하는 실행 계획이다. 실천가는 이 둘을 유기적으로 연계하여, 지역사회복지 실천의 효과성을 극대화해야 한다.

(1) 전략의 유형 : 변화의 방향 설정

다음은 지역사회복지 실천에서 주로 활용되는 세 가지 전략 유형이다. 각 전략은 실천 모델에 따라 접근 방식과 적용 조건이 상이하다.

- **협력 전략** : 공동의 목표를 지닌 다양한 주체들이 상호 신뢰와 협의를 바탕으로 연대하는 방식이다. 이 전략은 주민 간의 이해 증진, 지역 내 네트워크 구축, 공동 프로젝트의 추진 등을 통해 지역사회의 긍정적 변화를 유도한다. 주로 지역사회개발모델(community development model)에서 활용되며, 참여와 공동체 강화를 핵심으로 한다.
- **경쟁 전략** : 정책 자원, 행정적 기회, 재정적 지원 등을 확보하기 위해 다양한 주체들이 경쟁하는 방식이다. 예산 배분을 위한 제안, 영향력 확보를 위한 로비, 정책적 우선순위 설정 등이 이에 포함된다. 이 전략은 사회계획모델(social planning model)에서 주로 적용되며, 분석적이고 기술 중심의 접근을 특징으로 한다.
- **갈등 전략** : 이해관계의 충돌이 발생하는 상황에서 문제를 공론화하고 구조적 변화를 촉진하는 전략이다. 시위, 청원, 집회와 같은 사회행동을 통해 불균형한 권력관계를 비판하고, 소외된 집단의 권익을 주장한다. 사회행동모델(social action model)에 기반하며, 권력구조의 재편과 사회정의 실현을 지향한다.

이처럼 전략의 유형은 지역사회복지 실천의 모델과 맥락에 따라 선택되며, 실천가는 지역의 조건과 목표에 따라 적절한 전략을 판단하고 적용해야 한다.

(2) 전술의 유형 : 실행을 위한 수단의 다양성

전술은 설정된 전략을 구체적으로 실현하기 위한 실행 수단으로, 지역사회복지 실천의 현장에서 상황과 맥락에 따라 다양하게 활용된다. 다음은 대표적인 전술 유형들로, 실천가가 목적에 맞게 선택하고 조합함으로써 효과적인 개입을 이끌어 낼 수 있다.

- **협조**(Cooperation) : 다양한 이해당사자 간 상호 협력적 관계를 형성하여 공동의 문제를 해결하고자 하는 접근이다. 신뢰 기반의 연계와 연대가 핵심이다.
- **협상**(Negotiation) : 갈등이나 입장 차이를 조율하기 위해 상호 타협과 합의를 이끌어 내는 방식이다. 이해관계 조정 및 정책 설계 시 자주 활용된다.
- **공교육**(Public Education) : 대중을 대상으로 한 정보 제공과 인식 개선을 통해 사회적 변화를 유도하는 방법이다. 건강 캠페인, 복지 제도 안내 등이 대표적이다.
- **설득**(Persuasion) : 논리적 근거와 감성적 메시지를 활용하여 타인의 태도나 행동 변화를 유도하는 방식으로, 의견 조율과 캠페인 전략에 자주 사용된다.
- **자료수집 및 분석**(Data Collection & Analysis) : 지역사회의 문제나 욕구를 체계적으로 파악하고, 실천 전략의 타당성을 확보하기 위한 근거 중심 접근 방식이다.
- **대중매체 활용**(Media Utilization) : 언론, SNS, 광고 등 다양한 매체를 활용하여 이슈를 확산하고 여론을 형성하는 전략이다. 지역사회 의제를 공론화할 때 유효하다.
- **로비활동**(Lobbying) : 정책결정자 또는 제도권에 직접 접근하여 법률, 정책, 예산 등에 영향을 미치는 전략이다. 제도 개선과 의제 반영에 효과적이다.
- **대중호소 및 집회**(Mass Appeal & Demonstration) : 다수 시민의 집단적 참여와 목소리를 통해 사회적 관심을 환기하고, 공공 영역에 영향력을 행사하는 방

식이다.

- **보이콧 및 파업**(Boycott & Strike) : 소비 또는 노동을 중단함으로써 사회적 압력을 형성하고, 변화를 촉진하려는 집단행동이다. 주로 경제적 수단으로 활용된다.
- **시민 불복종**(Civil Disobedience) : 법적 또는 제도적 규범에 대한 의도적 위반을 통해 부당한 구조를 비판하고 사회적 변화를 요구하는 비폭력 저항 전략이다.

4. 지역사회복지 실천 실행

지역사회복지 실천의 실행은 계획된 전략과 목표를 현실화하는 핵심 단계로, 주민의 역량을 강화하고 구조적 변화를 유도하는 것을 그 목적으로 한다. 실행은 크게 과정 중심 실행과 과업 중심 실행으로 구분되며, 각각은 참여와 실무, 권한화와 성과라는 상이한 중점을 가진다. 아울러 재정적 안정성과 인적 역량 강화는 실행의 지속성과 확장 가능성을 결정짓는 주요 요인으로 작용한다.

1) 과정 중심적 실행

과정 중심 실행은 주민을 단순한 수혜자가 아닌, 문제 인식과 해결에 주도적으로 참여하는 주체로 성장하도록 돕는 실천 방식이다. 이 접근은 주민의 자각과 권한화(empowerment)를 중심에 두며, 교육, 토론, 공동 학습 등 다양한 참여형 프로그램을 통해 실현된다.

(1) 문제 인식 워크숍

예를 들어 지역 청년 실업 문제를 주제로 한 워크숍을 통해, 참여자들은 실업의 원인을 구조적으로 분석하고, 공동으로 해결 방안을 모색한다. 이는 주민 스스로가 문제 해결의 주체로 자리매김하는 기반이 된다.

(2) 리더십 교육 및 훈련

마을회의, 주민참여예산제, 주민조례 발안 등 민주적 참여 제도의 실질화를 위해 커뮤니케이션 기술, 회의 진행 능력, 갈등 조정 기술 등의 역량을 강화하는 교육 프로그램이 운영된다.

(3) 세미나와 주민 토론회

'복지 사각지대 해소'와 같은 의제를 중심으로 전문가와 주민이 함께 논의하고, 지역 내 제도 개선과 정책 제안으로 이어지도록 하는 공론장을 구성한다.

과정 중심의 실행은 주민의 주체성 회복과 집단적 문제 해결 능력 향상을 통해 장기적이고 지속가능한 지역사회 변화를 이끌어 내는 데 기여한다.

(4) 지역의제 발굴 워크숍

주민이 일상에서 느끼는 불편과 지역 과제를 직접 제안하고, 중요도 · 시급도 분석을 통해 우선순위를 설정한 뒤 실행계획 초안을 공동 작성하는 참여형 워크숍이다.

(5) 마을 미디어 교육 및 활동

주민들이 지역 내 이슈를 주제로 기사, 영상 콘텐츠 등을 제작하고, SNS · 마을방송 등으로 발신하여 정보 생산의 주체로 참여한다. 이는 주민의 미디어 리터러시와 권한감을 동시에 높이는 활동이다.

(6) 참여 예산 시민위원회 활동

주민이 시민위원으로 참여하여 공공예산의 사용 방향을 논의하고, 사업의 우선순위를 제안하는 과정이다. 이는 재정 민주주의 구현뿐 아니라 제도적 참여 학습의 장으로 기능한다.

(7) 지역 갈등 해결을 위한 시민 대화 모임

개발, 환경, 소음 등 지역 갈등 사안을 주제로 다양한 당사자와 주민이 참여하는 구조화된 대화모임을 통해 경청, 공감, 협상의 경험을 축적하고 공동체 신뢰 형성과 자발적 문제 해결력을 강화한다.

이와 같은 과정 중심 실행은 장기적이고 지속가능한 지역사회 변화를 촉진하며, 주민의 자율성과 공동체 역량을 근간으로 하는 참여적 복지 실천을 구체화하는 데 기여한다.

2) 과업 중심적 실행

과업 중심적 실행은 지역사회 내 구체적이고 시급한 문제에 직접 개입하는 실천 방식으로, 주로 서비스 제공과 물리적 활동을 통해 효과를 가시화한다. 이는 주민의 삶에 즉각적인 변화를 가져오고, 실천의 가치를 직접 체감할 수 있게 하는 데 강점이 있다.

(1) 무료 건강검진 캠페인

지역 병원과 연계하여 건강 사각지대에 놓인 노인, 저소득층, 이주민 등을 대상으로 기초 건강검진과 진료를 제공한다. 이는 보편적 건강권 확보와 조기 질병 발견에 기여한다.

(2) 동절기 김장 나눔 행사

식생활에 어려움을 겪는 저소득 가구를 위해 지역주민과 자원봉사자가 함께 김치를 담가 전달함으로써, 계절성 복지 수요에 대응하고 이웃 간 유대감을 강화한다.

(3) '밥차' 운영

노숙인, 독거노인, 결식아동 등을 대상으로 정기적인 무료급식을 제공하여, 기초적인 생존권과 영양권 보장을 실현한다.

(4) 주거 환경 개선 봉사

도배, 장판 교체, 집수리 등을 통해 낙후된 주거 환경을 개선하고, 감염병 예방과 위생 강화를 위한 골목 방역 및 쓰레기 수거 활동도 병행하여 쾌적한 생활 환경 조성에 기여한다.

(5) 노인 안전점검 서비스

홀로 사는 노인의 고독사 예방을 위해 화재 감지기 설치, 전기 점검, 응급 연락체계 구축 등의 생활밀착형 안전 서비스를 제공한다. 이는 주로 민·관 협력 구조로 진행된다.

(6) 소외계층 정서지원 프로그램

정서적 고립을 겪는 어르신, 장애인을 대상으로 자원봉사자가 정기 방문하여 말벗, 예술 활동, 노래 교실 등을 운영한다. 이는 정신건강 증진과 공동체 소속감 회복을 돕는다.

(7) 청소년 진로 멘토링 및 직업 체험

지역의 전문가, 대학생 등을 멘토로 연결하여, 취약계층 청소년에게 진로 탐색 및 직업 체험 기회를 제공한다. 과업 중심 실행이면서도 교육과 역량강화의 요소를 포함한다.

3) 모니터링

모니터링은 계획된 실천 과업이 정확히 실행되고 있는지를 점검하고, 문제를 조기에 발견하여 개선의 단서를 제공하는 핵심 관리 도구이다. 단순한 성과 확인을 넘어, 실행 과정 전반을 체계적으로 관찰하고 분석함으로써 실천의 질을 높이는 역할을 한다.

예를 들어, 사업 일정 준수 여부, 참여자 반응, 현장 내 문제 상황 등을 점검하며, 이를 통해 실행 방향을 조정하거나 전략을 보완할 수 있다.

모니터링은 개인의 주관적 판단이 아닌, 팀 단위의 정기 회의나 공동 점검 체계를 통해 이루어지며, 수집된 데이터는 단기 평가뿐만 아니라 장기적 개선 전략 수립에도 활용된다.

형식적인 점검을 넘어서, 현장의 실제 상황에 맞는 질문과 평가 기준을 구성하는 것이 중요하며, 이를 통해 실행의 신뢰성과 지속가능성을 높일 수 있다.

5. 지역사회복지 실천의 종결 및 평가

지역사회복지 실천의 종결은 단순한 마무리를 넘어서, 참여자들의 노력과 기여를 인정하고 공동체의 유대를 강화하는 중요한 과정이다. 또한 평가는 실천이 목표한 바를 얼마나 달성했는지를 점검하고, 향후 실천의 질과 지속가능성을 높이기 위한 성찰의 도구로 기능한다. 평가 과정에 주민이 주체적으로 참여할 때, 실천의 의미는 더욱 깊어지고, 참여자의 역량강화로 이어질 수 있다.

1) 종결

지역사회복지 실천의 종결은 참여자와 공동체가 실천의 의미를 공유하고 성과를 재확인하는 상징적 마무리 단계다. 실천가는 성과를 다양한 방식으로 시각화하고 공유함으로써, 참여자의 성취감을 높이고 다음 실천으로 이어질 기반을 마련해야 한다. 예를 들어, 사진 전시회나 소규모 평가 모임, 감사장 전달 또는 영상 상영회, 주민 간 나눔식 또는 간담회 등 이러한 행사는 실천의 끝을 공동의 성취 경험으로 인식하게 하며, 긍정적인 집단 기억 형성에 기여한다.

2) 평가

먼저, 평가는 계획된 프로그램이 목적과 목표를 얼마나 달성했는지를 판단하고, 그 과정과 결과를 종합적으로 검토하여 향후 개선점을 도출하는 데 중점을 둔다. 평가는 형성평가와 총괄평가로 구분되며, 형성평가는 실천 과정 중 수정 · 보완이 가능하도록 정보 제공에 초점을 맞추고, 총괄평가는 실천이 종료된 후 전체적인 효과성과 효율성을 판단하는 데 사용된다.

또한, 평가는 주민의 주체적 참여를 기반으로 하며, 활동 준비부터 참여, 실행, 피드백에 이르기까지 모든 단계에 평가를 통합함으로써 주민의 역량강화와 의식 성장을 도모한다. 평가 과정은 단지 성과 확인에 그치지 않고, 실천 주체들이 함께 활동을 되돌아보고 의미를 공유하는 과정이 되어야 한다.

결국, 지역사회복지 실천의 평가는 프로그램의 효과성 검토뿐만 아니라 주민 참여를 바탕으로 한 반성과 성장의 계기가 되어야 하며, 종결 또한 단절이 아닌 지속적인 실천을 위한 전환점으로 기능해야 한다. 다음은 평가 종류와 기준에 대한 내용을 표로 정리한 예이다.

<표 6-2> **평가의 종류와 기준**

기준	정의	평가 요소의 예
과정 (Process)	과정의 적절성 정도	• 모니터링의 내용
노력 (Efforts)	활동의 양	• 단위 활동의 수 • 참여자의 수 • 예산의 확보 정도 • 핵심 실천가들의 투여 시간
영향 (Impact)	효과의 지속성 정도와 파급 효과	• 지역복지 실천의 지속성 정도(조직 운영) • 타 지역에 파급되었는지(사회적 지표 변화)
예기치 않은 결과	부수적 효과	• 기대하지 않았던 긍정적 결과의 정도 • 바람직하지 않은 결과의 정도
효과성 (Effectiveness)	목표의 달성 정도	• 주민들의 역량강화 정도 • 지도력 개발의 정도 • 조직 건설의 안정성 • 문제 해결 정도
효율성 (Efficiency)	산출 대비 비용 정도	• 실천활동에 투여된 비용의 적정성 • 결과에 대한 비용

출처 : 유동철 · 홍재봉(2024).

단 원 평 가

1. "지역사회는 결핍의 공간이 아니라 자원의 보유체이며, 주민은 가능성의 주체이다."라는 설명이 반영된 실천 원리는 무엇인가?
   ① 현실 기반 실천의 윤리
   ② 강점지향의 패러다임 전환
   ③ 집합적 합의성의 확보
   ④ 구조적 문제 인식
   ⑤ 실행 플랫폼 구축

해설 ② 이 설명은 지역사회를 자산 기반으로 바라보며, 문제보다 주민과 공동체의 역량과 강점을 중심에 두는 '강점지향적 실천'에 해당한다.

2. 다음 중 지역사회의 정치적 · 사회적 구조 분석과 가장 관련이 깊은 항목은?
   ① 지역 내 기초 생활보장 수급률
   ② 주민이 참여할 수 있는 의사결정 체계의 유무
   ③ 도시 재개발로 인한 환경 변화
   ④ 지역 축제의 참여 인원 통계
   ⑤ 산업 구조의 성장과 쇠퇴

해설 ② 정치 · 사회적 구조는 주민참여 가능성, 지방자치 운영 방식, 권력 분포 등을 포함하며, 주민의 목소리가 제도적으로 반영될 수 있는지 여부가 핵심이다.

3. 다음 중 '민속학적 조사 방법(Ethnography)'의 핵심 특성으로 가장 적절한 것은?
   ① 구조화된 질문지를 사용하여 수치 데이터를 수집한다.
   ② 지역사회 문제에 대한 전문가 의견을 반복적으로 수렴한다.
   ③ 주민의 행동과 인식을 문화적 맥락 속에서 심층적으로 이해한다.
   ④ 지역 현안에 대해 공공 회의 형식으로 다양한 의견을 수렴한다.
   ⑤ 특정 공간에서의 행동을 관찰하여 객관적 자료를 기록한다.

해설 ③ 민속학적 방법은 관찰과 인터뷰 등을 통해 참여자의 실제 삶과 문화, 규범을 깊이 있게 이해하는 질적 조사 방법이다.

4. 다음 중 '규범적 욕구'에 해당하는 사례는 무엇인가?

① 주민이 "우리 지역은 노인복지관이 부족하다"고 주장한다.
② 주민이 지역보건소에 무료 건강검진을 요청했다.
③ 정부 기준 소득선 이하로 생활하는 주민이 발견되었다.
④ A지역에는 장애인 이동지원 서비스가 있지만, B지역에는 없다.
⑤ 주민이 복지 서비스에 참여한 후 만족감을 표현하였다.

해설 ③ 규범적 욕구는 제도나 전문가가 설정한 '기준 이하'의 상태를 객관적으로 판별하여 욕구가 있다고 간주하는 유형이다.

5. 다음 중 '측정 가능성(Measurable)' 원칙이 미흡하게 적용된 목표는?

① 6개월 내에 청소년 50명에게 직업교육을 실시한다.
② 월 1회 노인 대상 건강교육을 진행한다.
③ 주민이 만족할 만한 서비스를 제공한다.
④ 연 2회 복지포럼을 개최한다.
⑤ 참여율을 기준으로 사업 효과를 평가한다.

해설 ③ '만족할 만한'은 측정 기준이 모호하여 객관적 평가가 어렵다. 다른 보기들은 수치, 횟수 등 측정 가능한 요소가 포함되어 있다.

생각해 보기

- 지역사회복지 실천가는 주민과의 협력 속에서 전략가이자 조력자로서 역할을 수행해야 합니다. 당신이 실천가라면 '주민참여'를 유도하기 위해 어떤 접근 방식을 선택하겠는가?

Chapter 07

지역사회복지 실천 기술

개 요

지역사회복지 실천에서 핵심 기술인 주민조직화, 네트워크 형성, 옹호, 역량강화, 통합사례관리 등은 지역사회에서 다양한 복지 요구와 상황에 효과적으로 대응할 수 있는 실천 기반을 제공한다. 이들 기술은 주민의 참여를 이끌고, 지역 자원을 연결하며, 제도적 개선과 공동체의 변화까지 유도하는 데 기여한다. 특히 복잡한 사회문제에 대응하기 위해서는 각 기술의 의미와 적용 방식에 대한 이해가 선행되어야 하며, 실천가는 지역의 특성과 대상자의 필요에 맞게 이를 통합적이고 유연하게 활용할 수 있어야 한다. 본 단원에서는 이러한 실천기술의 개념과 목적, 적용 사례를 살펴보고, 실제 현장에서의 활용 가능성을 탐색하고자 한다.

학습목표

1. 지역사회복지 실천기술의 유형별 개념과 필요성을 이해하고 설명할 수 있다.
2. 현장 상황에 맞는 기술을 선택하고 적용할 수 있다.

1. 주민 조직화 기술

주민 조직화는 지역사회 내 주민들이 공통의 문제를 인식하고, 이를 해결하기 위해 집단적으로 행동할 수 있도록 지원하는 실천 기술이다. 주민 조직화는 단순한 참여를 넘어서, 주민 스스로가 의사결정 과정에 주도적으로 참여하고 지역사회의 변화를 이끌어 내는 힘을 기르는 과정이다.

1) 주민 조직화의 단계와 이론적·심리적 고려

주민조직화는 단순히 주민을 한 자리에 모으는 기술적 절차를 넘어서, 지역사회 안에서 공동체 의식, 실천 능력, 자치 역량을 키워가는 복합적인 사회적 과정이다. 특히 주민의 참여 의지를 이끌어 내고 조직을 지속적으로 유지하려면, 각 단계마다 심리적 조건, 이론적 기반, 참여 동기에 대한 깊은 이해가 필요하다. 주민 조직화는 일반적으로 세 가지 큰 흐름으로 조직화 단계, 실천 단계, 평가 및 전환 단계로 나뉘며, 각 단계에는 고유한 목적과 접근 전략이 존재한다.

(1) 조직화 단계 : 관계 형성과 초기 구조 만들기

조직화의 출발점은 주민 간 문제의식을 공유하고, 관계를 형성하는 일이다. 이 단계에서는 작고 공감 가능한 문제에서 출발하여 주민 스스로 움직이게 만드는 것이 핵심이다.

- **예비모임 만들기** : 잠재적 리더와 관심 있는 주민들을 중심으로 소그룹을 구성해 신뢰와 소속감을 형성한다. 참여 초기의 불안감을 덜기 위해 편안한 분위기 조성이 중요하다.
- **주민 접촉 확대** : 예비모임을 기반으로 더 넓은 주민들과 접촉하며 공감대를 넓혀간다. 일상적 대화와 정서적 지지를 통해 냉소적 태도를 넘어서 참여를 유도한다.
- **본 모임 만들기** : 발굴된 리더를 중심으로 정기적인 모임을 구성하고 실행

계획, 역할 분담, 회의체계를 마련한다. 이때 속도 조절과 포용적 논의가 중요하다.

(2) 실천 단계 : 작은 행동에서 공동의 변화로

실천 단계에서는 주민들이 실제로 활동을 해보는 과정에서 '우리가 할 수 있다'는 경험과 감정을 쌓게 된다. 이 단계의 중심은 행동(doing)이며, 단순한 계획이 아니라 현실적인 실행이 이루어져야 한다.

- **실천 과업의 단계적 실행** : 처음엔 작고 명확한 활동부터 시작해 성공 경험을 축적한다(예 쓰레기 투기 금지 캠페인 등).
- **실천 전략 개발** : 전략은 주민 스스로 제안하고 결정하며 주체성을 느끼는 것이 핵심이다. NGT, 델파이 기법 등 민주적 방법을 활용한다.
- **주민 지도력 개발** : 기존 리더 의존을 줄이고 새로운 리더를 발굴·육성한다. 멘토링이나 공동 리더제를 통해 부담을 낮추고 참여를 확대한다.
- **자원 통합 활용** : 예산에 얽매이지 않고 다양한 기관 및 주민 자원과 연계해 실천 기반을 확보한다.

(3) 평가 및 전환 단계 : 성찰과 다음 조직화로의 이행

조직화는 단지 끝나는 것이 아니라, 평가를 통해 다음 조직화로 이행하는 전환 과정이다. 이 단계에서는 무엇을 이루었고, 어떤 변화를 만들었는지를 함께 되돌아보고, 새로운 가능성을 모색하는 데 목적이 있다.

- **평가 및 과제 전환** : 정량적 성과 외에도 주민의 감정, 관계, 인식 변화를 함께 점검한다. "이 활동이 다음 단계의 시작"이라는 인식을 공유하는 것이 중요하다.
- **다음 실천으로 연결** : 조직화는 순환적이며, 자조모임, 협의체, 사회적 경제 조직 등으로 발전할 수 있다.
- **진정한 성공** : 주민이 "나는 할 수 있다", "우리는 함께할 수 있다"는 신념을 갖게 되는 것이 조직화의 핵심 성과다.

다음은 주민 조직화 단계를 표로 정리한 예이다.

<표 7-1> 주민 조직화 단계

단계	핵심 초점	이론 기반	심리적 고려
조직화	관계 형성, 초기 조직	Alinsky, Rothman	신뢰 부족, 참여 불안
실천	행동, 전략, 실행	Empowerment 이론	실패 두려움, 소외감
평가, 전환	전환, 지속가능성	사회변화형 조직론	공허감, 피로감

2) 주민 조직화를 위한 동기와 원칙

주민조직화는 단순한 참여를 넘어 지속가능한 공동체 실현을 위한 실천적 동기와 전략적 원칙이 뒷받침되어야 한다. 주민을 참여로 이끄는 요인은 단일하지 않으며, 복합적인 심리적 · 사회적 동기를 바탕으로 구성된다. 실천가는 이러한 동기를 섬세하게 파악하고, 이를 효과적으로 조직화 전략에 녹여내야 한다.

(1) 개인적 관심과 공동선의 연결

주민의 사적 관심은 참여의 중요한 출발점이 될 수 있다. 실천가는 이를 공동의 이익과 연결지어 참여를 유도하고, 공공성과 개인의 동기를 동시에 살리는 전략을 구사해야 한다.

(2) 공동체적 연대의 형성

공동체 속 정체성과 신뢰는 자발적 참여를 유도하는 자산이다. 실천가는 주민 간 유대감과 공동 목표를 강화하는 활동을 통해 공동체 의식을 촉진해야 한다.

(3) 성취 경험의 축적과 확산

작은 성과는 주민의 참여를 유지시키고 타인에게도 영향을 준다. 단기성과를 가시화하고 인정하는 문화는 조직화의 동력으로 작용한다.

(4) 조직화는 살아 있는 과정

조직화는 변화에 유연하게 반응하는 역동적 실천이다. 실천가는 끊임없는 학습과 전략 수정으로 주민과 함께 성장해 나가야 한다.

(5) 갈등과 쟁점은 실천의 기회

갈등과 쟁점은 회피할 대상이 아니라 참여를 조직화하는 자극이 될 수 있다. 명확하고 체감 가능한 쟁점 설정이 주민의 참여를 이끈다.

3) 주민 조직화에 필요한 기술

(1) 대화와 소통 기술

신뢰는 경청과 공감에서 시작된다. 구조화된 경청과 감동을 주는 말하기, 적절한 피드백은 주민의 참여를 이끄는 핵심 소통 기술이다.

(2) 민주적 회의 운영 능력

효율적인 회의는 전략 수립의 장이자 참여 촉진의 수단이다. 준비, 참여 유도, 결과 정리까지 전 과정에서 구조화된 운영이 필요하다.

(3) 지역사회교육 기술

교육은 주민의 문제 인식과 행동 변화를 유도한다. 단순한 정보 제공을 넘어 참여 기반을 만드는 중요한 사회교육 기술이다.

(4) 주민 동원 전략

참여는 강요보다 공감에서 시작된다. 맞춤형 접촉과 전략적 자원 활용을 통해 주민의 자발적 참여를 조직화해야 한다.

(5) 리더십 발굴과 육성

지속가능한 조직은 리더십의 재생산을 통해 유지된다. 책임 분산과 공동 리더십 경험이 새로운 리더를 성장시킨다.

(6) 조직가의 다기능적 역할

조직가는 촉매자, 교사, 촉진가, 연계자 등 다기능적 역할을 수행해야 하며,

이를 통해 조직화의 각 과정을 지원한다.

(7) 갈등 조정과 통합 기술

갈등은 성장을 위한 기회다. 감정이입, 문화적 민감성, 신뢰 회복 기술을 통해 응집력 있는 공동체를 재구성할 수 있다.

2. 네트워크 기술

네트워크 형성은 지역사회 내 다양한 기관, 조직, 주민을 유기적으로 연결하여 협력 구조를 만들어가는 실천 기술이다. 복지 문제는 하나의 기관이나 자원만으로 해결되기 어려운 복합성과 다층적 특성을 지니고 있기 때문에, 자원의 중복을 줄이고 효과성을 높이기 위해 네트워크가 필수적이다. 특히 공공과 민간, 공식과 비공식 자원 간의 조율을 통해 주민 중심의 통합적 지원체계를 구축할 수 있다.

1) 지역사회복지 네트워크의 특성

지역사회복지에서 네트워크는 다양한 기관과 조직들이 각자의 자율성과 독립성을 유지하면서도 협력관계를 통해 공동의 목표를 추구하는 구조를 의미한다. 이 네트워크는 전통적인 위계적 구조와는 달리 유연성과 상호성을 중심으로 구성되어 있으며, 지역사회 문제를 효과적으로 해결하기 위한 중요한 기반으로 작용한다.

(1) 수평적인 관계 기반(Horizontal Relationship-Based Structure)

참여하는 기관이나 조직들 간에는 위계적인 지시와 통제가 아닌, 상호 동등한 위치에서의 협력과 조율이 이루어진다. 이는 다양한 주체들이 공동의 목표를 향해 의견을 조율하고 역할을 분담하며, 민주적인 방식으로 의사결정을 할 수 있는 환경을 조성한다.

(2) 상호성(Reciprocity)

참여 기관들은 서로 신뢰를 기반으로 자원과 정보를 주고받으며, 이러한 관계는 단순한 일방적 지원이 아닌 상호 교환적인 형태로 이루어진다. 이러한 상호적인 관계는 네트워크의 지속성을 높이고, 참여기관들의 자발적인 협력을 유도하는 동력이 된다.

(3) 상호의존적(Interdependent)인 관계

각 기관은 독립적인 기능을 수행하면서도, 개별적으로 해결하기 어려운 지역사회 문제에 대해서는 서로 협력하여 대응한다. 이처럼 상호 보완적인 역할 분담은 문제 해결의 실효성을 높이는 데 기여한다.

(4) 느슨한 연계(Loose Coupling)

조직 간 관계는 법적 강제력에 기반하지 않으며, 구성원의 참여와 탈퇴가 비교적 자유롭게 이루어진다. 이러한 느슨한 결합 구조는 네트워크의 유연성을 확보하고, 급변하는 지역사회 환경에 민첩하게 대응할 수 있도록 한다.

(5) 자원 중심 구조(Resource-centered structure)

정보, 인력, 재정, 기술 등 다양한 자원이 교환되고 활용되는 가운데, 자원의 양과 질에 따라 각 조직의 영향력이 달라지기도 한다. 자원이 풍부한 기관은 네트워크 내에서 주도적인 역할을 수행하는 반면, 자원이 부족한 기관은 이를 보완하기 위해 더욱 적극적으로 협력 관계를 구축하려는 경향을 보인다.

2) 지역사회 네트워크의 차원과 실제 사례

지역사회복지 네트워크는 조직 간 관계의 형성과 운영 방식에 따라 여러 차원으로 구분될 수 있다. 네트워크는 단순한 정보 교류 수준에서부터 구조적 통합에 이르기까지 다양한 형태로 구성되며, 그 관계의 밀도와 협력 수준에 따라

상이한 특징을 갖는다. 다음은 지역사회 네트워크의 차원에 따른 설명과 사례를 표로 정리한 예이다.

<표 7-2> **지역사회 네트워크의 차원과 사례**

차원	설명	사례
비공식적 관계 (Informal relationship)	특정한 공식 구조 없이, 기관 간 필요에 따라 유연하게 연결되는 관계	지역 내 복지관과 주민센터 실무자가 전화로 사례를 논의하거나 정보를 주고받는 경우
조정 (Coordination)	기관들이 클라이언트를 중심으로 상호 역할을 조정하여 중복을 방지하고 서비스 효율성을 높이는 관계	아동복지기관, 학교, 정신건강센터가 위기 아동을 공동 개입하며 개입 시점과 역할을 조정하는 사례
파트너십 (Partnership)	공통의 목표를 가진 기관들이 책임과 자원을 분담하며 협력하는 관계	자활센터와 사회적기업이 공동으로 일자리 창출 사업을 기획하고 운영비를 분담하는 경우
협력 (Collaboration)	기관 간 신뢰와 책임을 바탕으로 전문성을 결합하여 긴밀한 협업이 이루어지는 관계	복지관, 정신건강센터, 보건소가 함께 우울증 고위험군을 대상으로 공동 사례관리를 수행
통합 (Integration)	서로 다른 기관의 서비스 전달체계를 하나로 묶어 제공하는 고차원적 협력 형태	지역보건소와 노인복지관이 통합운영센터를 구성하여 건강과 복지서비스를 통합 제공하는 모델

* 이 표는 Schneider &Lester(2001)의 옹호기술 분류를 바탕으로 지역사회복지 실천 맥락에 맞게 재구성함.

3) 네트워크 기술의 전제 조건 및 성공 요인

지역사회복지 네트워크가 효과적으로 작동하기 위해서는 단순한 연결 이상의 기반이 필요하다. 특히 다음과 같은 요소들은 네트워크 형성과 지속에 있어서 핵심적인 성공 요인으로 작용한다.

(1) 신뢰 형성

신뢰 형성은 네트워크의 기초를 이루는 가장 중요한 요소이다. 기관 간 협력은 신뢰를 바탕으로 이루어지며, 신뢰가 약하거나 부재한 경우, 정보 공유나 역할 수행이 지연되거나 중단되기 쉽다. 실무자 간의 관계가 안정적일수록 협력의 질도 높아진다.

(2) 리더십의 존재

네트워크에는 다양한 기관이 참여하며, 각 기관은 서로 다른 운영체계와 문화를 가지고 있다. 이러한 기관 간 조율을 위해서는 중심 역할을 수행할 수 있는 기관이나 조정자가 필요하며, 이들이 조율자 또는 촉진자의 역할을 수행함으로써 협력의 흐름을 안정적으로 유지할 수 있다.

(3) 공유된 목표

공유된 목표는 모든 협력의 방향성을 결정짓는다. 네트워크에 참여하는 기관들이 단순히 개별 목적을 추구하는 것이 아니라, 공동의 목적을 인식하고 이를 실현하기 위해 협력해야 실질적인 시너지가 창출된다. 목표가 명확하지 않으면 협력은 형식에 그칠 가능성이 높다.

(4) 명확한 의사소통 체계

공동 사례회의, 실시간 정보 공유 시스템, 협약서 및 지침 마련 등 구조적 장치를 통해 네트워크 내 의사결정과 소통의 투명성과 일관성을 보장해야 한다. 이러한 체계가 마련되어야만 기관 간 역할이 명확해지고, 갈등이나 오해 없이 안정적인 연계가 가능하다.

4) 네트워크의 최근 변화와 향후 방향성

(1) 디지털 기반 네트워크 체계의 확산

코로나19 이후 비대면 협력의 필요성이 대두되면서, 온라인 사례회의, 클라우드 기반 정보 공유 시스템, 공동 사례관리 플랫폼 등의 도입이 활발해졌다. 이를 통해 기관 간 물리적 거리를 넘어선 신속한 협의와 연계가 가능해졌고, 자료 접근성과 기록의 일관성도 향상되었다.

(2) 다학제 네트워크의 활성화

현대 복지 수요는 건강, 심리, 교육, 법률 등 다양한 영역에 걸쳐 있기 때문에, 사회복지사뿐만 아니라 보건소 간호사, 정신건강전문요원, 학교상담교사, 법률 전문가 등이 함께 참여하는 협력체계가 점차 중요해지고 있다. 이는 단일기관 중심의 한계를 극복하고, 보다 종합적인 문제 해결을 가능하게 한다.

(3) 주민주도형 네트워크의 확산

과거에는 전문기관 중심의 연계가 일반적이었다면, 최근에는 지역주민들이 기획, 실행, 평가에 주체적으로 참여하는 네트워크 모델이 주목받고 있다. 주민이 단순한 수혜자가 아니라, 자원 제공자이자 실천 주체로 기능함으로써, 네트워크는 더욱 지속가능하고 생활 밀착적인 형태로 진화하고 있다.

3. 옹호 기술

옹호는 사회적 약자나 소외된 집단의 권익을 보호하고, 불평등한 구조를 변화시키기 위한 실천 기술이다. 단순히 대변하는 수준을 넘어서, 당사자가 자신의 목소리를 낼 수 있도록 돕고, 사회적 공감대를 형성하며 제도 개선까지 이끌어내는 과정이 포함된다. 옹호는 개인의 문제를 공적 의제로 전환시키는 힘을 가지며, 사회정의 실현과 인권 기반의 복지 실천을 가능하게 하는 핵심 수단으로 기능한다.

1) 옹호기술의 유형

옹호기술의 적용 범위는 목적과 접근 방식에 따라 개인의 권리 보장부터 제도 개선, 사회 인식 변화에 이르기까지 매우 다양하다. 다음은 옹호기술의 유형을 표로 정리한 예이다.

<표 7-3> 옹호 기술의 유형

유형	설명	예시
클라이언트 옹호	개별 주민의 권리 보호와 서비스 접근을 위한 직접적 지원 활동	복지서비스 누락 시 민원 제기, 부당 해고 대응
행정적 옹호	기관 내부의 운영 방식이나 서비스 전달체계 개선을 요구하는 활동	시설 내 차별적 규정 시정 요청
법적 옹호	법률을 기반으로 한 권리 구제 활동	무료 법률지원, 인권 침해 대응
정책적 옹호	정책 및 제도 차원의 개선을 촉구하는 활동	복지정책 개선을 위한 시민청원, 공청회 참여
시민 옹호 (공공 옹호)	사회적 인식 개선과 공적 논으 촉진을 위한 캠페인 활동	인권 캠페인, 미디어를 통한 이슈 확산
자기옹호 (Self-advocacy)	당사자가 스스로 권리를 주장하고 문제 해결에 참여하도록 돕는 활동	발달장애인의 자기주장 워크숍, 청소년 인권 교육

출처 : Schneider & Lester(2001)을 재구성함.

2) 옹호활동의 적용 단계

옹호활동은 단순한 권리 주장이나 민원 제기를 넘어, 구조적 문제를 인식하고 해결을 촉진하는 전략적 실천 과정이다. 효과적인 옹호를 위해서는 다음과 같은 단계별 접근이 요구된다. 다음은 옹호활동의 적용 단계를 사례와 함께 정리한 예이다.

<표 7-4> 옹호 활동의 6단계(사례: 지역 아동의 놀이권 확보)

단계	설명	아동 놀이권 사례
1단계 문제 인식과 이슈 파악	부당하거나 소외된 문제를 포착하고, 구조적 원인을 파악한다.	지역 아파트 단지 주변에 놀이터가 사라지고, 아이들이 차량이 많은 주차장에 모여 위험하게 노는 상황을 발견함. 이는 단순한 시설 부족이 아니라, 아동의 기본 권리인 '놀이권'이 침해된 구조적 문제로 인식함.
2단계 정보 수집과 분석	법, 정책, 통계 등 관련 정보를 조사하고 사례를 분석한다.	「유엔 아동권리협약」, 「아동복지법」 등 관련 법령과 지방자치단체의 어린이 놀이터 설치 기준, 지역 내 놀이터 수 및 아동 인구 통계 등을 조사함.

단계	설명	아동 놀이권 사례
3단계 당사자 협력 및 참여 유도	당사자 의견을 듣고 주체적 참여를 돕는다.	지역 학부모, 아동을 대상으로 '우리 동네 놀이터 지도 만들기' 활동을 실시하고, 아이들의 목소리를 그림, 글, 영상 등으로 수집하여 자료화함. 아동 참여 워크숍도 함께 기획.
4단계 전략 수립과 개입 방법 결정	개입 방향을 설정하고, 실현 가능한 전략을 선택한다.	주민설명회 개최, 시청 홈페이지 제안 글 등록, 지역 언론에 제보, 시의회 아동복지위원 면담 등을 주요 전략으로 수립. 특히 아이들의 의견이 담긴 '놀이터 리포트북' 제작을 중심 자료로 활용.
5단계 실행 및 사회적 개입	정해진 전략에 따라 활동을 실행하고 조율한다.	아동과 학부모가 함께 시청 앞에서 '그림 전시 캠페인'을 열고, 시의회에 리포트북을 제출. 지역 언론에서 기사화되며 여론 형성. 담당 부서와 면담 통해 예산 반영 요청.
6단계 평가 및 후속 조치	활동 결과를 점검하고, 다음을 위한 준비를 한다.	시가 놀이터 예산을 일부 반영함. 참여자들과 평가 워크숍을 열어 과정을 정리하고, 향후 '놀이권 감시단' 구성 논의. 향후 활동 기록을 전자책으로 공유함.

출처 : Ezell(2001), Hoefer(2015) 등의 이론적 모델을 참고로 재구성함

3) 옹호기술에서 고려해야 할 사항

옹호기술은 단순한 권리 대변이나 제도 개선 활동을 넘어, 복합적인 사회적 맥락과 실천 윤리를 포괄하는 고차원적인 개입 기술이다. 효과적이고 책임 있는 옹호활동을 수행하기 위해서는 다음과 같은 핵심 요소들을 반드시 고려해야 한다.

(1) 윤리적 기준과 딜레마

옹호는 당사자의 권리를 지지하는 적극적 개입이지만, 때로는 이해 상충(conflict of interest)이나 자기결정권 vs 보호의 충돌처럼 윤리적 판단이 요구되는 상황이 많다. 사회복지사는 옹호의 윤리적 원칙(예 자기결정 존중, 해악 금지, 공정성)을 기준으로 판단할 수 있어야 하며, 동료 간 협의, 슈퍼비전 등을 통해 결정을 도출해야 한다.

(2) 문화적 민감성과 차별 감수성

옹호는 모든 사람의 권리가 평등하게 존중받아야 한다는 전제를 가지고 있다. 그러나 실제 현장에서는 인종, 성별, 장애, 종교, 성적지향, 계층 등의 차이로 인해 쉽게 차별이 발생한다. 옹호활동을 할 때는 당사자의 문화를 존중하고, 자신의 편견이나 고정관념을 경계해야 하며, 교차성(intersectionality)의 시각을 갖는 것이 중요하다.

(3) 동맹 형성과 네트워크 구축

옹호는 개별 사회복지사만의 활동으로는 한계가 있다. 시민사회, 언론, 법조계, 정책전문가 등 다양한 주체와의 협력 네트워크가 필요하며, 이를 옹호연합(advocacy coalition)이라고 부른다. 혼자 말하기보다 '여럿이 함께 말할 때' 사회적 파급력과 지속가능성이 더욱 커진다.

(4) 미디어 및 커뮤니케이션 전략

현대 사회에서 옹호활동은 공공의 주목을 받는 방식으로 이슈화되어야 효과를 발휘한다. 이때 SNS, 지역 언론, 블로그, 카드뉴스, 영상 등 다양한 매체를 전략적으로 활용할 수 있다. 사회복지사는 옹호의 메시지를 정확하고 공감 있게 전달하는 스토리텔링 능력과 커뮤니케이션 감각을 갖춰야 한다.

(5) 옹호성과의 측정과 평가

옹호는 눈에 보이는 결과만큼, 과정의 변화(목소리의 등장, 인식 변화, 연대 형성 등)도 중요하다. 단기 및 중장기 목표를 구분하고, 당사자 인터뷰나 변화 일지 등 정성적 평가 방법을 함께 사용하는 것이 바람직하다.

4. 역량강화 기술

역량강화(empowerment)는 개인이나 집단이 자신의 삶의 문제를 인식하고 이를 해결할 내적 힘과 외적 자원을 스스로 갖추도록 돕는 실천 과정이다. 이는 외부의 힘을 단순히 '부여'하는 것이 아니라, 주민 스스로 잠재력을 인식하고 발현할 수 있도록 환경을 조성하고 지지하는 것이다. 지역사회복지에서 역량강화는 주민이 지역 문제 해결과 의사결정에 주체적으로 참여하도록 하며, 이는 자존감과 자치역량, 집단적 권한을 회복하고 민주적 지역사회를 형성하는 핵심 기반이 된다.

1) 역량강화의 필요성

사회적 약자들은 반복된 차별과 배제로 인해 '나는 할 수 없다'는 무기력을 학습해 온 경우가 많다. 역량강화는 이들이 스스로를 믿고, 문제를 드러내고, 변화의 과정에 참여하도록 돕는다. 이는 낙인과 두려움을 넘어, 자신이 변화를 이끌 수 있는 존재임을 확인하는 경험이다. 또한 주민 개개인의 성장뿐 아니라, 지역사회 전체의 협력과 연대 문화를 형성하는 데 기여한다.

2) 역량강화 실천 과정

Rubin과 Rubin의 접근을 바탕으로, 지역사회에서의 역량강화는 다음과 같은 6단계로 이루어진다.

(1) 의식 제고(Consciousness Raising)

주민이 자신의 문제를 단지 개인의 책임으로 보지 않고, 사회구조적 문제로 인식할 수 있도록 돕는 단계다. 모임, 사례 공유, 토론 등을 통해 공통의 문제의식을 형성하고, '나만 그런 게 아니었구나'라는 집단적 자각을 유도한다.

(2) 자기 목소리 내기(Self-assertion)

주민이 자신의 입장을 분명하고 당당하게 표현할 수 있도록 지원한다. 이는 단지 말을 하는 것을 넘어, '내 목소리가 존중받을 수 있다'는 경험을 제공하는 데 핵심이 있다(예 주거권 침해를 겪은 주민들이 모여 구청 회의에 참여하기 전 발언 연습을 함께 해보는 과정).

(3) 공공의제로 만들기(Framing the Agenda)

개인의 문제를 공공적 관심사로 전환시키는 전략이다. 언론 보도, 캠페인, 주민 간담회 등을 통해 지역사회 전체가 문제를 인식하고 함께 해결해야 할 의제로 전환하도록 유도한다.

(4) 힘/권력 키우기(Building Power)

주민들이 수적, 전문적, 조직적으로 연대하며 실제 영향력을 갖추는 단계다. 정치적 참여, 전문가 연계, 지역 연합체 구성 등을 통해 실천 기반을 확장한다.

(5) 역량 구축(Building Capacity)

주민들이 지속적 참여를 이어갈 수 있도록 조직운영 능력, 협업 기술, 의사소통 역량 등을 함께 키운다. 이는 단발성이 아닌, 지속가능한 참여 구조를 만드는 핵심 기반이다.

(6) 사회적 자본 창출(Creating Social Capital)

주민 간의 신뢰와 상호 지지를 통해 공동체 내 사회적 유대감을 형성한다. 이는 실천이 개인을 넘어 지역사회 차원으로 확장될 수 있도록 한다.

3) 실천가의 역할

역량강화는 사회복지사 혼자서 주도하는 방식이 아니라, 주민이 변화의 중심에 서도록 이끄는 실천이다. 이 과정에서 실천가는 다음과 같은 역할을 수행한다.

(1) 촉진자(Facilitator)

주민이 자유롭고 안전하게 자신의 목소리를 낼 수 있도록 돕는다. 다양한 사람들이 참여할 수 있는 대화의 장을 만들고, 소수자의 의견도 존중받을 수 있는 분위기를 조성하는 것이 핵심이다.

(2) 연결자(Linker)

지역사회 내 다양한 자원과 제도, 전문가와 주민을 연결하는 중간자의 역할을 한다. 정보 접근을 쉽게 하고, 네트워크 형성을 통해 실천의 폭을 넓힌다.

(3) 교육자(Educator)

주민이 자신의 권리, 제도, 문제의 본질을 이해하고 스스로 판단할 수 있도록 돕는 지식 전달자이다. 비판적 사고를 자극하고, 정보 제공 이상의 학습 경험을 제공한다.

(4) 지지자(Advocate)

초기에는 주민이 두려움이나 제도적 장벽으로 인해 나서지 못할 수 있다. 이럴 때 실천가는 주민을 대신해 말하고 행동함으로써 초기 진입을 돕고, 점차 주민이 스스로 나설 수 있도록 곁에서 지지한다.

5. 통합사례관리 기술

통합사례관리는 복합적인 문제를 지닌 개인이나 가족에게 장기적이고 체계적인 지원을 제공하는 실천 기술이다. 다양한 기관과 자원을 연계하고 조정하여, 대상자의 삶 전반을 통합적으로 회복시키는 것을 목표로 한다. 단순한 서비스 연결을 넘어, 당사자의 자립과 사회통합을 위한 맞춤형 계획을 수립하며, 지역사회 내 협력체계를 기반으로 지속가능한 지원을 제공한다.

1) 통합사례관리의 주요 특성

(1) 복합적 욕구에 대한 다차원적 접근

통합사례관리 대상자는 빈곤, 건강, 주거, 정서 등 다양한 문제를 동시에 겪는다. 이러한 복합 욕구는 단일 서비스로 해결이 어려워, 상호 연관된 문제를 통합적으로 접근해 삶 전반의 회복을 도모해야 한다.

(2) 공식 및 비공식 자원의 연계와 조정

공공과 민간, 공식과 비공식 자원을 아우르는 복지 생태계가 필요하다. 단순 나열이 아닌 대상자의 상황에 맞춘 전략적 연계와 조정을 통해 공동체 중심의 돌봄 기반을 강화한다.

(3) 중재 및 조정 기능 중심의 실천

사례관리자는 자원을 단순 전달하는 역할을 넘어, 기관 간 조율과 욕구 기반의 우선순위 설정 등 중재자의 역할을 수행한다. 이는 통합적 실천의 기반을 마련하는 핵심 기능이다.

(4) 지역사회 기반의 통합적 실천체계

통합사례관리는 개인의 문제 해결을 넘어, 지역 네트워크 활성화와 민관 협력체계 구축을 통해 지역 전체의 복지 기반을 강화하는 전략적 접근이다.

(5) 대상자 중심의 맞춤형 계획과 장기적 관점 실현

대상자는 실천 과정에 능동적으로 참여하며, 삶의 목표와 가치에 기반한 개별화된 계획이 수립된다. 단기 처치가 아닌 장기적 회복과 자립을 지향한다.

(6) 사후 관리와 지속가능한 지원체계

대상자는 실천 과정에 능동적으로 참여하며, 삶의 목표와 가치에 기반한 개별화된 계획이 수립된다. 단기 처치가 아닌 장기적 회복과 자립을 지향한다.

2) 통합사례관리의 과정

(1) 초기 과정 : 대상자 발굴과 종합 사정

이 단계는 통합사례관리의 출발점으로, 도움이 필요하지만 서비스에 접근하지 못하는 복합위기 대상자를 적극적으로 찾아내는 과정이다. 공공기관의 빅데이터, 이웃 신고, 복지사 상담 등 다양한 방식으로 대상자를 발굴하며, 이후에는 생애주기, 건강 상태, 사회적 관계, 경제 상황 등 다양한 측면을 종합적으로 사정한다.

(2) 계획 수립 : 개별 맞춤형 사례계획 수립

사정 결과를 바탕으로, 대상자의 삶의 목표와 욕구에 맞는 개별화된 계획(Individualized Service Plan, ISP)을 수립한다. 이때 계획은 단순히 기관 중심의 서비스 목록이 아니라, 대상자와의 협의를 통해 함께 세우는 상호 계약의 성격을 가진다. 목표는 현실적이되 도전 가능하고, 우선순위에 따라 단계별로 구성되며, 대상자가 스스로 결정권을 가질 수 있도록 돕는다.

(3) 개입 : 자원 연계 및 통합적 실천

계획에 따라 필요한 자원을 연계하고, 다양한 기관이 협업하여 개별적이면서도 다차원적인 개입을 실행한다. 예를 들어, 건강 문제에 대해서는 보건소와 병원이, 경제적 어려움에 대해서는 행정복지센터와 복지관이 협력한다. 이때 사례관리자는 기관 간 중복이나 공백을 조정하고, 개입이 대상자의 일상 속에서 효과적으로 작동하도록 지속적으로 중재하는 역할을 수행한다.

(4) 점검 : 서비스 이행 및 변화 모니터링

개입이 진행되는 동안에는 정기적인 점검을 통해 계획대로 서비스가 이행되고 있는지, 대상자의 상태에 변화는 없는지 확인해야 한다. 이를 위해 사례관리일지, 정기 방문, 전화상담, 기관 회의 등을 활용하며, 필요시 계획을 수정하거나 새로운 서비스를 추가하기도 한다.

(5) 평가 및 종결 : 변화 확인과 미래 대비

사례관리의 목표가 어느 정도 달성되었는지를 평가하고, 서비스 개입이 대상자의 삶에 어떤 영향을 주었는지를 종합적으로 검토한다. 평가 결과에 따라 사례를 종결하거나, 추가 지원이 필요한 경우에는 사후 관리 체계로 연계한다.

단 원 평 가

1. 다음 중 주민 조직화의 출발점으로 가장 적절한 단계는?

① 실천 전략 개발
② 본 모임 운영
③ 예비모임 구성과 관계 형성
④ 자원 통합 활용
⑤ 과업의 성과 평가

해설 ③ 주민 조직화는 관계 맺기와 신뢰 형성을 중심으로 한 예비모임 구성에서 시작된다. 이때 심리적 불안감을 낮추고 공감대를 형성하는 것이 핵심이다.

2. 다음 설명이 나타내는 네트워크 유형은 무엇인가?

> "복지관, 병원, 정신건강센터가 고위험군 주민을 공동으로 발굴하고 개입 전략을 함께 세운다."

① 비공식적 관계
② 조정
③ 파트너십
④ 협력
⑤ 통합

해설 ④ '협력(Collaboration)'은 기관 간 신뢰와 책임을 기반으로 공동 실천이 이뤄지는 고도의 전략적 관계로, 단순 조율이나 자원 공유를 넘어선 집행 단계의 연계를 포함한다.

3. 다음 사례에 해당하는 옹호기술의 유형은?

> "장애인 거주시설에서 외출 제한 규정이 차별적이라 판단한 실천가가 해당 규정 개선을 요청했다."

① 법적 옹호
② 시민 옹호
③ 행정적 옹호
④ 클라이언트 옹호
⑤ 정책적 옹호

해설 ③ 행정적 옹호는 기관 내부의 규정이나 서비스 전달 방식의 개선을 요구하는 활동을 말하며, 본 사례는 시설 내 규정 시정 요청이므로 이에 해당한다.

4. 다음 중 역량강화 실천과정의 시작 단계로 가장 적절한 것은?

① 자기 목소리 내기(Self-assertion)

② 공공의제로 만들기(Framing the Agenda)

③ 의식 제고(Consciousness Raising)

④ 역량 구축(Building Capacity)

⑤ 사회적 자본 창출(Creating Social Capital)

해설 ③ 의식 제고는 주민이 문제를 개인의 문제가 아닌 구조적 문제로 인식하게 하는 출발점이며, 집단적 자각을 유도하는 첫 단계이다.

5. 다음 사례가 반영하는 통합사례관리의 특성은?

> "복지관은 건강 문제로 어려움을 겪는 대상자에게 의료서비스뿐만 아니라 이동지원, 정서 상담, 주거환경 개선 등 다양한 서비스를 연계하여 개입하였다."

① 중재 및 조정 기능

② 지역사회 기반 실천

③ 다차원적 접근을 통한 복합욕구 대응

④ 정보 공유 시스템의 구축

⑤ 사회적 자본 창출(Creating Social Capital)

해설 ③ 다양한 문제를 동시에 경험하는 대상자에게 전인적 접근을 통해 삶 전체를 회복시키려는 실천은 '복합적 욕구에 대한 다차원적 접근'에 해당한다.

생각해 보기

- 자신의 강점이나 역량과 가장 잘 부합한다고 생각되는 실천기술 한 가지를 선택해 보세요. 이유는 무엇인가요?

Chapter 08

지역사회 자원개발과 자원동원

개 요

지역사회 자원개발과 자원동원은 지역사회복지 실천을 가능하게 하는 핵심 전략이다. 자원개발은 지역 내 존재하거나 잠재된 인적·물적 정보 자원을 체계적으로 발굴·확보하는 과정이며, 자원동원은 확보된 자원을 실제로 조직하고 연결하는 실행 단계이다. 자원은 예산과 공간, 제도뿐 아니라 사회복지사, 자원봉사자, 주민의 참여 의지 등 다양한 형태를 포함한다. 효과적인 자원 활용을 위해서는 지역 네트워크의 활성화, 주민과의 신뢰관계 형성, 지속가능한 참여 구조가 필요하다. 사회복지사는 단순한 자원 모금자가 아니라, 지역 구성원과 자원을 엮는 전략적 실천가로서의 역할을 수행해야 한다. 본 단원에서는 자원개발과 동원의 개념과 원칙, 실천 전략을 살펴보고, 현장 적용 가능성을 함께 모색하고자 한다.

학습목표

1. 지역사회 자원개발과 자원동원의 개념과 차이를 이해하고 설명할 수 있다.
2. 자원개발 및 동원의 실제 사례를 분석하고, 지역 특성에 맞는 전략을 구상할 수 있다.
3. 사회복지사로서 자원 발굴과 활용에 필요한 태도와 실천 원칙을 인식하고 적용할 수 있다.

1. 자원개발의 개념과 자원의 종류

자원개발은 지역사회 내 다양한 자원을 발굴·조직하여 복지 실천의 기반을 마련하는 전략적 과정이다. 자원은 인적, 물적, 정보, 제도, 사회자본 등 유형과 무형을 포함한 다차원적 요소로 구성된다. 이러한 자원은 클라이언트의 삶의 질 향상과 지역사회 문제 해결을 위한 핵심 수단이 된다.

1) 지역사회 자원개발의 개념

자원이란 클라이언트의 삶의 질 향상과 변화에 기여할 수 있는 모든 유용한 요소를 뜻한다. 이는 인력, 물질, 조직, 기관, 정보 등 다양한 형태로 존재하며, 구체적으로는 사회복지 서비스를 제공하는 인적 자원, 운영을 위한 예산이나 물품, 공간과 시설, 그리고 이를 뒷받침하는 정보와 네트워크까지 포함된다.

이러한 자원은 클라이언트의 욕구를 충족시키고 문제를 해결하기 위한 도구로 활용되며, 유형의 자원(예 인력, 예산, 시설)뿐 아니라 무형의 자원(예 전문성, 정보, 주민의 참여 의지 등)까지도 포함하는 다차원적인 구성을 갖는다.

지역사회복지에서 자원개발이란, 복지 실천을 효과적으로 수행하기 위해 지역 내에서 필요한 자원을 찾아내고 이를 조직적으로 확보하고 활용하는 일련의 과정을 의미한다. 즉, 사회복지사는 지역사회 내에서 시설, 공간, 예산, 인력, 프로그램 등 복지 서비스 실현에 필요한 자원을 발굴하고, 그것이 실제로 활용될 수 있도록 연결하고 조정하는 역할을 수행해야 한다.

2) 지역사회 자원의 종류

지역사회 자원은 지역사회복지 실천에서 핵심적으로 활용되는 수단으로, 다양한 형태로 분류될 수 있다. 일반적으로 자원은 그 성격과 기능에 따라 인적 자원, 물적 자원, 정보자원, 제도자원, 그리고 사회자본으로 나눌 수 있다.

(1) 인적 자원

인적 자원은 지역사회에서 직접 활동하거나 서비스를 제공하는 사람들을 포함한다. 이는 사회복지사, 의료인, 종교인, 법조인, 교육자, 간호사, 공무원 등의 전문인력과 자원봉사자, 주부, 학생, 일반 시민 등 비전문 인력으로 구분된다.

(2) 물적 자원

물적 자원은 정부의 지원금, 기업의 협찬금, 시민의 기부금(현금, 부동산, 물품 등), 서비스 이용료, 편의시설, 기관, 토지, 건물 등 유형의 자산으로 구성되며, 지역사회복지 프로그램의 실행과 물리적 인프라를 마련하는 데 필수적인 요소다. 이러한 물적 자원은 다양한 방식으로 동원될 수 있다. 예를 들어, 기존의 자원봉사자나 지역사회조직의 지원 대상자를 물적 자원의 제공자로 전환하거나, 일반 주민의 자발적 참여를 유도하여 기부와 후원을 이끌어 내는 방식이 있다. 또한 정부 부처, 사회복지공동모금회, 기업복지재단 등에서 제시하는 공모사업에 신청서를 제출하여 특정 주제에 대한 사업비를 확보하는 전략도 효과적이다. 이 외에도 크라우드 펀딩(crowd funding)이나 바자회, 자선공연 등의 일회성 이벤트를 통해 사회적 관심을 모으고 자원을 확보하는 방식도 활발히 활용되고 있다.

(3) 정보자원

정보자원은 국내외에서 제공되는 정책정보, 통계 자료, 연구 결과 등 지역사회복지를 위한 지식과 정보를 포함한다. 정보자원은 문제를 분석하고 개입 전략을 수립하는 데 중요한 기반이 된다. 신뢰할 수 있는 정보자원을 활용하면 지역사회 현안을 보다 객관적으로 이해하고, 효과적인 실천 방향을 설정하는 데 도움이 된다.

(4) 제도자원

제도자원은 정책, 법률, 행정체계 등 공공의 제도적 기반을 의미한다. 이는 복지 서비스를 안정적으로 제공하고 지역사회 내 연계와 협력을 가능하게 하는 틀을 제공한다. 제도자원은 실천가가 제도 변화에 대응하거나 제도 개선을 위한 옹호활동을 수행할 수 있는 중요한 수단이기도 하다.

(5) 사회적 자본

사회적 자본은 지역사회 내에서 형성된 신뢰, 규범, 네트워크와 같은 무형의 관계적 자원을 의미한다. 이는 주민 간의 상호 신뢰와 협력, 공동체 의식, 정보와 자원의 교환을 촉진하는 연결망을 포함한다. 사회적 자본이 풍부할수록 주민 참여와 상호 지원이 활발해져, 지역사회복지 실천의 효과성과 지속가능성이 높아진다.

2. 자원개발 및 동원의 전략과 마케팅

지역사회 자원개발 및 동원은 단순한 후원 요청을 넘어, 조직의 비전과 가치를 공감하게 하고 자발적 참여를 유도하는 전략적 활동이다. 이를 위해서는 대상과 자원의 특성에 따라 차별화된 실천 전략과 마케팅 기법을 적용해야 한다.

1) 자원개발 및 동원의 전략

(1) 기존 조직과 네트워크의 활용

지역사회 내에 이미 존재하고 활동 중인 조직이나 집단은 자원동원의 중요한 기반이 된다. 이러한 조직들은 주민들과 일정 수준 이상의 신뢰관계를 유지하고 있을 뿐 아니라, 참여 경험과 집단 역동이 축적되어 있어 새로운 참여자를 유입하기에 유리한 조건을 갖춘다. 실천가는 지역 내 활동성이 높은 조직들을 사전에 파악하고, 이들과의 협력을 통해 자원의 통합적 운용 기반을 마련해야 하며, 기존 네트워크를 활용하면 자원 접근성이 높아지고 조직 간 협업도 원활하게 이루어진다.

(2) 개인의 직접적인 참여 유도

주민 개개인과의 접촉을 통해 참여를 유도하는 전략은 현장 실천에서 매우 효과적인 방식으로 알려져 있다. 예컨대 가정방문, 소규모 대화모임, 공공장소에서의 자연스러운 대화 유도 등은 주민의 관심을 자극하고 신뢰를 형성하는 데 유리하다. 특히 변화에 소극적인 주민일수록 일대일 관계 형성과 설득이 참여 동기 형성에 중요하며, 이 전략은 단순히 정보를 전달하는 것을 넘어 주민이 지역 변화의 주체로 인식될 수 있도록 자각을 유도하는 데 초점을 둔다.

(3) 네트워크를 통한 간접 접촉 및 지도자 활용

이미 조직이나 네트워크에 소속된 사람들을 매개로 간접적으로 참여를 유도하는 방법도 효과적이다. 이는 기존 관계망 내 신뢰를 기반으로 새로운 참여자의 진입 장벽을 낮추는 전략이다. 또한 지역 내에서 영향력 있는 주민, 즉 '의견 지도자(opinion leader)'를 식별하고, 이들을 자원동원의 촉진자로 활용하는 것도 유의미하다. 이들은 조직 밖 주민과의 연결고리 역할을 하며, 실천 활동의 신뢰성과 파급력을 높이는 핵심 매개자가 된다.

(4) 인센티브 설계

자원동원 활동에 주민이 자발적으로 참여하도록 유도하기 위해서는 다양한 형태의 인센티브 설계가 필요하다. 이는 단순한 금전적 보상에 그치지 않고, 자녀교육 혜택, 정보 접근 기회, 주민으로부터의 인정, 소속감 강화 등 개인화된 의미 있는 가치로 구성되어야 한다. 특히 초기 참여자에게는 긍정적인 피드백과 사회적 보상이 반복적 성공 경험으르 이어지도록 하여, 주민 스스로가 변화의 주체임을 자각하게 하는 과정이 중요하다.

(5) 참여 활동의 유지 전략

자원동원은 일회성 활동으로 그쳐서는 안 되며, 참여가 지속적이고 점진적인 조직화 과정으로 이어져야 한다. 이를 위해 실천가는 주민의 관심을 유도할 수 있는 이슈 개발, 주기적인 활동 구성, 소규모 성공 경험 제공 등을 종합적으로 고려해야 한다. 예를 들어, 마을 환경 개선 활동, 주민 자치 프로그램, 지역 문화 행사 등은 주민의 자발성과 연속적인 참여를 촉진하는 좋은 장치가 될 수 있다.

자원개발 및 동원 기술은 단순히 자원을 '모으는 것'이 아니라, 사람을 조직화하고, 관계를 형성하며, 지역사회 안에서 공동의 목표를 실현하기 위한 전략적 실천 기술이다. 실천가는 자원 확보를 넘어, 참여 기반 구축과 지속가능한 네트워크 형성에까지 이르는 일련의 과정을 이해하고, 이를 복합적인 전략으로 운영할 수 있어야 한다.

2) 자원개발과 마케팅

(1) 마케팅의 개념

마케팅은 단순히 물건을 판매하거나 서비스를 알리는 활동을 넘어서, 사람들이 무엇을 필요로 하는지를 파악하고, 그에 맞는 가치 있는 것을 제공하며, 이를 효과적으로 전달하고 관계를 유지하는 전체 과정을 말한다. 이는 상품을 구매하는 일반 소비자뿐 아니라, 지역사회에서 자원을 제공하거나 도움을 주는 주민, 기업, 자원봉사자 등 모든 참여자에게도 적용된다.

쉽게 말하면 마케팅은 '사람이 무엇을 원하는지 알고, 그것을 제공하고, 잘 알리며, 이후에도 관계를 이어가는 활동'이다. 즉, 욕구를 파악하고, 자원을 준비하고, 그 가치를 알리고, 지속적으로 연결되는 일련의 흐름이 모두 마케팅이다.

(2) 자원개발과 마케팅

지역사회 자원개발은 지역사회의 문제를 해결하고 주민의 삶의 질을 높이기 위한 다양한 인적 · 물적 · 정보적 자원을 발굴하고 조직적으로 확보하는 활동이다. 이때 마케팅은 자원을 단순히 홍보하거나 알리는 수준을 넘어서, 자원의 사회적 의미를 효과적으로 전달하고, 지역사회 구성원의 참여를 이끌어 내는 전략적 도구로서 기능한다.

마케팅은 지역사회의 욕구를 분석하여 어떤 자원이 필요한지를 확인하고, 자원 제공자에게 그 필요성을 설득력 있게 전달하며, 후원자 · 자원봉사자 · 기관·기업 등 다양한 이해관계자와의 신뢰관계를 형성한다. 이를 통해 자원개발은 보다 체계적이고 지속가능한 방식으로 운영될 수 있으며, 지역사회 내 자원의 선순환을 가능하게 한다.

결국 마케팅은 지역사회복지 실천에서 자원을 단기적으로 확보하는 것을 넘어, 장기적이고 안정적인 자원 확보 구조를 설계하고, 공동체와의 긍정적인 관계를 유지하기 위한 핵심 전략이라 할 수 있다.

3. 자원동원의 원리와 원칙

자원동원은 단순한 기부 요청이 아니라, 관계망, 신뢰, 참여 동기, 공동 목표 등이 유기적으로 작동하는 사회적 과정이다. 그 실행에는 자발성, 투명성, 공공성, 지속가능성, 포용성과 형평성이라는 원칙이 필수적으로 수반된다. 이러한 원리와 원칙은 자원의 효과적 활용뿐 아니라 공동체 신뢰와 참여를 확장하는 기반이 된다.

1) 자원동원의 원리의 이해

(1) 사회적 관계망의 활성화

자원은 고립된 개인보다 서로 연결된 관계망 속에서 더 쉽게 유통된다. 자원동원은 사람 간의 연결, 집단 간의 협력 구조 속에서 실현되며, 이 관계망은 정보를 빠르게 전파하고, 공동 행동을 유도하는 기반이 된다.

(2) 신뢰의 구축

자원제공자는 자신이 제공한 자원이 정확한 목적과 가치 있는 방식으로 사용될 것이라는 신뢰가 있어야 참여할 수 있다. 따라서 지역사회복지기관이나 실천가는 투명성과 책임성을 통해 신뢰를 축적해야 한다.

(3) 참여 동기의 유발

주민이나 기업, 조직이 자원동원에 응할 수 있도록 내재적 · 외재적 동기를 자극하는 전략이 필요하다. 가령, 개인에게는 이타심과 사회 참여의 기회를, 기업에게는 사회적 책임(CSR)과 브랜드 이미지 상승 효과를 제공할 수 있다.

(4) 공동 목표의 공유

자원을 효과적으로 모으기 위해서는 공동체가 해결하고자 하는 문제에 대한 공감대 형성이 선행되어야 한다. '왜, 누구를 위해 자원이 필요한가'를 명확히 설명하고 구성원 간 비전을 공유하는 것이 핵심이다.

(5) 소통과 피드백의 순환

자원동원은 일회성 활동이 아니라 지속적인 관계 유지 과정이다. 따라서 자원 제공자에게 활동 결과나 사용 내역을 공유하고, 감사를 표하며 쌍방향 소통을 지속적으로 이어가야 다음 동원 활동으로 이어질 수 있다.

2) 자원동원의 원칙

(1) 자발성의 원칙

자발성의 원칙은 자원동원의 가장 기본이 되는 요소이다. 자원은 타인의 강요나 외부 압력에 의해서가 아니라, 참여자 스스로의 의지와 동기를 기반으로 형성되어야 한다. 강제된 참여는 일시적이거나 형식적인 결과로 그치기 쉽고, 지속적인 자원 순환 구조를 만들기 어렵다. 따라서 실천가는 주민이 자발적인 동기를 갖도록 유도하고, 자원 참여의 의미와 가치를 명확히 전달해야 한다.

(2) 투명성의 원칙

투명성의 원칙은 자원의 모집, 사용, 평가 전반에 걸쳐 정보가 공개되고 관리 과정이 명확히 드러나야 함을 의미한다. 자원 제공자는 자신의 자원이 어떻게 쓰이는지를 알 권리가 있으며, 이를 보장하는 투명한 운영은 실천 활동에 대한 신뢰를 높이는 중요한 기반이 된다. 예산의 흐름이나 활동 결과에 대한 보고는 정기적이고 구체적으로 이루어져야 하며, 이를 통해 책임성과 신뢰성을 동시에 확보할 수 있다.

(3) 공공성의 원칙

공공성의 원칙은 자원이 특정 개인이나 조직의 이익을 위해 사용되어서는 안 되며, 지역사회 전체의 복지 향상을 위한 공익적 목적에 기반해야 한다는 점을 강조한다. 공공성이 담보되지 않으면 자원동원은 사익 추구로 오해받을 수 있으며, 공동체 구성원 간의 갈등과 불신을 야기할 수 있다. 따라서 실천가는 자원의 활용 대상과 목적이 공동체 전체에 미치는 긍정적 효과를 중심으로 설계해야 한다.

(4) 지속가능성의 원칙

지속가능성의 원칙은 단기 성과에 집중하기보다는 자원이 반복적이고 안정적으로 순환될 수 있도록 장기적인 관점에서 접근해야 함을 말한다. 일회성 기부나 참여보다는 지속적인 관계 형성과 자원관리 전략이 요구되며, 실천가는 자원 제공자와의 신뢰를 유지하고 참여의 긍정적 경험을 누적시켜야 한다. 이를 통해 지역사회는 자립적이고 견고한 복지 기반을 형성할 수 있다.

(5) 포용성과 형평성의 원칙

포용성과 형평성의 원칙은 자원동원 과정에 누구나 접근할 수 있는 기회가 보장되어야 하며, 특히 소외되기 쉬운 계층이 배제되지 않도록 주의해야 한다는 점을 강조한다. 모든 주민이 자원동원의 주체가 될 수 있도록 물리적 · 사회적 장벽을 제거하고, 다양한 집단의 특성과 요구에 맞춘 맞춤형 참여 전략이 필요하다. 이는 지역사회의 통합성과 정의로운 실천을 위한 핵심 기준이 된다. 다음은 지역사회 자원동원의 작동 원리와 원칙을 표로 정리한 예이다.

<표 8-1> **지역사회 자원동원의 작동 원리와 원칙**

구분	정의	예시
원리(메커니즘)	자원동원이 효과적으로 작동하기 위해 기반이 되는 구조적 · 이론적 작동	사회적 네트워크를 활용한 자원 연결 구조, 신뢰에 기반한 자원 재순환 체계
원칙	자원동원 과정에서 실천가가 지켜야 할 행동 기준이나 윤리적 방향	공정성의 원칙(자원의 편중 없는 분배), 자발성의 원칙(강요 없는 참여)

4. 자원개발의 과정과 동원과의 관계

자원개발은 환경 분석에서 시작해 수요 조사, 목표 설정, 표적 자원 선정, 실행 및 관리의 다섯 단계로 이루어진다. 이 과정은 지역사회의 잠재 자원을 전략적으로 조직하고, 실천 가능한 자원 확보 기반을 마련하는 데 목적이 있다. 자원동원은 이렇게 개발된 자원을 실제 참여와 실행으로 연결하는 단계로, 두 과정은 유기적으로 순환하며 작동한다.

1) 자원개발의 과정

(1) 자원개발 환경 분석 : 1단계

자원개발의 첫걸음은 조직 안팎의 환경을 면밀히 살펴보는 것이다. 이를 통해 자원개발의 가능성과 제약 요소를 판단하게 된다. 외부적으로는 사회제도, 정책 변화, 지역사회의 구조 등을 검토하고, 내부적으로는 조직의 역량, 운영 구조, 인적 자원 등을 점검한다.

이 과정에서는 SWOT 분석과 같은 전략 도구를 활용해 강점(Strengths)과 약점(Weaknesses), 기회(Opportunities)와 위협 요소(Threats analysis)를 파악하며, 자원개발의 기본 방향을 설정한다.

(2) 지역자원 및 수요 조사 : 2단계

다음으로는 지역사회에 존재하는 잠재 자원을 조사하고, 동시에 사회복지조직이 필요로 하는 자원이 무엇인지를 구체화한다. 이때 단순히 자원의 양이나 위치뿐 아니라, 어떤 자원이 공유 가능한지, 조직의 사명과 가치에 얼마나 부합하는지, 자원의 활용 목적은 무엇인지를 함께 고려한다. 이 과정은 이후 자원 활용과 전략 수립의 기반이 되며, 수요와 공급 간의 격차를 메우기 위한 준비 단계이기도 하다.

(3) 목표 설정 및 전략 방향 수립 : 3단계

환경과 수요에 대한 분석을 바탕으로, 확보해야 할 자원의 종류와 범위를 설정하고 그에 따른 전략 방향을 구체화한다. 이때 마케팅 기획의 핵심인 목표 설정은 매우 중요하며, 어떤 자원을 언제, 누구에게, 어떻게 확보할 것인지에 대한 명확한 계획이 수립되어야 한다.

목표는 실현 가능해야 하며, 추진 일정, 조직 역량, 재정 확보 방안, 평가 기준까지 함께 포함되어야 효과적인 실행이 가능하다.

(4) 자원 세분화와 표적 자원 선정 : 4단계

자원개발의 실행력을 높이기 위해, 자원을 성격과 활용 가능성에 따라 세분화하고 그중 가장 실현 가능성이 높고 효과적인 자원을 표적 자원으로 선정한다. 이 과정은 마케팅에서 '세분화(Segmentation)'와 '표적화(Targeting)' 전략을 적용하는 것으로, 자원을 전략적으로 선택하고 집중하는 데 도움이 된다. 이를 통해 자원개발 활동의 효율성과 집중도를 높일 수 있다.

(5) 실행 및 관리 : 5단계

마지막 단계에서는 자원개발 계획을 실제로 실행에 옮기고, 그 과정과 결과를 지속적으로 관리한다. 후원자 개발, 자원봉사자 모집, 캠페인 운영, 파트너십 구축 등 다양한 활동이 실행되며, 각 활동은 지역사회, 조직, 자원 제공자 간의 협력을 통해 이루어진다. 실행 후에는 결과를 평가하고, 피드백을 반영하여 전략을 보완하는 과정까지 포함된다. 또한 자원 제공자와의 관계를 유지하고 신뢰를 쌓는 사후관리도 중요한 요소이다.

<표 8-2> **SWOT 분석 후 실행 및 변화 흐름 (사례 : 충남 홍성군의 지역사회보장계획)**

분석 내용	실행 전략 및 변화 사례	결과 및 성과
-강점- 협력 네트워크 협의체 활성화	• 계획 수립 전 주민 · 전문가 참여 TF팀 구성	• 주민 의견이 반영된 맞춤형 복지전략 설계 • 지역사회보장협의체 운영 강화
-약점- 접근성 격차 전달체계 미비	• 사회복지시설 외 돌봄 기반을 지역사회 중심 통합돌봄으로 전환 • 돌봄 · 건강 · 문화 · 고용 등 영역 통합 지표 도입	• 37개 세부사업으로 구조화 – 공공산후조리원 · 어르신 놀이터 등 대상별 서비스 확대
-기회- 정책 확대 민관 협력	• 복지재정 확보 → 사업 기획 추진 • 민관 협력 기반 강화, 재정 · 행정 지원 확보	• 2023년 지역사회보장계획 평가에서 충남 군부 2위, 2024년 도지사 표창 수상
-위협- 고령화 · 인구 감소 행정 부담	• 행정 · 재정 여건 강화, 연차별 실행 · 모니터링 · 평가체계 구축, TF 운영 강화	• 중기(19~22) 성과 기반 → 2025년 연차별 사업 심의 · 조정 TF 구성

출처 : CNC뉴스(2023.07.20), 뉴스세상(2023.06.19.), 충남시사신문(2024.03.07.). 보도자료 및 정책 문서를 바탕으로 재구성함.

2) 자원개발과 동원의 관계

지역사회복지 실천에서 자원의 확보는 단순한 지원 수단을 넘어, 지역사회 전체가 변화하는 동력을 만드는 핵심 활동이다. 이와 관련하여 실천 현장에서는 자원개발(resource development)과 자원동원(mobilization)이라는 두 개념이 유기적으로 연결되어 활용된다.

자원개발은 지역사회 안팎에 존재하는 다양한 인적 · 물적 자원을 계획적으로 발굴 · 조사 · 조직화하는 일련의 과정을 말한다. 이는 지역 내 자원의 현황과 가능성을 파악하고, 그 가치를 극대화할 수 있도록 구조화하는 전략이다. 즉, '어떤 자원이 있는가'를 파악하고, 이를 확보 가능한 형태로 준비하는 과정이라 할 수 있다.

반면, 자원동원은 이미 확보된 자원을 실제로 활용 가능한 상태로 연결하고 참여를 이끌어 내는 실행 전략에 해당한다. 예를 들어, 확보한 자원봉사자를 실제 프로그램에 참여하게 하거나, 후원기업과 협약을 맺고 물품 지원을 받는 등의 활동이 자원동원에 속한다.

이 두 과정은 분리된 것이 아니라 서로 밀접하게 연결되어 순환적으로 작동한다. 개발이 없는 동원은 일회성에 그칠 수 있으며, 동원이 이루어지지 않는 개발은 활용되지 못한 채 사장되기 쉽다. 따라서 실천가는 두 과정을 통합적이고 전략적으로 접근해야 한다.

특히, 현대 사회는 복합적이고 다층적인 문제 상황이 증가하고 있어, 사회복지사는 한정된 자원을 보다 효과적으로 활용하고, 지속가능한 실천 기반을 확보하기 위해 자원개발 및 동원 기술을 필수 역량으로 갖추어야 한다.

5. 자원동원의 실제

1) 자원동원 방법

지역사회복지 실천에서 자원을 확보하고 효과적으로 활용하기 위해서는 다양한 자원동원 전략이 필요하다. 자원동원은 단순한 자원의 수집을 넘어, 주민참여와 지역 내 자원의 순환적 활용을 통해 지속가능한 복지 기반을 형성하는 데 중요한 역할을 한다. 대표적인 자원동원 방법은 다음과 같다.

(1) 기존 조직의 활용

이미 지역사회에 존재하고 있는 교회, 학교, 직능단체, 청소년 단체 등 기존 조직은 자원동원을 위한 효율적인 기반이 된다. 이러한 조직의 지도자를 통해 구성원들의 자발적인 참여를 유도할 수 있으며, 집단 차원에서 특정 사회문제에 대한 관심과 행동을 조직적으로 이끌어 낼 수 있다. 단, 조직 간의 이해관계나 경쟁으로 인한 갈등 상황은 조정 기술을 통해 조율할 필요가 있다.

(2) 개별적 접촉

개별 주민을 직접 만나거나 연락하여 자원 참여를 유도하는 방식이다. 예를 들어 가정방문, 전화, 우편, 공공장소에서의 대화 등 다양한 방식이 포함된다. 이는 개별 주민의 특성과 욕구를 파악하여 보다 개인화된 동기 부여를 가능하게 하며, 참여 의지가 낮은 잠재 자원을 실제 참여자로 전환하는 데 효과적인 전략이다.

(3) 네트워크 활용

사람들 간의 관계망을 활용하는 방법으로, 혈연, 지연, 직장, 모임 등에서 형성된 자연스러운 네트워크가 대상이 된다. 이미 관계를 맺고 있는 집단 내부에서 정보를 전달하거나 리더를 통해 협력을 이끌어 내면 신뢰성과 참여 가능성이 높아진다. 특히 네트워크 내부에서 자발적인 대화와 상호작용이 이루어지면 자원동원이 자연스럽게 확산될 수 있다.

(4) 미디어 활용

미디어는 지역사회 내 자원을 동원하는 데 있어 매우 중요한 도구다. 사회복지기관의 활동을 지역주민과 외부 후원자들에게 알리는 데 효과적이며, 기관의 인지도와 신뢰도를 높이는 기반이 된다. 뉴스 기사, 보도 자료, 방송, SNS 등을 활용한 홍보는 지역사회복지 실천 사업의 정당성을 확보하는 데 기여한다. 특히 미디어 활용은 다음과 같은 이유에서 중요하다.

- 지역주민의 관심과 참여를 유도할 수 있다.
- 후원자와 자원봉사자에게 기관의 활동 성과를 전달할 수 있다.
- 사업에 대한 사회적 공감대를 형성하고 자긍심을 높일 수 있다.

다음은 자원동원의 구체적인 방법을 표로 정리한 예이다.

<표 8-3> 자원동원의 구체적인 방법

구분	설명	활용 예시
이벤트 및 특별행사 개최	공동체 참여를 촉진하고 지역 내 관계망을 강화하기 위한 직접 참여형 행사 운영 전략	자선음악회, 바자회, 후원의 밤, 일일찻집, 마을잔치, 체육대회, 플리마켓
캠페인 및 거리홍보	공공장소나 온라인에서 지역 이슈를 주제로 주민의 인식과 참여를 동시에 유도하는 방식	'폭력 없는 마을 만들기' 캠페인, 거리 전단지 배포, 공동 구호 사용
기업 · 기관 연계	지역 내 기업, 병원, 언론사, 대학 등과의 협약을 통해 자원과 서비스를 연계하는 방식	지역 병원과 건강검진 후원 협약 체결, 마트와 푸드뱅크 연계
자원봉사자 모집	개별 홍보, 후기 콘텐츠, 맞춤형 활동 설계를 통해 주민의 봉사 참여를 확산시키는 전략	청소년 봉사단 조직, 기존 자원봉사자의 지인 추천으로 확산
후원자 개발	지속적 후원을 유도하기 위해 정기 소식지, 감사 피드백, 의미 있는 관계 맺기를 설계	정기 후원회원에게 기관 소식과 감사편지 발송, 후원자 간담회 개최
네트워크 활용	이미 조직에 소속된 사람이나 오피니언 리더를 통해 새로운 참여자를 연결하는 전략	지역 이장의 소개로 주민참여 유도, 종교단체 내 모임 활용
디지털 기반 동원	SNS, 펀딩 플랫폼, 온라인 인증 캠페인 등 디지털 기술을 활용한 새로운 참여 유도 방식	해피빈 후원 모금, 인스타그램 참여 인증 챌린지 운영

2) 적용 사례

지역사회복지 실천에서 자원개발과 자원동원은 이론적 기획을 넘어, 실제 지역 현장에서 어떻게 구현되는지에 따라 그 효과성이 판가름난다. 특히, 지역사회 내 다양한 주체들과의 신뢰관계 형성, 자원의 발굴과 활용 과정에서 나타나는 구체적 실천은 자원관리 기술의 정교함과 지역사회 조직화 역량을 동시에 요구한다.

예를 들어, 경기도 ○○시에 위치한 A복지관은 지역 내 저소득층 아동을 위한 '주말 먹거리 지원 사업'을 기획하면서, 자원개발 및 동원의 전형적인 과정을 거쳐 성공적인 결과를 도출하였다.

해당 복지관은 1단계로 지역 내 아동 영양 결핍 문제를 파악하고, 그 심각성을 수치화하여 지역사회 내 다양한 이해관계자들에게 설득력 있게 전달할 수 있는 정보자원을 확보하였다. 이를 통해 '문제의 사회적 공감대 형성'이라는 자원동원의 기반을 마련하였다.

다음 단계로는 지역 슈퍼마켓 연합회, 프랜차이즈 편의점, 농산물 유통업체 등과의 전략적 협력관계를 구축하였다. 이 과정에서 복지관은 단순한 후원 요청을 넘어, 지역 내 기업의 사회적 책임(CSR)을 강조하고, 참여 기업의 이미지 제고 효과를 함께 제시하는 마케팅 전략을 구사하였다. 이와 같은 접근은 '사회마케팅(social marketing)' 개념과 부합하는데, 이는 공익적 목표를 실현하기 위해 개인이나 조직의 자발적 행동 변화를 유도하는 전략적 설득 기법이다.

이와 병행하여 복지관은 주민참여 확대를 위해 학부모, 자원봉사자, 지역 사회단체 등과의 일대일 접촉 및 소규모 설명회를 반복적으로 실시하였다. 이 과정에서 주민들의 참여 동기를 유도하기 위해 개인화된 인센티브 체계를 마련하였고, 참여자에게는 정기적인 소식지 제공, 봉사활동 인증서 발급, 마을 축제 초대 등의 비금전적 보상을 제공하였다. 이러한 접근은 자기결정이론(self-determination theory)에서 강조하는 내재적 동기 강화 전략과 그 맥락을 같이한다.

사업 실행 이후에는 모든 자원의 흐름과 사용 내역을 시각 자료와 함께 지역사회에 공개하고, 참여한 기관 및 개인에게 감사편지를 발송하였다. 이 같은 투명성과 피드백 중심의 소통은 자원제공자와의 신뢰를 강화하고, 장기적인 관계 유지로 이어졌다. 결과적으로 이 사업은 단기적 자원 확보를 넘어, 지역사회 내 자원의 지속가능한 순환체계를 형성하는 기반을 마련한 사례로 평가된다.

단 원 평 가

1. 지역사회자원의 종류와 그예가 잘못 연결된 것은?

① 물적 자원-정부지원금
② 인적 자원-자원봉사자
③ 정보자원-공무원
④ 제도자원-정책
⑤ 물적자원-바자회

해설 ③ 공무원은 인적자원이다.

2. 다음 중 '자원동원의 원칙'에 대한 설명으로 옳은 것을 모두 고른 것은?

ㄱ. 자원 제공자의 의사와 무관하더라도 공익에 부합하면 동원할 수 있다.
ㄴ. 자원 사용의 정당성은 예산 보고와 같은 투명한 운영을 통해 확보된다.
ㄷ. 특정 기관의 홍보를 위한 자원 사용도 지역 복지에 간접적으로 기여할 수 있다.
ㄹ. 지역주민 누구나 자원동원 과정에 참여할 수 있는 기회를 가져야 한다.

① ㄱ, ㄴ ② ㄴ, ㄷ ③ ㄴ, ㄹ ④ ㄷ, ㄹ ⑤ ㄱ, ㄷ, ㄹ

해설 ③ ㄴ은 투명성의 원칙, ㄹ은 포용성과 형평성의 원칙을 반영한다. ㄱ은 자발성 원칙에 위배되며, ㄷ은 공공성 원칙에서 벗어날 수 있다.

3. 자원개발과정의 단계를 올바르게 연결한 것은?

① 지역자원 및 수요조사-자원개발 환경 분석-목표설정 및 전략 방향 수립-자원 세분화와 표적 자원 선정-실행 및 관리
② 목표설정 및 전략 방향 수립-자원개발 환경 분석-지역자원 및 수요조사-자원 세분화와 표적 자원 선정-실행 및 관리
③ 자원개발 환경 분석-지역자원 및 수요 조사-목표설정 및 전략 방향 수립-자원 세분화와 표적 자원 선정-실행 및 관리
④ 자원개발 환경 분석-목표설정 및 전략 방향 수립-지역자원 및 수요조사-자원 세분화와 표적 자원 선정-실행 및 관리
⑤ 자원개발 환경 분석-지역자원 및 수요조사-자원 세분화와 표적 자원 선정-목표설정 및 전략 방향 수립-실행 및 관리

해설 ③ 자원개발과정은 자원개발 환경 분석-지역자원 및 수요조사-목표설정 및 전략 방향 수립-자원 세분화와 표적 자원 선정-실행 및 관리의 단계로 진행된다.

4. 다음 설명 중 '신뢰의 구축' 원리에 가장 부합하는 것은 무엇인가?

① 지역 내 소상공인과 협력하여 정기기부 체계를 마련한다.
② 자원 제공자에게 활동 내역과 예산 집행 결과를 정기적으로 공유한다.
③ 주민 대상 간담회를 통해 복지 의제를 도출한다.
④ 자원봉사자의 이타적 동기를 높이기 위해 봉사 사례를 소개한다.
⑤ 사회적 약자를 위한 맞춤형 프로그램을 개발한다.

해설 ② 신뢰는 자원이 목적에 맞게 사용된다는 확신에서 형성된다. 이에 따라 자원 사용 내역의 투명한 공유는 신뢰 구축의 핵심 전략이다.

5. 다음 중 지역사회 자원동원 방법에 대한 설명으로 옳지 않은 것은 무엇인가?

① 기존 조직을 활용하면 조직 지도자를 통해 집단의 참여를 유도할 수 있다.
② 개별적 접촉은 주민의 욕구를 파악하고 맞춤형 참여를 유도할 수 있다.
③ 네트워크 활용은 관계망이 부족한 사람을 집중적으로 참여시키는 전략이다.
④ 미디어 활용은 기관의 신뢰도와 인지도를 높이는 데 기여할 수 있다.
⑤ 자원동원은 단순한 자원 수집을 넘어 지속가능한 복지 기반 형성에 기여한다.

해설 ③ 네트워크 활용은 이미 형성된 관계망(혈연, 지연, 직장 등)을 기반으로 자원을 동원하는 방법이다. 관계망이 부족한 사람을 집중적으로 참여시키는 방식은 '개별적 접촉'에 더 가깝다.

생각해 보기

- 당신이 거주하거나 활동 중인 지역사회는 어떤 자원이 부족하며, 당신은 부족한 자원 발굴을 위해 어떤 역할(활동)을 하고 싶나요?

Part 04

지역사회복지의 실천체계와 사회운동

Chapter 09

공공 지역사회복지 실천 추진체계

개 요

공공 지역사회복지 실천체계는 국가와 지방정부가 협력하여 지역주민의 삶의 질을 높이기 위한 제도적 기반이다. 중앙과 지방 간의 유기적 연계, 공공과 민간의 협력이 핵심이며, 읍 · 면 · 동 행정복지센터는 복지 전달의 중심 역할을 한다. 지역사회보장협의체는 주민 중심의 복지 실현을 지원하고, 지역사회복지계획을 통해 지역 특성에 맞는 서비스가 기획 · 제공된다. 또한 사회복지 공무원과 민간 전문가의 협업은 복지 전달의 전문성과 효율성을 높이며, 통합적 서비스와 지속가능한 지역복지를 가능하게 한다.

학습목표

1. 공공복지 실천의 개념과 구조를 이해하고, 그 핵심 요소인 전문인력과 전달체계의 역할을 설명할 수 있다.
2. 지역사회 통합돌봄과 지역사회서비스투자사업의 주요 내용을 설명하고, 이들이 지역복지에 미치는 영향을 평가할 수 있다.
3. 공공복지 실천에서 요구되는 협업과 통합적 접근의 필요성을 이해하고, 지역사회 내 협력 모델을 구상할 수 있다.

1. 공공복지 실천의 개념과 특징

1) 공공복지 실천의 개념

공공복지 실천(Public Welfare Practice)이란 국가 또는 지방자치단체와 같은 공공기관이 중심이 되어 사회복지서비스를 기획 · 생산 · 전달하는 조직적이고 전문적인 개입 활동을 의미한다. 이는 사회 전체의 삶의 질을 향상시키고, 사회통합을 실현하기 위한 국가적 차원의 실천 전략으로 이해된다. 특히 사회적 약자를 보호하고 복지 사각지대를 해소하려는 공공의 책임 수행이라는 점에서 중요한 의의를 지닌다.

사회복지서비스는 재정 조달과 서비스 전달의 주체에 따라 세 가지 유형으로 구분할 수 있다.

첫째, '공공-공공형'은 재정과 서비스 전달 모두 공공이 담당하는 형태이다.

둘째, '공공-민간형'은 재정은 공공이 부담하되 서비스 전달은 민간이 수행하는 방식으로, 예를 들어 민간위탁 서비스가 이에 해당한다.

셋째, '민간-민간형'은 재정과 전달 모두 민간이 담당하는 형태이다.

이 가운데 공공복지 실천은 공공부문이 핵심적 역할을 수행하는 '공공-공공형' 또는 '공공-민간형'에 해당한다. 법적 · 제도적 기반 위에서 전 국민에게 접근 가능한 복지 서비스를 제공하는 것을 주요 목표로 삼으며, 이는 국가의 복지 책임을 실현하는 실질적 수단이라 할 수 있다.

2) 공공복지 실천의 특징

공공복지 실천은 국가와 지방정부가 중심이 되어 복지 서비스를 기획하고 제공하는 체계로서, 다음과 같은 핵심적인 특징을 지닌다.

첫째, 공공성이다. 공공복지는 공익 실현과 국민의 권리 보장을 최우선으로 하며, 이는 국가가 복지의 최종적 책임자이자 보장자 역할을 수행함을 의미한다.

둘째, 보편성과 형평성이다. 공공복지는 법적 기준에 부합하는 모든 국민이 차별 없이 이용할 수 있도록 설계되어 있으며, 사회적 형평성과 정의 실현을 위한 제도적 장치를 내포하고 있다.

셋째, 법적 기반이다. 공공복지 서비스는 관련 법령에 따라 자격 요건, 절차, 지원 범위 등이 명확히 규정되어 있어, 행정의 일관성과 공정성을 확보하고 국민 신뢰를 제고하는 데 기여한다.

넷째, 강제성과 포괄성이다. 공공복지는 국가가 일정 수준의 강제력을 바탕으로 국민에게 제공해야 할 의무를 지닌 제도이며, 특정 집단에 국한되지 않고 전 국민을 대상으로 하는 포괄적 성격을 지닌다.

다섯째, 안정적인 재정 운영이다. 조세 기반의 재정구조를 통해 민간 복지보다 상대적으로 안정적이고 계획적인 서비스 제공이 가능하며, 지속가능한 복지정책 추진에 유리하다.

여섯째, 전문성과 제도성이다. 사회복지전담공무원 및 공공복지기관 종사자들은 사회복지사로서의 전문성과 제도적 체계를 기반으로 서비스를 운영함으로써 복지 서비스의 질 향상에 기여하고 있다.

마지막으로, 관료주의적 한계가 존재한다. 행정 중심의 체계로 인해 공공복지는 유연성이 부족하고, 이용자의 선택권이 제한되며, 개별적 욕구에 대한 대응력에서 민간 복지에 비해 상대적인 제약이 따를 수 있다.

3) 공공복지 실천의 변화

공공복지 실천은 사회적 변화와 정책 환경의 진화에 따라 끊임없이 발전하고 있다. 과거에는 국민기초생활보장, 장애인복지, 노인복지, 소년소녀가장 보호 등 공공부조 중심의 전통적인 복지 실천이 주를 이루었다. 그러나 최근에는 지역사회서비스투자사업, 통합사례관리, 지역사회 통합돌봄(커뮤니티 케어) 등 다양한 형태의 공공복지 서비스가 도입되면서 그 범위와 방식이 더욱 다층화되고 있다.

이러한 변화와 함께 복지관이나 재가복지센터 등 민간기관에 서비스 전달을 위탁하는 방식이 확대됨에 따라, 공공과 민간 간의 연계 및 협력체계 구축이 핵심 과제로 부상하고 있다. 특히 2015년 시행된 「사회보장급여의 이용 · 제공 및 수급권자 발굴에 관한 법률」은 공공복지 실천의 방향성과 구조에 중요한 전환점을 마련하였다.

해당 법률은 공무원이 수급자의 동의 없이 직권으로 급여를 신청할 수 있도록 함으로써 수급권자 보호 체계를 강화하였으며, 지역사회보장협의체의 역할을 통해 지방자치단체 차원의 복지계획 수립과 조정이 가능하게 되었다. 나아가, 민 · 관 협력을 기반으로 한 대상자 발굴 시스템을 정착시킴으로써 복지 사각지대 해소를 위한 제도적 기반이 마련되었다.

앞으로는 전문인력 확충, 서비스의 다양화, 복지전달체계의 효율적 통합, 지역 특성을 반영한 맞춤형 정책 수립 등이 주요 과제로 제기된다. 이러한 과제들을 충실히 이행함으로써 지속가능하고 포용적인 공공복지 생태계를 구축해 나가야 할 것이다.

2. 공공복지 실천의 전문인력

공공복지 실천의 주체는 제도적 또는 조직상 중앙정부와 지방자치단체이다. 특히, 지방자치단체는 지역사회를 대상으로 사회복지 서비스 집행기관 및 전달기능의 역할을 하고 있다. 지방공공복지 실천 주체의 전문인력으로 사회복지전담공무원이 배치되어 업무를 수행하고 있다. 사회복지전담공무원 제도는 1987년 서울시 관악구에서 '사회복지전담요원'이라는 명칭으로 처음 시범사업이 시작되면서 도입되었다. 당시 별정직 사회복지 전문요원들이 저소득층 밀집 지역의 동사무소에 배치되어 사회복지 업무를 담당했으나, 제도 초기에는 법적 근거가 부족하여 지침이나 고시에 의존해 운영되었고, 이에 따른 제도적 준비가 충분하지 못한 한계가 있었다.

1) 사회복지전담공무원의 연혁

1991년 7월에는 사회복지전문요원의 직무와 관리, 운영에 관한 규정이 보건사회부 훈령으로 제정되었다. 이 규정은 사회복지전문요원의 직무와 배치, 지도 및 관리에 관한 사항을 명확히 하여 이들이 효율적으로 업무를 수행할 수 있도록 돕는 역할을 하였다. 특히, 사회복지전문요원을 지방자치단체장이 사회복지사 자격을 가진 사람들 중에서 선발하여 읍 · 면 · 동 행정기관에 배치하는 지방공무원으로 정의함으로써 제도의 안정성을 강화하였다. 1992년 12월, 사회복지사업법이 일부 개정되어 '사회복지전담공무원'에 관한 조항이 신설되었고, 기존의 '사회복지전문요원' 제도는 '사회복지전담공무원' 제도로 명칭이 변경되었다. 이 개정은 사회복지행정의 전문성과 효율성을 높이고, 일선 행정기관에 사회복지전담공무원을 두며, 시 · 군 · 구 단위에 복지전담기구를 설치할 수 있도록 법적 근거를 마련하는 데 목적이 있었다. 1999년에는 행정자치부가 '사회복지전문요원 일반직 전환 및 신규채용 지침'을 다련하였고, 이에 따라 2000년 1월부터 별정직으로 임용되었던 사회복지전문요원들이 일반직 '사회복지전담공무원'으로 전환되었다. 이러한 전환은 국민기초생활보장제도 도입에 앞서 사회복지 인적 인프라를 확충하려는 차원에서 이루어진 조치이다. 현재 사회복지전담공무원은 전국적으로 약 3만 명에 이르며, 각 지역의 일선 행정기관에서 다양한 사회복지 서비스를 수행하고 있다. 사회복지전담공무원의 연혁을 정리하면 〈표 9-1〉과 같다.

<표 9-1> **사회복지전담공무원 연혁**

연도	주요 내용	설명
1991년 7월	사회복지전문요원 운영규정 제정	보건사회부 훈령으로 사회복지전문요원의 직무, 배치, 지도 및 관리 규정 마련. 지방자치단체장이 사회복지사 자격자를 선발해 읍 · 면 · 동에 배치하도록 명시
1992년 12월	사회복지사업법 개정 → '사회복지전담공무원' 신설	사회복지전문요원 명칭이 '사회복지전담공무원'으로 변경됨. 시 · 군 · 구에 복지전담기구 설치 법적 근거 마련. 사회복지행정의 전문성 · 효율성 제고 목적

연도	주요 내용	설명
1999년	사회복지전담공무원 일반직 전환 지침 마련	행정자치부가 '사회복지전문요원 일반직 전환 및 신규채용 지침' 수립. 기존 별정직 요원을 일반직으로 전환하기 위한 행정 기반 마련
2000년 1월	일반직 전환 시행	별정직 사회복지전문요원을 일반직 사회복지전담공무원으로 전환. 이는 국민기초생활보장제도 시행(2000년 10월)을 앞두고 인력 확충을 위한 조치
현재	전국 약 3만 명 활동	각 읍·면·동 및 시·군·구 행정기관에서 사회복지전담공무원이 사회복지서비스 제공 및 사례관리 등 주요 역할 수행 중

출처 : 한국사회복지행정연구회(2025). 한국사회복지행정연구회에서 재정리.

2) 사회복지전담공무원의 직무

사회복지전담공무원은 공공복지 서비스를 제공하는 최일선에서 활동하는 전문인력으로서, 다양한 사회복지 대상자의 삶을 직접 살피고 지원하는 역할을 한다. 예를 들어, 경제적 어려움으로 생활이 어려운 가구를 방문하여 생활 환경을 조사하고, 필요한 상담을 진행한다. 또한, 복지 사각지대에 놓여 긴급 지원이 필요한 노인이나 장애인 가정을 발굴하여 긴급복지 지원 신청을 돕거나, 한부모 가정에 영유아 보육 서비스를 연계하는 등 다양한 사회복지 업무를 담당한다. 국민기초생활보장, 기초노령연금, 장애인 연금 등 정부의 사회복지 정책이 실제 대상자에게 원활히 전달될 수 있도록 관리하는 역할도 수행한다. 사회복지전담공무원의 직무는 다양한 영역에서 다음과 같은 구체적인 업무들로 구성되어 있다.

(1) 상담과 사례관리 중심의 통합적 지원

사회복지 대상자에게 상담을 제공하고 사례관리를 통해 문제를 해결한다. 예를 들어, 가정폭력 피해자를 상담하여 보호시설 연계 및 법률 지원을 안내하고, 지속적인 사후 관리를 한다.

(2) 생활 실태 조사와 복지 서비스 연계

관할 지역 내 대상자의 생활 실태와 가정 환경을 파악한다. 예컨대, 주거 환경이 열악한 저소득층 가정을 방문해 난방 지원이나 주거 개선 서비스를 연결한다.

(3) 사회복지 급여의 적정 지급 및 관리

기초생활보장, 긴급복지 지원, 장애인 연금 등의 사회복지 급여를 적절히 지급하고 관리한다. 대상자의 소득 및 자산 변동 사항을 확인하여 급여 지급의 적정성을 판단하는 업무를 수행한다.

(4) 복지 자원 발굴 및 서비스 연계 지원

대상자가 필요로 하는 의료, 교육, 일자리 등 복지 자원을 발굴하고 연계한다. 예를 들어, 장애인이 직업훈련 프로그램에 참여할 수 있도록 관련 기관과 연결해 주거나, 취약계층 아동에게 방과 후 학습 지원을 제공하는 기관과 협력한다.

(5) 지역복지 정책 및 사업 기획 참여

지역사회복지 문제 해결을 위한 정책과 사업 기획 및 추진에 참여한다. 주민들의 의견을 수렴하여 맞춤형 복지 프로그램을 개발하거나, 지역 내 노인복지시설 확충을 위한 사업을 기획한다.

(6) 복지 행정 업무 및 예산 집행 관리

사회복지 관련 법령과 제도에 따른 각종 행정 사무를 처리하며, 복지사업 예산 집행과 보고 업무 등 행정 지원도 담당한다. 이를 통해 투명하고 효율적인 복지 행정이 이루어지도록 한다.

이처럼 사회복지전담공무원은 복지 사각지대에 놓인 국민들에게 필요한 서비스를 신속하고 적절하게 제공함으로써 사회적 안전망 역할을 수행한다. 그 결과 국민의 삶의 질을 높이고, 지역사회의 안정과 사회통합에 중요한 기여를 한다.

3. 공공복지 실천의 전달체계

사회복지 전달체계는 복지 서비스가 필요한 개인이나 집단에게 서비스를 체계적이고 효과적으로 제공하기 위한 조직 구조와 기능적 절차를 의미한다. 이는 사회복지 정책이 실제로 실행되는 핵심 통로로서, 정책 결정과 현장 실천 간의 연결고리 역할을 한다. 이 때문에 전달체계의 효율성과 공정성은 곧 복지 정책의 성공 여부를 결정짓는 중요한 요소라 할 수 있다. 그러나, 기존의 전달체계는 지역주민에게 충분한 서비스를 포괄적으로 제공하지 못하거나, 행정 집행의 전문성과 일관성이 부족하다는 지적을 받아왔다. 또한 수요자 중심의 맞춤형 서비스 제공이 원활하지 못하다는 한계로 인해, 전달체계 전반에 대한 개편 필요성이 지속적으로 제기되어 왔다.

공공복지 전달체계의 발전 과정은 시대적 변화와 정책 목표에 따라 여러 차례의 제도적 개선과 실천적 시범사업을 통해 이루어져 왔다. 1987년에는 복지서비스의 전문성을 확보하기 위해 사회복지전문요원 제도가 도입되었으며, 이후 1995년부터 1999년까지 보건복지사무소의 시범 운영이 진행되었다. 이와 함께 2004년부터 2006년까지 실시된 사회복지사무소 시범사업에서는 복지전담 인력을 집중 배치하여 서비스 연계성과 기획 능력을 향상시키는 방향으로 개편되었다.

또한, 2006년 이후에는 주민의 다양한 욕구에 대응하기 위해 8대 핵심 서비스(보건, 복지, 고용, 교육, 주거, 문화 등을 포함하는 전반적 주민지원체계)를 도입하였으며, 민간 협력체제도 강화하였다. 2012년부터 시 · 군 · 구 차원에 희망복지지원단이 설치되어 복지 상담과 사례관리 기능을 수행하는 조직이 마련되었고, 2013년에는 동 단위의 복지 기능 강화를 목표로 하는 복지허브화 정책이 추진되었다. 2014년과 2015년에는 읍 · 면 · 동 수준의 복지허브화 시범사업이 수행되었으며, 이후 2016년과 2017년에는 이러한 방식이 전국적으로 확대되는 추세를 보였다.

이와 더불어, 2017년 이후에는 주민에게 가까운 곳에서 이루어지는 주민자치형 복지 서비스 제공과 통합사례관리, 주민참여형 서비스 기반의 마련에 힘써 왔으며, 2023년부터는 정보통신기술과 데이터의 공개 · 공유를 활용하여 읍 · 면 · 동을 스마트 행정체계로 전환하는 '스마트복지안전공동체' 구축이 추진되고 있다. 이러한 정책적 방향 전환은 공공복지 전달체계의 전문화, 통합, 첨단화라는 목표를 향해 지속적으로 발전하고 있으며, 지역사회의 복지 서비스 수준 향상과 행정의 효율성을 높이기 위한 핵심 전략으로 자리 잡고 있다.

이러한 공공복지 전달체계의 흐름을 정리하면 〈표 9-2〉와 같다.

<표 9-2> 공공복지 전달체계의 흐름

연도	주요 정책 / 시범사업	주요 내용 및 특징
1987년	사회복지전문요원 제도 도입	복지 서비스의 전문성 확보를 위한 인력 제도화
1995~1999년	보건복지사무소 시범 운영	지역 단위 복지 전달체계 실험적 구축
2004~2006년	사회복지사무소 시범사업	복지전담 인력 집중 배치, 서비스 연계 및 기획 기능 강화
2006년 이후	8대 핵심 서비스 도입 및 민간 협력 강화	보건, 복지, 고용, 교육, 주거, 문화 등 통합적 주민지원체계 구축
2012년	희망복지지원단 설치(시 · 군 · 구)	복지 상담 및 통합 사례관리 기능 담당 조직 구축
2013년	복지허브화 정책 추진	동 단위 복지 기능 강화 목표로 복지거점화 정책 실시
2014~2015년	읍 · 면 · 동 복지허브화 시범사업	지역 밀착형 복지 전달체계의 현장 실험
2016~2017년	전국 확대 추진	복지허브화 모델의 전국적 확산 및 정착
2017년 이후	주민자치형 복지체계 구축	주민참여 기반의 통합 사례관리 및 맞춤형 서비스 확대
2023년~현재	스마트복지안전공동체 구축	ICT와 데이터 기반으로 읍 · 면 · 동 행정체계의 디지털 전환 추진

출처 : 보건복지부(2025). 보건복지부 홈페이지에서 재정리.

4. 지역사회 통합돌봄(커뮤니티 케어)

오늘날 세계 여러 선진국은 돌봄이 필요한 주민이 자신이 살던 곳에서 필요한 지원을 받을 수 있도록 지역 기반의 커뮤니티 케어(community care) 체계를 운영하고 있다. 우리나라도 이러한 흐름에 발맞춰 지역사회 통합돌봄이라는 명칭으로 제도를 도입하여 발전시키고 있다. 이는 단순히 복지 서비스를 제공하는 것을 넘어, 개인의 자립성과 존엄성을 보장하며, 지역 내 다양한 자원을 연계하여 개별 욕구에 맞춘 통합 서비스를 제공하는 데 중점을 둔다. 보건복지부는 고령화에 따른 복합적 돌봄 수요에 대응하고자, 2018년 11월 노인을 주 대상으로 하는 지역사회 통합돌봄 기본 계획을 수립하였다. 이 계획은 기존의 시설 중심 돌봄에서 벗어나, 지역사회 안에서의 자립적 생활을 가능하게 하는 새로운 돌봄 모델의 방향성을 제시하였다. 이후 2019년부터 2022년까지는 지방자치단체를 중심으로 한 선도사업이 진행되었으며, 이를 통해 다양한 지역 실정에 맞는 돌봄체계가 실험되었다. 선도사업 기간 동안 각 지자체는 지역 내 복지 · 의료 · 주거 · 돌봄 자원을 통합하고, 대상자의 삶의 질을 높일 수 있는 서비스 연계 방식을 구체화하였다. 2023년부터는 이러한 성과를 기반으로 하여, 특히 노인층을 대상으로 한 의료와 돌봄이 결합된 시범사업이 새롭게 추진되고 있다.

이 장에서는 지역사회 통합돌봄의 개념과 특성, 추진 내용 및 향후 과제를 중심으로 개괄적으로 다루고자 한다.

1) 지역사회 통합돌봄의 개념

'지역사회 통합돌봄'은 영어 표현 '커뮤니티 케어(community care)'의 번역어로, 돌봄이 필요한 국민들이 살던 지역에서 안정된 노후를 보낼 수 있도록 의료, 요양, 돌봄, 주거 등 다양한 서비스를 하나로 묶어 제공하는 제도적 접근이다. 우리나라에서는 2018년 보건복지부가 이를 주요 정책으로 제시하며, 개인이 자신의 집이나 그룹홈에서 살아가면서 개별 욕구에 맞는 복지 서비스를 받고, 지역사회와 어울려 살아갈 수 있도록 지원하는 것을 핵심 개념으로 삼았다. 같은 해 11월, '노인 커뮤니티 케어'를 시작으로 한 지역사회 통합돌봄 기본계획이 수립되면서, 커뮤니티 케어는 공식적으로 '지역사회 통합돌봄'이라는 명칭으로 사용되기 시작하였다.

고령 인구가 증가하는 추세에 따라 OECD 국가들과 여러 복지 선진국들은 이미 수십 년 전부터 입원이나 입소 중심의 서비스를 탈피하고, 지역사회 내에서 돌봄을 제공하는 방향으로 정책을 전환해 왔다. 이를 통해 병원이나 시설이 아닌 일상적인 생활공간에서 돌봄을 받으며 살아갈 수 있는 시스템이 자리 잡게 되었다.

예를 들어, 영국은 1991년 「커뮤니티 케어법」을 도입하여, 노인이나 장애인, 정신질환자 등이 자신의 집이나 지역사회 내 거주지에서 생활할 수 있도록 다양한 서비스를 제공하고 있다. 미국의 경우, 1999년 연방 대법원이 취약계층의 지역사회 거주 권리를 인정함으로써, 각 주 정부가 시설보다는 지역 기반의 서비스를 우선적으로 제공하게 되었다. 일본은 2000년 개호보험제도를 도입한 후, 2005년 이를 개정하여 고령자들이 지역에서 자립적인 삶을 지속할 수 있도록 지역포괄지원센터를 중심으로 의료와 복지를 통합 제공하고 있다.

이처럼 여러 국가에서는 개인이 생활하던 공간에서 가능한 한 오랫동안 거주할 수 있도록 지원하는 체계를 꾸준히 확립해 왔다. 이러한 흐름은 '커뮤니티 케어'라는 명칭 아래, 사회통합과 지역 참여를 강화하려는 다양한 정책 실험과 함께 진행되어 왔다.

'Community'는 단순히 지역사회를 의미하는 것을 넘어, 지역사회 내 생활이라는 공간적 개념, 지방정부 중심의 돌봄 수행이라는 분권적 의미, 주민이 함께 참여하는 공동체적 돌봄의 세 가지 의미를 가진다. 한편 'Care'는 일상생활 지원, 의료 · 간호, 사회복지 서비스 등을 포함하며, 넓게는 이를 아우르는 복합적 개념으로 사용된다.

지역사회 통합돌봄은 건강한 노화, 정주성, 그리고 지속가능성을 주요 기초로 삼고 있다. '건강한 노화'는 개인이 노년기에도 건강을 유지하며 사회적 관계와 활동을 지속하는 것을 의미하며, 이를 위해서는 인간 중심의 돌봄, 통합적 맞춤 서비스, 자율성을 존중하는 접근이 요구된다. '정주성'은 돌봄이 필요하더라도 낯선 시설이 아닌 익숙한 지역에서 생활을 유지할 수 있어야 한다는 원칙을 말하며, 병원에서 퇴원한 후에도 다시 자신의 집으로 돌아가 생활할 수 있도록 지원해야 함을 뜻한다. '지속가능성'은 복잡하고 다양한 노인 돌봄체계를 서로 유기적으로 연계하여 장기적으로 운영 가능하도록 만드는 것을 말한다.

지역사회 통합돌봄의 궁극적 목표는 병원이나 시설이 아닌, 개인의 집에서 인간다운 삶을 이어갈 수 있도록 지원하는 것이다. 이를 위해 기존의 단절된 서비스 구조를 극복하고, 개인 맞춤형 사례관리를 통해 건강관리, 치료, 재활, 요양, 복지, 주거 서비스가 통합적으로 제공되어야 하며, 지역사회라는 공간 속에 지역자원과 상호작용을 통해 지역주민의 돌봄을 지원하는 사회서비스체계라 말할 수 있다.

2) 지역사회 통합돌봄의 특징

지역사회 통합돌봄은 돌봄의 필요성이 증가하는 현대 사회에서 보다 인간다운 삶을 보장하고자 등장한 지역 기반의 새로운 복지체계이다. 이 제도는 크게 세 가지 측면에서 그 특성을 이해할 수 있다.

(1) 지역사회 기반 돌봄의 전환과 통합돌봄의 핵심 원리

돌봄이 지역사회 내부에서 이루어진다는 점이다. 기존에는 돌봄이 주로 시설에서 제공되었으며, 이는 이용자의 삶의 방식에 제약을 가하고 자율성을 저해하는 문제가 있었다. 반면, 지역사회 통합돌봄은 생활 환경과 가까운 지역 안에서 돌봄이 이루어지도록 함으로써, 개인이 익숙한 공간에서 지속적인 생활을 이어갈 수 있게 돕는다. 이 접근은 시설로의 전환을 최소화하고, 가능한 한 가정이나 지역사회 내에서 돌봄이 이루어지도록 하는 것을 목표로 한다. 특히, 노인이나 장애인처럼 장기적인 돌봄이 필요한 경우, 가족에게 지나친 부담이 전가되는 현실을 완화하기 위해 지역사회 내 자원을 연계하여 돌봄을 제공하는 구조로 전환하고 있다.

(2) 지역사회 주도 돌봄체계의 구축과 참여의 확대

돌봄을 지역사회가 주도적으로 제공한다는 점이다. 다시 말해, 지역 내 다양한 조직과 주민, 민간단체 등이 돌봄의 실질적 주체로 참여하는 구조다. 단순히 지역에서 돌봄이 이루어지는 것이 아니라, 지역이 돌봄을 만들어 내는 주체가 된다는 데 핵심이 있다. 이를 통해 서비스 이용자 스스로 자신의 상황에 맞는 서비스를 선택하고 조율할 수 있는 권리가 강화된다. 서비스 공급자의 일방적인 제공 방식이 아니라, 이용자 중심의 맞춤형 돌봄이 실현되도록 하며, 이는 이용자의 삶에 대한 존중과 참여의 기회를 확장하는 데 기여한다. 이처럼 지역사회의 다양한 구성원들이 연대하여 돌봄을 책임지는 체계를 구축하는 것이 중요한 과제로 떠오르고 있다.

(3) 지방분권 기반 돌봄 정책의 실행과 지역 맞춤형 기획

돌봄 정책이 중앙정부 주도가 아닌 지방 중심의 분권적 형태로 운영된다는 점이다. 돌봄의 수요는 지역마다 다르기 때문에, 그 지역의 특성과 상황에 맞게 돌봄 정책을 계획하고 실행하는 것이 필요하다. 따라서 지방자치단체는 단순한 행정기관의 역할을 넘어, 돌봄의 기획자이자 실행 주체로서 기능하게 된다. 이 과정에서 지역 내 민간 기관과 주민들의 참여를 유도하고, 민관 협력체계를 공고히 하는 것이 핵심이다. 이러한 방식은 지역 특성에 적합한 유연한 돌봄 서비스를 설계할 수 있게 하며, 정책의 실효성을 높이는 데 기여한다.

결론적으로, 지역사회 통합돌봄은 돌봄이 이루어지는 공간, 돌봄을 제공하는 주체, 그리고 정책을 추진하는 방식에 있어서 기존의 복지체계와는 다른 새로운 틀을 제시한다. 이 제도의 핵심은 돌봄이 필요한 이들이 지역 안에서 존엄성과 독립성을 유지하며 살아갈 수 있도록 돕는 데 있으며, 이를 위해 지역 중심의 책임성과 자율성, 그리고 공동체의 협력이 강조되고 있다.

5. 지역사회서비스투자사업

1) 지역사회서비스투자사업의 목적과 의의

지역사회서비스투자사업은 각 지역의 특성과 주민들의 다양한 요구를 반영하여, 지방자치단체가 직접 맞춤형 사회서비스를 기획하고 제공하는 데 목적이 있

다. 이를 통해 주민들이 실제로 체감할 수 있는 서비스를 확대하여 복지 사각지대를 줄이고자 한다. 또한, 성장 가능성이 높은 사회서비스 분야를 발굴하여 수요자의 구매력을 지원함으로써, 지속가능한 사회서비스 시장 형성과 고용 창출에도 기여하고자 한다. 이와 더불어 인적 자본 강화와 건강 증진, 고령 근로 활성화 등 사회투자적 사업을 집중 지원하여 미래 성장 동력을 마련하고 사회경제적 자립 기반을 강화하는 데에도 중점을 둔다.

이 사업의 중요한 의미는 중앙정부가 주도하는 공급자 중심 체계에서 벗어나, 지방자치단체가 지역 실정과 주민 수요에 맞는 서비스를 자율적으로 설계하고 운영할 수 있도록 한 점이다. 아울러, 바우처 방식으로 서비스 이용권을 지급하여 이용자가 원하는 서비스 제공자를 직접 선택할 수 있도록 함으로써, 수요자 중심의 복지 시스템 구축에 기여하였다. 나아가 전자바우처 시스템 도입을 통해 행정 효율성과 투명성을 높이는 동시에, 지역사회 내 사회서비스 시장 활성화와 양질의 일자리 창출에 중요한 기반을 마련하였다.

2) 지역사회서비스투자사업의 내용

지역사회서비스투자사업은 각 지역의 특성과 주민들의 다양한 복지 수요를 반영하여 맞춤형 사회서비스를 제공함으로써, 복지 사각지대를 줄이고 사회서비스 시장의 성장과 고용 창출에 기여하는 것을 주요 목표로 하고 있다.

이 사업은 크게 두 가지 유형으로 운영된다. 하나는 보건복지부의 승인을 받아 시 · 도 단위에서 추진하는 광역단위 사업이며, 다른 하나는 시 · 군 · 구가 자체적으로 계획을 수립하고 시 · 도의 승인을 받아 시행하는 중 · 단기 단위의 지역 밀착형 사업이다.

지원 대상은 일반적으로 기준 중위소득 140% 이하인 가구를 중심으로 하나, 일부 사업에서는 기준이 완화되거나 적용되지 않는다. 예를 들어, 아동 및 청소년 대상의 심리지원 서비스는 중위소득 160% 이하 가구까지 포함하며, 장애인 보조기기 대여나 비만아동 건강관리 서비스는 소득 제한 없이 이용할 수 있다.

이러한 기준은 사업 내용이나 지역 여건에 따라 달라질 수 있다.

서비스 내용은 지역별로 다양하게 구성되며, 영유아 발달지원, 아동과 청소년의 정서 발달, 고령층을 위한 맞춤형 운동 프로그램, 장애인을 위한 안마나 보조기기 대여, 정신건강 케어, 자살 예방, 성인 대상의 심리지원 서비스 등이 포함된다.

사업은 전자바우처 방식으로 운영되어 이용자가 직접 서비스를 선택해 이용할 수 있으며, 지역 자치단체는 기획과 운영 전반에서 자율성과 책임을 가지고 사업을 수행한다. 서비스 비용은 정부에서 지원하는 바우처 금액과 이용자의 본인 부담금을 합한 구조로 책정된다.

서비스 신청은 대상자의 주소지 관할 읍·면·동 주민센터에서 가능하며, 본인뿐 아니라 친족, 법정대리인 또는 담당 공무원이 보호자의 동의를 받아 신청할 수도 있다.

3) 지역사회서비스투자사업의 추진체계

지역사회서비스투자사업은 여러 기관이 서로 다른 역할을 맡아 체계적으로 운영되고 있다. 우선 보건복지부는 이 사업의 총괄기관으로서, 기본 계획을 수립하고 각종 지침을 마련하는 역할을 수행한다. 또한 시·도의 사업 성과를 평가하는 주관 기관으로서 전국적인 방향성과 기준을 설정하는 데 중점을 둔다.

한국사회보장정보원은 전자바우처시스템과 행복e음 등 정보 기반 시스템을 구축하고 운영하는 중추적인 기관이다. 이와 함께 시·군·구 단위의 예탁금을 관리하고, 서비스 제공에 따른 바우처 비용의 지급과 정산을 담당한다. 사업 수행 과정 전반에 대한 모니터링과 관련 통계의 수집·관리 또한 이 기관의 책임이다.

시·도는 지역 내에서 서비스의 기획과 발굴을 주도하며, 투자사업 전반을 총괄 운영한다. 서비스별 예산을 조정하고 집행을 관리하며, 시·군·구에서 추진하는 사업에 대해 심사·승인·평가 등의 기능도 수행한다. 아울러 지역사회서비스 관련 지침을 자체적으로 수립하고, 성과 관리를 위한 내부 평가체계를 마련해 운영한다. 현장 점검과 서비스 품질관리, 그리고 지역사회서비스지원단의 운영도 시 · 도의 역할에 포함된다.

중앙사회서비스원은 중앙지원단으로서의 역할을 수행하며, 전국 단위에서 서비스 품질 향상을 위한 교육과 전문인력 양성을 맡는다. 또한 사회서비스의 발전을 위한 조사, 연구, 기획, 개발 등을 주도하고, 지역 간 협력체계를 구축해 자율형 사업의 평가와 컨설팅을 지원한다. 서비스 제공기관에 대한 컨설팅, 제공인력의 교육, 신규 서비스 발굴 등의 실무적 지원도 담당한다.

지역사회서비스지원단은 민간과 공공의 협력망을 구축하고, 서비스 제공기관의 현장 운영을 지원하는 한편, 지역주민에게 서비스를 알리고 정보 접근성을 높이기 위한 홍보 활동도 병행한다.

끝으로, 시 · 군 · 구는 사업의 실제 집행을 담당하는 핵심 주체로서, 지역 단위의 서비스 기획과 실행을 수행한다. 예산 집행 내역을 분석하고 예탁금을 관리하며, 서비스 이용자를 선정하고 관리하는 업무를 맡는다. 이는 중도 포기자, 미이용자, 대기자, 그리고 본인부담금 장기 미납자에 대한 관리까지 포함된다. 또한 서비스 제공기관의 등록과 관리, 지역사회 서비스에 대한 홍보, 현장 지도 · 감독 업무도 함께 진행한다.

이처럼 지역사회서비스투자사업은 중앙과 지방, 공공과 민간이 유기적으로 협력하는 구조를 통해, 지역주민에게 보다 적절하고 효과적인 사회서비스를 제공하는 데 목적을 두고 있다. 위 내용을 정리하면 〈표 9-3〉과 같다.

<표 9-3> 지역사회서비스투자사업 추진 주체 및 기능

추진주체	기능
보건복지부	• 사업 기본계획 수립, 지침 작성 총괄 • 시 · 도 성과평가 추진 총괄 • 시 · 도 서비스 심사 및 승인 · 감독 · 평가 • 전자바우처시스템 구축 및 관리
한국사회보장정보원	• 시 · 군 · 구 예탁금 관리 • 바우처 비용 지급 및 정산 • 사업 모니터링 실시 및 통계 관리 • 사회보장정보시스템(행복이음) 및 전자바우처시스템 운영 · 관리
시 · 도	• 지역사회서비스투자사업 시 · 도 총괄 관리 • 지역사회서비스투자사업 서비스별 예산 조정 및 집행관리 • 시 · 도 서비스 기획 및 발굴 • 시 · 도별 지역사회서비스투자사업 안내 지침 수립 • 시 · 군 · 구 서비스 심사 및 승인 · 감독 · 평가 • 시 · 도 사회서비스 심의위원회 운영 • 시 · 도 성과관리 • 시 · 군 · 구 자체평가체계 구축 및 실시 • 시 · 도 내 서비스 제공기관 현장조사 총괄
중앙사회서비스원	• 지역사회서비스투자사업 품질관리(평가 등)
지역사회서비스 중앙지원단 (중앙사회서비스원)	• 지역사회서비스지원단 총괄 · 지원 • 사회서비스 관련 교육 및 전문인재 양성 • 사회서비스 기획 및 발굴 • 사회서비스 발전을 위한 조사 · 연구 · 개발 • 지역 간 사회서비스사업 연계 · 협력체계 구축 • 지역자율형 사회서비스투자사업 평가 및 컨설팅 지원
지역사회서비스 지원단	• 지역사회서비스 제공인력 교육 및 관리 • 사회서비스 제공기관 컨설팅 • 지역사회서비스 발굴 · 기획 지원 • 민 · 관 네트워크 구축 • 제공기관 현장조사 지원 • 지역사회서비스 정보 제공 및 홍보 지원
시 · 군 · 구	• 시 · 군 · 구 지역사회서비스 기획 · 관리 및 시행 • 지역사회서비스 예산집행 분석 및 예탁금 집행 • 서비스 이용자 선정 및 관리(중도포기자, 미이용자, 대기자 관리, 본인부담금 장기미납자 관리 등) • 지역사회서비스 제공기관 등록 · 관리 • 지역개발 서비스 홍보 • 서비스 제공기관 지도 · 감독

출처 : 보건복지부(2025). 지역사회서비스투자사업 안내. p.12.

4) 지역사회서비스투자사업의 성과와 문제점

지역사회서비스투자사업은 지역사회 복지 발전과 서비스 혁신에 중요한 기여를 해 왔다. 이 사업은 전통적인 공급자 중심의 복지체계에서 벗어나, 수요자가 직접 사회서비스 제공기관을 선택할 수 있는 바우처 방식을 도입함으로써 서비스 이용자의 권리 강화와 책임 의식 증진에 긍정적인 변화를 가져왔다. 지방자치단체는 지역 실정과 주민의 요구를 반영하여 다양한 사회서비스를 확충하고, 전자바우처 시스템을 활용해 개인별 맞춤형 서비스를 지원함으로써 지역복지 수준의 전반적인 향상에 기여하고 있다.

또한, 민간 부문의 적극적인 참여와 새로운 서비스 영역의 개발을 통해 지역 내 복지 공급기관의 역할과 기능이 확대되었으며, 이를 바탕으로 공급 기회의 다양화와 일자리 창출, 조직 혁신이 촉진되고 있다. 지역복지 문제 해결을 위한 지방정부, 민간기업, 사회복지단체 등 다양한 주체 간 협력체계가 구축됨으로써 지역복지 거버넌스 활성화에도 긍정적인 영향을 미치고 있다.

사회서비스는 주민들의 건강, 교육, 문화생활 등 다방면에서 삶의 질을 향상시키고, 지역 특성에 맞는 맞춤형 제공을 통해 사회적 위험과 문제 예방에도 효과적으로 작용하였다. 수요자 중심의 서비스는 만족도와 선택권을 높였으며, 지역 서비스 기관의 육성은 경제 활성화와 고용 창출에도 기여하였다. 또한 주민 간 연대와 협력을 강화하여 사회적 자본 축적과 지역복지 공동체 형성의 기반이 되었다. 그러나 복지자원과 기관의 편중, 접근성 격차, 행정구역 경계로 인한 제약은 여전히 해결해야 할 과제로 남아 있다

또한 공급기관 부족과 특정 기관 집중 현상으로 인해 서비스 경쟁력이 저하되고 수요자의 선택권이 제한되고 있다. 서비스 제공기관 대다수가 민간 개인사업자로 구성되어 공공성 확보에 한계가 있으며, 서비스 품질관리체계가 미흡한 점도 문제로 지적된다. 그 밖에도 업무 과중, 예산 배분 및 선정 기준의 문제, 사회서비스 분야 일자리의 질 개선과 종사자 처우 개선, 특정 계층 중심의 사업 편중에 따른 대상자 다양성 부족 등 다양한 과제가 남아 있다. 특히 감염병과

같은 재난 상황에 대응할 수 있는 비대면 사회서비스 제공체계 구축도 중요한 과제로 부각되고 있다.

결론적으로, 지역사회서비스투자사업은 지역사회 복지 향상과 서비스 혁신에 의미 있는 성과를 이루었으나, 형평성 제고, 서비스 품질 강화, 공급 인프라 확충, 인력 전문성 제고, 안정적인 재정 확보를 위해 지속적이고 체계적인 노력이 필요하다. 앞으로 이러한 과제들이 잘 해결될 때 사업의 효과성과 지속가능성도 한층 더 높아질 것이다.

단 원 평 가

1. 다음 중 사회복지전담공무원의 직무가 아닌 것은?
   ① 상담과 사례관리 중심의 통합적 지원
   ② 사회복지 급여의 적정 지급 및 관리
   ③ 복지 자원 발굴 및 서비스 연계 지원
   ④ 복지 행정 업무 및 예산 집행 관리
   ⑤ 지역복지 정책 및 사업기획 불참

해설 ⑤ 사회복지전담공무원의 직무는 상담과 사례관리 중심의 통합적 지원, 생활 실태 조사와 복지서비스 연계, 사회복지 급여의 적정 지급 및 관리, 복지 자원 발굴 및 서비스 연계 지원, 지역복지 정책 및 사업 기획 참여, 복지 행정 업무 및 예산 집행 관리 등이다.

2. 다음 중 공공복지 실천의 특징이 아닌 것은?
   ① 공정성　② 자율성　③ 보편성과 형평성
   ④ 강제성과 포괄성　⑤ 전문성과 제도성

해설 ② 공공성, 보편성과 형평성, 법적 기반, 강제성과 포괄성, 안정적 제정 운영, 전문성과 제도성이다.

3. 복지정책의 변화 속에서 'Community(커뮤니티)'라는 개념이 갖는 세 가지 의미에 대한 설명으로 옳지 않은 것은 무엇인가?
   ① 사람들이 대형 시설이 아닌 지역사회 내에서 거주해야 한다는 공간적 의미가 있다.
   ② 서비스 제공 권한을 중앙정부에 집중시켜 효율적인 돌봄체계를 만드는 중앙집권적 의미가 있다.
   ③ 지역사회 주민이 돌봄에 참여해야 한다는 공동체적 참여의 의미가 있다.
   ④ 서비스 제공의 권한을 지방정부로 이양하는 지방분권적 의미가 있다.
   ⑤ 커뮤니티는 공공서비스 외에 민간과 시민이 함께 참여하는 구조를 강조한다.

해설 ② 'Community' 개념은 중앙집권이 아닌 지방분권을 의미하며, 지역 실정에 맞춘 돌봄과 자율적 운영을 중시한다.

4. 다음 중 지역사회 통합돌봄의 특징과 핵심 원리에 대한 설명으로 옳지 않은 것은?

① 지역사회 통합돌봄은 돌봄 서비스를 이용자의 가정이나 지역사회 내에서 제공하는 것을 지향한다.

② 기존의 시설 중심 돌봄은 이용자의 자율성과 독립성을 보장하는 데 효과적이었다.

③ 지역사회 통합돌봄은 다양한 서비스(보건, 복지, 주거 등)를 개인 맞춤형으로 통합 제공하는 것을 목표로 한다.

④ 노인이나 장애인과 같이 장기적 돌봄이 필요한 사람들을 위해 지역 내 자원을 연계한 돌봄체계를 구축한다.

⑤ 지역사회 통합돌봄은 시설 수용을 최소화하고 익숙한 환경에서 지속적인 생활을 가능하게 한다.

해설 ② 기존의 시설 중심 돌봄은 자율성과 독립성에 제약을 가하는 단점이 있었으며, 지역사회 통합돌봄은 이를 개선하고자 하는 접근이다.

5. 지역사회서비스투자사업의 추진체계에서 보건복지부 기능이 아닌 것은?

① 사업 기본계획 수립, 지침 작성 총괄

② 시·도 성과평가 추진 총괄

③ 지역사회서비스투자사업 품질관리(평가 등)

④ 시·도 서비스 심사 및 승인·감독·평가

⑤ 전자바우처시스템 구축 및 관리

해설 ③ 지역사회서비스투자사업 품질관리(평가 등)는 중앙사회서비스원의 기능이다.

생각해 보기

• 공공 지역사회복지 실천 추진체계의 개념과 구조적 특징에 대해 설명하시오.

Chapter 10

민·관 지역사회복지 실천 추진체계

개 요

민·관 지역사회복지 실천 추진체계는 공공과 민간이 협력하여 지역주민의 복지 향상을 도모하는 구조로, 지역사회보장협의체를 중심으로 운영된다. 이 체계는 제도적 기반과 현장 경험을 결합하여 복지 수요를 조사 · 분석하고, 지역 특성에 맞는 계획 수립과 자원 연계를 통해 통합적 복지서비스를 제공함으로써 실효성과 지속가능성을 높인다.

학습목표

1. 민 · 관 협력에 기반한 지역사회복지 실천 추진체계의 개념과 필요성을 설명할 수 있다.
2. 지역사회보장협의체의 구조와 기능을 분석하고, 지역복지 추진에서의 핵심 역할을 설명할 수 있다.
3. 지역 맞춤형 복지 실현을 위한 민·관 협력 방안을 제시하고, 통합적 복지 서비스의 실행 전략을 설명할 수 있다.

1. 지역사회복지의 제도적 변화

지역사회복지는 사회적 환경의 변화와 복지 담론의 진화에 따라 점진적으로 제도화되고 있으며, 특히 중앙정부 중심의 전통적 복지 모델에서 지역성과 주민 참여를 중시하는 방향으로 재편되어 왔다. 1990년대 이후 지방분권이 본격화됨에 따라 복지 정책은 단일화된 공급 방식에서 벗어나 지역 맞춤형 서비스 제공으로 전환되기 시작하였다. 이러한 흐름은 1991년 지방자치제의 시행을 계기로 더욱 가속화되었고, 이에 따라 지방정부는 지역복지의 중심적인 행위자로 자리매김하였다.

이후 「사회복지사업법」의 개정은 지방자치단체의 복지 역할과 책임을 강화하였으며, 2005년에는 모든 지자체가 지역의 복지 수요를 반영한 복지 계획을 수립하도록 법적으로 의무화되었다. 이는 주민의 실제 욕구에 기반한 복지 정책 추진이 제도적으로 가능해졌음을 의미한다. 이어 2007년에는 사회서비스 바우처 제도와 지역사회서비스투자사업이 도입되면서, 복지 대상자가 자신의 필요에 따라 서비스를 선택할 수 있는 수요자 중심 체계가 확립되었다.

한편, 민관이 공동으로 참여하는 복지 거버넌스의 확대도 주목할 만하다. 2004년부터 시행된 지역사회복지협의체 제도는 지방정부, 사회복지기관, 주민이 함께 지역의 복지 계획을 수립하고 실행하는 구조를 제도화한 사례로, 협력과 참여를 통한 복지 실천의 기반을 마련하였다. 이로써 일방적인 행정 중심 전달 방식에서 벗어나, 지역 특성에 맞는 복지 의제 설정과 실행이 가능해졌다.

최근에는 디지털 기술의 도입이 복지전달체계에 중요한 변화를 일으키고 있다. 사회서비스 전자바우처 시스템과 통합 복지포털 '복지로'는 서비스 신청 및 이용 과정의 효율성을 제고하였으며, 코로나19를 계기로 비대면 서비스 제공의 필요성이 강조되었다. 이에 대응하여 2022년부터 시행된 복지멤버십 제도는 국민에게 맞춤형 복지정보를 사전에 안내하고 제공하는 체계로, 사전예방적 복지 구현을 가능하게 했다.

결과적으로 지역사회복지는 과거의 중앙집중적 모델에서 벗어나 자율성과 참여, 협력을 중심으로 한 분권적 · 실천적 체계로 전환되고 있으며, 이러한 제도적 진화는 지속가능한 지역복지 실현을 위한 핵심 토대가 되고 있다.

2. 지역사회보장협의체

1) 지역사회보장협의체 개요

(1) 지역사회보장협의체 추진 배경

지역사회보장협의체는 지방분권 정책과 사회복지 전달체계의 변화에 대응하여 도입된 중요한 지역복지 거버넌스 기구이다. 1990년대 이후 우리나라는 중앙정부 중심의 복지 행정에서 벗어나 지방자치단체의 자율성과 책임성을 강화하는 지방분권 정책을 적극 추진해 왔다. 특히 2005년부터 국고보조금을 통한 사회복지사업 일부가 지방자치단체로 이양되면서, 지역사회 중심의 사회복지 전달체계 구축이 본격화되었다.

지방분권은 단순히 행정 권한의 이전에 그치지 않고, 지역 내에서 사회복지 계획을 수립하고 실행하며, 네트워크를 구축하고 자원을 발굴 · 연계하는 통합적 복지 거버넌스의 전환을 의미한다. 이에 따라 지방정부는 지역사회의 다양한 사회복지 욕구를 반영한 맞춤형 서비스를 제공하는 주체로 자리매김하게 되었다.

2003년에 개정된 「사회복지사업법」에서는 지역사회복지협의체 설치와 운영, 그리고 지역사회복지계획 수립이 의무화되었다. 이를 통해 지방자치단체는 지역복지 활성화를 위한 제도적 기반을 마련하고, 지역복지 현황을 진단하여 종합적인 계획을 수립하는 역할을 수행하게 되었다.

2012년 개정된 「사회보장기본법」은 보건의료, 교육, 고용, 주거 등 다양한 사회서비스를 포함하는 포괄적 사회보장체계를 도입하였다. 이를 바탕으로 국민의 생애주기별 맞춤형 복지 제공이 가능해졌지만, 기존 「사회복지사업법」 중심의 서비스 운영은 중앙행정기관과 지방자치단체 간 협력에 한계가 있었다.

이러한 한계를 극복하기 위해 2014년 제정된 「사회보장급여의 이용 · 제공 및 수급권자 발굴에 관한 법률」은 중앙부처와 지방자치단체 간 유기적 협력을 법적으로 규정하였다. 이 법은 지역 단위의 통합적 사회보장 및 지역 간 균형 발전을 지원하는 제도적 장치를 마련하며, 지역사회보장협의체의 기능과 역할을 강화하는 데 기여하였다.

지역사회보장체계 구축에서는 공공과 민간 영역 간 협력이 매우 중요하다. 지방정부와 민간 기관은 각자의 강점을 살려 사회서비스를 연계하고 조직화함으로써 지역주민들의 다양한 복지 욕구를 탄력적으로 충족시켜야 한다. 특히 사회보장급여 제공기관에 자율성과 탄력성을 보장하면서도 지역 단위에서 통합적 사회서비스를 제공할 수 있는 방안을 마련하는 것이 필요하다.

또한, 지역사회 공동체 기능 회복과 사회자본 확대도 중요하다. 지역사회 주민들이 복지 의제 발굴과 자원 배분 과정에 적극 참여함으로써 복지 문제를 현장에서 신속하고 효율적으로 해결할 수 있다. 주민참여는 복지행정의 효율성을 높일 뿐 아니라 주민 만족도 향상에도 크게 기여한다.

최근 정보통신기술(ICT)의 발전은 네트워크형 조직 구조를 가능하게 하였다. 지역사회보장 관련 기관 간 협력과 네트워크 구축은 사회보장 현안 해결에 비용 절감과 효율성 제고라는 효과를 가져온다. 디지털 기반 네트워크는 주민의 다양한 욕구에 신속히 대응하고 통합적 복지 서비스를 제공하는 데 필수적인 역할을 한다.

결론적으로, 지방분권 강화와 사회복지 전달체계 변화에 따라 지역사회보장협의체는 지역복지 거버넌스의 핵심으로 자리 잡았다. 다양한 지역사회 주체들이 협력하여 통합적 사회보장체계를 구축하고 주민참여를 활성화함으로써 지역사회 복지 수준을 높이고 있다. 앞으로도 제도적 지원과 민관 협력 강화로 지역복지의 지속가능성과 효율성을 더욱 증진시켜야 할 것이다.

추진 배경을 통해 운영되고 있는 지역사회보장협의체 성격 및 기능 변화를 살펴보면 〈표 10-1〉과 같다.

<표 10-1> 지역사회보장협의체 성격 및 기능 변화 추이

구 분	'05. 7. 31. 이전	'05. 7. 31.~'15. 6. 30.	'15. 7. 1. 이후
명 칭	사회복지위원회	지역사회복지협의체	지역사회보장협의체
법 적 근 거	사회복지사업법 제7조	사회복지사업법 제7조의2	사회보장급여법 제41조
목 적	• 사회복지사업에 관한 중요 사항을 심의 또는 건의	• 관할 지역의 사회복지사업에 관한 중요사항과 지역사회복지계획 심의/건의 • 사회복지서비스 및 보건의료서비스 연계 · 협력 강화	• 지역사회보장계획, 지역사회보장조사 및 지표, 사회보장급여, 사회보장 추진 사항 등 심의 · 자문 • 지역의 사회보장 증진 • 사회보장 관련 기관 등과 연계 · 협력 강화
기타	• 시 · 도 및 시 · 군 · 구에 설치 · 운영	• 공공과 민간의 네트워크 강화를 통한 지역복지 거버넌스의 구조와 기능 확대	• 사회복지에서 사회보장으로 범주 확대

출처 : 보건복지부(2025a). 2025년 지역사회보장협의체 운영 안내.

(2) 지역사회보장협의체 법적 근거

지역사회보장협의체는 지역 내 보건과 복지 분야의 민간과 공공 부문 간 협력과 연계 강화를 목적으로 기존의 시 · 군 · 구 자치단위 지역사회복지협의체를 대체하여 새롭게 구성되었다. 이 협의체의 설치 및 운영은 2014년 12월 30일에 제정된 「사회보장급여의 이용 · 제공 및 수급권자 발굴에 관한 법률」(법률 제12935호)에 근거하며, 2015년 7월 1일부터 본격 시행되었다.

해당 법률의 제41조는 지역사회보장협의체와 관련된 세부 사항을 규정하고 있다. 우선, 시 · 군 · 구 단위에 협의체를 설치하도록 의무화하였고, 협의체가 수행해야 할 업무의 범위도 구체적으로 명시하였다. 또한 협의체 위원의 자격 기준을 설정하고, 실무협의체의 설치를 의무화하는 조항을 포함하고 있다. 아울러 협의체 운영에 필요한 인력과 재정 지원에 관한 내용도 담고 있으며, 협의체 및 실무협의체, 그리고 읍 · 면 · 동 단위 협의체의 조직과 운영과 관련된 사항을 지방자치단체 조례로 정할 수 있도록 법적 근거를 마련하였다.

이와 같은 제도적 기반을 통해 지역사회보장협의체는 지역사회 내 다양한 사회보장 주체들이 협력하는 통합 체계로 자리 잡아, 주민들의 복지 욕구에 맞춘 효율적인 서비스 제공과 지역복지의 질적 향상에 기여하고 있다.

참 고 「사회보장급여의 이용 · 제공 및 수급권자 발굴에 관한 법률」

제41조(지역사회보장협의체) ① 시장 · 군수 · 구청장은 지역의 사회보장을 증진하고, 사회보장과 관련된 서비스를 제공하는 관계 기관 · 법인 · 단체 · 시설과 연계 · 협력을 강화하기 위하여 해당 시 · 군 · 구에 지역사회보장협의체를 둔다.

② 지역사회보장협의체는 다음 각 호의 업무를 심의 · 자문한다.

1. 시 · 군 · 구의 지역사회보장계획 수립 · 시행 및 평가에 관한 사항
2. 시 · 군 · 구의 지역사회보장조사 및 지역사회보장지표에 관한 사항
3. 시 · 군 · 구의 사회보장급여 제공에 관한 사항
4. 시 · 군 · 구의 사회보장 추진에 관한 사항
5. 읍 · 면 · 동 단위 지역사회보장협의체의 구성 및 운영에 관한 사항
6. 그 밖에 위원장이 필요하다고 인정하는 사항

③ 지역사회보장협의체의 위원은 다음 각 호의 사람 중 시장 · 군수 · 구청장이 임명 또는 위촉한다. 다만, 제40조 제4항에 해당되는 사람은 위원이 될 수 없다. 〈개정 2017. 3. 21.〉

1. 사회보장에 관한 학식과 경험이 풍부한 사람
2. 지역의 사회보장 활동을 수행하거나 서비스를 제공하는 기관 · 법인 · 단체 · 시설의 대표자
3. 「비영리민간단체지원법」 제2조의 비영리민간단체에서 추천한 사람
4. 제7항에 따른 읍 · 면 · 동 단위 지역사회보장협의체의 위원장(공동위원장이 있는 경우에는 민간위원 중에서 선출된 공동위원장을 말한다)
5. 사회보장에 관한 업무를 담당하는 공무원

④ 지역사회보장협의체의 업무를 효율적으로 수행하기 위하여 지역사회보장협의체에 실무협의체를 둔다.

⑤ 보장기관의 장은 지역사회보장협의체의 효율적 운영을 위하여 필요한 인력 및 운영비 등 재정을 지원할 수 있다.

⑥ 제1항부터 제5항까지에 규정된 사항 외에 지역사회보장협의체 및 실무협의체의 조직 · 운영에 필요한 사항은 보건복지부령으로 정하는 바에 따라 해당 시 · 군 · 구의 조례(「제주특별자치도 설치 및 국제자유도시 조성을 위한 특별법」 제10조 제2항에 따른 행정시의 경우에는 특별자치도의 조례를 말한다. 이하 같다)로 정한다. 〈개정 2017. 3. 21.〉

⑦ 특별자치시장 및 시장 · 군수 · 구청장은 읍 · 면 · 동 단위로 읍 · 면 · 동의 사회보장 관련 업무의 원활한 수행을 위하여 해당 읍 · 면 · 동에 읍 · 면 · 동 단위 지역사회보장협의체를 둔다. 〈신설 2017. 3. 21.〉

⑧ 제7항에 따른 읍 · 면 · 동 단위 지역사회보장협의체의 조직 · 운영에 필요한 사항은 보건복지부령으로 정하는 바에 따라 해당 특별자치시 및 시 · 군 · 구의 조례로 정한다. 〈신설 2017. 3. 21.〉

출처 : 국가법령정보센터(http://www.law.or.kr)

(3) 지역사회보장협의체 운영 원칙

지역사회보장협의체는 지역주민의 복지 욕구를 충족시키고 효율적이며 통합적인 사회복지 서비스를 제공하기 위해 몇 가지 중요한 운영 원칙을 따른다.

첫째, 지역성 원칙이다. 협의체는 해당 지역의 특성과 문화를 반영하여, 지역사회 내 복지 현안에 집중하고 지역주민의 욕구와 자원을 고려한 현장 밀착형 서비스 제공체계를 구축해야 한다.

둘째, 참여성 원칙이다. 협의체는 단순한 행정기구가 아니라, 민간과 공공 부문의 자발적이고 적극적인 참여를 바탕으로 운영된다. 이를 위해 다양한 사회복지 관련 기관, 법인, 단체, 시설 등이 대표성을 가지고 참여해야 한다.

셋째, 협력성 원칙이다. 협의체는 민관 협력 기구로서 지역사회 복지 문제 해결을 위해 민주적이고 합리적인 의사결정을 통해 협력적 관계를 형성하며, 이를 통해 지역사회 공동체와 사회적 자본을 강화한다.

넷째, 통합성 원칙이다. 협의체는 지역 내 복지자원을 발굴하고 유기적으로 연계하여 보건, 고용, 주거, 교육, 문화 등 다양한 분야의 서비스를 통합적으로 제공함으로써 지역주민의 복합적인 욕구에 대응한다.

다섯째, 연대성 원칙이다. 협의체는 지역 내에서 자체적으로 해결하기 어려운 복지 문제에 대해 주민 간 연대나 인근 지역과 협력을 통해 자원을 공유하고 문제를 해결함으로써 복지 자원의 효율적 활용과 서비스 공백 최소화를 도모한다.

마지막으로 예방성 원칙이다. 협의체는 지역주민의 복합적인 복지 문제를 조기에 발견하고 예방하기 위해 지역사회보장조사와 지역사회보장계획을 수립하여 선제적으로 대응하고 지역복지의 지속적 향상을 추구한다.

이와 같은 운영 원칙에 따라 지역사회보장협의체는 주민 중심의 맞춤형 복지 서비스 제공과 지역복지 거버넌스 구축에 핵심적인 역할을 담당한다.

2) 지역사회보장협의체 구성

지역사회보장협의체는 시 · 군 · 구 지역사회보장협의체와 읍 · 면 · 동 협의체 간의 역할이 구분되어 있고, [그림 10-1]처럼 수평적 네트워크를 통해 지역사회복지 증진을 위해 단위별 역할을 수행하고 있다.

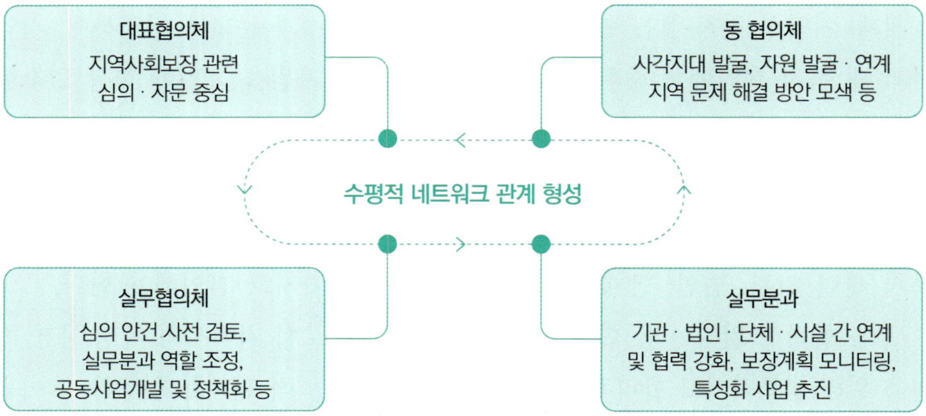

[그림 10-1] **수평적 네트워크**

출처 : 보건복지부(2025b). 지역사회보장협의체 안내.

지역사회보장협의체의 구성에 대해 구체적으로 살펴보면 다음과 같다.

(1) 대표협의체

① 대표협의체의 의의

대표협의체는 지역 내 사회보장정책 수립과 실행을 위해 공공과 민간, 수급자 등 다양한 이해관계자가 참여하는 협의 기구이다. 이 협의체는 지역의 사회보장 수요에 대한 공동 논의와 계획 수립, 자원 연계 및 정책 제언 등의 역할을 수행함으로써 민관 협력체계의 중심축으로 기능한다.

② 구성 원칙

대표협의체는 다음과 같은 세 가지 구성 원칙을 바탕으로 조직되어야 한다.

- **대표성의 원칙** : 대표협의체는 지역사회보장과 관련된 이해당사자들이 고르게 참여할 수 있도록 구성되어야 한다. 사회서비스 제공기관의 책임자, 복지 수급 당사자 또는 이용자 대표, 그리고 지역주민의 공익을 대변할 수

있는 인사가 참여함으로써, 협의체가 특정 집단의 이해에 치우치지 않고 균형 있게 운영될 수 있도록 한다.

- **포괄성의 원칙** : 보건, 복지, 고용, 주거 등 다양한 사회보장 분야뿐만 아니라, 교육, 문화, 환경 등 연계 분야에 이르기까지 해당 지역의 주요 사회서비스 제공 주체들이 빠짐없이 참여할 수 있도록 구성되어야 한다.
- **민주성의 원칙** : 위원 선정은 합리적이고 투명한 절차를 통해 이루어져야 하며, 지자체장은 위원 임명 또는 위촉 전에 해당 인사의 결격 사유 여부를 반드시 확인해야 한다.

③ 대표협의체 위원 구성

대표협의체는 위원장을 포함하여 10명 이상 40명 이내로 구성되며, 공공과 민간 부문 대표자, 수급권자 또는 이용자 대표, 연계 분야의 관계자, 그리고 실무협의체 위원장 등으로 구성된다. 위원장은 민관 공동위원장 체제로 운영되며, 지방자치단체장은 당연직으로 공공 부문 공동위원장을 맡는다. 민간 부문 공동위원장은 위원 중에서 호선의 방식으로 선출된다. 위원 구성 시 다음과 같은 인력 구성이 권장된다.

- 지방자치단체의 사회보장 관련 부서 공무원
- 사회복지법인 · 시설 · 단체의 대표 또는 종사자
- 지역주민의 복지권을 대표하는 수급권자(이용자)
- 관련 분야 전문기관 또는 실무협의체 대표 등

④ 위원의 임기 및 교체

대표협의체 위원의 기본 임기는 2년이며, 연임이 가능하다. 다만, 공무원 위원의 경우 임기는 재직 기간과 동일하게 간주한다. 위원이 사퇴하거나 해촉 등으로 결원이 발생한 경우, 후임 위원의 임기는 전임자의 남은 기간을 승계한다.

⑤ 대표협의체의 운영 방식

대표협의체는 정기회의와 필요시 소집되는 임시회의를 통해 지역사회보장계획 수립, 민관 협력사업 논의, 지역 복지 현안 해결 방안 등을 모색한다. 회의는 공동위원장의 주재로 진행되며, 의사결정은 다수결 원칙을 따른다. 대표협의체는 실무협의체 및 실무분과와 긴밀히 연계하여 지역사회의 복지체계를 지속적으로 점검하고 개선해 나간다.

(2) 실무협의체

① 실무협의체의 개요

실무협의체는 지역사회보장협의체의 효율적 운영을 지원하고, 지역사회 내 복합적인 사회보장 이슈를 실질적으로 해결하기 위한 실천 중심의 협의기구이다. 「사회보장급여의 이용 · 제공 및 수급권자 발굴에 관한 법률」 제41조 제4항에 근거하여, 시 · 군 · 구 단위에서 지역 특성과 실정에 맞는 사회보장 정책과 서비스를 조정 · 운영하는 역할을 수행한다.

② 실무협의체 구성의 원칙

실무협의체는 다음과 같은 세 가지 핵심 원칙에 기반하여 구성되어야 한다.

- **포괄성의 원칙** : 실무협의체는 지역사회보장과 직 · 간접적으로 관련된 다양한 주체들이 고르게 참여할 수 있도록 구성되어야 한다. 이는 행정기관, 민간단체, 공공기관, 전문가, 현장 실무자 등 다양한 이해관계자의 참여를 통해 협의체의 대표성과 정당성을 확보하려는 취지다.
- **전문성의 원칙** : 구성원은 각자 속한 영역에서 실제 사회보장 서비스를 제공하거나 운영한 경험이 있는 전문성을 갖춘 실무자로 구성되어야 한다. 특히, 사회복지, 보건의료, 주거, 고용 등 분야별로 정책 실행에 대한 실무적 이해와 전문적 판단 능력을 갖춘 인사가 포함되어야 하며, 이는 실무협의체가 단순 자문 수준을 넘어 실제적 대응 방안을 도출할 수 있도록 돕는다.
- **민주성의 원칙** : 위원 구성은 민주적인 절차와 방법에 따라 이루어져야 한

다. 위원의 선출이나 위촉은 공정하고 투명한 절차를 통해 이루어져야 하며, 공공과 민간이 동등한 지위에서 협력할 수 있는 균형된 구조를 갖추는 것이 중요하다.

③ 실무협의체의 구성체계

실무협의체는 위원장 1인을 포함해 10명 이상 40명 이하의 위원으로 구성되며, 위원장은 구성원 가운데서 선출되어 2년의 임기로 연임이 가능하다. 위원은 임명위원과 위촉위원의 이중 체계로 나뉜다. 임명위원은 해당 시 · 군 · 구 소속 공무원 가운데 사회복지 · 보건 · 고용 · 주거 등 사회보장 관련 부서의 팀장 또는 과장급 인사로 임명되고, 위촉위원은 지역 내 사회복지기관 · 비영리법인 · 사회서비스 제공기관 등 사회보장 관련 단체의 실무자로 위촉되어 각자의 소속 분야에서 실무분과장으로 활동하는 것이 권장된다. 이러한 구조는 공공과 민간의 협력을 강화해 행정의 일방적 결정을 방지하고, 다양한 관점을 반영한 실행력 있는 계획 수립에 기여한다.

④ 실무협의체의 역할 및 기능

실무협의체는 대표협의체와 유기적으로 연계되어 지역사회복지의 실행력과 실효성을 높이기 위한 다양한 기능을 수행한다. 첫째, 대표협의체에서 심의하거나 자문할 주요 정책 및 사업에 대해 사전에 실무적 관점에서 충분히 검토함으로써, 보다 현실적이고 실행 가능한 결정이 이루어지도록 지원한다. 둘째, 사회복지, 보건, 고용, 주거 등 다양한 분야별로 구성된 실무분과의 활동을 운영하고 조정하며, 분과 간의 연계와 협력을 통해 통합적 대응체계를 구축한다. 셋째, 지역사회 내에서 공통적으로 제기되는 현안들을 발굴하고, 이에 대해 민 · 관이 협력하여 공동사업을 기획하거나 정책 대안을 마련함으로써 지역 맞춤형 복지정책 형성에 기여한다. 넷째, 복지사업의 실행 과정에서 나타나는 현장의 문제점들을 기반으로 제도 개선 및 사업 방향에 대한 건의 사항을 제시하며, 정책의 현실성과 개선 가능성을 높인다. 마지막으로, 대표협의체와 실무 현장 간의 가교 역할을 수행하여 민 · 관 간의 원활한 정보 전달과 소통을 도모하고, 이를 통해 지역사회복지 정책의 실행력을 제고하는 중요한 역할을 한다.

⑤ 실무협의체의 의의

실무협의체는 단순한 자문기구를 넘어, 지역사회의 사회보장 거버넌스에서 실질적 역할을 담당하는 핵심 구조이다. 민·관의 협력적 정책 설계, 현장 기반의 문제 해결, 그리고 복지자원의 효과적 연계를 통해 지역사회 중심의 복지체계 강화에 기여하고 있다.

(3) 실무분과

① 실무분과의 개념과 의의

실무분과는 지역사회보장협의체의 세부 실행 단위로, 사회보장 관련 기관 간 연계 및 협력을 활성화하기 위해 구성된다. 실무분과는 각 지역의 사회보장 정책을 효과적으로 실행하는 데 필요한 실무 주체들을 중심으로 구성되며, 지역의 복지 욕구를 현장 중심에서 반영하고 실천하는 중요한 역할을 수행한다.

이 분과는 지역의 다양한 사회보장 문제에 대해 대응 전략을 수립하고, 공동사업을 기획하며, 민관 협력을 통해 통합 서비스를 제공하는 기반을 형성한다.

② 실무분과 구성의 원칙

실무분과 구성은 연계성과 협력성을 기본 원칙으로 하며, 지역 내 사회보장 관련 기관, 법인, 단체, 시설 등 다양한 주체들이 협력할 수 있는 구조를 기반으로 한다. 이를 통해 민·관이 함께 참여할 수 있는 체계를 마련하고, 협의체의 실효성을 높이는 데 기여한다. 또한 실무분과의 구성과 운영은 지역의 여건과 특성을 충분히 반영할 수 있도록 자율성이 보장되며, 구체적인 사항은 각 시·군·구의 조례를 통해 규정함으로써 탄력적인 운영이 가능하도록 한다.

③ 실무분과 위원의 구성

실무분과 위원은 실무협의체 위원장이 임명하거나 위촉하며, 공공과 민간의 협력을 바탕으로 다음과 같이 구성된다. 임명직 위원은 사회복지, 보건의료, 고용, 교육, 주거, 문화 등 사회보장 관련 업무를 수행하는 해당 부서의 공무원으로, 행정적 전문성과 정책 연계 기능을 담당한다. 위촉직 위원은 민간 사회복지 기관, 법인, 단체 등의 실무자 중 지역의 복지 욕구를 대변할 수 있는 인물로 선정되며, 특히 지역사회와 밀접하게 연계된 활동 경험을 지닌 전문가 중심으로 구성되어 실질적이고 현장 중심의 의견을 반영한다.

④ 실무분과의 구성 형태

실무분과는 지역 여건 및 사회복지 인프라의 수준에 따라 다양한 방식으로 조직될 수 있으며, 다음의 유형으로 나뉜다.

- **대상별 분과** : 영유아, 아동, 청소년, 여성, 노인, 장애인, 다문화가족 등 복지 대상자의 특성을 중심으로 구성된다. 각 집단별 요구에 맞춘 서비스 기획과 제공이 핵심이다.
- **기능별 분과** : 지역사회에서 필요로 하는 기능 중심으로 조직되며, 예를 들어 소득보장, 고용지원, 주거복지, 문화 · 체육, 환경보호 등이 있다. 이 분과는 서비스 제공의 전문성 제고에 기여한다.
- **지역별 분과** : 자원이 부족하거나 대상별 분과 운영이 어려운 지역에서는 읍 · 면 · 동 등의 소생활권 단위로 구성되며, 권역형 네트워크 체계를 구축할 수도 있다. 이는 인접 지역 간 협력을 통해 효율적인 복지서비스 연계를 가능하게 한다.

⑤ 실무분과의 역할과 기능

실무분과는 지역사회보장계획의 실행력을 확보하기 위한 중요한 실천 단위로서 다음과 같은 기능을 수행한다.

- **사회보장서비스 제공 주체 간 협력 촉진** : 관련 기관 간 네트워크를 형성하여 자원을 공유하고, 공동 대응체계를 마련한다.
- **지역 문제 해결 중심의 사업 기획** : 지역 특성에 맞는 특화사업을 발굴하여

실행하며, 사회보장계획 수립 시 주민의 실질적인 요구를 반영한다.

- **정책 제안 및 의견 수렴** : 협의체 내 주요 의사결정 과정에 필요한 정보를 수집 · 분석하고, 실무적 관점에서 정책 개선 방향을 제안한다.

(4) 읍 · 면 · 동 지역사회보장협의체 구성

① 구성 주체 및 절차

읍 · 면 · 동 지역사회보장협의체는 해당 지역의 장이 추천한 인사를 바탕으로, 시 · 군 · 구청장이 위촉함으로써 구성된다. 구성원은 공공 영역의 당연직 위원과 민간 영역의 위촉직 위원으로 구분되며, 다양한 배경과 경험을 지닌 인물들이 참여하는 것이 원칙이다.

공공부문 위원은 읍 · 면 · 동장과 사회복지, 보건의료, 고용 등 관련 부서의 실무 공무원이 포함되며, 민간위원은 지역 내 복지 현장에서 활동하는 주민자치위원, 통장, 상공인, 종교기관 관계자 등 다양한 계층의 인물들로 구성된다.

② 위원 수 및 다양성 확보

위원회는 위원장을 포함하여 최소 10명 이상으로 구성하되, 성별 및 연령의 다양성을 고려해야 한다. 이는 협의체가 지역사회의 다양한 목소리를 균형 있게 반영하고, 대표성을 갖는 조직으로 운영되기 위한 기본 원칙이다.

또한, 우체국이나 교육기관 등 지역 내 다양한 기능 주체와의 연계도 고려하여 구성의 폭을 넓히는 것이 권장된다.

③ 협의체의 조직 구조와 형태

읍 · 면 · 동 협의체는 공공과 민간이 함께 책임을 나누는 공동위원장 체계로 운영되며, 회의 주재와 대표성 역할을 공동으로 수행한다. 또한 지역 여건에 따라 협의체의 조직 형태와 위원 수는 탄력적으로 운영될 수 있다.

예를 들어, 대도시의 경우 다양한 분과위원회를 구성하여 기능별로 세분화된 논의가 가능하지만, 농어촌 지역의 경우에는 소생활권 중심의 통합적 구조로 구성하는 것이 효율적일 수 있다.

④ 읍 · 면 · 동 협의체의 주요 역할

협의체는 지역 내 도움이 필요한 저소득 가구, 독거노인, 장애인 등 복지 대상자를 적극적으로 발굴하고, 이들에게 맞춤형 서비스를 연계함으로써 지역복지 전달의 창구 역할을 수행한다. 또한 복지 사각지대를 해소하기 위해 정기적인 모니터링을 실시하고, 이를 통해 확인된 취약계층에게 긴급지원이나 사례관리 등 실질적인 서비스가 제공되도록 한다. 아울러 협의체는 지역 내 민간단체, 공공기관, 주민 조직 등과 협력하여 민관 네트워크 기반의 복지전달체계를 구축하고, 자원 공유 및 공동 대응 체제를 마련한다.

3) 지역사회보장협의체 기능

지역사회보장협의체는 공공과 민간의 협력을 통해 지역사회 내 복지체계를 수립하고 조정하는 핵심 기구로, 민관 협력 기반의 지역복지 거버넌스 조직이라 할 수 있다. 이러한 협의체는 단순한 자문기구나 실무기구를 넘어, 복지정책의 기획 · 결정 · 실행을 통합적으로 조율하는 역할을 수행하며, 지역사회보장 계획의 수립 및 시행을 뒷받침하는 중요한 축이 된다.

보건복지부의 「지역사회보장협의체 운영지침」에서는 협의체의 기능을 크게 세 가지로 구분하고 있다. 이는 협치(거버넌스) 기능, 연계(네트워크) 기능, 통합서비스 기능이다.

(1) 협치(Governance) 기능

협치 기능은 공공부문과 민간부문이 공동으로 지역복지 관련 주요 의제를 협의하고, 이에 대해 의사결정을 내리는 기능이다. 이는 단순한 정보 공유를 넘어 지역사회보장계획의 수립, 시행, 평가 전 과정에 참여함으로써 민과 관이 대등한 파트너십을 바탕으로 정책에 영향을 미칠 수 있도록 하는 역할이다.

이 기능을 통해 협의체는 지역의 복지 의제를 심의 · 자문하고, 제도나 사업 운영에 대한 개선 의견을 지자체장에게 제안하는 등 지역 맞춤형 복지정책 수립에 실질적인 기여를 한다.

(2) 연계(Network) 기능

연계 기능은 지역 내 다양한 복지 서비스 제공 주체들 간의 협력체계를 구축하고, 자원과 서비스를 효과적으로 연결하는 것을 의미한다. 이는 공공기관, 민간단체, 사회복지시설, 비영리조직 등 여러 조직 간 네트워크를 강화하여 중복투자나 누락을 방지하고, 지역 내 인적 · 물적 자원의 효율적 활용을 가능하게 한다.

(3) 통합 서비스 기능

통합 서비스 기능은 협의체가 지역사회 내 다양한 복지 수요에 대응하기 위해 서비스 간의 조정 및 통합적 지원체계를 구축하는 것을 의미한다. 각 실무분과 간의 연계를 통해 복합적인 욕구를 가진 주민에게 통합적이고 체계적인 복지서비스를 제공하는 데 주안점을 둔다.

이러한 기능은 보건 · 복지 분야에 국한되지 않고, 고용, 주거, 교육, 문화, 환경 등 다양한 정책 분야와도 연결되어 복지정책의 다영역 통합화를 실현하려는 노력의 일환이다.

세 가지 기능은 각각 독립적으로 존재하기보다는 상호 유기적으로 작용한다. 예를 들어, 협치 기능을 통해 도출된 복지과제를 해결하기 위해 연계 기능이 활용되고, 이를 효과적으로 주민에게 제공하기 위해 통합 서비스 기능이 작동한다. 정책의 기획, 조정, 실행이 하나의 흐름으로 이어지는 시스템 속에서, 지역사회보장협의체는 실질적인 복지 실현의 중심축으로 기능하고 있는 것이다.

3. 지역사회보장계획

1) 지역사회보장계획의 개념과 성격

(1) 지역사회보장계획의 개념

지역사회보장계획은 지역주민의 다양한 사회보장 욕구와 지역 내 복지 자원을 고려하여, 지방자치단체가 지역 실정에 맞는 사회보장 추진 방향과 실행 전략을 체계적으로 수립하는 중장기 계획을 말한다. 이 계획은 지역 단위에서 복지정책을 보다 효과적으로 추진하기 위한 전략적 틀로서, 사회보장에 관한 종합적 비전과 목표, 실행 과제를 설정하고 이를 단계적으로 이행하기 위한 실천계획의 성격을 갖는다.

지역사회보장계획은 기존의 중앙정부 중심의 사회복지서비스 제공 방식이 가진 한계를 극복하고, 지방자치단체의 자율성과 책임성을 강화하여 지역 내 사회보장의 수준을 향상시키기 위한 제도적 장치로 도입되었다. 특히 2003년 「사회복지사업법」 개정을 통해 2005년부터 '지역사회복지계획'으로 시행되었으며, 2014년 「사회보장급여법」의 제정에 따라 2015년부터 '지역사회보장계획'이라는 명칭으로 변경되어 현재까지 시행되고 있다.

이 계획은 광역 및 기초 지방자치단체가 4년 단위의 중장기 계획을 수립하고, 매년 이에 따른 연차별 시행계획을 작성하여 단계적으로 실행하는 구조로 되어 있다. 계획의 수립은 지역주민의 욕구조사와 지역사회 실태조사, 그리고 민관 협력을 바탕으로 이루어지며, 이를 통해 복지 수요에 적절히 대응하고 지역사회 내 자원을 효율적으로 연계·활용하는 체계를 구축할 수 있다.

또한 지역사회보장계획은 단순한 행정계획을 넘어, 주민이 일상생활 속에서 사회보장 서비스를 활용하여 삶의 질을 향상시킬 수 있도록 지원하는 실천적 성격도 지닌다. 즉, 이 계획은 지역사회 내에서 주민이 자립적이고 건강한 삶을 영위할 수 있도록 지원하며, 다양한 사회 영역(주거, 보건의료, 교육, 문화 등)에서의 참여와 권리를 보장하는 데 기여한다.

요약하자면, 지역사회보장계획은 지역 단위의 종합적 사회보장 추진계획으로서, 주민의 사회보장 욕구 충족과 지역사회의 복지 역량 강화를 위한 전략적 · 실천적 기획 도구라고 할 수 있다.

(2) 지역사회보장계획의 성격

지역사회보장계획은 지역주민의 복지 욕구와 사회적 문제를 체계적으로 분석하고, 이를 토대로 정책적 우선순위를 결정하며 필요한 자원과 서비스 공급체계를 설계하는 사회계획(social planning)의 성격을 지닌다. 또한, 주민의 참여를 바탕으로 실제 서비스 제공과 지원 활동을 실행하는 사회복지 실천(social work practice)의 성격도 함께 포함하고 있다. 이러한 복합적인 특징은 지역사회보장계획이 단순한 행정 문서를 넘어서서 지역복지 실천의 중요한 틀임을 보여 준다. 류만희(2002)의 연구를 참고하여, 지역사회보장계획의 주요 성격은 다음 세 가지로 요약할 수 있다.

① 사회자원 배분을 위한 전략적 수단

지역사회보장계획은 지역 내 주민들의 복지 욕구를 질적 · 양적으로 면밀히 파악하고, 이를 충족시키기 위한 사회서비스를 개발하는 데 활용되는 핵심 도구이다. 이를 위해 지역 특성과 사회자원 현황, 정책적 여건을 종합적으로 조사하고 분석하는 과정이 필수적이다. 이러한 분석 결과를 바탕으로 지역 내 복지 문제를 명확히 정의하고, 민간과 공공 부문이 협력하여 실현 가능한 목표와 구체적 실행 방안을 마련한다.

② 지방자치 실현의 지표

지역사회보장계획은 지역주민과 사회보장 관련 기관들이 협력하여 지역복지 문제 해결을 위한 실천 활동을 조직화하는 과정이기도 하다. 이는 지역사회의 자발적 역량을 강화하는 계기로 작용하며, 동시에 지역 복지 수준과 발전 정도를 나타내는 사회지표로 기능한다.

③ 통합적 행정계획으로서의 역할

지역사회보장계획은 양적·질적으로 확대가 요구되는 복지 서비스들을 효율적으로 관리하기 위한 종합 행정계획의 성격을 가진다. 기초자치단체와 민간 사회복지기관은 구체적인 사업을 실행하는 역할을 수행하며, 광역자치단체는 사업 간 연계와 조정을 담당한다. 중앙정부는 법제도 정비, 재정지원 등 제도적 기반을 마련하는 역할을 맡아 각 기관 간 협력과 역할 분담이 중요하다. 이와 같이 지역사회보장계획은 다층적 행정구조 속에서 중앙정부부터 기초자치단체에 이르는 협업체계를 통해 추진된다.

2) 지역사회보장계획의 수립 및 평가

(1) 지역사회보장계획의 수립

지역사회보장계획은 시·도 및 시·군·구 등 지방자치단체가 지역 내 사회보장 수준을 향상시키기 위해 수립하는 법정 계획으로, 「사회보장급여의 이용·제공 및 수급권자 발굴에 관한 법률」 제36조에 그 법적 근거를 두고 있다. 이 계획은 지역주민의 복지 수요를 정확히 파악하고, 이를 효과적으로 반영한 맞춤형 사회보장정책을 추진하기 위한 종합 전략을 포함한다.

① 시·도 지역사회보장계획의 주요 내용

시·도 단위의 지역사회보장계획은 광역적 관점에서 사회보장 정책을 기획·조정하는 역할을 수행한다. 먼저, 지역 내 사회보장 수요를 측정하고 이에 기반한 정책 목표 및 추진 방향을 설정한다. 아울러, 지역사회보장의 성과를 평가할 수 있도록 '지역사회보장지표'를 설정하고 이에 대한 목표치를 제시한다. 이 외에도 사회보장 각 분야별 추진전략과 중점사업을 수립하고, 다양한 유관기관과의 연계·협력 방안을 도출하는 것이 필수적이다.

또한 사회보장 전달체계의 조직 구성과 운영 방안을 마련하며, 급여의 사각지대를 발굴하고 이를 보완하기 위한 지원 방안도 포함된다. 재원의 규모와 조달 계획을 수립하고, 사회보장 관련 통계의 수집 및 관리체계를 구축하는 것이 요구된다. 부정수급 발생 현황을 점검하고 예방 대책을 마련하는 것 역시 중요한 과제이며, 이 외에도 대통령령으로 정하는 사항이 추가적으로 포함된다.

② 시·군·구 지역사회보장계획의 주요 내용

시·군·구는 기초자치단체로서 보다 현장밀착형 사회보장 정책을 추진하며, 시·도의 계획을 기반으로 실천적 전략을 수립한다. 이들은 지역 내 사회보장이 균형 있게 추진될 수 있도록 목표 및 전략을 설정하고, 자체적인 지역사회보장 지표를 마련하여 이에 대한 성과 목표를 설정한다. 사회보장급여가 주민들에게 효과적으로 제공될 수 있도록 지역 기반을 강화하는 방안을 마련하며, 담당 인력의 양성과 전문성 제고를 위한 체계적 지원도 포함된다.

또한 통계 자료의 체계적 수집 및 관리 방안을 수립하고, 지역 내 부정수급 방지를 위한 구체적 대응책을 강구하며, 필요한 경우 시·도와의 협력도 적극적으로 수행한다. 그 밖에 지역사회보장 추진을 위해 필요한 사항들이 계획에 포함된다.

③ 특별자치시의 계획 내용

특별자치시는 일반 기초자치단체와 달리 행정적 자율성이 보다 크기 때문에, 사회보장급여가 효과적으로 제공되기 위한 기반 구축과 전문인력의 양성, 기타 지역사회보장과 관련된 추진 사항을 별도로 포함해야 한다.

이처럼 지역사회보장계획은 광역과 기초자치단체 간의 역할과 책임을 명확히 하며, 지역의 실정에 맞는 사회보장정책을 기획하고 실현해 나가는 데 중요한 제도적 기반이 된다.

위의 주요 내용을 정리하면 〈표 10-2〉와 같다.

<표 10-2> 지역사회보장계획의 주요 내용

시·군·구 지역사회보장계획	시·도 지역사회보장계획
• 지역사회보장 수요의 측정, 목표 및 추진 전략 • 지역사회보장의 목표를 점검할 수 있는 지표(지역사회보장지표)의 설정 및 목표 • 지역사회보장의 분야별 추진 전략, 중점 추진사업 및 연계 협력 방안 • 지역사회보장 전달체계의 조직과 운영 • 사회보장급여의 사각지대 발굴 및 지원 방안 • 지역사회보장에 필요한 재원의 규모와 조달 방안 • 지역사회보장에 관련한 통계 수집 및 관리 방안 • 지역 내 부정수급 발생 현황 및 방지대책 • 그 밖에 대통령령으로 정하는 사항	• 시·군·구의 사회보장이 균형적이고 효과적으로 추진될 수 있도록 지원하기 위한 목표 및 전략 • 지역사회보장지표의 설정 및 목표 • 시·군·구에서 사회보장급여가 효과적으로 이용 및 제공될 수 있는 기반 구축 방안 • 시·군·구 사회보장급여 담당 인력의 양성 및 전문성 제고 방안 • 지역사회보장에 관한 통계자료의 수집 및 관리 방안 • 시·군·구의 부정수급 방지대책을 지원하기 위한 방안 • 그 밖에 지역사회보장 추진에 필요한 사항 ※ 특별자치시의 경우 다음 사항 포함 • 사회보장급여가 효과적으로 이용 및 제공될 수 있는 기반 구축 방안 • 사회보장급여 담당 인력의 양성 및 전문성 제고 방안 • 그 밖에 지역사회보장 추진에 필요한 사항

출처 : 「사회보장급여의 이용·제공 및 수급권자 발굴에 관한 법률」(사회보장급여법) 제36조

(2) 지역사회보장계획의 수립 절차

지역사회보장계획은 지역주민의 복지 수요를 반영하여 효과적인 사회보장 체계를 구축하기 위한 정책적 과정이다. 이 계획은 다음과 같은 일곱 단계로 이루어진다.

① **계획 준비** : 계획 수립의 방향을 설정하고, 추진체계와 예산 활용 방안을 마련한다. 사회보장위원회나 지역사회보장협의체를 중심으로 계획 수립팀을 구성하여 준비 작업을 진행한다.

② **지역 분석** : 지역주민의 사회보장 욕구와 자원을 파악하기 위해 실태조사를 실시한다. 전문 연구기관이나 전문가가 주도하고, 지자체는 자료 제공 및 행정적 지원을 담당한다.

③ **계획 작성** : 수립팀은 지역의 비전과 목표를 설정하고, 우선순위에 따라 중점 추진사업을 선정한다. 세부 사업과 예산 계획도 함께 수립한다.

④ **의견 수렴** : 계획(안)에 대한 주민 의견을 수렴하여 계획의 타당성과 정당성을 높인다. 공청회, 간담회, 공모 등의 다양한 방식이 활용된다.

⑤ **계획 확정** : 사회보장위원회 또는 지역사회보장협의체의 심의를 거쳐 계획을 확정하고, 지방의회에 보고하여 정책과 예산의 연계를 도모한다.

⑥ **계획 제출** : 확정된 계획은 시 · 군 · 구청장을 거쳐 시 · 도지사에게, 시 · 도 계획은 보건복지부 장관에게 각각 제출된다.

⑦ **권고 및 조정 반영** : 상급기관이 제시한 권고사항이나 조정 요청을 반영하여 계획을 수정 · 보완하고 최종 확정한다.

위의 주요 내용을 정리하면 〈표 10-3〉과 같다.

<표 10-3> 지역사회보장계획 수립의 기본 절차(시군구-협의체-사무국 공통)

구분	주요 내용
(1) 계획 준비 단계 - 계획 수립을 위한 기획	• 지역사회보장계획 수립을 위한 기획, 예산 확보 및 활용계획 등을 총괄하여, 계획 수립을 준비함 • 계획 수립 과정의 전반적 기획은 사회보장위원회(시 · 도) 또는 지역사회보장협의체(시 · 군 · 구)를 중심으로 지역 주체들이 논의해 나가는 것이 바람직함 • 계획 수립 주체 간의 역할을 명확하게 하고 시 · 도 및 시 · 군 · 구의 지원 방향, 논의 방식과 절차, 전문가의 참여 범주 등을 결정함 • 특히 사회보장위원회 · 지역사회보장협의체와 지자체 담당부서 중심으로 자체 계획을 수립하되, 지역사회보장조사 등은 전문연구기관을 활용하는 방식으로 진행함 • 지역사회보장계획의 계획(안)의 작성을 담당하는 '지역사회보장계획수립 TF팀'(이하 '계획수립 TF팀')을 구성 · 운영함
(2) 지역 분석 단계 - 지역사회보장 조사 실시	• 지역주민의 사회보장 욕구와 활용 가능한 자원을 파악하는 지역의 사회보장조사 단계는 전문성이 요구되는 과정이므로, 지역의 전문연구기관이나 내 · 외부 전문가가 주도적인 역할을 하며, 시 · 도 및 시 · 군 · 구는 이에 필요한 사항을 지원함 • 시 · 도, 시 · 군 · 구는 지역 관련하여 기 확보된 기초자료를 제공함 • 지역사회보장조사의 원활한 수행을 위해 조사 과정을 협조지원함(조사원 역할, 공문 발송 등).

구분	주요 내용
	【사회보장급여의 이용 · 제공 및 수급권자 발굴에 관한 법률】 **법 제35조(지역사회보장에 관한 계획의 수립)** ⑦ 보장기관의 장은 지역사회보장계획의 수립 및 지원 등을 위하여 지역 내 사회보장 관련 실태와 지역주민의 사회보장에 관한 인식 등에 관하여 필요한 조사(이하 “지역사회보장조사”라 한다)를 실시할 수 있으며, …지역사회보장계획 수립 시 지역사회보장조사 결과를 반영할 수 있다 **시행령 제21조(지역사회보장조사의 시기 · 방법 등)** ② 지역사회보장조사의 내용에는 다음 각 호의 사항 전부나 일부가 포함되어야 한다. 1. 성별, 연령, 가족사항 등 지역주민 또는 가구의 일반 특성에 관한 사항 2. 소득, 재산, 취업 등 지역주민 또는 가구의 경제활동 및 상태에 관한 사항 3. 주거, 교육, 건강, 돌봄 등 지역주민 또는 가구의 생활여건 및 사회보장급여 수급실태에 관한 사항 4. 사회보장급여의 이용 및 제공에 관한 지역주민의 인식과 욕구에 관한 사항 5. 아동, 여성, 노인, 장애인 등 사회보장급여가 필요한 사람의 사회보장급여 이용 경험, 인지도 및 만족도에 관한 사항 6. 그 밖에 보건복지부장관이 지역주민의 사회보장 증진을 위하여 필요하다고 인정하는 사항 ③ 지역사회보장조사는 표본조사의 방법으로 실시하되, 통계자료조사, 문헌조사 등의 방법을 병행하여 실시할 수 있다. ④ 보장기관의 장은 지역사회보장조사를 사회보장에 관한 전문성과 인력 및 장비를 갖춘 기관 · 법인 · 단체 · 시설에 의뢰할 수 있다.
(3) 계획 작성 단계 - 지역사회보장 (계획안) 마련	• 계획(안)의 작성은 계획수립 TF팀을 중심으로 진행하며, 이 단계의 중요 사항은 다음과 같음. - 지역사회보장계획의 목표와 추진전략 결정 - 추진전략, 우선순위, 복지자원(예산), 복지욕구와의 적절한 비교분석을 통해서 집중해야 할 중점추진사업 선정 - 세부사업의 선정과 세부사업의 중기 및 연차별 계획 수립 - 행정 · 재정계획 수립 **【사회보장급여의 이용 · 제공 및 수급권자 발굴에 관한 법률】** **법 제36조(지역사회보장계획의 내용)** ① 시 · 군 · 구 지역사회보장계획은 다음 각 호의 사항을 포함하여야 한다. 1. 지역사회보장 수요의 측정, 목표 및 추진전략 2. 지역사회보장의 목표를 점검할 수 있는 지표(이하 “지역사회보장지표”라 한다)의 설정 및 목표 3. 지역사회보장의 분야별 추진전략, 중점 추진사업 및 연계협력 방안 4. 지역사회보장 전달체계의 조직과 운영

<table>
<tr><th>구분</th><th>주요 내용</th></tr>
<tr><td></td><td>5. 사회보장급여의 사각지대 발굴 및 지원 방안
6. 지역사회보장에 필요한 재원의 규모와 조달 방안
7. 지역사회보장에 관련한 통계 수집 및 관리 방안
8. 그 밖에 대통령령으로 정하는 사항
② 특별시 · 광역시 · 도 · 특별자치도 지역사회보장계획은 다음 각 호의 사항을 포함하여야 한다.
1. 시 · 군 · 구의 사회보장이 균형적이고 효과적으로 추진될 수 있도록 지원하기 위한 목표 및 전략
2. 지역사회보장지표의 설정 및 목표
3. 시 · 군 · 구에서 사회보장급여가 효과적으로 이용 및 제공될 수 있는 기반 구축 방안
4. 시 · 군 · 구 사회보장급여 담당 인력의 양성 및 전문성 제고 방안
5. 지역사회보장에 관한 통계자료의 수집 및 관리 방안
6. 그 밖에 지역사회보장 추진에 필요한 사항
③ 특별자치시 지역사회보장계획은 다음 각 호의 사항을 포함하여야 한다.
1. 제1항 각 호의 사항
2. 사회보장급여가 효과적으로 이용 및 제공될 수 있는 기반 구축 방안
3. 사회보장급여 담당 인력의 양성 및 전문성 제고 방안
4. 그 밖에 지역사회보장 추진에 필요한 사항</td></tr>
<tr><td>(4) 의견 수렴 단계
- 의견 수렴
(공고 등)</td><td>• 지역사회보장계획의 지역성과 정당성을 확보하기 위해 지역주민의 의견을 수렴함
• 법률에서 정하고 있는 공고절차뿐만 아니라 공청회, 간담회, 공모 등 다양한 방식으로 의견을 수렴하여야 함
• 지역의 의견 수렴은 계획의 홍보와 지역주민의 관심을 불러일으키는 계기가 되며, 주민 의견수렴을 통해 계획의 실행단계에서 지역주민의 참여를 활성화시키는 데 기여할 수 있도록 함

【사회보장급여의 이용 · 제공 및 수급권자 발굴에 관한 법률】
법 제35조(지역사회보장에 관한 계획의 수립)
② 시장 · 군수 · 구청장은 해당 시 · 군 · 구의 지역사회보장계획을 지역주민 등 이해관계인의 의견을 들은 후 수립하고, … 제출하여야 한다.
시행령 제20조(지역사회보장계획의 수립 절차 및 제출시기)
② 특별자치시장 및 시장 · 군수 · 구청장은 지역사회보장계획안의 주요 내용을 20일 이상 공고하여 지역주민 등 이해관계인의 의견을 들은 후 …지역사회보장계획을 수립하여야 한다.</td></tr>
<tr><td>5) 계획 확정 단계
- 심의 · 확정</td><td>• 사회보장위원회(시 · 도), 지역사회보장협의체(시 · 군 · 구)에서 지역사회보장계획을 심의하고 계획안을 확정하는 과정을 거침.</td></tr>
</table>

<table>
<tr><th>구분</th><th>주요 내용</th></tr>
<tr><td></td><td>【사회보장급여의 이용 · 제공 및 수급권자 발굴에 관한 법률】
법 제35조(지역사회보장에 관한 계획의 수립)
② 시장 · 군수 · 구청장은 허당 시 · 군 · 구의 지역사회보장계획을 … 지역사회보장 협의체의 심의와 해당 시 · 군 · 구 의회의 보고를 거쳐 시 · 도지사에게 제출하여야 한다.
⑤ 시 · 도지사는 … 지역사회보장계획을 … 시 · 도사회보장위원회의 심의와 해당 시 · 도 의회의 보고를 거쳐 보건복지부장관에게 제출하여야 한다.</td></tr>
<tr><td>6) 제출 단계
- 보고</td><td>• 심의를 거쳐 확정된 지역사회보장계획을 지방의회에 보고함으로써 향후 계획의 내용과 예산 편성의 연계성을 제고함
• 최종 확정된 시 · 군 · 구 지역사회보장계획은 시 · 군 · 구청장에게 보고 후, 시 · 도지사에게 제출함
• 또한 최종 확정된 시 · 도 지역사회보장계획은 시 · 도지사에게 보고 후 보건복지부 장관에게 제출함

【사회보장급여의 이용 · 제공 및 수급권자 발굴에 관한 법률】
법 제35조(지역사회보장에 관한 계획의 수립)
② 시장 · 군수 · 구청장은 해당 시 · 군 · 구의 지역사회보장계획을 … 지역사회보장 협의체의 심의와 해당 시 군 · 구 의회의 보고*를 거쳐 시 · 도지사에게 제출하여야 한다.
* 보고의 경우 「제주특별자치도 설치 및 국제자유도시 조성을 위한 특별법」에 따른 행정시장은 제외
⑤ 시 · 도지사는 … 지역사회보장계획을 … 시 · 도사회보장위원회의 심의와 해당 시 · 도 의회의 보고를 거쳐 보건복지부장관에게 제출하여야 한다.</td></tr>
<tr><td>7) 권고 · 조정 사항 반영
- 최종 단계</td><td>• 보건복지부장관 또는 시 · 도지사가 제시한 권고 · 조정 사항이 있는 경우, 이를 논의하여 지역사회보장계획에 반영하고 계획안을 수정하여 이를 확정함

【사회보장급여의 이용 · 제공 및 수급권자 발굴에 관한 법률】
법 제35조(지역사회보장에 관한 계획의 수립)
⑧ 보건복지부장관 또는 시 · 도지사는 지역사회보장계획의 내용이 대통령령으로 정하는 사유에 해당하는 경우에는 시 · 도지사 또는 시장 · 군수 · 구청장에게 그 조정을 권고할 수 있다.
시행령 제22조(지역사회보장계획의 조정 권고)
1. 법 제35조 제1항 전단에 따른 지역사회보장계획(이하 "지역사회보장계획"이라 한다)의 내용이 법령을 위반할 우려가 있는 경우
2. 지역사회보장계획의 내용이 「사회보장기본법」 제16조 제3항에 따라 확정된 사회</td></tr>
</table>

구분	주요 내용
	보장에 관한 기본계획 또는 국가 또는 시·도의 사회보장시책에 부합되지 아니하는 경우 3. 지역사회보장계획의 내용이 지방자치단체의 행정구역과 주민생활권역 간의 차이를 반영하지 아니하는 경우 4. 지역사회보장계획의 내용이 둘 이상의 지방자치단체에 걸쳐 있는데도 해당 지방자치단체 간 협의를 거치지 아니한 경우 5. 지방자치단체 간 지역사회보장계획의 내용에 현저한 불균형이 있는 경우 6. 그 밖에 지역사회보장계획의 조정을 위하여 필요하다고 보건복지부장관이 인정하는 경우

출처 : 보건복지부(2025b). 지역사회보장협의체 안내.

(3) 지역사회보장계획의 평가

지역사회보장계획은 단순한 계획 수립에 그치지 않고, 계획이 얼마나 효과적으로 수행되었는지 평가하는 과정이 중요하다. 평가는 계획의 충실성, 실행 과정의 적정성, 목표 달성도, 주민참여 및 만족도 등을 종합적으로 고려하여 이루어진다.

① 평가 목적

지역사회보장계획 평가의 주요 목적은 다음과 같다.

- 계획의 합리성 및 논리성 제고 : 계획과 세부 사업 간의 연계성과 적합성을 점검하여 계획 수립의 질을 높인다.
- 자원의 효율적 활용 및 관리 : 계획 집행 과정에서 필요한 정책 정보를 제공하여 자원 배분과 관리 조정을 지원한다.
- 책임성 강화 : 지방자치단체가 계획 집행에 대해 책임을 다하도록 함으로써 행정 투명성을 높인다.
- 모니터링 및 정책 개선 : 계획 수립과 이행 전 과정을 모니터링하며, 평가 결과를 토대로 향후 정책과 계획을 개선한다.

② 평가 유형 및 방법

지역사회보장계획 평가는 크게 세 가지 유형으로 구분되며, 각각의 평가 목적과 시점이 다르다.

- 계획 평가(사전 평가) : 계획 실행 전에 실시하는 평가로, 계획의 실현 가능성, 논리적 타당성, 예상 문제점 등을 검토하여 개선점을 도출한다.
- 과정 평가(모니터링 및 자체평가) : 계획이 실제로 의도한 대로 시행되고 있는지를 점검하며, 집행 과정에서 나타나는 문제와 성과를 지속적으로 관찰한다.
- 성과 평가(사후 평가) : 계획 실행 후 목표 달성 정도와 영향을 분석한다. 전략 목표에 따른 성과 지표를 중심으로 결과를 평가하여 향후 계획 수립에 반영한다.

③ 평가 주체

지역사회보장계획 평가는 중앙정부와 지방자치단체가 협력하여 수행한다.

- 보건복지부장관 : 시 · 도 단위 지역사회보장계획의 시행 결과를 평가하고, 이를 종합하여 사회보장위원회에 보고한다.
- 시 · 도지사 : 시 · 군 · 구 단위 계획 시행 결과를 평가하고, 보건복지부장관에게 평가 결과를 제출한다.
- 지방자치단체 : 시 · 도 및 시 · 군 · 구는 자율적으로 자체평가를 실시하여 지역 특성에 맞는 개선 방안을 모색한다.

④ 평가 결과의 활용

평가 결과는 다음과 같은 방식으로 활용된다.

- 환류 및 개선 : 평가 결과를 다음 연도 연차별 시행계획 수립에 반영하여 계획의 질을 지속적으로 향상시킨다.
- 우수사례 발굴 및 확산 : 지역별 성공 사례를 발굴하고 전국적으로 공유하여 지역사회보장사업의 효과성을 높인다.
- 컨설팅 병행 : 평가와 함께 전문가 컨설팅을 실시하여 계획 실행의 실질적

인 개선을 지원한다.

- 민관 협력 활성화 : 평가 결과를 통해 지역사회 내 민관 협력체계 강화 및 주민참여 확대를 촉진한다.

이와 같이 체계적이고 종합적인 평가체계는 지역사회보장계획의 실행력을 높이고, 지역주민의 복지 향상에 실질적으로 기여하도록 돕는다.

단 원 평 가

1. 다음 중 지역사회보장협의체 운영 원칙이 아닌 것은?

① 지역성 원칙 ② 비참여성 원칙
③ 협력성 원칙 ④ 통합성 원칙
⑤ 연대성 원칙

해설 ② 지역사회보장협의체 운영 원칙은 지역성 원칙, 참여성 원칙, 협력성 원칙, 통합성 원칙, 연대성 원칙, 예방성 원칙이다.

2. 다음 중 지역사회보장협의체 대표협의체의 구성 원칙은?

① 비민주성의 원칙 ② 대표성의 원칙
③ 연대성의 원칙 ④ 제도성의 원칙
⑤ 지역성의 원칙

해설 ② 대표협의체 구성원칙은 대표성의 원칙, 포괄성의 원칙, 민주성의 원칙이다.

3. 다음 중 지역사회보장협의체의 '협치 기능'에 대한 설명으로 옳지 않은 것은 무엇인가?

① 공공부문과 민간부문이 지역 복지 의제를 공동으로 협의하고 의사결정을 내리는 기능이다.
② 협의체는 지역사회보장계획의 수립, 시행, 평가 전 과정에 참여할 수 있다.
③ 협치 기능은 민과 관이 대등한 파트너십을 바탕으로 정책에 실질적인 영향을 미치는 것을 목표로 한다.
④ 협치 기능은 지자체가 단독으로 복지계획을 결정하고 민간에 통보하는 방식이다.
⑤ 협의체는 지역 복지제도의 개선 의견을 지자체장에게 제안할 수 있다.

해설 ④ 협치 기능은 지자체가 단독으로 결정하는 것이 아니라, 민간과 공공이 함께 참여하고 결정하는 구조이며, 대등한 파트너십을 전제로 한다.

4. 지역사회보장협의체의 예방성 원칙에 해당하는 활동으로 가장 적절한 것은?

① 지역 내 복지시설 간 협약 체결
② 지역사회보장조사 실시 및 계획 수립
③ 민관 공동의 예산 편성

④ 주민 의견을 반영한 문화 프로그램 운영
⑤ 경로당 활성화 사업 운영

해설 ② 지역사회보장협의체는 지역주민의 복합적인 복지 문제를 조기에 발견하고 예방하기 위해 지역사회보장조사와 지역사회보장계획을 수립하여 선제적으로 대응하고 지역복지의 지속적 향상을 추구한다.

5. 다음 중 지역사회보장계획 평가의 목적이 아닌 것은?
① 계획의 합리성 및 논리성 제고
② 자원의 효율적 활용 및 관리
③ 책임성 강화
④ 모니터링 및 정책 개선
⑤ 실무자 징계

해설 ⑤ 지역사회보장계획 평가의 목적은 계획의 합리성 및 논리성 제고, 자원의 효율적 활용 및 관리, 책임성 강화, 모니터링 및 정책 개선이다.

생각해 보기

• 지역사회보장협의체 기능 중 통합 서비스 기능에 대해 설명해 보시오.

Chapter 11

민간 지역사회복지 추진체계 Ⅰ

개 요

지역사회복지는 공공 부문만으로 한계가 있어 민간 부문의 참여가 중요하다. 사회복지협의회는 민간 기관 간 협력과 지역복지계획 수립, 복지자원 발굴을 조정하며, 복지 종사자 교육도 담당한다. 사회복지공동모금호는 기부금을 모아 투명하게 배분하고 긴급 지원에 힘쓴다. 자원봉사센터는 주민참여를 조직하고 교육해 복지 활동과 연계한다. 이들 민간 조직은 공공복지를 보완하며 지역 중심 지속가능 복지체계 형성에 기여한다.

학습목표

1. 지역사회복지 실천에 있어 공공 부문과 민간 부문의 역할과 중요성을 이해할 수 있다.
2. 사회복지협의회, 사회복지공동모금회, 자원봉사센터의 주요 기능과 지역사회복지에서의 역할을 설명할 수 있다.
3. 민간 주체의 참여가 지역사회복지 체계의 지속가능성과 효과성에 미치는 영향을 분석할 수 있다.

1. 사회복지협의회

1) 사회복지협의회의 개념

사회복지협의회는 지역주민의 자발적 참여로 설립된 민간 자율 조직체로서, 사회복지 · 보건위생 · 생활 개선 등의 분야에서 공공 및 민간 부문의 관계자들과 협력하여 지역의 특성과 시대적 요구에 맞춘 종합적인 사회복지사업을 추진하는 역할을 수행한다.

비록 민간 주도의 조직이지만, 공공기관 · 사회복지전문가 · 공익단체 등이 함께 참여해 지역 사회복지 정책을 협의하고 조정하는 중추적인 기능을 한다. 협의회는 직접 서비스를 제공하기보다는 관련 기관 및 전문가들 간의 연락과 조정, 협력체계 구축을 담당하는 중간 조직의 성격이 강하다.

사회복지협의회는 권역별 협의조직의 대표자와 전문가들이 참여하는 지방 및 전국 단위의 이차적 구조로 운영되며, 민간 부문을 대표하는 협의체로서 민간 차원의 사회복지를 논의하고 조율하는 플랫폼 역할을 수행한다.

「사회복지사업법」 제33조 및 시행령 제12조에 근거하여 설립된 비영리 공익법인으로, 한국사회복지협의회를 중심으로 전국 16개 광역자치단체에 독립된 형태의 지방사회복지협의회가 구성되어 있으며, 2003년부터는 시 · 군 · 구 단위의 지역사회복지협의회도 법정단체로 지정되어 대부분의 지역에서 활발히 활동 중이다.

사회복지협의회는 지역 내 다양한 사회복지기관들이 효과적인 서비스를 제공할 수 있도록 연락 · 협의 · 조정, 주민참여 유도, 지역복지계획 수립, 자원동원 등에서 핵심적인 역할을 한다. 즉, 지역사회의 복지를 위한 주민 주도형 민간 협의체로서, 다양한 지역 자원을 연결하고 활용하는 복지 플랫폼으로 기능하고 있다.

사회복지협의회는 다음과 같은 다섯 가지 운영 원칙을 기반으로 활동한다.

첫째, '주민욕구기본의 원칙'은 주민의 생활 실태와 복지 욕구를 충분히 파악하고 이를 토대로 사업을 추진해야 한다는 것을 의미한다.

둘째, '주민활동주체의 원칙'은 주민 스스로 지역복지에 관심을 가지고 자발적으로 참여해야 함을 강조한다.

셋째, '민간성의 원칙'은 민간 조직으로서의 유연성과 적응력을 살려 주민의 욕구에 적극적으로 대응해야 한다는 원칙이다.

넷째, '공사협동의 원칙'은 공공기관과 민간단체 간의 협력과 역할 분담을 통해 계획적이고 종합적인 복지 활동을 수행해야 한다는 것을 뜻한다.

마지막으로, '전문성의 원칙'은 조직화, 조사, 계획 등 지역복지 추진과 관련된 활동에 있어 높은 전문성을 유지해야 한다는 점을 강조한다.

결론적으로, 사회복지협의회는 지역사회의 복지를 증진시키기 위해 구성된 민간의 자율적이고 통합적인 조직으로, 다양한 기관과 주민 간의 협력체계를 조정하고 지역 자원을 효과적으로 활용함으로써 복지 공동체를 실현하는 데 기여하고 있다.

2) 사회복지협의회의 변천 과정

한국사회복지협의회는 1997년 「사회복지사업법」 제33조에 따라 설립된 법정 사회복지법인으로, 우리나라 사회복지 민간 부문의 중심기관으로 기능하고 있다. 그 기원은 1952년 한국전쟁 이후 전개된 구호활동에 참여한 민간사회사업기관들의 연합체인 '한국사회사업연합회'에 두고 있다. 이후 1954년에는 '사단법인 한국사회사업연합회'로 법인화되었으며, 1959년 7월에는 국제사회복지협의회(ICSW)에 정식 가입하면서 국제적 위상을 갖추기 시작하였다.

1961년에는 16개의 사회복지단체들이 통합되어 '사단법인 한국사회복지사업연합회'로 명칭을 변경하였고, 1970년 5월 2일에는 「사회복지사업법」 시행령에 따라 '사회복지법인 한국사회복지협의회'라는 현재의 명칭으로 개편되었다. 이러한 명칭 변경은 단순한 조직 개편을 넘어, 국내 사회복지정책 및 민간 전달체계에서의 위상을 확립하는 중요한 전환점이었다.

1983년에는 「사회복지사업법」의 전면 개정으로 한국사회복지협의회가 법정단체로 인정받으면서 제도적 기반이 강화되었고, 이듬해인 1984년에는 전국 12개소에 지방사회복지협의회가 조직되었다. 이후 1998년 12월에는 시 · 도 협의회가 독립된 사회복지법인으로 설립되었고, 2003년 7월의 법 개정을 통해 시 · 군 · 구 단위의 협의회도 법정단체로 법제화되면서 지역 사회복지 네트워크의 토대가 마련되었다.

이와 같은 제도적 발전과 함께, 한국사회복지협의회는 다양한 사회복지 기반 조성과 정책 확산 활동을 전개해 왔다. 2000년에는 제1회 사회복지의 날 기념식을 개최하였고, 2002년에는 제1회 전국 사회복지자원봉사대회를 열어 사회복지 참여문화 확산에 기여하였다. 2007년에는 사회공헌정보센터를 개소하여 기업과 민간의 사회공헌 연계를 촉진하였고, 2009년에는 기타 공공기관으로 지정되어 보건복지부 주요 정책의 실행을 지원하는 민관 협력의 가교기관으로서 역할을 담당하게 되었다.

2011년에는 「식품기부 활성화에 관한 법률」 개정을 통해 나눔문화 확산에 기여하였고, 2016년에는 세계사회복지대회를 국내에서 개최함으로써 한국 사회복지의 국제적 위상을 높이는 계기를 마련하였다. 이후 2018년에는 사회공헌정보센터의 명칭을 '사회공헌센터(CSR Center)'로 변경하고, 전문 매거진과 백서를 발간하는 등 민간의 사회공헌 전문성을 높이기 위한 노력을 지속해 오고 있다.

3) 사회복지협의회의 역할

한국사회복지협의회는 민간 사회복지기관 중 유일한 기타 공공기관으로 지정된 기관으로서, 보건복지부의 주요 복지정책을 효과적으로 시행하기 위한 위탁 집행기관의 역할을 수행하고 있다. 이를 통해 정부의 사회복지사업을 뒷받침하며, 조사 · 연구, 교육 · 훈련, 사회복지조성 운동, 정책개발과 제안 등 공공 사회복지 증진을 위한 고유 목적사업을 수행한다. 사회복지협의회는 다음과 같은 네 가지 관계 영역에서 다양한 기능을 담당한다.

(1) 정부와의 관계

협의회는 정부의 사회보장제도 확립과 정책 추진을 위한 전문적 자문과 지원을 제공하며, 사회복지시책의 시행 과정에서 나타나는 문제에 대해 개선 의견을 제시하고 건의하는 역할을 수행한다. 이로써 공공정책의 현장성과 전문성을 제고하는 기능을 한다.

(2) 회원 및 관련 단체와의 관계

회원단체와 사회복지 관련 기관들 간의 연락, 협력 및 조정 기능을 수행하여, 사회복지 서비스가 효율적으로 제공될 수 있도록 지원한다. 또한 필요한 사회복지 서비스를 발굴 · 개발하고, 이를 육성 · 지도하여 민간 사회복지 역량을 강화한다.

(3) 지역사회와의 관계

지역사회복지 향상을 위해 국민의 관심과 참여를 유도하며, 협동정신을 배양하고 복지활동에 적극 참여할 지도자를 발굴하고 훈련한다. 또한 지역사회 개발 계획을 수립하고 실천하는 과정에서 필요한 지식과 기술을 제공하고, 현장에 대한 교육 및 지원을 병행한다.

(4) 국제기구와의 관계

국제사회복지협의회(ICSW)의 회원기관으로서, 국제사회와의 지식 및 기술 교류를 통해 세계 사회복지 동향을 파악하고, 국제적 연대와 협력을 도모한다. 이를 통해 국내 사회복지의 질적 향상과 세계 기준에 부합하는 실천을 지원한다.

4) 사회복지협의회의 주요 사업

한국사회복지협의회는 「사회복지사업법」 제3조 제1항 제4호 및 같은 법 시행령 제12조에 따라 설립된 비영리 공익단체로서, 민간 사회복지의 질적 향상과 자원 연계를 위한 다양한 업무를 수행하고 있다. 협의회는 정책 조정, 연구, 교육, 자원봉사 진흥, 정보화 등 여러 영역에서 활동하며, 구체적인 사업은 다음과 같다.

(1) 사회복지 관련 조사 및 연구

사회복지 정책의 효과성을 높이고, 현장에서 발생하는 다양한 문제를 과학적으로 분석하기 위해 전문적인 조사 및 연구를 수행한다. 이를 통해 사회적 변화에 따른 복지 수요를 파악하고, 실질적이고 지속가능한 정책 방향을 제시하는 데 기여한다. 이러한 목적을 달성하기 위해 2005년부터 '사회복지연구원'을 설치 · 운영하고 있으며, 연구원은 지역사회복지 현안에 대한 기초 조사, 정책 개발 연구, 복지 서비스 평가 등을 체계적으로 수행한다. 또한, 연구 결과는 지방자치단체의 복지 정책 수립과 사업 운영에 실질적인 자료로 활용되며, 지역 맞춤형 복지 모델을 제시하는 데 중요한 역할을 한다.

(2) 전문인력 양성을 위한 교육

사회복지 실천 현장에서 요구되는 전문성과 실천 역량을 갖춘 인재를 체계적으로 육성하기 위해 다양한 교육과정을 운영하고 있다. 이를 통해 현장 중심의 실무 능력을 강화하고, 지역사회 복지 수요에 능동적으로 대응할 수 있는 인력을 양성하고자 한다. 교육은 사회복지사, 요양보호사, 사례관리사 등 다양한 분야의 종사자를 대상으로 하며, 기초 교육부터 심화 교육, 직무 역량강화 교육까지 폭넓게 구성되어 있다. 특히, 수요자 중심의 맞춤형 교육체계를 구축하여 대상자의 직무 특성과 지역적 여건을 반영한 실효성 높은 교육을 제공하고 있으며, 이를 통해 지역복지 서비스의 질 향상에 기여하고 있다.

(3) 국제 협력과 학술 교류

한국은 1954년부터 국제사회복지협의회(ICSW) 회원국으로 활동하며, 세계사회복지대회 및 다양한 국제 회의에 지속적으로 참여해 왔다. 이를 통해 국내 사회복지의 발전 방향을 세계 흐름과 연계하고, 선진 복지국가의 정책 및 실천 경험을 공유 · 적용할 수 있는 기반을 마련하고 있다.

또한, 국제 학술 교류를 통해 연구와 교육의 질을 높이고, 글로벌 이슈에 대한 공동 대응 및 협력체계 구축에도 적극적으로 기여하고 있다. 이러한 활동은 한국 사회복지의 국제적 위상 강화에 크게 기여하며, 국내 복지 정책의 질적 향상에도 실질적인 영향을 주고 있다.

(4) 푸드뱅크 운영

기부 식품을 효과적으로 수집 · 보관 · 배분하기 위한 체계적인 유통 구조를 마련하고, 이를 기반으로 푸드뱅크를 운영함으로써 식품 나눔 문화를 확산하고 있다. 푸드뱅크 운영 지침을 통해 안전하고 위생적인 식품 관리 기준을 제시하고 있으며, 유통기한 내에 품질이 유지된 식품을 취약계층에게 전달하여 식생활의 안정성을 높이고 있다. 또한 지역사회의 기업, 단체, 개인 기부자들과 연계하여 지속적인 기부 자원을 확보하고, 지역 내 도움이 필요한 이웃에게 필요한 식품이 적시에 전달될 수 있도록 지원체계를 강화하고 있다. 이러한 활동은 단순한 식품 지원을 넘어, 사회적 연대와 상생의 복지문화 정착에 기여하고 있다.

(5) 사회복지시설 평가

개정된 사회복지 관련 법령에 따라 사회복지시설에 대한 평가는 3년 주기로 실시되며, 이를 공정하고 전문적으로 수행하기 위해 평가 업무를 위탁받아 운영하고 있다. 이 평가는 중앙정부, 지방정부, 해당 시설이 함께 참여하는 다층적이고 협력적인 체계를 기반으로 하며, 시설의 서비스 품질, 운영의 투명성, 이용자 만족도, 인권 보호 수준 등을 종합적으로 검토한다. 평가 결과는 시설의 운영 개선과 서비스 질 향상을 위한 지표르 활용되며, 궁극적으로는 이용자 중심의 복지 서비스 실현과 지역사회복지의 신뢰성 제고에 기여한다. 또한 평가는 단순한 점검 차원을 넘어, 각 시설의 특성과 여건을 반영한 맞춤형 피드백과 컨설팅 제공을 통해 지속가능한 복지 운영 환경 조성을 지원한다.

(6) 정보 제공 및 출판 활동

사회복지에 대한 국민의 이해를 높이고, 다양한 복지 정보를 효과적으로 전달하기 위해 정기간행물, 단행본, 정책자료집, 홍보 리플렛 등 다양한 출판물을 제작 · 보급하고 있다. 이러한 자료들은 사회복지 현장의 실천 사례, 정책 동향, 연구 성과 등을 반영하여 정책 담당자, 실무자, 일반 국민 모두에게 유용한 정보를 제공한다. 또한 온라인 포털서비스 '복지넷'을 운영하여 최신 사회복지 소식, 제도 안내, 복지 서비스 정보 등을 실시간으로 제공하고 있으며, 누구나 손쉽게 접근할 수 있는 열린 정보 플랫폼을 구축함으로써 정보 접근성 제고에 기여하고 있다. 이와 같은 정보 제공 및 출판 활동은 사회복지에 대한 인식을 확산하고, 정책의 투명성과 참여를 높이는 데 중요한 역할을 한다.

(7) 정보화 및 복지정보 시스템 운영

사회복지시설의 운영 효율성과 행정업무의 체계화를 도모하기 위해 '국가복지정보센터'를 중심으로 통합 정보시스템을 구축하고 운영하고 있다. 이 시스템은 사회복지 관련 데이터의 수집 · 관리 · 분석 기능을 포함하며, 전국 사회복지 시설과 지방자치단체, 중앙정부 간의 정보 공유와 업무 연계를 가능하게 한다. 이를 통해 복지 행정의 투명성을 제고하고, 실시간 정보 제공과 업무 자동화를 통해 현장 실무자의 업무 부담을 경감시키고 있다. 또한 기존의 사회복지 관련 정보 시스템들과의 연계를 강화하여 데이터의 중복 입력을 방지하고, 서비스 제공의 정확성과 신속성을 높이고 있다. 정보화 기반의 복지 행정은 변화하는 복지 수요에 유연하게 대응하고, 국민 중심의 복지 서비스 실현을 위한 기반을 마련하는 데 중요한 역할을 한다.

(8) 자원봉사 인증제 운영

자원봉사 인증제는 사회복지 분야에서 활동하는 자원봉사자의 공헌을 공식적으로 인정하고, 그 가치를 사회적으로 인증하기 위한 제도이다. 자원봉사 활동 실적을 체계적으로 기록하고, 일정 기준을 충족한 경우 공식 인증서를 발급함으로써 참여 동기를 제고하고 봉사에 대한 인식 제고를 도모한다.

이 제도는 중앙 및 지방 사회복지협의회 간의 유기적 협력을 통해 지역 단위의 인증체계를 구축하고 있으며, 이를 기반으로 자원봉사 활성화 및 지속가능한 참여 기반 조성에 기여하고 있다. 또한 활동의 질적 향상을 도모하고, 자원봉사자를 복지 서비스의 핵심 주체로 인정하는 문화를 확산하는 데 중요한 역할을 한다.

(9) 저소득 중증 질환 아동 지원

경제적 어려움으로 인해 치료가 중단될 위기에 처한 저소득층 중증 질환 아동을 보호하기 위해 '새생명지원센터'를 운영하고 있으며, 이를 통해 소아암, 백혈병 등과 같은 중증 질환을 앓고 있는 아동에게 의료비를 지원하고 있다. 지원 대상은 주로 가계의 부담으로 적절한 치료를 받기 어려운 아동이며, 의료기관 및 복지기관과의 협력을 통해 신속하고 정확하게 필요한 지원이 이루어지도록 하고 있다. 이 사업은 단순한 경제적 지원을 넘어, 아동과 가족이 희망을 잃지 않고 치료를 지속할 수 있도록 돕는 중요한 사회안전망 역할을 수행하며, 아동의 생명권 보호와 건강권 보장을 실현하는 데 기여하고 있다.

(10) 사회 공헌 관련 정보 제공

기업과 민간의 사회 공헌 활동을 활성화하고, 지속가능한 나눔 문화를 확산하기 위해 사회 공헌 관련 정보를 체계적으로 수집 · 정리하여 제공하고 있다. 이를 위해 다양한 사회 공헌 사례, 기부 프로그램, 참여 방법 등을 데이터베이스화하고, 온라인 플랫폼을 통해 누구나 쉽게 접근할 수 있도록 정보를 공개하고 있다. 또한 정기적인 홍보 활동과 캠페인을 통해 사회 공헌에 대한 국민의 관심을 높이고, 기업의 자발적인 참여를 유도하며, 민관 협력을 기반으로 건강하고 투명한 기부 문화 조성을 지원한다. 이러한 정보 제공 활동은 기부자와 수혜자 간의 신뢰를 형성하고, 지역사회 복지 증진에 기여하는 실질적인 기반이 된다.

(11) 기타 활동

사회복지 전반의 기반을 강화하고 지속가능한 복지 실천을 위해 다양한 활동을 수행하고 있다. 우선, 민간복지기관 간의 협력체계를 강화하고 네트워크를 구축하여 지역사회 내 복지자원의 효율적 활용과 공동 대응을 도모하고 있다. 또한 사회복지 종사자의 처우 개선과 직무 역량 강화를 위한 복지 향상 정책과 재교육 프로그램을 운영하고 있으며, 이를 통해 실무자의 전문성과 직무 만족도를 높이고 있다. 아울러 사회복지와 관련된 다양한 자료를 수집 · 정리하고, 이를 토대로 홍보 간행물과 정보지를 발간하여 복지에 대한 인식을 제고하고 있다.

이 외에도 시 · 도 및 시 · 군 · 구 단위의 사회복지협의회 활동을 지원하며, 지역 단위 복지 거버넌스 구축에 기여하고 있다. 전 국민의 자발적인 나눔 참여를 독려하기 위해 '1인 1나눔 계좌 갖기' 캠페인을 전개하고 있으며, 희귀 난치성 질환을 앓는 아동에게 진료비를 지원하는 등 생명을 살리는 복지 실천에도 앞장서고 있다. 이러한 다양한 활동은 민간과 공공의 협력을 바탕으로 사회복지의 범위를 넓히고, 복지의 공공성과 지속가능성을 함께 실현하는 데 기여하고 있다.

2. 사회복지공동모금회

1) 사회복지공동모금회의 개념

사회복지공동모금회는 사회복지 분야에서 민간자원을 조직적으로 모금하고, 이를 공정하게 배분함으로써 지역사회 복지 증진을 도모하는 대표적인 법정기관이다. 이 제도는 지역사회 주민들이 자발적으로 참여하여 공동체의 문제 해결에 기여하도록 장려하며, 동시에 사회복지에 대한 국민적 이해와 관심을 확대하는 데 목적을 두고 있다.

공동모금은 단순한 재정적 수단을 넘어선 사회적 의미를 지닌다. 이는 개인이 가족 중심의 생활 영역에서 벗어나 이웃과 지역사회의 복지에 대한 책임을 공유하고, 연대의식을 실천하는 구체적 방식 중 하나이다. 즉, 모금은 공동체를 형성하고 유지하기 위한 최소한의 사회적 장치로서, 참여자 간의 상호 신뢰와 공동체 의식을 기반으로 작동한다.

사회복지공동모금회는 「사회복지공동모금회법」에 따라 1998년 설립된 법정기관이며, 해당 법 제1조는 다음과 같은 설립 목적을 제시하고 있다. 국민이 사회복지를 이해하고 자발적으로 참여할 수 있도록 공동모금을 실시하며, 이를 통해 조성된 기부금을 효율적이고 공정하게 운용함으로써 사회복지 향상에 기여한다는 것이다. 이러한 법적 기반은 모금 활동의 공공성과 투명성을 제도적으로 보장한다.

2) 사회복지공동모금회의 설치 및 운영 근거

사회복지공동모금회는 국가 차원에서 사회복지공동모금사업을 체계적으로 수행하고 관리하기 위해 설치된 법정기관이다. 그 설립 목적은 공동모금 활동을 전담함으로써 사회복지에 대한 국민의 이해와 참여를 증진하고, 이를 통해 조성된 재원을 효율적으로 활용하여 복지 증진에 기여하는 데 있다.

사회복지공동모금회는 「사회복지공동모금회법」 제4조에 근거하여 설치되며, 이는 공공성을 띤 모금사업을 제도적으로 안정화하고 통일된 기준하에 운영하기 위한 법적 기반을 제공한다.

조직 형태로는 전국 단위의 사회복지공동모금회가 중심이 되며, 이는 「사회복지사업법」 제2조 제3항에 명시된 사회복지법인의 지위를 가진다. 설립을 위해서는 정관을 제정하고 보건복지부장관의 인가를 받은 후, 관련 절차에 따라 등기를 마쳐야 한다. 이는 법인의 공적 성격과 관리의 투명성을 확보하기 위한 제도적 장치라 할 수 있다.

아울러 시·도 단위의 공동모금회는 전국 단위의 모금회를 중심으로 한 지회 형태로 설치된다. 이러한 지회 설립은 동법 제14조에 근거하며, 지역 단위에서의 자원 모금과 배분을 원활히 수행하도록 지원하는 역할을 한다. 이를 통해 중앙과 지방 간의 연계체계를 형성하고, 지역별 특성과 수요를 반영한 사회복지 실현이 가능해진다.

3) 사회복지공동모금회의 역사

한국에서 체계적인 공동모금제도가 정립되기까지의 과정은 자발적 기부문화와 제도적 기틀 사이의 상호작용 속에서 전개되었다. 1950년대 한국전쟁 이후 각종 자선활동과 구호 모금이 자의적으로 이루어지면서, 기부금품의 남용이나 강제 모금 등의 부작용이 사회문제로 대두되었다. 이에 따라 정부는 1951년 「기부금품모집금지법」을 제정하여 모금 행위를 사전에 규제하고 허가제를 도입하였다. 이러한 제도는 긴급 재해구호와 같은 특정한 경우를 제외하고는 일반적인 사회복지 목적의 모금활동을 사실상 제한하는 결과를 낳았다.

공동모금제도의 제도적 출발은 1970년 「사회사업법」 제정과 함께 조직된 한국사회복지협의회에서 비롯된다. 이후 1971년 '한국사회복지공동모금회'가 설립되면서 공동모금이 제도적으로 추진되기 시작하였다. 그러나 당시 사회적 인식 부족, 경제 불황(특히 1970년대 오일쇼크의 영향), 언론과 시민단체의 비협조 등으로 인해 제도는 지속되지 못하고 중단되었다.

이후 정부는 1975년부터 '불우이웃돕기' 캠페인을 중심으로 한 관주도형 모금운동을 전개하였으며, 모금된 성금은 보건사회부 훈령에 의거하여 '사회복지기탁금'으로 관리되었다. 1980년에는 「사회복지사업기금법」이 제정되면서 다양한 형태의 기부금(이웃돕기 성금, 장애인 지원금, 아동 후원금 등)을 하나로 통합하고 국가가 직접 관리 · 운용하는 방식으로 전환되었다. 이러한 정부 주도의 민간 모금사업은 1980년대~1990년대 초까지 약 10여 년간 지속되었다.

하지만 모금 활동의 공공성 훼손과 선심성 행정의 오남용, 목적 외 집행 사례 등 다양한 문제가 지속적으로 제기되었다. 특히 1994년 감사원의 감사 결과, 일부 지방자치단체의 무리한 모금 활동과 자금 운용의 불투명성이 드러나면서, 보건복지부는 공동모금 기능의 민간 이양을 모색하게 된다. 이에 따라 1997년 「사회복지공동모금회법」이 제정되었으며, 1998년 7월부터 본격적인 시행에 들어갔다. 이 법에 기반하여 기존의 이웃돕기 성금을 공동모금회로 이관하고, 중앙에 전국 단위의 공동모금회를, 시 · 도에는 지역별 공동모금회를 설치하는 체계가 확립되었다.

1999년에는 기존 법률을 전면 개정한 「사회복지공동모금회법」이 새롭게 제정되어, 2000년 4월 1일부터 시행되고 있다. 이 법은 공동모금회의 조직, 운영, 재원관리 등을 보다 명확히 규정하고, 민간 주도의 전문 모금 · 배분기구로서의 위상을 제도적으로 확립하는 데 기여하였다.

2000년대 이후에는 사회 공헌 활동에 대한 기업들의 관심이 증가함에 따라,

기업 기부가 공동모금회의 주요 재원으로 급속히 성장하게 되었다. 동시에 사회복지 서비스 영역에서 국가와 민간의 역할 분담 및 기능 재조정 논의가 활발해지면서, 복지 다원주의에 기반한 새로운 모금 전략도 등장하였다. 이 시기에는 '아너 소사이어티'와 같은 고액 기부자 프로그램, '행복주식거래소'와 같은 혁신적 기부 플랫폼이 도입되는 등 타깃별 · 주제별 맞춤형 모금 방식이 점차 정착되기 시작하였다.

4) 사회복지공동모금회의 목적

사회복지공동모금회는 사회복지사업을 포함한 다양한 복지활동에 필요한 재원을 마련하기 위해 국민의 자발적인 기부를 통해 조성되는 공공적 기금이다. 이는 「사회복지공동모금회법」 제2조에 명시된 개념으로, 해당 법률은 이를 단순한 기부 행위로 한정하지 않고, 사회 전체의 복지 향상을 위한 조직적이고 제도적인 모금활동으로 규정하고 있다.

이 법에 따라 사회복지공동모금회는 다음과 같은 기본 원칙을 준수해야 한다.

첫째, 모든 모금은 기부자의 자발성을 존중해야 하며, 기부 의사에 반하는 강제적 방식은 허용되지 않는다. 이는 공동모금의 공공성과 윤리성을 유지하기 위한 핵심 원칙이다.

둘째, 모금으로 조성된 재원은 특정 지역이나 단체, 사업 혹은 수혜 대상자에 치우치지 않도록 공정하게 배분되어야 하며, 복지 수요의 형평성을 확보해야 한다.

셋째, 배분 과정과 그 결과는 객관적 기준에 따라 효율적으로 이루어져야 하며, 그 내용은 투명하게 공개되어야 한다. 이러한 원칙은 공동모금에 대한 사회적 신뢰를 유지하고, 모금 재원의 사회적 책무성을 확보하는 데 기여한다.

한편, 사회복지공동모금회의 운영은 해당 법률에 근거한 여러 운영 철학을 바탕으로 구성된다. 대표적으로, 참여와 권한의 분산을 통해 지역사회의 다양한 주체들이 모금과 배분 과정에 주도적으로 참여할 수 있도록 하고, 자율성과 사회적 책무성을 균형 있게 추구함으로써 모금회 운영의 독립성과 책임성을 동시에 확보하고자 한다. 또한, 투명성과 공개성은 모금과 배분 전 과정에 걸쳐 정보를 명확히 제공함으로써 국민적 신뢰를 유지하는 데 기여하며, 신뢰와 협력은 민간과 공공, 기부자와 수혜자 간의 긍정적 관계 형성을 통해 공동체적 가치를 실현하는 데 중요한 기반이 된다.

5) 사회복지공동모금회의 기능 및 사업

(1) 기능

사회복지공동모금회는 사회복지 재원을 조성하고 이를 바탕으로 나눔문화의 확산과 사회문제 해결에 기여하는 것을 핵심 기능으로 한다. 이를 위해 다양한 방식의 기부금 모집을 추진하고 있으며, 이로써 국민의 사회복지에 대한 인식을 높이고 기부 참여를 활성화시키는 데 중점을 둔다.

또한, 모금된 재원을 민간 사회복지 영역에 배분하여 지역사회의 변화하는 복지 수요에 능동적으로 대응하고, 공공복지체계가 미치지 못하는 부분을 보완함으로써 민관 협력적 복지 실현에 재정적 기여를 한다.

(2) 주요 사업

사회복지공동모금회는 「사회복지공동모금회법」 제5조에 근거하여 다음과 같은 주요 사업을 수행한다.

- 사회복지공동모금사업
- 공동모금재원의 배분
- 공동모금재원의 운용 및 관리
- 조사 · 연구 · 홍보 및 교육 · 훈련
- 지역별 사회복지공동모금지회 운영
- 국제교류 및 협력 증진사업
- 타 기부금품 모집단체와의 협력사업

- 기타 모금회 목적 달성을 위한 사업

이 가운데 특히 모금사업과 배분사업은 지역사회복지 현장과 밀접한 관련성을 가지며, 실천 현장에서 실질적 영향을 주는 핵심 기능이다.

① 모금사업

사회복지공동모금회는 연중 지속되는 상시모금과 매년 연말 집중모금 캠페인(희망캠페인)을 통해 기부금품을 모집한다. 희망캠페인은 '사랑의 온도탑'으로 잘 알려져 있으며, 모금액이 목표액의 1%에 도달할 때마다 온도가 1도씩 올라가는 형식으로 국민적 참여를 유도한다.

또한, 모금 대상에 따라 개인기부와 기업기부로 구분되며, 각각 다양한 참여 방식이 있다.

- 개인기부 유형
  - 정기 · 고액기부 : '아너 소사이어티', '나눔리더', '나눔리더스클럽'
  - 소액 참여형 기부 : '착한가게', '착한일터', '착한가정'
  - 기획기부 : 부동산, 주식, 보험 등 비현금 자산 기부
  - 모바일/ARS 기부 및 현물기부 : 식품, 생활용품, 의류 등
- 기업기부 유형 : 기업사회공헌(CSR) 활동의 일환으로 금전 및 현물 기부에 참여하며, 사회적 책임 실현을 강조하는 추세에 따라 활발하게 이루어지고 있다.

② 배분사업

모금된 재원은 공정성과 객관성에 기반하여 배분되며, 지역 간 균형과 분야 간 형평성을 고려하여 집행된다. 배분사업은 크게 다음과 같이 구분된다.

- 신청사업 : 사회복지기관이 자율적으로 공모에 참여하여 신청하는 사업
- 기획사업 : 모금회가 특정 주제를 설정하고 선도적으로 추진하는 전문 사업
- 지정기탁사업 : 기부자가 특정 대상이나 지역을 지정하여 기부 의사를 반영한 사업

• 긴급지원사업 : 재난 · 재해 등 긴급 상황에 신속히 대응하기 위한 지원사업

이러한 다양한 배분 방식을 통해 모금회는 사회적 약자에 대한 지원과 지역사회복지 발전을 위한 전략적 자원 분배를 실현하고 있다.

(3) 재원의 사용 원칙

사회복지공동모금회는 모금된 재원을 「사회복지공동모금회법」 제25조에 따라 사회복지사업 및 관련 활동에 사용한다. 원칙적으로 해당 회계연도 내에 모금된 재원을 전액 집행하되, 재난구호나 긴급한 상황에 대비한 일부 적립은 예외로 허용된다.

또한, 모금회 운영과 관련된 비용은 전년도 모금 총액의 10% 이내 범위에서 이사회 의결을 거쳐 사용 가능하도록 법적으로 규정되어 있다.

3. 자원봉사센터

1) 자원봉사의 개념

자원봉사활동은 현대 사회에서 시민이 자발적으로 공익적 목적을 위하여 시간과 노력을 제공하는 행위를 의미한다. 「자원봉사활동기본법」 제3조에서는 자원봉사활동을 개인이나 단체가 지역사회, 국가, 나아가 인류사회를 위해 보수를 받지 않고 자발적으로 참여하는 활동으로 정의하고 있다. 이 정의는 자원봉사의 핵심 요소로 자발성, 무보수성, 공익성을 제시하며, 단순한 선의의 행동이 아닌 제도적 · 실천적 사회 참여로서의 성격을 부여한다.

한국사회복지사협회는 자원봉사활동을 사회문제의 예방과 해결을 위해 공공기관이나 민간단체에 자발적으로 참여하여, 대가 없이 서비스를 제공함으로써 이타심을 실현하고 자기실현을 이루려는 활동으로 정의하고 있다. 이는 자원봉사가 인간 존중의 정신과 민주주의 원칙에 입각한 시민적 실천임을 강조하는

개념이다. 이러한 관점은 자원봉사가 단지 타인을 돕는 행위를 넘어, 참여자 자신에게도 성찰과 성장의 기회를 제공한다는 점에서 중요하다.

사회복지학자 B. 트랙커(B. Trecker)는 자원봉사자를 지역사회의 복지 향상을 위하여 무보수로 봉사하는 사람으로 정의하였다. 이는 자원봉사활동이 사회복지 실천 영역 안에서 하나의 조직적이고 기능적인 활동임을 나타낸다. 자원봉사자는 사회복지기관이나 공익단체 등에서 다양한 역할을 수행하며, 사회적 연대와 협력을 실현하는 주체로서의 기능을 갖는다.

'자원봉사'라는 용어 자체는 한자어로 '스스로 원하여 섬긴다'는 뜻을 가지고 있으며, 이는 곧 자발성과 이타성이 결합된 활동이라는 것을 암시한다. 이러한 자원봉사의 개념은 전통 사회에서의 상호부조와도 깊은 연관이 있다. 과거 마을 공동체를 중심으로 이루어지던 상호부조는 현대 사회에 들어 조직화되고 제도화된 형태의 자원봉사활동으로 발전하였다.

국가와 지방자치단체 역시 자원봉사활동의 중요성을 인식하고, 이를 장려하고 지원하는 제도적 장치를 마련하고 있다. 자원봉사를 통해 주민의 사회 참여를 유도하고, 사회적 신뢰와 협력을 기반으로 공공복지 실현을 뒷받침하고자 하는 다양한 정책이 추진되고 있다.

종합해 보면, 자원봉사활동은 단순한 선행을 넘어 민주주의적 가치에 기반을 둔 시민적 실천이며, 사회문제를 예방하고 해결하는 데 실질적인 역할을 수행하는 참여적 행위로 볼 수 있다. 자원봉사는 자유의사에 기반한 자발적인 참여이며, 복지사회 구현을 위한 실천적 도구로서 그 중요성이 날로 부각되고 있다. 따라서 자원봉사활동은 일상 속에서 계획적이고 의도적으로 실행되는 활동으로, 개인과 사회 모두에게 긍정적인 영향을 미치는 복지문화의 한 축이라 할 수 있다.

2) 자원봉사의 특성

자원봉사활동은 지역사회와 이웃의 문제를 해결하고 삶의 질을 높이기 위해 자발적으로 참여하는 사회적 실천이다. 참여자는 일정 기간 동안 정기적으로 봉사활동을 수행하며, 이 과정에서 자원봉사의 공통적인 특성들이 나타난다. 대표적인 특성으로는 자발성, 무보수성, 공익성, 지속성 등이 있으며, 이를 중심으로 여덟 가지 주요 특성을 살펴볼 수 있다.

첫째, 이타주의는 타인과 사회의 이익을 위해 자신의 이익을 뒤로 미루고 봉사하는 정신이다. 완전한 이타주의는 어려울 수 있으나, 자원봉사를 통해 상대적으로 이타적인 마음가짐을 키워 나갈 수 있다. 또한, 봉사 과정에서 새로운 경험을 배우고, 도덕적 만족감을 얻는 등의 심리적 보상도 함께 발생한다.

둘째, 헌신은 봉사자가 자신의 시간과 노력을 지속적으로 기울이는 의지와 행동을 의미한다. 이는 개인적 신념이나 사회적 이상을 실현하기 위해 꾸준히 활동하는 자세로, 자원봉사의 핵심 요소 중 하나이다.

셋째, 자유의지는 외부의 강요 없이 스스로의 의사에 따라 봉사에 참여하는 것을 뜻한다. 이는 자원봉사활동이 자발적으로 이루어져야 하는 근본 조건임을 보여 준다.

넷째, 학습은 자원봉사자가 활동을 통해 새로운 지식, 기술, 태도를 습득하는 과정을 포함한다. 공식적인 교육뿐 아니라 활동 경험 자체가 교육적 의미를 지니며, 이는 봉사자의 성장과 자원봉사의 지속성에 중요한 역할을 한다.

다섯째, 무보수성은 봉사가 금전적 보상 없이 이루어진다는 점을 강조한다. 최근에는 활동에 소요되는 경비 일부를 지원하는 경우도 있지만, 경제적 보상은 본질이 아닌 봉사의 유지와 지원을 위한 보조적 수단으로 이해된다.

여섯째, 조직성은 자원봉사활동의 효율적 운영을 위한 구조와 체계를 의미한다. 조직적 관리와 지원은 봉사의 전문성과 지속가능성을 높여 주며, 봉사자들이 효과적으로 역할을 수행할 수 있도록 돕는다.

일곱째, 심리적 보상은 봉사자가 활동을 통해 느끼는 내적 만족감, 자기성장, 사회적 인정 등을 포함한다. 이는 봉사의 동기를 강화하는 중요한 요소이다.

마지막으로, 희생은 봉사자가 자신의 시간과 자원을 나누는 행위를 뜻한다. 이는 극단적인 자기희생이 아니라 상호 존중과 공동체 발전을 위한 상생의 과정이며, 봉사 과정에서 상대방의 인격을 존중하는 태도가 필요하다.

이처럼 자원봉사활동은 다양한 가치와 동기가 복합적으로 작용하는 사회 참여 활동으로, 개인과 사회 모두에게 긍정적 영향을 미친다.

3) 자원봉사센터의 설치 및 운영

「자원봉사활동 기본법」 제19조에 따르면, 국가기관과 지방자치단체는 자원봉사활동의 효율적 추진을 위해 자원봉사센터를 설치할 수 있다. 이 법 조항은 자원봉사센터의 운영 방식에 대해 세 가지 주요 원칙을 명시하고 있다. 첫째, 자원봉사센터는 법인 형태로 설립하거나 비영리 법인에 위탁하여 운영해야 한다(제1항). 둘째, 필요에 따라 국가기관과 지방자치단체가 직접 자원봉사센터를 운영할 수 있도록 허용하고 있다(제2항). 셋째, 국가와 지방자치단체는 자원봉사센터의 설치와 운영 활성화를 위해 적극적인 지원과 노력을 기울여야 하며, 지방자치단체는 운영에 필요한 경비를 지원할 수 있도록 규정하고 있다(제3항).

자원봉사센터의 운영 형태는 크게 세 가지로 구분할 수 있다.

(1) 국가기관 또는 지방자치단체가 직접 운영하는 직영형

(2) 영리 법인 등에 위탁하여 운영하는 위탁형

(3) 별도의 법인을 설립하여 운영하는 법인형

이러한 다양한 운영 형태는 지역의 실정과 행정 여건에 맞추어 자원봉사활동을 효과적으로 지원하기 위해 마련된 것이다.

4) 자원봉사센터의 기능 및 사업

「자원봉사활동 기본법 시행령」 제15조는 자원봉사센터의 역할과 운영 방식을 특별시 · 광역시 · 도 자원봉사센터와 시 · 군 · 자치구 자원봉사센터로 구분하여 규정하고 있다.

먼저, 특별시 · 광역시 · 도 자원봉사센터는 해당 지역 내 다양한 기관 및 단체들과 지속적인 협력체계를 구축하는 역할을 담당한다. 이와 함께 자원봉사 관

리자 및 지도자의 역량 강화를 위한 교육과 훈련을 실시하며, 지역 특성에 맞는 자원봉사 프로그램을 개발하고 이를 보급하는 업무를 수행한다. 또한 자원봉사에 관한 조사와 연구를 진행하고, 정보자료실을 운영하여 자원봉사 관련 정보를 체계적으로 관리한다. 아울러 시 · 군 · 자치구 자원봉사센터 간의 정보 교류와 사업 협력, 조정 업무를 지원함으로써 지역 간 자원봉사 활성화를 촉진한다. 이 밖에도 특별시 · 광역시 · 도 단위에서 자원봉사 발전에 기여할 수 있는 다양한 사업을 추진한다.

반면, 시 · 군 · 자치구 자원봉사센터는 지역사회 내 기관 및 단체와의 협력체계를 구축하고, 자원봉사자의 모집, 교육 및 홍보 활동을 중심으로 운영된다. 이들은 자원봉사 수요처에 적합한 봉사자를 배치하며, 지역에 맞는 자원봉사 프로그램을 개발하고 시범적으로 운영한다. 더불어 자원봉사 관련 조사와 연구를 수행하고, 지역사회 자원봉사 활성화를 위한 여러 사업을 진행한다.

아울러 각 지방자치단체는 자원봉사센터의 조직 구성 및 운영에 관한 구체적인 사항을 조례로 정할 수 있도록 권한을 부여받아, 지역 실정에 부합하는 자원봉사 지원체계를 마련하고 있다.

단 원 평 가

1. 다음 중 사회복지협의회 운영 원칙이 아닌 것은?
   ① 주민욕구기본의 원칙
   ② 주민활동주체의 원칙
   ③ 민간성의 원칙
   ④ 공사협동의 원칙
   ⑤ 민간의 강제적 조직

해설 ⑤ 사회복지협의회의 운영 원칙은 주민욕구기본의 원칙, 주민활동주체의 원칙, 민간성의 원칙, 공사협동의 원칙, 민간의 자율적이고 통합적인 조직이다.

2. 다음 중 사회복지협의회의 주요 사업이 아닌 것은?
   ① 사회복지 관련 조사 및 연구
   ② 전문인력 양성을 위한 교육
   ③ 모금활동
   ④ 국제 협력과 학술 교류
   ⑤ 푸드뱅크 운영

해설 ③ 사회복지협의회의 주요 사업으로는 사회복지 관련 조사 및 연구, 전문 인력 양성을 위한 교육, 국제 협력과 학술 교류, 푸드뱅크 운영, 자원봉사 인증제 운영 등이다.

3. 다음 중 사회복지공동모금회의 기본 원칙은 무엇인가?
   ① 기부자의 자발성 존중
   ② 지역 차별적 배분
   ③ 배분 시 주관적 기준에 따라 진행
   ④ 비윤리성
   ⑤ 복지수요 비파악

해설 ① 사회복지공동모금회의 기본 원칙은 첫째, 기부는 자발성을 바탕으로 하며 강제는 금지된다. 둘째, 모금 재원은 특정 대상에 편중되지 않도록 공정하게 배분되어야 한다. 셋째, 배분은 객관적 기준에 따라 효율적으로 이루어지고, 그 과정과 결과는 투명하게 공개되어야 한다.

4. 다음 중 사회복지공동모금회의 주요 사업이 아닌 것은?

① 사회복지공동모금사업
② 공동모금재원의 배분
③ 푸드뱅크 운영
④ 국제교류 및 협력 증진사업
⑤ 공동모금재원의 운용 및 관리

해설 ③ 사회복지공동모금회 주요 사업은 사회복지공동모금사업, 공동모금재원의 배분, 공동모금재원의 운용 및 관리, 조사 · 연구 · 홍보 및 교육 · 훈련 등이다.

5. 다음 중 자원봉사의 특성이 아닌 것은?

① 자발성
② 무보수성
③ 공익성
④ 지속성
⑤ 비이타심

해설 ⑤ 자원봉사의 특성은 자발성, 무보수성, 공익성, 지속성 등이다.

생각해 보기

• 자원봉사센터가 지역사회복지 실천에 어떻게 기여하는지 설명해 보시오.

Chapter 12

민간 지역사회복지 추진체계 Ⅱ

개 요

지역사회복지는 제도적 공공 영역을 넘어 민간 영역의 실천적 개입을 통해 실현된다. 사회복지관은 지역복지의 거점으로서 통합적 서비스와 주민 조직화를 담당하며, 재가복지기관은 일상생활이 어려운 노인과 장애인에게 가정 중심의 돌봄을 제공한다. 지역자활센터는 저소득층의 자립을 지원하며, 정신건강복지시설은 치료 · 상담 · 사회 적응 프로그램을 통해 정신질환자의 지역사회 복귀를 돕는다. 지역아동센터는 보호와 교육을, 가족센터는 다양한 가족 형태에 맞춘 통합 서비스를 제공하며, 이들 기관은 지역사회복지의 전문성과 실행력을 높이는 핵심 민간 주체로 기능한다.

학습목표

1. 지역사회복지에서 민간기관의 실천적 역할과 기능을 유형별로 구분하여 설명할 수 있다.
2. 사회복지관, 재가복지기관, 지역자활센터 등 주요 민간 복지기관의 특성과 서비스 내용을 이해하고 비교할 수 있다.
3. 민간 복지기관이 공공 영역과 협력하여 지역사회복지 체계에 기여하는 방식을 분석할 수 있다.

1. 사회복지관

1) 사회복지관의 정의

사회복지관은 지역사회복지를 실현하는 대표적인 복지시설로서, 「사회복지사업법」 제2조 제5항에 그 법적 정의가 명시되어 있다. 이 조항에 따르면 사회복지관이란 지역사회를 기반으로 일정한 시설과 전문인력을 갖추고, 지역주민의 참여와 협력을 통해 지역사회 내 복지 문제를 예방하고 해결하기 위한 종합적 복지 서비스를 제공하는 시설을 의미한다.

사회복지관은 다양한 사회복지사업을 통합적으로 수행하는 핵심 거점 기관으로서, 지역사회 내 복합적인 욕구에 대응하고 포괄적 복지체계를 구현하기 위한 기능을 수행한다. 특히 이 시설은 지역주민의 삶의 질을 향상시키고, 주민참여를 기반으로 한 복지 공동체 형성을 목적으로 한다.

한편, 「사회복지사업법」 제2조 제4항에서는 '사회복지시설'을 사회복지사업을 수행하기 위해 설치된 조직이나 공간으로 정의하고 있으며, 이는 사회복지관을 포함한 광범위한 시설 유형을 포괄하는 개념이다. 사회복지시설은 각각의 고유 목적에 따라 「노인복지법」, 「장애인복지법」, 「아동복지법」 등 개별 법률에 의해 설치와 운영이 규정되기도 한다.

이와 비교할 때 사회복지관은 「사회복지사업법」 본문에서 직접 명시된 시설로, 법률적 기반과 조직적 정당성이 가장 명확한 대표 시설로 간주된다. 따라서 사회복지관은 사회복지시설 중에서도 중심적 위치를 차지하며, 지역사회복지 실천의 중추적 역할을 수행하는 모체적 기관이라 할 수 있다.

2) 사회복지관의 설치 및 운영 근거

사회복지관은 지역주민의 복지 욕구를 충족시키고 지역사회의 통합적 복지 기능을 강화하기 위한 중심 시설로서, 「사회복지사업법」에 근거하여 설치 및 운영된다. 동 법 제34조 제1항에 따르면, 국가와 지방자치단체는 사회복지시설을 직접 설치하거나 운영할 수 있는 권한을 가진다. 반면, 민간 개인이나 법인이 이러한 시설을 설치 · 운영하려는 경우에는 보건복지부령에서 정한 기준에 따라 해당 지역의 시장, 군수 또는 구청장에게 사전에 신고하여야 한다(제34조 제2항).

특히 사회복지관은 지역사회의 특성과 주민의 다양한 복지 욕구를 반영하여, 복지 서비스 제공을 비롯한 지역복지 증진을 위한 다양한 사업을 수행할 수 있도록 법적으로 명시되어 있다. 「사회복지사업법」 제34조의5 제1항에서는 이를 뒷받침하는 규정을 두고 있으며, 이를 통해 사회복지관은 단순한 서비스 제공기관을 넘어 지역 복지 중심 거점의 역할을 수행한다.

공공주택단지 내에 설치되는 사회복지관은 「주택법」과 「공공주택특별법」에 따라 '복리시설'로 정의된다. 「주택법」 제2조 제14호는 복리시설을 주민의 삶의 질 향상을 위한 필수적인 기반 시설로 규정하고 있으며, 「주택건설기준 등에 관한 규정」 제7조 제6항은 임대주택에 복리시설을 설치할 수 있는 근거를 마련하고 있다. 이를 통해 사회복지관은 주거 환경 내에서 통합적인 생활 복지 기능을 수행하게 된다.

사회복지관의 구체적인 운영 지침은 법령이나 시행규칙에 모두 포함되지 않기 때문에, 보건복지부에서 매년 발간하는 「사회복지관 운영 관련 업무처리 안내」를 통해 상세한 기준과 절차가 제시된다. 이 지침은 사회복지관의 인력 구성, 예산 운용, 사업 내용, 평가 방식 등 실무적인 운영 전반에 걸쳐 실질적인 방향을 제공한다. 따라서 사회복지관은 제도적 근거와 더불어 운영 실천 지침을 기반으로 하여 지역사회 내 실질적인 복지 서비스 제공 기관으로 기능하고 있다.

3) 사회복지관의 역사

우리나라 사회복지관의 기원은 1906년 원산에서 시작된 인보관 운동에서 찾아볼 수 있다. 이는 지역사회 내 주민을 위한 교육과 자활 지원, 상담 등 종합적인 복지 서비스 제공의 시초로 평가된다. 이어서 1921년 서울에 태화여자관이 설립되면서 본격적인 복지관 활동이 전개되었고, 1926년에는 원산에 보혜여자관이 설립되어 여성과 아동을 대상으로 한 복지활동이 확대되었다. 1930년에는 서울에 또 다른 인보관이 설치되면서 복지관 운동의 기반이 점차 넓어졌다.

1964년 목포사회복지관이 설립되면서 현대적 의미의 지역사회 중심 복지관 형태가 자리 잡기 시작하였다. 이후 1975년에는 우리나라가 국제사회복지관연합회(IFSW)의 회원국으로 가입하며 국제적인 교류가 확대되었고, 1976년에는 전국 단위의 협의체인 한국사회복지관연합회가 22개 사회복지관을 중심으로 창립되었다.

1980년대에는 제도적 기반이 더욱 공고해졌다. 1983년 사회복지사업법 개정을 통해 사회복지관 운영에 대한 국고 보조 근거가 마련되었고, 1986년에는 국고보조사업지침이 수립되어 복지관 운영의 표준화가 추진되었다. 1989년에는 「주택건설촉진법」 등에 따라 저소득층을 위한 영구임대아파트 건립 시 일정 규모 이상의 사회복지관을 의무적으로 설치하도록 하여 주거복지와 지역복지를 연계하는 계기가 되었다. 같은 해, 한국사회복지관협회가 사회복지법인으로 정식 설립되었다.

2000년대에 들어서는 운영 기준과 시설 기준의 제도화가 본격적으로 추진되었다. 2004년에는 사회복지사업법 시행규칙 개정을 통해 사회복지관의 설치 기준이 처음으로 명문화되었고, 2005년에는 사회복지관 운영의 재정지원이 국고보조에서 지방자치단체로 이양되어 지역 중심의 자율적 운영체계가 강화되었다. 이후 2012년에는 사회복지관 설치에 관한 법적 근거를 명시한 조항(제34조의5)이 사회복지사업법에 신설되었다.

최근에는 전문성과 운영 효율성을 높이기 위한 제도적 보완이 지속되고 있다. 2021년에는 사회복지관 사업과 인력 기준 마련을 위한 법적 근거가 사회복지사업법 개정을 통해 마련되었고, 2022년에는 시행규칙 개정을 통해 사회복지관의 인력 기준을 구체화하여 운영의 질적 수준 향상이 도모되고 있다.

4) 사회복지관 운영의 기본 원칙

사회복지관은 인도주의적 가치와 공공성을 기반으로, 복지 서비스가 필요한 지역주민의 존엄과 권리를 존중하며 다양한 사회복지사업을 수행해야 한다. 특히 「사회복지관 운영 관련 업무처리 안내(2025)」에 따르면, 사회복지관은 다음과 같은 기본 원칙을 준수하여야 한다.

(1) 지역성의 원칙

사회복지관은 지역사회의 고유한 특성과 주민의 욕구를 신속하고 정확하게 파악하여, 지역맞춤형 사업계획을 수립하고 이를 서비스에 반영해야 한다. 더불어 주민의 능동적인 참여를 촉진함으로써, 주민의 역할 인식과 공동 책임성을 강화하는 데 중점을 두어야 한다.

(2) 전문성의 원칙

지역사회 문제에 효과적으로 대응하기 위해, 사회복지관은 일반 복지 서비스 외에도 특수한 욕구에 대응 가능한 전문 프로그램을 제공할 수 있어야 한다. 이를 위해 전문인력의 배치와 지속적인 교육·훈련을 통해 조직의 전문성을 지속적으로 제고해야 한다.

(3) 책임성의 원칙

사회복지관은 지역사회 문제 해결과 주민의 복지 욕구 충족을 위해 최선의 노력을 다해야 하며, 이는 기관이 사회적 책임을 성실히 이행하는 기본 기준이 된다. 서비스의 질과 효과성은 책임성의 핵심 요소이다.

(4) 자율성의 원칙

복지 서비스의 다양성과 효율적 제공을 위해, 사회복지관은 기관의 역량과 전문성을 최대한 발휘할 수 있도록 자율적으로 운영되어야 한다. 이는 획일화된 지침보다는 기관 고유의 창의성과 유연성을 중시하는 원칙이다.

(5) 통합성의 원칙

사회복지관은 지역 내 공공기관, 민간기관, 민간단체 등과의 연계와 협력을 통해 통합적 복지체계를 구축해야 한다. 이를 통해 서비스의 중복을 방지하고, 복지자원의 효율적 배분이 가능해진다.

(6) 자원 활용의 원칙

사회복지관은 지역사회 내 유·무형 자원을 적극적으로 발굴·활용해야 하며, 필요한 인력과 자원을 확보하여 다양한 주민 욕구에 대응해야 한다. 이는 서비스 질 향상과 기관 운영의 지속가능성을 높이는 데 기여한다.

(7) 중립성의 원칙

사회복지관은 정치적 목적, 영리 추구, 특정 종교 활동 등에 이용되지 않도록 철저한 중립성을 유지해야 한다. 이는 기관의 공공성과 신뢰성을 보장하기 위한 핵심 원칙이다.

(8) 투명성의 원칙

사회복지관은 운영 전반에 있어 재정과 자원의 공정하고 효율적인 관리가 이루어져야 하며, 회계 및 사업 운영의 공개, 성과 공유 등을 통해 운영의 투명성을 확보해야 한다.

5) 사회복지관의 사업 대상과 사업 내용

(1) 사업 대상

사회복지관은 지역 내에서 다양한 복지 욕구를 가진 주민들에게 포괄적이고 실질적인 사회복지 서비스를 제공하는 기관으로서, 특히 저소득층과 취약계층을 중심으로 다양한 복지사업을 연계하여 실행해야 한다. 「사회복지사업법」 제34조의5에 따르면, 사회복지관은 사회복지 서비스가 절실히 요구되는 모든 지역주민을 그 대상으로 하되, 다음과 같은 계층에게 우선적으로 서비스를 제공해야 한다.

첫째, 국민기초생활보장법에 따라 지정된 수급자 및 차상위계층은 경제적 취약성으로 인해 가장 먼저 보호와 지원이 필요한 집단으로 분류된다. 이들에게는 생계, 의료, 주거, 교육 등 기본적인 복지 서비스가 집중적으로 제공되어야 한다.

둘째, 장애인, 노인, 한부모 가정, 다문화 가정 등은 사회적 약자로서 생활의 제약을 경험하기 쉬운 집단이며, 이들의 삶의 질 향상을 위한 맞춤형 서비스가 요구된다. 이들 대상자는 보호뿐만 아니라 사회 참여와 통합을 위한 지원이 병행되어야 한다.

셋째, 직업 및 취업알선이 필요한 자에 대해서는 경제적 자립을 도모할 수 있도록 직업 상담, 직업훈련, 일자리 연계 등 고용 관련 서비스가 제공되어야 하며, 이는 사회적 안전망 강화를 위한 핵심 영역이다.

넷째, 보호와 교육이 필요한 유아, 아동 및 청소년 역시 서비스 제공의 우선순위에 포함된다. 이들 세대는 성장 과정에서 정서적·사회적 지원이 절실하며, 복지관은 이들을 위한 방과 후 프로그램, 정서지원 활동, 학습지원 등의 교육적 서비스를 수행해야 한다.

마지막으로, 위의 항목에 해당하지 않더라도 사회복지관장이 복지 서비스의 우선 제공이 필요하다고 인정하는 경우, 그 대상에게도 선제적인 서비스를 제공할 수 있다. 이는 지역 상황에 따라 유연하게 대응할 수 있는 제도적 장치를 마련해 둔 것이다.

이와 같이 사회복지관은 전 주민을 대상으로 서비스를 개방하되, 제한된 자원을 효과적으로 배분하기 위해 우선순위를 설정하고, 특히 복합적 욕구를 가진 취약계층에 중점을 두는 방식으로 복지사업을 운영하고 있다.

(2) 사업내용

사회복지관은 저소득 취약계층을 포함한 지역주민 전체에게 실질적이고 통합적인 복지 서비스를 제공하기 위해, 다양한 기능을 유기적으로 연계하여 사업을 운영한다. 지역사회의 특성과 주민 욕구를 반영하여 각 사회복지관은 자율적이고 지역 특화된 프로그램을 기획·실행할 수 있다. 주요 사업 내용은 다음과 같이 세 가지 기능으로 구분된다.

① 사례관리 기능

사례관리는 분절화된 서비스의 한계를 극복하고 통합적 서비스 전달체계를 구축하기 위한 핵심 기능으로, 공공과 민간의 서비스 네트워크를 연결하여 주민의 복지 욕구에 대응한다.

- 사례 발굴 : 지역 내 보호가 필요한 대상자 또는 위기 상황에 있는 가구를 조기 발견하여 개입 계획을 수립한다.
- 사례 개입 : 대상자의 문제와 욕구에 기반한 맞춤형 서비스를 직접 제공한다.
- 서비스 연계 : 지역 내 자원 및 기관과 협력하여 적절한 서비스 연계 및 의뢰를 수행한다.

② 서비스 제공 기능

사회복지관은 직접적이고 전문적인 서비스 제공자로서, 다음과 같은 영역에서 지역사회 구성원의 삶의 질을 향상시킨다.

- 가족 기능 강화
  - 가족관계 증진사업 : 가족 간 의사소통 증진과 역할 수행 강화를 통해 건강한 가족 기능을 회복한다.
  - 가족 기능 보완사업 : 아동·청소년 대상 프로그램을 통해 부모 역할 및 가족 돌봄 기능을 보완한다.
  - 가정문제 해결·치료사업 : 문제 가정에 대한 진단, 개입, 사회 복귀 지원을 포함한다.
  - 부양가족 지원사업 : 돌봄 가족의 부담을 줄이고, 필요한 정보와 정서 지원을 제공한다.
  - 특화사업 : 다문화 가정, 북한이탈주민 등 특정 집단 대상 맞춤형 프로그램을 운영한다.

- 지역사회 보호
  - 급식 서비스 : 요보호 노인, 결식 아동 등 지역사회 취약계층을 위한 식사 제공
  - 보건의료 서비스 : 노인, 장애인, 저소득층 대상 보건 및 의료 관련 지원
  - 경제적 지원 : 생활이 어려운 주민을 위한 현금 및 물품 지원
  - 일상생활 지원 : 자립 능력이 부족한 대상자가 지역사회 내에서 생활할 수 있도록 기초적인 생활 지원 제공
  - 정서 서비스 : 독거노인, 소년소녀가장 등 부양 가족이 없는 이들에게 비물질적 정서적 지원
  - 일시보호 서비스 : 독립생활이 어려운 노인, 장애인, 실직자 등에게 일시보호 제공
  - 재가복지봉사 서비스 : 장애인, 노인, 소년소녀가정, 한부모가족 등 가족기능이 취약한 저소득 소외계층 및 국가유공자에게 다양한 재가복지봉사 제공
- 교육·문화 프로그램
  - 아동·청소년 사회교육 : 주거 환경이 열악하거나 경제적 이유로 학습기관 이용이 어려운 아동·청소년에게 학습 지도 및 기능 교육 제공
  - 성인 기능 교실 : 성인을 대상으로 기능 습득을 위한 사회교육 실시
  - 노인 여가·문화 프로그램 : 노인을 위한 사회교육, 취미교실, 문화복지 프로그램 운영
  - 문화복지사업 : 지역주민을 위한 여가 및 문화 프로그램, 문화 소외집단 지원 및 지역문화행사 개최
- 자활지원 및 기타
  - 직업기능훈련 : 저소득층 자립 능력 향상과 가계소득 증대를 위한 기능훈련 및 창업, 취업 지원
  - 취업 알선 : 직업훈련 이수자 및 취업 희망자에게 취업 정보 제공 및 알선

- 직업능력 개발 : 취업 동기가 낮은 주민들의 심리 · 사회적 지원을 통해 취업 욕구 증대 및 재취업 지원
- 특화사업 : 지역 특성에 맞는 맞춤형 자활 지원 사업

③ 지역 조직화 기능

- 복지 네트워크 구축

지역 내 복지기관 및 시설과의 네트워크를 구축하여 복지 서비스 공급의 효율성을 높이고, 사회복지관이 지역복지의 중심 기관으로서 역할을 강화하는 사업이다. 지역사회 연계사업, 주민 욕구 조사, 실습 지도 등이 포함된다.

- 주민 조직화

주민들이 지역사회 문제에 적극 참여하고 공동체 의식을 갖도록 주민 조직을 육성하며, 주민 협력 강화에 필요한 교육 프로그램을 운영한다. 주민 복지 증진사업, 주민 조직화 사업, 주민 교육 등이 이에 해당한다.

- 자원개발 및 관리

주민의 다양한 욕구와 문제 해결을 위해 필요한 인력과 재원을 발굴하여 연계하고 지원하는 사업이다. 자원봉사자 개발 · 관리, 후원자 개발 · 관리 등이 주요 내용이다.

2. 재가복지 서비스

1) 재가복지의 개념

재가복지는 시설복지와 대조되는 개념으로, 시설복지를 보완하는 역할을 한다고 볼 수 있다. 1950~1960년대 영국과 미국 등지에서 '지역사회보호'라는 용어로 처음 등장하였으며, 노령, 질병, 장애 등으로 인해 일상생활을 독립적으로 수

행하기 어려운 사람들이 시설에 입소하지 않고 자신의 가정에서 지역사회 차원의 다양한 지원을 받으며 생활할 수 있도록 복지 서비스를 제공하는 것을 의미한다.

재가복지는 자격을 갖춘 전문인력이 더상자의 가정을 방문하여 가족 단위로 서비스를 제공하거나, 환자, 신체적 · 정신적으로 능력이 부족한 사람, 한부모 자녀, 노인, 그리고 사회적 · 건강상의 문제로 도움이 필요한 개인을 지원하는 서비스이다.

알프레드 카두신(Alfred Kadushin)은 재가복지 서비스를 “교육이나 훈련을 받은 전문가가 사회복지기관을 통해 아동 보호 및 클라이언트의 기능 유지, 강화, 보호를 위해 지원하는 활동”이라고 정의하였다. 이는 도움이 필요한 사람이 가정에서 필요한 지원을 받을 수 있도록 함으로써 가족 기능의 약화된 부분을 보완하는 총체적 서비스로 이해할 수 있다.

또한, 덱스터(M. Dexter)와 허버트(W. Hebert)는 재가복지 서비스를 “충분한 자격을 갖춘 전문가가 대상자의 가정을 방문하여 가족 단위의 서비스를 제공하거나, 환자, 능력이 부족한 자, 한부모 가정 자녀, 노인 등 사회적 혹은 건강상의 이유로 도움이 필요한 개인을 지원하는 활동”으로 정의하였다.

이처럼 재가복지는 가정 중심의 돌봄과 지원을 통해 대상자의 생활 자립을 도모하고, 가족과 지역사회의 복지 기능을 보완하는 중요한 역할을 수행한다.

2) 재가복지의 원칙

재가복지 서비스는 도움이 필요한 대상자가 언제 어디서나 편리하게 서비스를 이용할 수 있어야 하며, 이를 효과적으로 수행하기 위해 다음과 같은 원칙들이 중요하게 적용된다.

첫째, 효과성의 원칙이다. 서비스는 클라이언트의 개별적인 욕구에 적합하게 대응하여 실제적인 도움을 제공해야 한다.

둘째, 효율성의 원칙으로, 제한된 자원을 최대한 적절하고 효과적으로 활용하여 서비스의 질을 높여야 한다.

셋째, 공평성의 원칙에 따라 도움이 필요한 모든 사람에게 서비스가 공정하고 적절하게 제공되어야 한다.

넷째, 접근성의 원칙으로, 대상자가 언제든지 손쉽게 서비스를 이용할 수 있어야 하며, 서비스가 지리적으로 가까운 곳에서 제공되어야 한다.

마지막으로, 권리성의 원칙이 중요하다. 이용자는 서비스를 선택할 권리가 보장되어야 하며, 소비자로서의 권한과 주체성을 확립하여 자신의 복지 서비스를 주도할 수 있어야 한다.

이와 같은 원칙들은 재가복지 서비스가 지역사회 내에서 효과적이고 지속가능하게 운영되도록 하는 기본 토대가 된다.

3) 재가복지 5대 핵심사업

(1) 방문요양서비스

방문요양서비스는 신체적 또는 정신적 장애로 혼자서 일상생활을 수행하기 어려운 노인의 가정을 직접 방문하여 생활에 필요한 다양한 편의를 제공함으로써, 지역사회 내에서 안정적이고 건강한 노후 생활을 지원하는 프로그램이다. 과거 '가정봉사원 파견사업'이었던 이 서비스는 「노인장기요양보험법」의 시행으로 명칭이 변경되었으며, 고령화 사회에 따라 노인인구와 요보호 노인의 수가 증가함에 따라 지역사회에서 통합적 서비스를 제공해야 할 필요성이 높아졌다. 방문요양서비스는 노인이 신체적 · 사회적 독립성을 유지하며 삶의 질을 향상시키는 데 중요한 역할을 한다.

(2) 방문목욕서비스

방문목욕서비스는 스스로 목욕하기 어려운 거동 불편 노인을 위한 서비스이다. 「노인장기요양보험법」 시행에 따라 요양기관 소속의 요양보호사가 목욕 설비가 갖춰진 장비를 이용해 대상자의 가정을 방문하여 목욕 서비스를 제공한다.

이 서비스는 신체적 제약으로 인해 독립적인 위생관리가 어려운 노인에게 꼭 필요한 지원이다.

(3) 방문간호서비스

방문간호서비스는 1991년 보건소에서 생활보호 대상 노인을 중심으로 시작되었으며, 1993년부터는 간호협회 소속 가정간호사가 일반인을 대상으로 확대하였다. 이후 1994년 병원 중심의 가정간호사업이 시작되었고, 「노인장기요양보험법」 시행에 따라 장기요양 대상자에게 더욱 편리하게 방문간호서비스가 제공되고 있다. 이 서비스는 가정 내에서 전문적인 간호를 받을 수 있도록 하여, 노인의 건강관리와 회복을 돕는다.

(4) 주간보호사업

주간보호사업은 가족의 보호를 받기 어려운 노인을 낮 시간 동안 시설에 입소시켜 필요한 서비스를 제공하는 사업이다. 주간보호센터는 노인성 질환을 가진 대상자가 낮 시간 동안 보호받으며, 생활지도, 일상생활 훈련, 급식, 목욕, 취미 · 오락 · 운동 프로그램, 가족 교육 및 상담 등 다양한 서비스를 제공한다. 「노인장기요양보험법」의 시행으로 이용이 용이해졌으며, 노인의 사회적 고립을 예방하고 건강을 유지하는 데 기여한다.

(5) 단기보호사업

단기보호사업은 부양가족이 개인적인 사유로 보호할 수 없을 때, 가정에서 보호받는 노인을 일정 기간 동안 수용하여 보호하는 프로그램이다. 「노인장기요양보험법」 시행 이후 사회복지관, 노인복지관, 재가노인봉사센터 등 다양한 시설에서 제공되고 있으며, 급식, 목욕, 물리치료 등 일상생활에 필요한 서비스를 일시적으로 지원한다. 이 사업은 거동이 불편한 노인을 위한 휴식과 안정을 제공하고, 장애에 따른 사회적 고립을 예방하며, 경미한 질병에 대한 의료재활서비스도 포함한다.

3. 자활센터

1) 지역사회 자활의 개념

'자활(自活)'이란 용어는 일반적으로 '자기 스스로 살아가는 것'을 뜻하며, 외부의 도움 없이 생계를 유지하는 능력이나 상태를 의미한다. 이는 개인의 자립성과 생존 능력에 초점을 둔 사전적 정의다. 사회복지에서 자활은 단순히 생계를 유지하는 상태를 넘어, 어떤 사람을 대상으로, 어떤 방식으로, 무엇을 지원하며, 그 결과 어떤 상태를 '자활되었다'고 판단할 것인지가 핵심적인 요소로 간주된다. 따라서 자활은 대상자, 목적, 지원 방식, 성과에 따라 다양하게 해석될 수 있으며, 단일한 개념이 아니라 다차원적인 사회복지 개념으로 이해되어야 한다.

자활을 어떻게 정의할 것인가는 정책적 방향성과 실천 전략에 있어 중요한 해석의 차이를 야기한다. 즉, 자활을 공공부조로부터의 완전한 탈피와 생계의 전면적 자립이라는 결과 중심의 관점에서 이해할 것인지, 아니면 공공부조의 수급을 유지하되 노동 참여와 기능 회복을 통해 점진적으로 생활을 영위하려는 과정 중심의 개념으로 이해할 것인지는 자활의 의미를 달리 규정짓는다.

이러한 자활의 논의에서 지역사회는 핵심적인 맥락적 기반으로 작용한다. 그 이유는 첫째, 빈곤과 실업이라는 사회적 문제가 현실적으로 발생하고 집적되는 공간이 바로 지역사회이기 때문이다. 둘째, 자활을 위한 복지 서비스 및 정책 실행이 실제로 이루어지는 실천의 장이 바로 지역사회이며, 셋째, 자활 과정에서 요구되는 사회적 연대, 상호 지원, 공동체 의식 등의 사회적 자본이 형성되고 구현되는 물리적 · 사회적 공간 또한 지역사회이기 때문이다. 따라서 자활은 개인의 경제적 자립을 넘어, 지역사회의 구조적 맥락 속에서 사회통합과 복지 실천의 관점에서 접근되어야 할 중요한 과제로 간주된다.

특히 자활사업은 지역 내 공공재를 생산하거나 지역에 필요한 서비스를 제공하는 활동과 연결되어 있으며, 이러한 실천을 통해 자활참여자와 지역사회가 상호 보완적으로 발전할 수 있다. 지역사회 자활이란 근로 능력을 가진 저소득층을 대상으로, 지역사회의 자원을 활용하여 일자리, 서비스, 교육 등을 제공함으로써 빈곤으로부터 벗어나도록 지원하는 체계적인 사회복지 개입 활동이다. 이는 단순한 생계지원을 넘어서, 지역사회 내에서의 자립 역량 강화와 사회적 통합을 실현하려는 목적을 지닌다.

2) 자활사업의 법적 근거

자활사업은 근로 능력이 있는 저소득층의 자립을 지원하기 위한 제도로 「국민기초생활보장법」에 근거를 두고 있다. 이 법은 자활지원계획 수립, 자활근로사업 추진, 자활센터 운영 등의 내용을 규정하며, 국가와 지방자치단체가 자활지원을 책임지고 수행하도록 명시하고 있다. 이를 통해 자활사업은 제도적인 자립 지원체계로 기능하고 있다.

「국민기초생활보장법」

제7조(급여의 종류) ① 이 법에 따른 급여의 종류는 다음 각 호와 같다.
7. 자활급여

제15조(자활급여) ① 자활급여는 수급자의 자활을 돕기 위하여 다음 각 호의 급여를 실시하는 것으로 한다.
1. 자활에 필요한 금품의 지급 또는 대여
2. 자활에 필요한 근로능력의 향상 및 기능습득의 지원
3. 취업알선 등 정보의 제공
4. 자활을 위한 근로기회의 제공
5. 자활에 필요한 시설 및 장비의 대여
6. 창업교육, 기능훈련 및 기술 · 경영 지도 등 창업지원
7. 자활에 필요한 자산형성 지원
8. 그 밖에 대통령령으로 정하는 자활을 위한 각종 지원

출처 : 법제처 국가법령정보센터(law.go.kr)

3) 자활사업의 역사

자활사업의 주요 연혁을 살펴보면 다음과 같다.

- 1961 「생활보호법」 제정
- 1974 생활보호사업의 일환으로 취로구호사업 실시
- 1975 취로구호사업을 새마을노임소득사업으로 명칭 변경
- 1980 새마을노임소득사업을 취로구호사업으로 명칭 변경
- 1982 「생활보호법」 전문 개정
  - 생활보호사업에 자활보호, 교육보호 추가
  - 보호대상자를 영세민 · 준영세민에서 거택보호자 · 시설보호자 · 자활보호자로 구분
  - 생활보호자의 자립 · 자활을 지원하기 위하여 무상훈련 및 훈련비 지원을 내용으로 직업훈련사업 실시
  - 생활보호자의 자활기반을 제공하기 위하여 생업자금 융자제 시행 추진(실제 시행은 '83년)
- 1985 취로구호 사업을 취로사업으로 명칭 변경
- 1993 직업훈련을 노동부가 일괄담당, 생활보호자에 대한 직업훈련관리를 노동부 이관하고 대상자만 추천 · 위탁
- 1994 취로사업의 책임 및 관리를 지방자치단체로 이전
- 1996 자활지원센터 시범사업 실시(전국 5개소)
- 1997 「생활보호법」에 읍 · 면 · 동 관련 규정 신설
- 1998 경제위기로 인한 저소득층의 근로연계 생계비 지원을 위해 취로사업 재추진
- 2000 읍 · 면 · 동 50개소 확대지정('99년 20 → 70개소)
- 2000.10 「국민기초생활 보장법」시행(제정 '99.9.7)
  - 근로능력자에 대해 근로유인을 위한 소득공제 실시, 조건부수급자 제도를 통한 자활사업 참여의무 부과, 가구별 종합자활지원계획을 수립하여 체계적인 자활지원
- 2004 광역자활센터(3개소) 시범사업 실시('04.1월 ~ '06.12월)
  자활근로사업 다양화 추진
  - 취로 · 업그레이드형 → 시장진입 · 인턴 · 사회적일자리 · 근로유지형
- 2005 읍 · 면 · 동 규모별 차등지원제도 도입 시행
  자활기업 창업자금 지원사업(20억) 실시
- 2006 읍 · 면 · 동을 지역자활센터로 명칭 변경
  자산형성지원(IDA) 도입추진 T/F 구성
- 2008 중앙자활센터 설립 허가 및 운영
  광역자활센터 확대 설치(3개소)
- 2009 자활인큐베이팅 사업 실시
  희망리본사업 실시(2개소, 2천 명)
  광역자활센터 확대 설치(1개소)
- 2010 희망키움통장(IDA, 저소득층개인자산형성계좌)사업 실시
  지역자활센터 5개소 추가 지정(전국 247개소 운영)
- 2011 희망리본사업 확대(7개소, 4천 명)
  희망키움통장 확대(1.5만 가구)
  자활사례조정회의 시범사업 실시(48개 시 · 군 · 구)

- 2012 자활사례조정회의 시범사업 확대
  지역자활센터 사례관리사업 실시(60개소)
  근로능력판정업무의 전문기관(국민연금 공단) 위탁
  광역자활센터(7개소) 법적 근거 마련
  명칭 변경('자활공동체' → '자활기업', 2012.8월)
  희망키움통장 사업 확대(1.8만 가구)
- 2013 자활인큐베이팅, 자활사례관리 통합 운영
  ('자활인큐베이팅'은 'Gateway'로 명칭 변경)
  자활근로시범사업단 추진
  희망리본사업 전국 확대(4천 명 7개 시·도 → 10천 명 전국)
  희망키움통장 사업 확대(18 → 32천 가구)
  내일키움통장 도입(20천 명)
  광역자활센터 확대 설치(7 → 10개소)
- 2014 희망리본사업 확대(10천 명 → 12천 명)
  희망키움통장 차상위 계층으로 확대('14.7월, 10천 가구)
  광역자활센터 확대 설치(10 → 14개소)
- 2015 희망리본 고용노동부 이관
- 2016 자활장려금(자활소득공제 포함)사업 종료, 저소득층 생업자금 융자 사업 종료
  조건부수급자의 범위를 근로능력 있는 수급자 전부로 확대하고, 법령에 정한 사유가 있는 경우에 예외적으로 조건부과를 유예할 수 있도록 「국민기초생활보장법」 개정('16.9월 시행)
  내일키움통장에 정부지원금 추가(본인 적립금의 1 : 1) 지원
  희망키움통장 II 대상 주거·교육수급 가구 대상으로 확대
- 2017 조건부수급자에 대한 자활서비스 연계 강화를 위한 취업성공패키지 사전 단계 탈락자 등에 대하여 지자체 상담을 거쳐 조건부과 및 자활근로 참여 조치('12.5월 시행)
  시간제 자활근로 및 예비자활기업 도입('18.1월 시행)
- 2018 근로빈곤층 취업우선지원제도 개선('18.2월)
  자활급여 압류방지 전용통장 구축 시작('18.7월)
  자활기업 활성화 방안 발표('18.7월)
  청년자립도전 자활사업단 사업 실시('18.6월)
  양곡할인지원사업 농림축산식품부 이관('18.12월)
- 2019 자활급여 압류방지 전용통장 구축('19.1월)
  자활장려금(자활근로소득공제) 재도입('19.1월)
  한국자활복지개발원 출범('19.7월)
  자활사업 활성화 방안 시행('19.10월)
  광역자활센터 확대 설치(14 → 15개소)
- 2020 한국자활복지개발원 기타 공공기관 지정 ('20.2월)
  청년저축계좌 도입('20.4월)
  제2차 자활급여 기본계획, 제2차 기초생활보장 종합계획 수립('20.8월)

- 2021　조건부수급자 국민취업지원제도 연계 시행('21.1월)
  광역자활센터 확대 설치(15 → 16개소)
- 2022　자활장려금 별도지급 종료(생계급여 소득공제로 적용)
  자산형성지원사업(희망키움 Ⅰ · Ⅱ, 내일키움, 청년희망키움, 청년저축)
  개편하여 희망저축계좌 Ⅰ · Ⅱ('22.上) 및 청년내일저축계좌('22.下) 도입
- 2023　제3차 자활급여 기본계획, 제3차 기초생활보장 종합계획 수립('23.10월)
- 2024　자활역량평가 개편 · 적용('24.11월~)

출처 : 보건복지부(2025c). 2025 자활사업 안내.

4) 자활사업의 추진체계

자활사업은 근로능력 있는 저소득층이 스스로 자활할 수 있도록 자활능력 배양, 기능 습득 및 근로 기회 제공을 목적으로 두고 있다. [그림 12-1]은 자활사업의 추진체계를 나타낸 것이며, [그림 12-2]는 추진 주체별 역할을 나타낸 것이다.

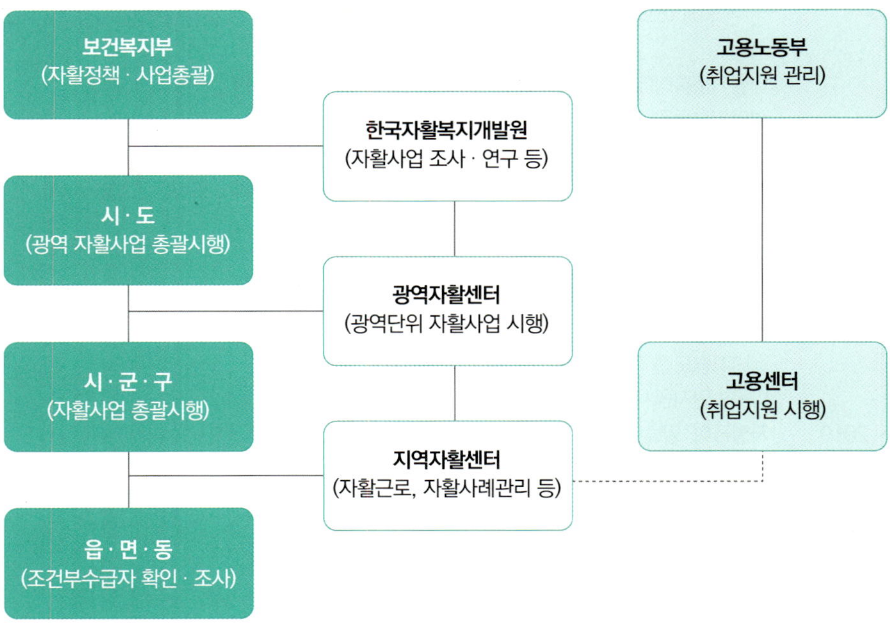

[그림 12-1] 자활사업의 추진체계

출처 : 보건복지부(2025c). 2025 자활사업 안내.

추진 주체	주요 내용	역할
보건복지부	• 국민기초생활보장제도 총괄 • 종합자활지원계획 수립(매년 12월) • 자활프로그램 개발 · 추진 • 지역자활센터 지정 · 관리	자활정책 · 사업 총괄관리
시 · 도 시 · 군 · 구	• 지역자활지원계획 수립(매년 1, 2월) • 자활기금의 설치 · 운영 • 급여 실시 여부 및 내용 결정, 지급 • 자활기관협의체 운영 • 조건부수급자 책정 및 생계급여 중지 여부 결정 • 참여자자활지원계획 수립 · 관리	자활사업 총괄시행
읍 · 면 · 동	• 조건부수급자 확인조사(자산조사 제외)	조건부수급자 관리
자활인프라	• 한국자활복지개발원 – 자활지원을 위한 조사 · 연구 교육 및 홍보사업 – 자활지원을 위한 사업의 개발 및 평가 등 • 광역자활센터 – 광역 단위의 저소득층에 대한 취 · 창업 지원 – 지역특화형 자활 프로그램 개발 · 보급 등 • 지역자활센터 – 자활의욕 고취를 위한 교육, 참여자 사례관리 – 자활을 위한 정보 제공 · 상담 · 직업교육 및 취업 알선 – 기타 자활을 위한 각종 사업 등	자활사업 수행
고용노동부	• 종합취업지원계획 수립(매년 12월) • 취업지원 프로그램 개발 · 추진	취업지원 관리
고용센터	• 개인별 취업지원계획 수립 · 관리 • 취업 알선 등 취업지원 프로그램 시행 • 취업대상자의 조건이행 여부 확인	취업지원 시행

[그림 12-2] 추진 주체별 역할

출처 : 보건복지부(2025c). 2025 자활사업 안내.

5) 자활사업 대상자 선정

자활사업은 근로 능력이 있는 저소득층에게 자립을 위한 기회를 제공하는 제도로, 그 참여 기준은 「국민기초생활보장법」을 통해 명확히 규정되어 있다. 법 제9조 제5항에 따르면, 근로 능력이 있다고 판정된 생계급여 수급자는 생계급여 수급을 위한 조건으로 자활사업에 반드시 참여해야 하며, 이는 의무참여로 간주된다. 이는 단순한 권리 제공 차원을 넘어, 자활을 통한 자립 촉진이라는 정책적 목적을 반영한 것이다.

반면, 의무참여 대상이 아닌 기초생활보장 수급자나 차상위계층의 경우, 자활사업 참여 여부는 개인의 의사와 더불어 시 · 군 · 구청장의 판단에 따라 결정되며, 이는 희망참여 형태로 운영된다. 해당 기준은 법 제7조 및 제15조, 그리고 시행령 제3조에 근거를 두고 있다.

자활사업 참여를 위해서는 먼저 수급자의 근로 능력을 평가하는 절차가 진행된다. 이는 생계급여 및 의료급여 수급자를 대상으로 하며, 사전 판정을 통해 근로 가능 여부를 판단하게 된다. 이후 근로 가능성이 있는 자는 '조건부 수급자'로 분류되며, 자활사업 참여 조건이 부과되거나 일정 조건하에 유예가 적용되기도 한다. 다만, 이러한 조건부과 여부 판단은 생계급여 수급자를 대상으로 제한되며, 관련 행정기관은 확인 조사 등을 통해 자활사업 대상자의 적정성 여부를 검토하고 필요한 조치를 취한다. 자활사업 대상자의 선정 및 관리 절차는 [그림 12-3]과 같다.

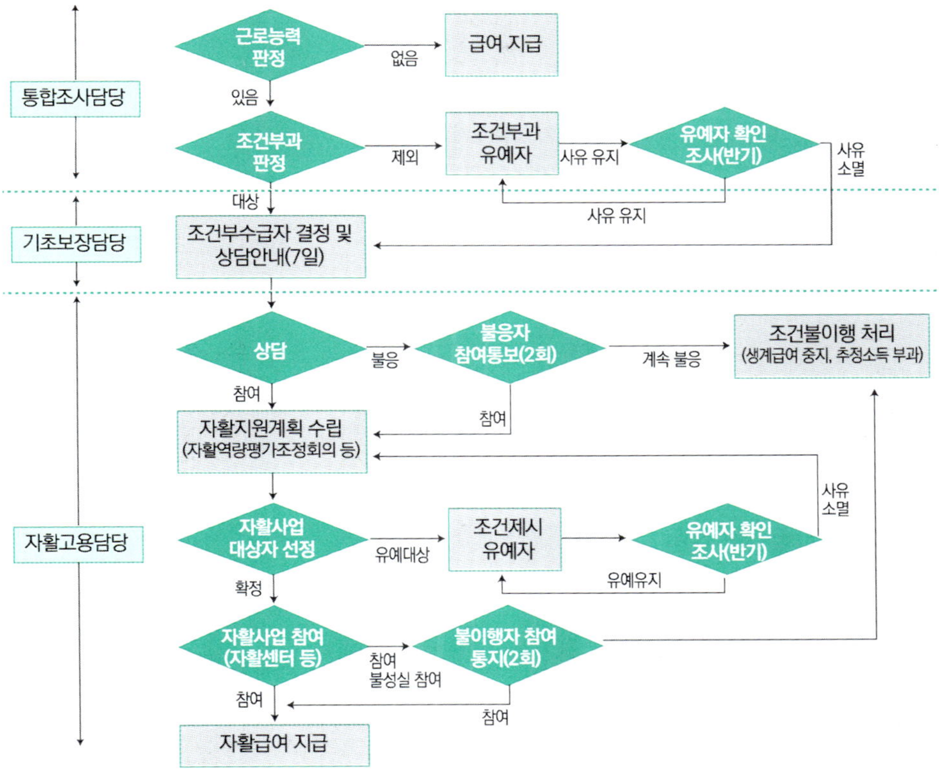

[그림 12-3] 자활사업 대상자의 선정 및 관리 절차

출처 : 보건복지부(2025c). 2025 자활사업 안내.

6) 자활사업의 내용

자활사업은 빈곤층의 자립과 탈빈곤을 목표로 하여 다양한 공공부문과 민간부문이 협력하여 수행하는 사업으로, 보건복지부와 고용노동부를 중심으로 지원체계가 운영된다. 각각의 부처는 사업의 성격에 따라 구체적인 사업 유형을 구분하고 있으며, 이를 통해 대상자의 자활 능력을 단계적으로 향상시키는 데 중점을 둔다.

(1) 부처별 자활사업 체계

① 보건복지부 지원사업

지역자활센터, 지방자치단체, 사회복지관, 민간단체, 시설, 기업 등이 참여하며, 자활공동체 운영, 자활근로사업, 사회 적응 프로그램, 창업지원 등 다양한 프로그램을 통합적으로 제공한다.

② 고용노동부 지원사업

고용지원센터, 직업훈련기관, 민간 위탁기관을 중심으로 자활대상자에게 직업훈련, 취업 촉진, 창업지원 등을 통해 직업능력을 강화하고 노동시장 진입을 도모한다.

(2) 주요 자활사업 유형

① 자활공동체 사업

자활공동체는 두 명 이상의 수급자 또는 저소득층이 협동조합이나 공동사업체 형태로 조직되어 함께 경제활동을 영위하는 자활지원 방식이다.

- 목적 : 구성원 간 협력을 통해 안정적인 소득을 창출하고 빈곤 탈출을 실현하는 데 있다.
- 지원기간 : 보장기관의 결정으로 2년간 지원이 가능하며, 필요시 1년 연장이 허용된다.
- 설립 요건 : 구성원의 1/3 이상이 기초생활보장 수급자여야 하며, 2인 이상의 공동사업체로 등록되어야 한다. 또한 구성원 전체에게 자활근로 임금 이상의 수익이 배분되어야 한다.

② 자활근로사업

자활근로사업은 「국민기초생활보장법」에 근거하여 생계유지가 어려운 저소득층에게 근로의 기회를 제공하고, 자립 기반을 형성할 수 있도록 돕는 사업이다.

- 중점 내용 : 기초능력 배양을 위한 다양한 직종에서의 근로 기회 제공
- 표준화된 5대 중점 분야 : 간병, 주거 수리, 청소, 폐자원 재활용, 음식물 재활용
- 기타 사업 유형 : 영농, 도시락 제조, 세차, 환경미화 등 지역 특화 사업

자활근로사업은 참여자의 상황과 역량에 따라 다음과 같이 유형화된다.

- 시장진입형 : 사업을 통해 일정 수준 이상의 수익(전체 예산 대비 20% 이상)을 창출하며, 자활기업이나 자활공동체로 전환하여 시장에 진입하는 것을 목표로 한다.
- 인턴형 : 일반 기업체에서 자활 대상자가 인턴으로 근무하며 실무 경험과 기술을 습득한 후, 정규 취업으로 연계되도록 지원하는 방식이다.
- 사회적 일자리형 : 지역을 기반으로 한 공공성과 사회적 가치 중심의 일자리를 제공하며, 수익보다는 취약계층의 사회참여 확대와 자활의지를 북돋는 데 중점을 둔다.
  - 형태 : 사업단형, 도우미형
- 근로유지형 : 자활 능력은 부족하지만 근로의지를 가진 참여자가 향후 자활 역량을 강화할 수 있도록 근로 환경을 유지하는 전 단계 사업이다.
- 사회 적응 프로그램 : 근로능력은 있으나 근로의욕이 낮은 참여자를 대상으로 상담, 심리치료, 집단활동 등을 통해 사회 적응력을 회복하고 근로 의지를 강화하는 프로그램이다.
  - 주요 내용 : 사례관리, 집단 프로그램, 근로동기 부여 교육, 지역사회 연계 활동 등

7) 자활실천기관

자활사업을 수행하는 주요 기관으로는 지역자활센터, 사회복지관, 고용센터 등이 있다. 이들 기관은 각각의 특성과 역할에 따라 자활지원 업무를 수행하지

만, 이 가운데 가장 중심적인 자활실천기관은 지역자활센터라 할 수 있다.

또한, 지역 자활사업의 효과적인 추진과 활성화를 위해 민간과 공공이 협력하는 구조인 자활기관협의체가 운영되고 있다. 이 협의체는 자활사업과 관련된 다양한 기관 간의 연계와 협력을 도모하며, 통합적인 지원체계를 마련하는 데 중요한 기능을 한다.

대표적인 지역사회 자활실천기관으로서 지역자활센터와 광역자활센터가 수행하는 주요 역할과 기능을 보다 구체적으로 살펴볼 필요가 있다. 이러한 기관들은 자활사업의 기반을 마련하고, 참여자의 자립 역량을 높이며, 지역사회 중심의 복지체계를 구축하는 데 핵심적인 기여를 하고 있다.

(1) 지역자활센터

① 지역자활센터의 목적

지역자활센터는 「국민기초생활 보장법」에 근거하여 설치된 자활지원 전문기관으로서, 지역사회 내 저소득층의 자립과 자활을 체계적으로 지원하기 위해 설립되었다. 이 기관은 단순한 생계보조를 넘어서, 근로 능력을 보유한 수급자 및 차상위계층에게 직업훈련, 자활근로, 자활기업 창업 등의 다양한 프로그램을 제공함으로써 실질적인 자립 기반을 구축하는 데 그 목적이 있다.

특히 지역자활센터는 경제적 취약계층이 노동을 통해 사회에 안정적으로 정착할 수 있도록 지원하는 것을 핵심 목표로 한다. 이를 실현하기 위해 개인의 역량 개발은 물론, 지역 내 다양한 자원과의 연계를 통해 맞춤형 자활경로를 설계하고 실행하는 데 중점을 둔다. 이러한 과정은 참여자의 자활의지를 고취시키고, 더 나아가 지속가능한 경제적 · 사회적 자립능력 향상으로 이어진다.

또한, 지역자활센터는 자활사업의 현장 실행기관으로서 지역복지 시스템의 중요한 축을 담당하고 있다. 다양한 공공 · 민간 자원과 협력하여 통합적 자활지원체계를 구축하고 있으며, 이는 단기적 처방이 아닌 장기적 자립을 가능케 하는 구조적 기반으로 작용한다.

결과적으로 지역자활센터는 자활사업의 전략적 중심으로서, 저소득층이 빈곤의 악순환에서 벗어나 자립할 수 있도록 돕는 핵심 인프라 역할을 수행한다. 이러한 목적은 단순한 복지 서비스를 넘어, 지역사회 통합과 사회적 지속가능성을 실현하는 데 기여하는 점에서 그 중요성이 크다고 할 수 있다.

② 지역자활센터의 사업

- 자활의욕 고취를 위한 교육

  근로능력 있는 저소득층의 자활의욕 고취 및 기초능력 배양을 위한 교육 프로그램을 개발 · 운영하고 전문교육은 광역자활센터 및 자활연수원과 연계한다.

- 자활을 위한 정보 제공 · 상담 · 직업교육 및 취업알선

  자활을 위한 정보 제공, 상담, 직업교육, 취업알선 등을 통해 참여자의 취업역량을 강화하며, 자영 창업 지원과 기술 및 경영 지도도 병행한다.

- 자영창업 지원 및 기술 · 경영지도

  창업을 통해 자활할 수 있도록 기술 · 경영지원을 하고, 창업 후에도 적극적인 사후 관리를 통해 완전 자립할 수 있도록 지원한다.

- 자활기업의 설립 · 운영지원

  기초수급자 등 저소득층이 모여 경제적으로 자립할 수 있는 자활기업을 설립해 자립 · 자활할 수 있도록 체계적인 지원을 한다.

- 사회서비스 지원 사업

  - 장애인, 산모 · 신생아, 노인돌보미 바우처사업 등 사회서비스사업과 지자체의 각종 공모, 위탁사업을 수행한다.
  - 수급자나 차상위자의 자활사업 참여나 취업 · 창업으로 인하여 지원이 필요하게 된 가구에 대하여 사회복지 서비스 등 필요한 서비스 연계를 진행한다.

- 자산형성지원사업 참여자 사업지원

  자산형성지원사업 참여자에 대한 가입 · 유지 및 해지 지원, 가입자 초기 상

담 및 중간 점검, 기타 서비스 지원(취·창업 및 자격증 정보 제공, 재무상담 및 채무조정 등)한다.

- 그 밖에 수급자 등의 자활을 위한 각종 사업
  이 외에도 수급자 등의 자활 촉진을 위한 각종 사업을 운영하여 저소득층의 경제적·사회적 자립을 지원한다.

(2) 광역자활센터

① 광역자활센터의 목적

광역자활센터는 기존 자활지원체계가 개별 지역 단위에 한정되어 운영됨에 따라 발생하는 여러 한계를 보완하고, 보다 넓은 범위에서의 통합적 지원체계를 마련하기 위해 설립되었다. 지역 간 연계 부족과 서비스 제공의 지리적 제약은 자활사업의 효과성을 저해하는 요인으로 작용해 왔으며, 이러한 문제를 해결하고자 정부는 광역 단위의 자활지원 거점 마련을 추진하였다. 이에 따라 2004년부터 2006년까지 인천, 대구, 경기 지역을 대상으로 시범사업이 실시되었으며, 해당 기간 동안 광역자활센터가 자활지원 인프라로서 기능할 수 있다는 점과 사업의 실효성이 확인되었다. 이러한 성과에 기반하여 2007년부터 본격적으로 광역자활센터가 도입되었고, 2011년에는 법적 설치 근거가 마련됨으로써 제도적 기반이 강화되었다. 2024년 기준으로, 세종특별자치시를 제외한 전국 16개 광역지자체에서 광역자활센터가 운영되고 있으며, 이들은 지역 내 자활사업을 보다 체계적으로 지원하고, 지역 간 자활기관의 연계와 협력을 통해 탈빈곤 지원체계를 강화하는 데 중추적인 역할을 수행하고 있다.

광역자활센터는 저소득층의 자립 지원이 대부분 지역 단위에서 이루어지면서 발생하는 서비스 연계의 한계와 지리적 제약 문제를 해소하고자 도입된 제도적 장치이다. 기존 자활지원체계는 지역 내부에 국한된 운영 방식으로 인해 자활기관 간 협력 부족과 지원의 단절이라는 구조적 문제를 안고 있었으며, 이러한 점에서 보다 넓은 범위에서 자활사업을 조정하고 지원할 수 있는 상위 기관의 필요성이 제기되었다. 이에 따라 정부는 2004년부터 2006년까지 인천, 대구, 경기 지역을 선정하여 광역자활센터 모델을 시범적으로 적용하였으며, 그 결과 자활사업의 지원 기반으로서 이 기관이 실질적인 역할을 수행할 수 있음이 입증되었다. 이후 2007년부터는 전국적인 확대 도입이 이루어졌고, 2011년에는 관련 법령이 제정되면서 법적 근거가 확립되었다. 현재는 세종특별자치시를 제외한 전국 16개 광역지방자치단체에 광역자활센터가 설치되어 운영 중이며, 각 지역의 자활사업을 보다 효율적이고 체계적으로 뒷받침하고 있다. 이로써 광역자활센터는 지역 간 자활자원 연계와 탈빈곤 지원체계 강화에 있어 핵심적인 역할을 담당하고 있다.

② 광역자활센터의 사업

- 지역자활센터 지원

광역자활센터는 자활근로사업단의 내실화를 도모하기 위해 다양한 프로그램 개발과 운영을 지원하고 있다. 먼저, 지역의 특성과 수요를 반영한 신규 자활근로 프로그램을 발굴 · 보급함으로써 자활사업의 실효성을 제고하고 있으며, 이를 위해 시 · 도 내 공공기관 및 민간부문과의 연계사업도 적극 추진하고 있다. 아울러 광역단위에서 공동 브랜드를 구축하고 사업단 규모를 확대함으로써, 자활사업의 경쟁력과 지속가능성을 강화하고자 한다. 또한 자활근로사업단의 경영역량 제고와 더불어, 상품 및 서비스 개발에 대한 지원을 통해 사업단의 자생적 운영 기반을 마련하고 있으며, 지역자활센터의 자활사례관리 역량을 강화하기 위한 교육 및 컨설팅도 함께 제공된다. 이 외에도 지역자활센터의 안정적 운영을 위한 다양한 행 · 재정적 지원이 병행되고 있다.

- 자활기업 지원

광역자활센터는 지역자활기업과 광역자활기업의 창업과 성장을 지원하기 위해 다양한 정책을 추진하고 있다. 창업 초기에는 자활사업단 단계부터 창업까지의 과정을 고려한 맞춤형 교육을 제공하며, 전문 컨설턴트를 통한 상담과 네트워크 연계를 통해 실질적인 창업 준비를 돕는다. 또한 기업의 안정적 성장을 위해 경영진단과 전문가 자문을 포함한 규모화(광역화) 전략을 지원하고 있다.

아울러, 광역자활기업과 전국자활기업이 안정적으로 운영될 수 있도록 사업 전반에 대한 자문을 제공하며, 사업보고서 작성 지원 등 행정적 뒷받침도 이루어진다. 더불어, 관련 제도 이용에 필요한 자활기업 지원 대상 확인서와 취약계층 고용비율 확인서 등 각종 확인서도 발급하고 있다.

- 지역 내 자활기업 및 자활근로 사업단이 생산한 상품 및 서비스의 유통 및 판촉 지원 교육훈련 실시 · 지원

자활근로 참여자, 지역자활센터 종사자, 자활기업 직원을 대상으로 한 맞춤형 교육훈련이 시행되며, 자활연수원과 연계한 공동교육도 함께 지원되고 있다. 이러한 교육은 수요조사를 바탕으로 기획되며, 이력 관리, 교육 실적, 만족도 등을 포함한 사후 관리 체계를 통해 효과성을 높이고 있다. 또한, 지역 내 자활사업의 지속가능성과 전문성 강화를 위해 자활 분야에 특화된 교육 인력을 양성하고, 관련 기관과의 연계를 통해 전문 교육자원의 활용도를 제고하고 있다.

- 기타 자활 활성화를 위한 사업

중앙정부와 광역자치단체로부터 위탁받은 다양한 사업을 조직적으로 수행하며, 특히 시 · 도 단위에서 자산형성 지원사업을 위탁받아 운영하고 있다. 또한, 시 · 도 내에 위치한 지역자활센터와 자활기업 간의 협력 네트워크를 조성하고 활성화하는 데 주력하여 상호 연계성을 높이고 있다. 아울러 자활근로 참여자의 취업과 창업을 돕기 위해 자격증 취득 및 취업 관련 상담 등 지역사회 자원을 발굴하여 지역자활센터 및 자활기업과 효과적으로 연결하고 있다. 이와 함께 시 · 도 자활사업에 관한 홍보, 조사 및 연구 활동을 수행함으로써 사업의 발전 가능성을 도모하고 있다. 마지막으로, 자활정보시스템의 데이터 입력과 관리를 체계적으로 진행하여 신뢰성 있는 정보 운영을 실현하고 있다.

- 청년내일저축계좌 사업지원
  청년내일저축계좌 가입자에 대한 체계적인 관리를 수행하며, 구체적으로 가입자 명단 관리와 문의 응대 업무를 포함한다. 또한, 자산형성포털 내에서 지역별 콘텐츠를 지속적으로 관리하고, 이를 바탕으로 관련 유관기관 간의 네트워크 구축을 촉진한다. 더불어 청년을 대상으로 한 금융특화서비스의 운영과 관리를 책임지며, 청년층의 금융 역량 강화 및 자산 형성을 지원하는 데 주력한다.

4. 지역사회 정신건강복지시설

1) 지역사회 정신건강복지시설의 개념

2016년 「정신건강증진 및 정신질환자 복지 서비스 지원에 관한 법률」(이하 '정신건강복지법')의 전면 개정은 국내 정신건강 정책의 방향에 중요한 전환점을 제공하였다. 이전까지 치료 중심의 의료적 접근에 집중되었던 정신건강 정책은 개정 이후 지역사회 기반의 회복과 재활, 사회 복귀를 포괄하는 통합적 복지 패러다임으로 변화하였다. 이 과정에서 그동안 제도적 사각지대에 있었던 정신장애인을 위한 복지 서비스 제공에 대한 법적 근거가 새롭게 마련되었다는 점은 특히 주목할 만하다.

「정신건강복지법」 제3조 제2항에서는 정신건강복지사업을 정신질환자의 예방과 치료, 재활을 포함한 일련의 활동으로 정의하고 있다. 여기에는 정신건강에 영향을 미치는 사회적 환경의 개선 또한 포함되며, 구체적으로는 복지, 교육, 주거, 근로 여건 등을 개선함으로써 국민 전체의 정신건강 수준을 향상시키는 것을 목표로 한다. 또한 이 법률은 정신건강 관련 교육과 상담, 사회 적응 훈련 등의 영역까지 포함하고 있어, 정신건강복지사업이 단순한 보건의료 차원을 넘어 사회복지적 차원에서도 종합적으로 추진되어야 함을 강조하고 있다.

개정된 정신건강복지법은 정신건강복지센터를 정신건강증진사업 및 정신질환자 복지 서비스를 수행하는 지역 기반 기관으로 정의하고 있다. 이 센터는 단독적으로 운영되기보다는 정신건강 관련 의료기관, 사회복지시설, 교육기관, 직장 등 다양한 사회 구성체와 연계하여 지역사회 내에서 정신건강서비스의 허브 역할을 수행한다. 주요 기능으로는 정신질환자에 대한 상담 및 조기 개입, 위기 대응, 사례관리, 정신건강 교육 프로그램 제공, 지역 내 자원 연계 등이 있으며, 이를 통해 정신장애인의 지역사회 내 자립과 통합을 지원한다.

정신건강복지법은 정신건강복지센터 외에도 정신의료기관, 정신요양시설, 정신재활시설 등을 포함한 정신건강증진시설의 범위를 규정하고 있다. 정신의료기관은 전문적인 진단과 치료 기능을 중심으로 운영되며, 정신요양시설은 중증 정신질환자의 장기 보호를 위한 생활공간의 역할을 한다. 한편 정신재활시설은 정신장애인의 사회 적응 및 일상생활 복귀를 위한 훈련, 직업재활, 여가활동 지원 등을 제공한다. 이러한 다양한 유형의 시설은 각각의 목적과 기능에 따라 분화되어 있으나, 공통적으로 정신장애인의 삶의 질 향상과 지역사회 복귀를 촉진한다는 목표를 공유하고 있다.

2) 지역사회 정신건강복지시설의 설치 및 운영 근거

(1) 정신건강복지 관련 시설의 개념

정신건강복지법은 지역사회에서 정신건강 증진과 정신질환자 복지 서비스 제공을 위한 여러 유형의 전문기관 설치를 규정하고 있다. 이 중 대표적인 시설로는 정신건강복지센터, 국가트라우마센터, 중독관리통합지원센터가 있다. 각각의 시설은 법적 조항에 따라 설치 목적과 기능이 명확히 정의되어 있다.

① 정신건강복지센터는 정신건강복지법 제15조에 따라, 정신건강 증진사업과 정신질환자에 대한 지역사회 기반의 통합적 복지 서비스를 수행하는 기관이다.

② 국가트라우마센터는 제15조의2에 근거하며, 대규모 재난이나 사고 등으로 인한 심리적 외상을 예방하고 치유하는 국가 단위의 전문기관이다.

③ 중독관리통합지원센터는 제15조의3에 따라 설치되며, 알코올, 약물, 도박, 인터넷 등 다양한 중독 문제에 대한 통합적 개입과 지역사회 기반 지원을 수행하는 기관이다.

이러한 시설들은 지역사회의 정신건강 문제를 조기에 발견하고 예방하며, 다양한 정신건강 문제에 대한 전문적이고 체계적인 대응체계를 구축하는 데 핵심적인 역할을 한다.

(2) 국가 및 지방자치단체의 책임과 역할

「정신건강복지법」 제12조는 국가와 지방자치단체의 정신건강증진사업 추진 의무를 명시하고 있다.

보건복지부장관은 전국 단위의 정신건강정책을 수립하고, 광역 및 기초자치단체의 사업을 총괄 및 지원하는 기능을 수행한다. 특히 정신건강복지센터의 운영 지침, 정신질환자 지원체계 구축, 사업 예산의 지원 및 조정 등 중앙 차원의 통합 관리가 이루어진다.

한편, 시 · 도지사는 관할 광역지역 내 정신건강증진사업의 실질적인 집행 주체로서, 시 · 군 · 구 간 연계체계를 마련하고 응급 정신의료서비스 제공, 자살예방사업 등의 기능을 수행한다.

또한 시장 · 군수 · 구청장은 지역 실정에 맞는 정신건강 계획을 수립하고, 지역보건의료계획과 연계하여 현장 중심의 정신건강사업을 추진하는 데 책임을 지닌다. 이는 지역주민 밀착형 서비스 제공을 통해 정신건강 문제를 조기에 발견하고 통합적으로 개입하는 기반이 된다.

(3) 법적 설치 근거 및 주체

「정신건강복지법」 제15조, 제15조의2, 제15조의3은 각각 정신건강복지센터, 국가트라우마센터, 중독관리통합지원센터의 설치 및 운영에 대한 법적 근거를 제공하고 있다.

이들 기관은 국가 또는 지방자치단체(시 · 도지사, 시장 · 군수 · 구청장 등)에 의해 설치 및 운영되며, 보건복지부의 지침에 따라 사업을 수행한다. 각 시설은 법령에 따라 설치 기준, 운영 지침, 서비스 내용 등이 구체화되어 있으며, 전문 인력을 확보하고 지역사회의 다양한 정신건강 수요에 맞추어 융통성 있게 운영된다.

3) 지역사회 정신건강복지시설의 역사

우리나라의 정신건강복지정책은 1980년대 이후 점진적으로 제도화되었으며, 지역사회 중심의 정신건강 지원체계를 구축해 가는 과정에서 다양한 법 · 제도적 기반이 마련되어 왔다. 다음은 주요 연혁을 중심으로 한 정신건강복지정책의 발전 과정이다.

1984년 보건사회부는 '정신질환 종합대책'을 수립하여, 기존의 무허가 정신질환 관련 시설을 제도권 내로 편입시키기 위한 양성화 정책을 시작하였다. 이는 공식적인 정신보건 정책의 출발점으로 평가된다.

1990년대 초반부터 정부는 지역사회 기반 정신보건에 대한 관심을 본격적으로 드러내기 시작했다. 이러한 흐름 속에서 1995년에는 「정신보건법」이 제정되었으며, 같은 해 서울시 강남구를 중심으로 최초의 지역사회 정신보건사업이 실시되었다.

이후 1997년 해당 법률이 시행되면서, 중앙 및 지방 정신보건심의위원회가 구성되었고, 보건복지부 내에 정신보건을 전담하는 부서인 '정신보건과'가 신설되었다. 이는 정신건강 행정의 전문성과 체계성을 확보하기 위한 첫 시도였다.

1998년에는 「정신보건발전 5개년 계획」이 수립되었으며, 서울 성동구와 성북구, 강원 춘천시, 울산 남구를 중심으로 '모델형 정신보건센터'가 처음으로 운영되기 시작했다. 이어 2000년에는 알코올 문제를 전문적으로 다루는 알코올상담센터가 4개소에서 시범적으로 운영되었고, 2002년에는 아동 · 청소년을 대상으로 한 정신보건사업이 16개소에서 시작되었다.

2005년에는 정신요양시설과 정신재활시설의 운영비가 지방으로 이양되며,

지방자치단체의 정신건강 관련 책임이 보다 강화되었다.

2008년에는 기존의 기본형과 모델형 정신보건센터가 '표준형'으로 통합되고, 보다 높은 수준의 전문적 기능을 수행하는 '광역형 정신건강복지센터'가 새롭게 도입되었다. 이 시기에는 표준형 센터 148개소, 광역형 3개소가 운영되었다.

정신건강복지정책의 중요한 전환점은 2016년 「정신건강증진 및 정신질환자 복지 서비스 지원에 관한 법률」(이하 「정신건강복지법」)의 전면 개정이었다. 개정된 법은 치료 중심의 접근에서 벗어나, 재활과 회복을 포함하는 지역사회 기반의 통합적 지원체계로 패러다임을 전환하였다. 이 법은 2017년 5월 30일부터 본격적으로 시행되었으며, 정신건강복지센터의 역할과 운영 근거가 보다 명확해졌다.

2018년에는 국가트라우마센터 및 중독관리통합지원센터의 설치 및 운영 근거가 법률에 포함되며, 재난 심리 회복과 중독 문제에 대한 국가적 대응체계가 강화되었다.

2020년 기준, 전국적으로 244개소의 기초 정신건강복지센터와 16개소의 광역형 센터가 운영되었으며, 2022년에는 중독관리통합지원센터가 기존 50개소에서 58개소로 확충되었다.

마지막으로, 2023년 4월에는 「제5차 자살예방기본계획」이 수립 및 발표되면서, 정신건강 정책이 자살예방과의 연계를 통해 국민 전체의 정신건강 증진을 도모하는 방향으로 발전하고 있음을 보여 주었다.

4) 지역사회 정신건강복지시설의 설치 및 구성

(1) 정신건강복지센터 및 중독관리통합지원센터의 기능과 운영 형태

정신건강복지센터와 중독관리통합지원센터는 지역사회 내에서 정신질환 예방, 조기 발견, 상담, 재활훈련 및 사례관리 등의 핵심 기능을 수행한다. 또한 이들 기관은 정신건강증진시설 간의 연계체계를 구축하여 지역사회 정신건강사업을 체계적으로 기획하고 조정하는 역할을 담당한다.

운영 형태는 크게 두 가지로 나뉜다. 하나는 기초 또는 광역 지방자치단체가 직접 센터를 설치 · 운영하는 직영형이며, 다른 하나는 정신건강복지법 시행령에 명시된 기준에 부합하는 전문 법인 등에 센터 운영을 위탁하는 위탁형이다.

광역 정신건강복지센터와 광역형 중독관리통합지원센터는 시 · 도의 정신건강 정책 수립과 지원, 지역 특화사업의 개발 및 확산, 그리고 기초 센터 및 중독센터의 업무 지원과 사업 성과 관리 등을 담당한다. 반면, 기초 정신건강복지센터와 기초형 중독관리통합지원센터는 지역사회 내 정신건강증진사업 서비스 제공과 연계, 이용자 관리, 지역 특화 사업 수행, 성과 관리 및 광역센터와의 유기적 협력 기능을 중심으로 운영된다.

(2) 정신재활시설의 역할과 관리

정신재활시설은 정신질환자의 사회적 기능 회복을 지원하기 위해 임시 혹은 장기적으로 이용하거나 거주할 수 있는 공간을 제공한다. 이 시설들은 정신질환자의 복귀와 재활을 촉진하는 다양한 예방, 치료, 재활 프로그램을 개발 · 운영하며, 사업의 적정성과 효율성을 평가해 지속적인 개선을 모색해야 한다.

한편, 시 · 도지사 및 시장 · 군수 · 구청장은 정신재활시설 운영에 대한 지도 · 감독을 연 1회 이상 실시해야 한다. 지도 · 감독 결과는 시 · 도지사를 거쳐 다음 반기 시작 월 10일까지 보건복지부 장관에게 보고된다.

정신재활시설의 운영비 지원 책임은 지방자치단체에 이양되어 있으며, 지원은 국가가 정한 권고 기준을 토대로 이루어진다.

5. 지역아동센터

1) 지역아동센터의 개념

지역아동센터는 지역사회 내 아동에게 보호, 교육, 정서 지원 등의 종합적인 서비스를 제공하는 아동복지시설로, 특히 취약계층 아동의 건강한 성장과 발달을 지원하는 데 목적이 있다. 지역아동센터는 가정의 보호 기능이 일시적으로 부족하거나 취약한 상황에 놓인 아동에게 안전한 돌봄 환경을 제공하고, 방과 후 생활을 중심으로 학습지도, 급식, 문화·예술 활동, 정서적 안정 등을 종합적으로 지원한다.

지역아동센터는 「아동복지법」에 근거하여 설치 및 운영되며, 아동 개개인의 권리를 보장하고, 아동이 지역사회 내에서 건강한 사회 구성원으로 자랄 수 있도록 지역 내 다양한 자원과 연계하여 통합적 서비스를 제공하는 역할을 수행한다.

또한 지역아동센터는 단순한 돌봄기관을 넘어, 아동의 전인적 발달을 돕고, 부모 및 지역사회와의 소통을 통해 가정·학교·지역사회를 연결하는 복지 허브로서 기능하고 있다.

2) 지역아동센터의 추진체계

지역아동센터는 2004년 아동복지법 개정을 통해 기존 공부방을 법적 아동복지시설로 인정받으며 제도권 내에 편입되었다. 이 해 전국 895개소에서 약 23,000여 명의 아동을 대상으로 서비스를 제공하였다. 이후 2005년에는 센터 수가 약 1,700개소로 증가하며 양적으로 빠른 확대가 이루어졌다.

2006년에는 지역아동센터의 운영을 체계화하기 위해 '지역아동정보센터'가 설치되었으며, 같은 해 건축법 시행령 개정을 통해 센터 설치가 가능한 건축물의 범위가 확대되었다. 2007년에는 아동복지교사 지원사업이 새롭게 도입되어, 교육 전문성을 높이기 위한 교사 파견과 함께 중앙 및 권역별 아동복지교사지원센터가 설치되었다.

2008년에는 시범적으로 지역아동센터에 대한 평가가 처음 실시되었고, 이듬해인 2009년에는 전국 센터를 대상으로 본격적인 평가가 이루어졌으며, 종사자 교육과 컨설팅 사업도 함께 추진되었다. 또한 건축물 사용기준이 다시 한번 개정되어 센터 설치가 가능한 장소가 확대되었다.

2010년에는 평가 우수시설에 대해 추가 운영비를 지원하는 제도가 시작되었으며, 사회복지시설정보시스템의 활용이 의무화되어 행정적 투명성과 효율성이 강화되었다. 2011년에는 중앙과 시 · 도 단위의 지역아동센터지원단이 통합 설치되었고, 2012년에는 평가센터가 설치되어 3년 주기의 정기평가 체계가 마련되었다. 이 시기에는 주5일 수업제 도입에 따른 토요돌봄 지원도 함께 이루어졌으며, 아동복지법 시행규칙 개정을 통해 종사자 자격과 시설 기준이 강화되었다.

2013년부터는 신규 시설장에게 현장 실습 및 컨설팅 참여가 의무화되었고, 방과 후 돌봄 서비스 간 연계가 강화되면서 돌봄의 질적 향상을 위한 기반이 마련되었다. 2014년에는 제1기 시설평가가 완료되었고, 표준 프로그램이 개발되었으며, 아동패널 조사가 시작되었다.

2015년부터 2017년까지는 제2기 평가가 진행되었고, 지역별 돌봄 계획 수립을 위한 지표와 컨설팅 체계가 마련되었다. 2018년에는 일반아동의 센터 이용 기준이 개선되어 서비스 대상의 범위가 확장되었고, 중앙평가위원회가 구성되어 운영되었다.

2019년에는 운영비와 환경개선비에 대한 예산이 대폭 확충되었고, 공기청정기 보급과 같은 시설 환경 개선이 이루어졌다. 2020년에는 제3기 평가가 완료되었으며, 공공성 강화를 위한 시범사업이 시작되었고, 아동 등하원 시 보호자에게 알림이 전달되는 '안심알림이' 시스템이 도입되었다.

2021년에는 코로나19로 인한 돌봄 인력 부족 문제를 해결하기 위해 한시적으로 인력을 지원하는 예산이 편성되었으며, 2022년에는 우선돌봄아동 선정 기준이 개선되고, 비영리법인의 경우 시설 기준이 일부 완화되었다.

2023년에는 제4기 시설평가가 완료되었고, 인건비와 운영비가 분리 교부되었으며, 센터 운영시간이 저녁 8시까지 연장되어 돌봄 사각지대를 줄이는 데 기여하였다. 2024년에는 필수 운영시간이 오후 1시부터 8시까지로 확대되었고, 정원이 25인 이상인 센터에는 생활복지사를 추가로 배치할 수 있도록 인건비 지원이 시작되었다. 지역아동센터의 추진 경과는 〈표 12-1〉과 같다.

<표 12-1> 지역아동센터의 추진 경과

연도	내 용
2004년	• 아동복지법 개정하여 '지역아동센터(구, 공부방)'를 아동복지시설로 법제화 - 총 895개소 시설에 23,347명 아동서비스 지원
2005년	• 지역아동센터의 양적 증가 및 확대 운영 - 전국 1,709개소로 확대 운영(총 43,749명 아동 지원)
2006년	• '지역아동정보센터' 설치 · 운영('06.1) - 조사연구사업, 교육사업, 정보제공사업 등 종합적 운영 · 지원 추진 • 「건축법 시행령」 개정으로 설치 가능 건축물 용도 확대('06.6) - 노유자시설(교육연구 및 복지시설, 8개 용도) → 제1종 근린생활시설(15개 용도)
2007년	• 아동복지교사 지원사업 실시 및 '아동복지교사지원센터' 설치 · 운영('07.1) - 전문분야별 교육프로그램 지원을 위해 7개월간 2,700명 아동복지교사 파견 - 사업운영체계로 '아동복지교사지원센터(중앙 1, 권역 14)'를 설치 · 운영
2008년	• 지역아동센터 시범평가 실시('08.8) • 아동복지교사 지원사업 계속사업으로 확대 · 운영
2009년	• 전국 지역아동센터 평가 진행(총 3,224개소) 및 컨설팅사업 실시 • 종사자 역량강화를 위한 교육 실시(총 7,700명) • 「건축물 시행령」 별표1 개정으로 건축물용도 확대('09.7) - 1종 근린생활시설 → 1종 근린생활시설, 단독주택, 공동주택
2010년	• 지역아동센터 평가우수시설 운영비 추가 지원(916개소, 월 30만 원) • 사회복지시설정보시스템 활용 의무화('10.1)
2011년	• '지역아동센터지원단(중앙 1개소, 시 · 도 15개소)' 통합 설치 · 운영 • 지역아동센터 평가우수시설 인센티브(총 500개소, 월 898천 원)
2012년	• '지역아동센터평가센터' 설치 및 3년 주기 제1기 평가체계 구축 • 평가우수시설 인센티브를 기능강화사업(거점형, 특수목적형)으로 변경 • 학교의 주5일제 전환에 따른 지역아동센터 토요 운영 지원 • 「아동복지법 시행령 · 시행규칙」 개정을 통한 종사자 자격기준, 시설 설치기준 강화('12.8) • 방과후 돌봄서비스 관계 부처 간(보건복지부, 교육부, 여성가족부, 안전행정부) 업무협약 체결('12.10)
2013년	• 신규 시설장의 현장실습 · 컨설팅 참여의무화 • 방과 후 돌봄서비스 연계로 종합적 지원 · 관리체계 마련 • 지역아동센터 맞춤형 사회복지시설정보시스템 고도화 구축

연도	내 용
2014년	• 지역아동센터 1기('12~'14년) 시설평가 완료 • 표준 프로그램 개발 • 지역아동센터 아동 패널 구축 및 조사
2015년	• 지역아동센터 2기('15~'17년) 평가지표 마련 • 지역별 돌봄 계획 지표 개발 • 사회복지시설정보시스템 전국실태조사 탑재
2016년	• 지역아동센터 신규 및 기존 종사자 교육과정 차별화로 의무교육 강화 • 지역별 돌봄계획 수립 지원을 위한 시·도별 컨설팅 실시 • 방과후 돌봄 연계체계 활성화 방안 마련
2017년	• 지역아동센터 2기('15~'17년) 시설평가 완료 • 우수지역아동센터 지원 방안 마련 • 지역아동센터 3기('18~'20년) 평가지표 마련
2018년	• 지역아동센터 이용아동 기준 개선(일반아동 이용 비율 확대) • 중앙평가위원회 구성 및 운영
2019년	• 지역아동센터 이용 아동 기준 개선(일반아동 이용 비율 확대) • 지역아동센터 운영비(3,096백만 원) 및 공기청정기 지원(809백만 원) 추경 편성 • 지역아동센터 환경개선비 신규 지원(9,600백만 원)
2020년	• 지역아동센터 3기('18~'20년) 시설평가 완료 • 지역아동센터 공공성 강화 시범사업 실시(150개소) • 지역아동센터 등하원 안심알림이 구축 개시
2021년	• 지역아동센터 돌봄인력 한시 지원 242억 원 추경 편성
2022년	• 지역아동센터 이용아동 기준 개선(일반아동 이용 비율 확대, 우선돌봄아동 선정 기준 개선) • 비영리법인화 시 시설 기준 요건 완화(아동복지법 시행규칙 개정)
2023년	• 지역아동센터 4기('21~'23년) 시설평가 완료 • 인건비 및 운영비 보조금 분리 교부 • 운영시간 연장(20시까지) 돌봄 공백 방지
2024년	• 필수 운영시간 확대(13~20시) • 정원 25인 이상 시설 생활복지사 1명 추가 배치 지원(7월~)

출처 : 보건복지부(2025). 지역아동센터 지원사업 안내.

3) 지역아동센터의 프로그램

지역아동센터는 방과 후 돌봄이 필요한 아동에게 학습지도, 정서지원, 문화체험, 급식 제공 등 통합적인 보호와 교육서비스를 제공하는 복지시설로, 아동의 전인적 발달을 지원하는 다양한 프로그램을 운영한다. 이들 프로그램은 단순한 돌봄을 넘어, 아동의 삶의 질 향상과 지역사회의 복지 증진을 목적으로 하며, 아동의 성장 단계와 가족 환경, 지역 특성을 고려하여 설계된다.

4) 주요 프로그램 영역

(1) 학습지원 프로그램

지역아동센터의 핵심 기능 중 하나는 아동의 학습 능력 향상을 위한 지원이다. 이를 위해 교과목 보충수업, 자기주도학습 훈련, 독서활동 등을 실시하며, 학교 수업의 이해를 도우면서도 학습 습관 형성과 자기주도적 태도를 기르도록 한다.

(2) 정서 및 심리 지원

정서적으로 불안정한 아동에게 상담 프로그램, 집단활동, 놀이 및 미술치료 등을 제공함으로써 심리적 안정과 정서 발달을 도모한다. 특히 가정 내 돌봄이 충분하지 않은 아동에게 정서적 지지체계로 기능한다.

(3) 문화 및 예술활동

문화적 경험이 부족한 아동을 대상으로 예술 창작활동(미술, 음악, 연극 등)과 지역 문화 체험을 통해 창의력과 자기표현 능력을 향상시킨다. 박물관이나 공연장 방문, 전통문화 체험 등의 외부 활동도 포함된다.

(4) 체력 및 건강관리 프로그램

신체적 건강을 위한 생활체육, 위생교육, 식습관 교육, 안전교육 등이 실시되며, 아동의 전반적인 건강관리 능력을 배양한다. 특히 놀이를 기반으로 한 체육

활동은 신체활동 기회를 확대하는 데 중요한 역할을 한다.

(5) 진로 탐색 및 자기계발

직업 체험, 진로교육, 멘토링 활동 등을 통해 아동의 미래 설계를 지원한다. 자아탐색을 통해 자신의 강점을 인식하고, 장기적인 목표를 설정하도록 돕는다. 리더십 훈련과 시간관리 교육도 이 영역에 포함된다.

(6) 가족 기반 프로그램

아동의 안정적 성장에는 가족의 역할이 중요하기 때문에, 부모교육, 가족상담, 가족참여활동 등을 통해 가족 기능 강화에 기여한다. 가족캠프, 부모 간담회 등을 운영하며 센터와 가정 간 연계를 강화한다.

(7) 지역사회 연계 프로그램

지역 내 다양한 자원과 연계하여 복지기관, 학교, 자원봉사단체 등과의 협력 사업을 추진한다. 방학 기간에는 계절 특화 프로그램이나 집중 돌봄 프로그램을 통해 아동 보호의 공백을 최소화한다.

6. 가족센터

1) 가족센터의 개념

현대 사회는 산업화, 도시화, 가치관 변화 등 급격한 사회 변동 속에서 가족의 구조와 형태가 다변화되고 있다. 전통적인 핵가족 외에도 한부모 가정, 조손 가정, 다문화 가정 등 다양한 가족 유형이 등장하면서, 가족 내에서 발생하는 문제 역시 복잡해지고 있다. 이러한 가족 문제는 더 이상 개별 가정의 차원에 머무르지 않고 사회 전반의 안정성에 영향을 미치는 구조적 문제로 대두되고 있다. 가족의 불안정성은 곧 사회적 긴장과 불안을 초래하는 원인이 될 수 있기 때문이다.

특히 국내 이주민의 증가로 인해 다문화 배경을 지닌 아동의 수가 꾸준히 증가하고 있으며, 이는 한국 사회가 단일민족 중심의 사회에서 다양한 문화가 공존하는 다문화사회로 이행하고 있음을 단적으로 보여 준다. 이와 같은 변화는 가족 기능의 강화와 함께 다양한 가족의 어려움을 지원할 수 있는 통합적이고 체계적인 사회적 대응을 요구하고 있다.

이에 따라 정부는 2014년부터 건강가정지원센터와 다문화가족지원센터를 통합·운영하는 시범사업을 일부 지역에서 실시하였다. 이후 2017년에는 사업이 전국적으로 확대되었고, 2021년 10월에는 두 기관의 명칭을 '가족센터'로 통일하며 본격적인 조직 개편을 단행하였다. 이 같은 변화는 가족 유형에 따른 이원화된 서비스 체계를 보편적 가족지원 체계로 전환하려는 정책적 시도의 일환으로, 누구나 접근 가능한 통합형 가족 서비스 기반을 마련하는 데 목적이 있다.

가족센터는 지역사회 내 가족지원의 중추 기관으로서, 가족 구성원의 건강한 삶과 관계 증진을 위한 다양한 프로그램을 운영하고 있다. 주요 사업에는 가족상담, 부모역할교육, 가족역량 강화 프로그램 등이 포함되며, 특히 다문화가족을 위한 통합지원도 중점적으로 이루어진다. 언어 및 문화적 적응을 위한 지원, 다문화 이해 교육, 다문화 활동가 양성 등을 통해 다문화 수용성과 통합을 도모하고 있다.

2) 건강한 가정을 위한 지원사업

(1) 개요

가족센터는 지역사회 내 모든 가족 구성원을 대상으로 건강한 가정생활을 지원하는 일차적 가족지원 기관이다. 특히 다문화 가정을 포함한 다양한 가족 유형을 포괄하여 가족의 안정과 화합을 증진하기 위한 다양한 서비스를 제공한다.

이 기관은 가족생활 교육, 상담, 문화, 돌봄 등 다방면의 프로그램을 운영하며, 지역사회 내 여러 유관기관과의 협력을 통해 통합적 가족지원체계를 구축한다. 이를 통해 가족 내 갈등 예방과 건강한 가족관계 형성에 기여하고, 지역사회의 욕구를 반영한 예방적 가족정책을 실천한다.

사업의 주요 방향은 가족 기능을 강화하고, 이용자의 적극적 참여를 촉진하며, 생애주기별 맞춤형 부모교육을 활성화하는 데 중점을 둔다. 또한, 모든 가족 구성원이 평등하고 민주적인 관계 속에서 함께 성장할 수 있도록 지원하는 통합적 가족 서비스를 지향한다.

(2) 건강한 가정 지원사업 주요 내용

건강한 가정 지원사업은 교육, 상담, 문화사업을 중심으로 구성되며, 공통사업과 선택사업으로 나누어 실행된다. 공통사업에는 가족의 날 행사, 가정의 달 행사, 가족교육 프로그램, 상담 지원, 문화체험 활동, 돌봄 서비스, 다양한 가족 유형별 맞춤 지원 및 지역사회 연계 사업이 포함된다.

이러한 사업들은 지역사회 내 가족들의 삶의 질 향상과 사회적 통합을 도모하기 위한 중요한 역할을 하며, 다음과 같은 기능을 수행한다.

- 가족 구성원의 일차적 지원과 건강한 가정 환경 조성
- 지역 단위 가족교육, 상담, 문화, 돌봄 프로그램 제공
- 지역사회 유관기관과 협력하여 가족지원 서비스 통합 운영
- 지역별 가족 실태 및 주민 욕구 조사로 맞춤형 서비스 기획
- 가족생활 관련 정보 제공 및 건강가정 지원 네트워크 강화

3) 다문화 가족을 위한 지원사업

(1) 개요

다문화가족 지원사업은 중앙정부가 개발한 영역별 매뉴얼(가족, 성평등 및 인권, 사회통합, 상담, 홍보 및 자원 연계 분야)을 기반으로 추진된다. 다만, 각 지역의 상황에 맞게 매뉴얼을 변형하거나 특화된 사업을 추가할 수 있어 지역 맞춤형 지원이 가능하다.

사업내용은 크게 기본사업, 특화사업, 공통사업으로 분류된다.

- 기본사업 : 한국어교육, 다문화 이해 교육, 가족교육, 상담, 자조모임 운영 등이 포함된다.
- 특화사업 : 정서지원, 다문화 가족 역량 강화, 다문화 인식 개선, 전문인력 양성 등이다.
- 공통사업 : 홍보활동, 네트워크 구축, 자체평가 시스템 운영, 협의체 구성 및 활동 등이 있다. 이 외에도 방문교육, 정보 제공, 영농기술교육, 가족문화 조성사업 등이 포함된다. 특히 방문교육은 경제적 어려움이나 지리적 접근성 문제로 집합교육 참여가 어려운 결혼이민자 및 그 가족을 대상으로 전문 지도사를 양성하여 맞춤형 서비스를 제공하는 사업이다.

(2) 결혼이민자가정 지원사업

결혼이민자가정을 위한 지원사업은 공공기관, 민간 사회복지관, 시민단체 등 다양한 기관에서 수행되고 있으나, 전국 가족센터의 다문화가족 지원사업이 중심적인 역할을 담당한다.

사업은 기본사업, 특성화사업, 홍보 및 운영 등으로 구분되며, 주요 내용은 다음과 같다.

- 기본사업 : 한국어교육, 다문화가족 통합교육, 취업연계 지원, 다문화가족 자조모임 운영, 개인 및 가족 상담 등
- 특성화사업 : 방문교육(특히 집 밖 출입이 어렵거나 12세 미만 아동을 양육하는 결혼이민자가정을 위한 한국어교육 및 아동양육 지원), 다문화가정 자녀를 위한 언어발달 진단 및 전문 교육 프로그램, 통번역 서비스, 이중언어 교실 등

단 원 평 가

1. 다음 중 사회복지관 운영이 기본 원칙이 아닌 것은?

① 지역성의 원칙 ② 전문성의 원칙
③ 통합성의 원칙 ④ 차별성의 원칙
⑤ 자원활용의 원칙

해설 ④ 사회복지관 운영의 원칙은 지역성의 원칙, 전문성의 원칙, 책임성의 원칙, 자율성의 원칙, 통합성의 원칙, 자원활용의 원칙, 중립성이 원칙, 투명성의 원칙이다.

2. 다음 중 재가복지 서비스의 원칙이 아닌 것은?

① 효과성의 원칙 ② 효율성의 원칙
③ 공평성의 원칙 ④ 접근성의 원칙
⑤ 간결성의 원칙

해설 ⑤ 재가복지 서비의 원칙은 효과성의 원칙, 효율성의 원칙, 공평성의 원칙, 접근성의 원칙이다.

3. 다음 중 재가복지 5대 핵심 사업이 아닌 것은 ?

① 방문요양서비스 ② 방문목욕서비스
③ 자활서비스 ④ 주간보호서비스
⑤ 단기보호서비스

해설 ③ 재가복지 5대 원칙은 방문요양서비스, 방문목욕서비스. 방문간호서비스, 주간보호서비스, 단기보호이다.

4. 다음 중 지역아동센터 주요 프로그램 영역이 맞는 것은?

① 자조모임 프로그램 ② 진로탐색 및 자기계발
③ 가족문화 조성 프로그램 ④ 영농기술 프로그램
⑤ 방문교육 프로그램

해설 ③ 지역아동센터 주요 프로그램은 학습지원 프로그램, 정서 및 심리 지원, 문화 및 예술 활동, 체력 및 건강관리 프로그램 진로탐색 및 자기계발, 가족 기반 프로그램 등이 있다.

5. 다음 중 가족센터에서 건강한 가정 지원사업 내용이 아닌 것은?

① 가족 구성원의 일차적 지원과 건강한 가정 환경 조성

② 지역 단위 가족교육, 상담, 문화, 돌봄 프로그램 제공

③ 지역별 가족 실태 및 주민 욕구 조사로 맞춤형 서비스 기획

④ 가족생활 관련 개인정보 유출

⑤ 지역사회 유관기관과 협력하여 가족지원서비스 통합 운영

해설 ④ 가족센터 내 건강한 가정 지원사업은 가족 구성원의 일차적 지원과 건강한 가정 환경 조성, 지역 단위 가족교육, 상담, 문화, 돌봄 프로그램 제공, 지역사회 유관기관과 협력하여 가족지원서비스 통합 운영, 지역별 가족 실태 및 주민 욕구 조사로 맞춤형 서비스 기획, 가족생활 관련 정보 제공 및 건강가정 지원 네트워크 강화 등이다.

생각해 보기

• 지역자활센터가 저소득층의 자립을 위해 제공하는 지원 방안과 그 사회적 효과에 대해 설명해 보시오.

Chapter 13

지역사회복지운동의 이해

개 요

지역사회복지운동은 사회적 약자의 권익 증진과 구조적 불평등 해소를 위한 주민 주도의 집합적 실천이다. 단순한 복지 서비스 제공을 넘어 민주적 참여, 연대, 공동체 회복을 통해 지역사회의 실질적 변화를 이끌며, 복지의 공공성과 자율성을 강화하는 핵심 동력으로 작용한다.

학습목표

1. 지역사회복지운동의 개념과 핵심 구성 요소를 설명할 수 있다.
2. 국내외 다양한 지역사회복지운동 사례를 분석하고 실천적 함의를 도출할 수 있다.
3. 지역사회복지운동의 유형을 구분하고 상황에 적합한 실천 전략을 모색할 수 있다.

1. 지역사회복지운동의 개요

지역사회복지운동은 지역 내 다양한 사회문제에 대응하고 주민의 삶의 질을 향상시키기 위한 집단적 실천 활동이다. 이는 단순한 복지 서비스 제공을 넘어, 주민이 문제를 자각하고 해결에 주체적으로 참여하는 변혁적 과정이다. 전통적인 위계적 복지전달체계와 달리, 이 운동은 수평적이고 주민참여 중심의 구조를 지향한다. 따라서 주민은 더 이상 수혜자가 아닌, 지역사회를 개선하는 실천의 주체로 간주된다. 이러한 관점은 '위로부터의 복지'가 아닌 '아래로부터의 복지' 실현을 목표로 한다. 특히 사회적 약자와 소외계층의 권리 옹호와 구조적 불평등 해소가 핵심 목적이다. 주민의 참여는 문제 해결 수단일 뿐 아니라, 민주주의 실현과 공동체 회복을 위한 기반이 된다. 그 과정에서 형성되는 참여와 연대는 사회복지의 공공성을 강화하는 동력이 된다. 또한 지역사회 구성원 간의 협력을 통해 통합성과 자생력이 증진된다. 결국 지역사회복지운동은 주민 중심의 지속가능한 복지 실천으로 발전하고 있다.

1) 지역사회복지운동의 핵심 구성 요소

(1) 주체

지역사회복지운동의 핵심 주체는 지역사회 주민, 시민사회단체, 비정부기구(NGO), 사회복지사 등이다. 이들은 지역 내 문제를 인식하고 해결을 위해 자발적으로 조직화되며, 지역사회 변화를 위한 실천의 동력이 된다.

(2) 목적

이 운동의 주요 목적은 지역 내 사회문제 해결, 소외계층의 권익 증진, 주민의 자조 역량 강화, 공동체 의식의 회복 및 지역사회 통합에 있다. 이는 사회적 연대와 민주적 참여를 통해 실현된다.

(3) 방식

지역사회복지운동은 주민 조직화, 캠페인, 집단행동, 공청회, 정책 제안 및 사회적 공론화 등의 다양한 방식으로 전개된다. 이러한 실천 방식은 단순한 일회성 행위를 넘어서 지속적이고 체계적인 참여민주주의 실현의 장이 되며, 사회복지정책 형성에도 영향을 미친다. 특히 주민이 주체적으로 복지 의제에 참여함으로써 정책의 정당성과 수용성을 제고하고, 지역사회 전체의 복지 역량을 향상시킬 수 있다.

2) 지역사회복지운동의 실제 적용 사례와 의미

지역사회복지운동은 주민의 일상 속 문제를 출발점으로 하여 집단적 참여와 협력을 통해 구조적 문제를 해결하는 실천이다. 경기도의 '마을회관 개선 활동'은 주민 주도, 기관 협업, 자원 연계의 대표 사례이며, 미국 로웰 프로젝트는 다양한 주체가 참여한 주민 중심 복지운동의 성공 모델이다. 이러한 사례들은 주민이 변화의 주체가 되어 공동체를 회복하고 민주적 복지를 실현하는 지역사회복지운동의 의미를 잘 보여 준다.

2. 우리나라 지역사회복지운동의 흐름

1) 한국 지역사회복지운동의 역사적 전개

한국 지역사회복지운동은 1997년 IMF 외환위기를 계기로 본격화되었다. 당시 구조조정과 실업으로 복지 사각지대가 급증했지만, 기존 국가 복지체계는 이를 효과적으로 대응하지 못했다. 이에 따라 주민과 민간 중심의 자발적 복지 실천이 등장하게 되었다. 무료급식소, 공동육아, 의료봉사 등은 공동체 기반의 복지운동으로 기능했다. 이러한 경험은 주민이 복지의 수동적 수혜자가 아닌 주체로 인식되는 전환점이 되었다. "복지는 국가가 주는 것이 아니라 주민이 함께 만드는 것"이라는 인식이 확산되었다. 자조와 참여의 철학이 지역복지운동의 핵심 가치로 자리 잡았다. 2000년대 이후 지방자치제와 복지국가 담론의 확산으로 운동은 체계화되었다. 복지운동은 주거, 돌봄, 환경 등 다양한 의제를 아우르는 통합적 실천으로 발전하였다. 이로써 지역사회복지운동은 전문성과 공공성을 갖춘 주민 중심 실천으로 정착하게 되었다.

2) 한국 지역사회복지운동의 주요 흐름

한국 지역사회복지운동은 IMF 외환위기(1997)를 계기로 국가 중심 복지의 한계를 인식하고 주민 중심 실천으로 전환되었다. 당시 민간과 시민사회가 무료급식, 공동육아 등 자발적 복지 활동을 전개하며 지역복지운동의 기초를 마련했다. 2000년대에는 지방자치제 정착과 함께 주민참여형 마을복지계획, 협의체 구성 등이 활발해졌다. 복지를 단순한 혜택이 아닌 주민 공동의 기획과 실천 과제로 인식하는 전환이 일어났다. 중반 이후에는 주거, 교육, 환경 등 생활 밀착형 의제로 복지운동의 외연이 확대되었다. 사회적경제, 마을기업, 주민 돌봄 네트워크 등 복지와 경제를 연계한 융합적 실천도 등장했다. 2010년대에는 커뮤니티 케어와 통합돌봄 논의가 강화되며 자조 기반의 지역복지모델이 발전했다. 정부의 시범사업 확산과 함께 지역사회 중심 통합복지체계가 정책 기조로 자리 잡았다. 민·관 협치를 통해 주민이 문제 인식, 의사결정, 자원조직 등 전 과정에 참여하게 되었다. 이러한 흐름은 복지의 민주성과 실효성을 동시에 추구하는 방향으로 지역사회복지를 발전시키고 있다.

3) 실제 사례로 살펴보는 한국 지역사회복지운동의 흐름

한국의 지역사회복지운동은 단지 이론적 담론이나 정책적 제도화에 머무르지 않고, 주민 중심의 실천 사례를 통해 구체적 양상으로 전개되고 있다. 이러한 사례들은 복지의 수요자였던 주민이 복지의 기획자이자 실행 주체로 전환되는 과정을 보여 주며, 복지의 민주적 실현 가능성을 뒷받침한다. 특히 자발적인 주민참여, 민간 조직과의 협력, 공공 행정과의 유기적 연계는 지역사회복지운동의 실천적 성격을 입증하는 주요 요소로 작용한다(장미경, 2012).

(1) 광주광역시 북구 두암동의 마을복지계획

두암동은 과거 복지 서비스의 접근성이 낮고, 독거노인과 장애인 가구가 밀집해 있는 등 복지 사각지대 문제가 심각했던 지역이다. 이 지역에서는 문제 해결을 위한 복지운동이 '주민 주도적 조직화'에서 시작되었다. 주민들은 먼저 마을 내 복지자원을 가시화하고, 복지 수요자를 파악하기 위한 '복지마을지도'를 제작하였다. 이를 통해 마을 내 소외계층의 구체적 욕구를 체계적으로 조사하고 시각화함으로써, 주민 간의 인식 공유와 문제의식 확산을 유도하였다.

이후 '찾아가는 공동체 간담회'와 '복지의제 발굴 회의' 등 참여 기반의 활동이 연속적으로 이어졌으며, 주민이 직접 기획하고 운영하는 복지 프로그램이 다각도로 확대되었다. 특히 동 단위의 지역사회보장협의체와 연계하여 정기적인 협의 구조를 형성함으로써, 자발적 복지 실천이 행정체계와 제도적으로 연결되는 선순환 구조를 만들어 냈다(최영, 2017).

(2) 전국 "세이브더칠드런 공동육아 네트워크"

1997년 IMF 외환위기 이후, 대규모 실업과 경제 불안정은 가계와 가족 구성원의 일상에 심대한 영향을 미쳤으며, 특히 영유아 양육 부담이 가중되었다. 이로 인해 전국 곳곳에서는 돌봄에 어려움을 겪던 부모들이 자발적으로 소규모 공동육아 모임을 구성하기 시작하였다. 이 모임들은 초기에는 비공식적이고 제한된 자원 속에서 운영되었지만, 국제 NGO인 세이브더칠드런(Save the Children)과의 협력체계를 통해 점차 조직화되고 전국적 네트워크로 확장되었다(세이브더칠드런, 2020).

'공동육아나눔터'는 이러한 자발적 부모 네트워크의 핵심 공간으로 자리매김하였다. 이 공간은 0세에서 5세까지의 아동을 대상으로 돌봄, 놀이, 교육 활동을 공동으로 운영하며, 부모 간 상호 지지와 공동체성을 회복하는 중심 역할을 수행하였다. 특히, 돌봄을 '부담'이 아닌 '공동 책임'으로 재구성함으로써 가족 내

성역할 부담 해소와 사회적 돌봄 인식 확산에 기여하였다(오현선, 2018).

이후 이러한 비공식 민간 돌봄 운동은 정부의 '다함께돌봄 정책'과 연계되며 제도화되었다. 이는 공동체 기반의 돌봄이 국가 정책 틀 안으로 포섭되며, 지역사회 중심 아동복지 체계의 구축이라는 사회적 성과로 이어졌음을 의미한다. 특히 지역주민의 자발성, 민간 조직의 유연성, 그리고 정부의 제도적 지원이 상호작용함으로써 민관 협력의 긍정적 가능성을 제시한 사례로 평가받는다(김현정 · 박지숙, 2021).

(3) 해외 참고 사례 : 일본 "지역포괄케어 시스템"과 지역복지활동

일본은 세계에서 가장 빠른 속도로 진행되는 고령화에 대응하기 위해 1990년대 말부터 '지역포괄케어 시스템(地域包括ケアシステム)'을 단계적으로 도입하였다. 이 시스템은 고령자가 익숙한 지역에서 가능한 한 오래 거주하면서 의료, 요양, 예방, 주거, 생활지원 서비스를 통합적으로 제공받을 수 있도록 설계된 지역 중심 복지 모델이다(Ministry of Health, Labour and Welfare [MHLW], 2013).

특히 도야마현의 사례는 지역포괄케어 시스템이 어떻게 실천적으로 구현될 수 있는지를 보여 준다. 도야마현에서는 '지역생활지원센터'를 중심으로 자원봉사자, 요양시설, 지역사회단체, 지방정부가 연계된 협력체계를 구축하여 고독사 예방, 치매 가족 지원, 취약계층 대상 안부살핌 활동 등을 수행하고 있다. 이러한 활동은 공공과 민간, 전문가와 시민이 각자의 역할을 수행하면서도 상호 협력하는 방식으로 운영된다(이소하라, 2021).

일본의 지역포괄케어 시스템은 단순한 행정 서비스 전달을 넘어서, 지역사회 내에서 돌봄이 자율적 · 지속적으로 이루어질 수 있도록 하는 사회적 인프라를 구성하고 있다는 점에서 주목된다. 또한 이 모델은 정책 설계 시 주민참여와 민관 협력을 제도적으로 내재화하고 있다는 점에서, 커뮤니티 기반 복지 실천의 대표적 사례로 평가받는다.

3. 지역사회복지운동의 형태

지역사회복지운동은 주민의 삶의 질을 향상시키기 위해 다양한 영역에서 조직적으로 전개되는 실천 활동이다. 이 운동은 지역의 특성, 주민의 욕구, 사회적 환경에 따라 다르게 나타나며, 실천의 구체성을 반영하여 다섯 가지 유형으로 분류할 수 있다. 각각의 형태는 독립적으로 존재하기보다는 상호 연계되고 융합적으로 전개되며, 이는 지역사회복지운동의 복합성과 역동성을 보여 준다.

1) 생활운동(Living Movement)

생활운동은 주민의 일상에서 발생하는 구체적이고 실질적인 문제를 해결하기 위한 실천 중심의 지역사회복지운동이다. 주거 환경, 보건안전, 교육, 육아, 문화복지 등 주민의 삶과 직결된 영역에서 출발하며, 주민 스스로 문제를 인식하고 해결 과정을 주도한다는 점에서 자조성과 주민참여를 핵심 가치로 삼는다(Best, 1995).

이 운동은 단순히 외부 기관에 의해 제공되는 서비스에 의존하는 방식이 아니라, 주민들의 자발적인 조직화와 생활밀착형 접근을 통해 공동체의 회복력과 응집력을 높이는 데 기여한다. 특히 소수 주민의 문제 제기가 마을회의, 캠페인, 제도 개선 등의 흐름으로 이어지고, 지역 행정이나 지방의회와의 협력을 통해 정책적 성과로 연결되는 과정을 통해 실천적 효과가 가시화된다.

(1) 국내 사례 : 서울 은평구 ‘안전한 골목길 만들기 프로젝트’

서울 은평구의 한 주거밀집 지역에서는 야간 시간대 골목이 어두워 노인과 아동의 안전 문제가 반복적으로 제기되었다. 이에 일부 주민들이 자발적으로 모여 문제를 논의하고 마을회의를 구성하여, 시청과 구청에 가로등 설치, 벽화 조성, CCTV 부착 등을 요청하였다. 이들은 동 단위 주민참여예산제도를 활용해 관련 예산을 확보하였으며, 지역 사회복지관과의 협업을 통해 ‘안전한 골목길 만들기 프로젝트’를 구체적으로 실행하였다.

프로젝트가 실행된 후 주민들의 귀갓길은 한층 밝고 안전해졌고, 주민 스스로 문제를 인식하고 해결책을 마련한 경험은 지역사회에 대한 소속감과 신뢰 형성에 긍정적인 영향을 미쳤다. 이와 같은 경험은 지역사회복지운동이 단순한 민원 수준을 넘어, 주민 주도적 실천과 제도적 연결이 가능한 복지 실천의 기초적 형태임을 보여 준다.

(2) 국외 사례 : 일본 도쿄 '코다이라시 공동육아네트워크'

일본 도쿄 외곽에 위치한 코다이라시에서는 전업주부들이 육아에 대한 부담과 고립감을 해소하기 위해 자발적으로 결성한 자조모임이 공동육아운동의 출발점이 되었다. 이들은 서로의 자녀를 순번제로 돌보는 방식으로 초기 공동육아 활동을 시작하였고, 해당 활동은 지역사회 내에서 긍정적인 평가를 받으며 점차 공공의 지지를 얻게 되었다.

이러한 비공식적 실천은 시간이 흐르며 제도화의 과정을 거쳐, 현재는 코다이라시청으로부터 공간과 운영 예산을 지원받는 공식 지역복지 프로그램으로 발전하였다. 특히 이 공동육아네트워크는 공공 육아지원센터와의 협력을 통해 전업주부뿐 아니라 맞벌이 가정, 조부모 세대 등 다양한 가족 구성원을 아우르는 돌봄 기반을 제공하며, 지역 내 포괄적 복지 실천 모델로 자리 잡고 있다.

이 사례는 국가 주도의 정책적 개입 없이도 주민 자조와 상호 협력에 기반한 생활운동이 제도화되고 공공화되는 과정을 보여 준다. 이는 곧 주민 중심의 생활밀착형 복지 실천이 어떻게 지역사회복지운동의 구조적 기반으로 정착될 수 있는지를 실증적으로 보여 주는 대표적 사례이다.

2) 권익옹호운동(Advocacy Movement)

권익옹호운동은 사회적 약자와 소수 집단의 권리 보장과 제도적 불평등 해소를 지향하는 실천 중심의 활동이다. 이 운동은 단순한 자원 제공이나 서비스 접근을 넘어서, 인간의 존엄성과 사회적 정의를 실현하고자 하는 사회복지의 핵심 가치와 밀접하게 연결되어 있다(Neier, 2012). 특히 사회복지사는 이러한 권익옹호 활동에서 전문성과 윤리성을 바탕으로 실천가이자 중재자, 정책 제안자로서의 역할을 수행한다.

권익옹호운동은 제도와 법률의 사각지대에서 발생하는 구조적 배제나 차별을 공론화하고, 시민사회와 연대하여 제도적 변화와 사회 인식 개선을 유도한다. 실천 방식은 매우 다양하며, 법적 소송, 입법 청원, 정책 캠페인, 시민교육, 언론 전략 등 복합적인 방식으로 전개된다(Rappaport, 1981). 이 과정은 비판적 사회복지의 맥락에서, 사회복지사가 체제와 구조에 대해 능동적으로 개입하는 공공 실천의 성격을 갖는다.

(1) 국내 사례 : 장애인 이동권 투쟁 – 전국장애인차별철폐연대(전장연)

2001년 경기도 오이도역에서 발생한 리프트 추락 사고로 인해 한 중증 장애인이 사망한 사건은 한국 장애인 인권운동의 중대한 전환점이 되었다. 이 사건은 장애인의 안전과 이동권이 전혀 보장되지 않는 현실을 드러냈고, 이를 계기로 '지하철 승강기 설치 운동'이 시민사회 전반으로 확산되었다.

이후 2002년 전국장애인차별철폐연대(전장연)가 창립되며, 보다 조직적이고 지속적인 권익옹호운동이 전개되었다. 특히 2022년에는 전장연이 서울 지하철 선로 위에서 이동권 보장을 요구하며 시위를 전개하였고, 이에 대한 사회적 반향은 찬반 여론을 불러일으키며 장애 인권 이슈를 공론화시켰다. 이러한 과정을 통해 서울시와의 정책협의체가 구성되고, 장애인 이동권 확대, 공공 교통 접근성 개선, 국가의 제도적 책임 강화와 같은 가시적인 성과가 도출되었다.

(2) 국외 사례 : 미국 Black Lives Matter(BLM) 운동의 사회복지적 접근

미국의 Black Lives Matter(BLM) 운동은 2013년 플로리다 주에서 발생한 트레이본 마틴(Trayvon Martin) 사건 이후 시작된 인종 정의 운동으로, 단순한 인종차별 반대 시위를 넘어 구조적 불평등을 비판하고 사회정의를 실현하려는 광범위한 사회운동으로 발전하였다. 특히 이 운동은 사회복지 실천과 밀접하게 연결되며, 사회복지 전문가들이 인종차별의 구조적 문제에 대해 비판적 시각을 가지고 개입하는 계기를 제공하였다(Meehan, 2021).

BLM 운동은 인종 정의를 포함한 권익옹호의 새로운 지평을 열었으며, 이를 통해 사회복지 실천이 단순한 서비스 제공을 넘어서 제도 개혁과 사회 인식 전환이라는 실천적 과제를 적극적으로 수용할 수 있음을 보여 주었다. 사회복지 기관들은 조직 내 인종적 불평등을 점검하고, 유색인종 대상 정신건강 서비스 확대, 반인종차별 교육 프로그램 운영, 포괄적 정책 수립 등 다양한 전략을 채택하여 실천을 구체화하였다(National Association of Social Workers [NASW], 2020).

BLM 운동은 특히 사회복지사들이 인종적 소수자의 권리를 대변하고, 이들의 목소리를 제도와 정책에 반영하기 위한 옹호 활동에 참여하도록 요구하였다. 이 과정에서 사회복지사는 '옹호자(advocate)'로서 당사자 중심의 참여적 접근을 실현하며, 사회운동과 복지 실천 간의 연결고리로 기능하였다.

3) 주민 조직화(Community Organizing)

주민 조직화는 지역사회 내 구성원들이 자발적으로 연대하고 협력하여 공동의 문제를 인식하고 해결해 나가는 실천적 접근 방식이다. 이 개념은 단순한 참여를 넘어 주민 스스로가 지역사회의 주체로 기능하도록 역량을 강화하는 데 중점을 둔다(Fisher, 1994). 주민은 수동적인 서비스 수혜자가 아니라, 정책 결정과 실행 과정에서 적극적으로 목소리를 내는 행위자로 전환된다.

주민 조직화는 지역사회의 공동체성과 자생력을 회복하는 데 중요한 역할을 한다. 이 과정에서 사회복지사는 조력자이자 촉진자의 역할을 수행하며, 주민의 문제 인식과 해결 능력, 민주적 의사결정 참여를 유도하는 전략을 구사하게 된다(Hyde, 2004). 구체적인 전략으로는 주민 리더십 양성, 정기적 회의체 운영, 마을계획 수립, 자원 조사 및 분석, 실행 기반 구축 등이 포함된다.

이러한 주민 중심의 조직화 활동은 지역사회 자치 역량을 제고할 뿐 아니라, 향후 공공 정책과의 연계를 가능하게 하여 제도적 복지의 보완 또는 대안으로 기능할 수 있다. 특히 지역 특성과 주민의 다양한 요구를 반영한 복지 실천이 가능하다는 점에서 지속가능한 지역사회복지의 핵심 전략으로 주목받고 있다.

(1) 국내 사례 : 서울 성북구 '주민참여형 마을계획 수립사업'

서울 성북구는 주민참여 기반의 마을계획 수립을 제도화한 대표적인 사례다. 각 동 단위로 구성된 마을계획단은 지역 내 문제를 주민 스스로 발굴하고, 정기적인 회의와 토론회를 통해 지역 의제를 도출하였다. 특히 주민 인터뷰와 현장 조사를 바탕으로 실질적인 요구를 반영하였고, 마을총회를 통해 실행 우선순위를 결정하였다.

(2) 국외 사례 : 브라질 '포르투 알레그리의 참여예산제(Participatory Budgeting)'

브라질의 포르투 알레그리시는 1989년부터 세계 최초로 체계적인 참여예산제(Participatory Budgeting, 이하 PB)를 도입하여 실현한 도시로, 주민 조직화가 제도적 민주주의 실천으로 전환된 대표적 사례로 주목받는다(Abers, 2000). 참여예산제는 주민들이 연례적으로 모여 시 예산의 편성과 배분에 대해 직접 논의하고 결정하는 방식으로, 행정의 투명성과 주민참여의 실질적 확대를 동시에 도모하고 있다.

이 제도는 지역 단위별 예산토론회를 통해 주민들이 자신의 지역에서 필요한 공공사업의 우선순위를 정하고, 이를 시 차원의 예산 결정 과정에 반영하도록 구조화되어 있다. 주민들은 각 지역의 참여예산위원회에서 토론을 진행하고, 최종적으로 시 전체의 예산안을 구성하는 공동 결정에 참여함으로써, 정책 수립의 주체로서 기능하게 된다(Sintomer et al., 2012).

4) 사회경제운동(Social and Solidarity Economy Movement)

사회경제운동은 자본의 극대화보다는 사회적 가치와 공동체의 지속가능한 발전을 핵심으로 하는 대안적 경제활동을 지칭한다(OECD, 2020). 이는 이윤 중심의 전통적 시장경제체제가 직면한 불평등과 환경 파괴, 지역 공동체 해체 등의 문제를 극복하고자 하는 시도이며, 연대와 협력을 기반으로 한 윤리적 경제 모델을 실현하려는 움직임이다.

사회경제운동의 주요 특징은 첫째, 구성원 간 상호 협력과 민주적 운영에 있다. 둘째, 활동의 이익을 특정 개인이 아닌 공동체 전체에 환원하며, 셋째, 경제적 자립과 사회적 목적의 조화를 지향한다(Defourny & Nyssens, 2006). 이러한 원칙은 사회적기업, 협동조합, 마을기업, 지역화폐와 같은 다양한 실천 모델로 구체화되며, 이들은 지역 내 고용 창출, 복지 서비스 제공, 환경 보호 등 복합적인 사회문제 해결에 기여한다.

사회경제운동은 복지국가의 한계를 보완하는 하향식 · 수평적 대안으로 평가되며, 특히 지역 기반의 돌봄체계, 청년 일자리 문제, 환경 위기 대응 등에서 실질적 효과를 보이고 있다. 또한 복지와 경제를 이분법적으로 구분하지 않고, 상호 보완적으로 통합하는 방향을 제시하고 있다는 점에서 중요한 의미를 가진다.

(1) 국내 사례 ① : 대전 '한밭레츠(LETS)'

'한밭LETS(Local Exchange Trading System)'는 대전광역시에서 자발적으로 시작된 지역화폐 기반 공동체경제 실험으로, 주민 간 서비스와 재화를 현금 없이 '두루'라는 지역화폐를 통해 교환한다. 예를 들어, 한 주민이 가정에서 키운 농작물을 제공하고, 다른 주민은 컴퓨터 수리, 돌봄, 교육 등의 서비스를 제공하는 방식이다(한밭레츠 운영위원회, 2021).

(2) 국내 사례 ② : 광주 광산구 '클린광산사회적협동조합'

광주광역시 광산구의 '클린광산사회적협동조합'은 지역 내 청소용역 사업을 주민들이 직접 운영하는 사회적협동조합 모델이다. 이 조합은 지역 청년과 중장년층을 고용하여 청소 업무를 수행하고, 수익의 일부를 지역사회에 환원하는 구조를 채택하고 있다(광산구 사회적경제네트워크, 2022).

(3) 국외 사례 : 캐나다 퀘벡 주의 사회적 경제 네트워크

캐나다 퀘벡 주는 1990년대 이후 공공 서비스의 민영화와 복지 축소에 대한 사회적 반작용으로 사회적 경제운동이 급속히 확산된 대표적 지역이다(Mendell, 2009). 경제위기 속에서 지역 공동체의 자율성과 지속가능성을 지키기 위해 지역주민, 노동자, 시민사회단체, 사회운동가들이 연합하여 다양한 사회적 경제

조직을 설립하였다. 이들은 협동조합, 비영리기업, 사회적기업 등의 형태로 의료, 교육, 돌봄, 주거 같은 필수적인 공공 서비스를 자율적이고 민주적인 방식으로 제공하였다.

퀘벡의 사회적 경제 모델은 단순한 경제적 생존 전략을 넘어, 지역주민들이 주체가 되어 공공의 역할을 공동체 내부에서 실현한 복지 대안 체계로 평가된다. 특히 이 모델은 중앙정부의 개입이 제한된 상황에서도 지역 공동체가 복지적 기능을 스스로 보완하고 확장할 수 있음을 실증적으로 보여 주는 사례로, 유엔 사회개발회의에서도 주목받은 바 있다(Utting, 2015).

5) 사회적 권리운동(Social Rights Movement)

사회적 권리운동은 인간의 존엄성과 생존에 필수적인 주거, 건강, 교육, 환경, 문화 등의 권리를 실현하고 보호하는 것을 목표로 하는 복지 실천 활동이다(Habitat International Coalition, 2017). 이는 복지를 단순한 시혜적 서비스로 보지 않고, 모든 시민이 정당하게 누려야 할 보편적 권리로 재정의하는 접근이다. 사회복지를 '권리'의 문제로 전환함으로써, 이 운동은 사회정의(social justice)와 인권(human rights)의 실현을 핵심 가치로 삼는다(Coyne, 2018).

사회적 권리운동은 국가의 정책 형성 과정에서 시민의 참여와 목소리를 제도적으로 반영하고자 하며, 시민사회단체, 주민 조직, 전문가 집단 등 다양한 주체가 연대하여 실천을 전개한다. 특히 주거권, 생존권, 환경권 등은 단순한 복지를 넘어선 구조적 쟁점이며, 이와 같은 권리 확보는 갈등 조정, 제도 개혁, 공공성 강화 등 다층적인 전략을 요구한다.

(1) 국내 사례 ① : '민달팽이 유니온' – 청년 주거권 운동

'민달팽이 유니온'은 청년과 대학생을 중심으로 한 주거권 기반 시민단체로, 청년층의 불안정한 주거 현실을 사회적 이슈로 공론화하고, 주거를 권리로 재정립하는 활동을 수행해 왔다(이한나, 2020). 이들은 쉐어하우스 운영, 정책 캠페인, 공공임대주택 확대 요구 등 실천을 통해 청년 주거권 보장을 위한 법적 · 제도적 기반을 확산시켰다.

(2) 국내 사례 ② : '밀양 송전탑 반대운동' – 생존권 운동

경남 밀양에서는 정부의 초고압 송전탑 건설 계획에 반대하여 지역주민, 농민, 활동가, 시민단체가 연대하여 생존권 투쟁을 전개하였다(박진, 2015). 이 운동은 개발 반대에 국한되지 않고, 국가 인프라 건설이라는 국가주의적 논리와 주민의 삶의 터전에 대한 권리 간의 충돌이라는 구조적 문제를 제기하였다.

(3) 국외 사례 : 유엔 해비타트(UN Habitat)의 '도시권(Right to the City)' 운동

유엔 해비타트는 '도시는 모든 사람의 것이다'라는 원칙 아래, 도시 공간에서의 시민권을 실현하기 위한 '도시권(Right to the City)' 캠페인을 전개하고 있다(UN-Habitat, 2010). 이 운동은 공공 서비스 접근성, 주거권 보장, 도시계획 참여, 지속가능한 환경 조성 등을 시민의 기본권으로 규정하고, 전 세계 도시정부와 시민사회가 참여하는 글로벌 운동으로 확산되었다.

<표 13-1> **지역사회복지운동 형태 비교표**

유형	정의	핵심 특징	국내 사례	국외 사례
생활운동	일상에서 출발한 실천 중심의 문제 해결 활동	자조성, 생활밀착형 접근, 주민 주도	은평구 안전한 골목길 만들기	일본 코다이라시 공동육아네트워크
권익옹호 운동	사회적 약자의 권리를 보장하고 불평등 구조 개선 지향	인권 중심, 구조 비판, 제도 변화 요구	전국장애인차별철폐연대(전장연) 이동권 운동	미국 Black Lives Matter 운동
주민 조직화	주민의 자발적 연대와 협력을 통한 지역 문제 해결	주민 리더십, 민주적 의사결정, 자생력 강화	서울 성북구 주민 참여형 마을계획	브라질 포르투 알레그리 참여예산제
사회경제 운동	사회적 가치를 실현하는 대안적 경제활동	민주적 운영, 지역순환경제, 공동체 중심	한밭LETS, 클린광산 사회적협동조합	캐나다 퀘벡 사회적 경제 네트워크
사회적 권리운동	주거, 건강, 환경 등 기본 권리 실현을 위한 실천	보편적 권리 주장, 제도 개혁, 시민 참여 강조	민달팽이 유니온, 밀양 송전탑 반대운동	UN Habitat '도시권' 캠페인

4. 지역사회교육운동

1) 지역사회교육운동 : 주민 역량 강화와 공동체 회복의 교육 실천

지역사회교육운동은 지역주민이 단순한 복지 서비스의 수혜자에 머무르지 않고, 지역사회 문제를 인식하고 해결하는 주체로 성장할 수 있도록 돕는 교육 중심의 실천 활동이다(Mayo, 1999). 이 운동은 지역주민의 역량 강화(empowerment)와 공동체 형성(community building)을 핵심 가치로 삼으며, 지역사회의 지속가능한 변화와 민주적 참여를 동시에 추구한다.

이러한 교육운동은 전통적인 지식 전달을 넘어서, 주민이 사회적 맥락에서 자신의 삶을 재해석하고 공동체 문제에 능동적으로 대응할 수 있도록 하는 과정 중심의 실천 교육이다(Freire, 1970). 즉, 주민은 학습의 수동적 객체가 아니라, 실천적 변화의 동력으로 성장하는 주체로 자리매김한다.

(1) 실제 사례 : 성미산마을 '주민학교'

서울 마포구 성미산마을에서는 2000년대 초 학부모와 지역주민들이 주체가 되어 대안학교인 성미산학교를 설립하였다. 이 운동은 "학교를 마을이 만들자"는 슬로건을 내세우며 시작되었으며, 단지 아동 교육에 그치지 않고 마을 전체가 학습과 실천의 공간이 되는 '주민학교'로 확장되었다.

주민들은 환경, 정치 참여, 공동체 운영 등 실생활과 밀접한 문제들을 함께 배우고 토론하면서, 자연스럽게 마을 운영의 주체로 성장하였다. 한 주민은 "자녀 교육이 걱정돼 시작했지만, 지금은 마을과 사회를 바꾸는 힘이 우리에게 있다는 걸 알게 됐다"고 회고했다(김찬호, 2016).

(2) 지역사회교육운동의 핵심 요소

① 평생교육 및 민주시민교육

주민들이 지역사회 문제를 구조적 맥락에서 이해하고, 비판적 사고력과 참여

역량을 향상시킬 수 있도록 돕는 교육.

예 지역 갈등 해결 워크숍, 주민자치학교, 헌법학교 등

② 주민 리더 발굴 및 리더십 훈련

자조모임이나 소모임을 통해 자연스럽게 주민 리더를 발굴하고, 이들이 조직 운영과 의사결정에 참여할 수 있도록 리더십을 훈련함.

예 마을 리더 양성 프로그램, 주민참여예산 교육 등

③ 생활밀착형 실천교육

환경, 먹거리, 건강, 안전 등 주민 일상과 밀접한 주제를 중심으로 교육을 진행하고, 실천을 통해 주민의 변화 역량을 끌어올림.

예 로컬푸드 교육, 분리수거 캠페인, 건강 워크숍 등

(3) 의의 및 시사점

지역사회교육운동은 복지를 단순히 배우는 것이 아니라, 직접 만들어 가는 실천 주체로서 주민을 육성하는 과정이다(Gutmann, 1999). 이를 통해 행정 중심의 일방적 복지 제공 방식을 탈피하고, 주민 주도의 수평적 실천 구조로 지역사회의 변화를 이끌어 낸다.

이 운동은 민주적 공동체의 기반을 강화할 뿐만 아니라, 사회적 자본(social capital) 형성, 주민 간 연대, 지역사회 회복탄력성(resilience)을 증진시키는 데 기여한다. 따라서 교육은 단지 수단이 아니라, 지역복지 실천의 핵심 전략이자, 공동체 기반 역량 강화의 필수 요소로 간주된다.

2) 지역사회교육운동의 국내외 주요 사례와 의의

지역사회교육운동은 단순한 지식 전달의 차원을 넘어서, 주민의 민주시민 역량을 강화하고 공동체를 형성하며, 궁극적으로는 사회적 변화를 위한 실천력을 배양하는 실천 중심의 교육 활동이다(Mayo, 1999). 이러한 교육운동은 지역주민이 지역사회의 문제를 인식하고 자발적으로 해결하는 주체로 성장할 수 있도록 돕

는 과정으로, 지역사회복지 실천에서 핵심 전략 중 하나로 평가된다(Freire, 1970).

이러한 실천은 국내외 다양한 지역에서 주민의 자발성과 참여를 기반으로 각 지역의 특수성과 맥락을 반영하여 발전하고 있다. 아래에서는 국내의 대표적인 세 사례를 중심으로 그 실천적 의의와 성과를 분석한다.

(1) 국내 주요 사례

① 성미산마을 주민학교(서울 마포구)

서울 마포구 성미산마을의 주민학교는 교육과 마을운동이 유기적으로 결합된 대표적인 사례다. 학부모들과 지역주민들이 함께 만든 성미산학교는 대안교육 기관을 넘어서, 마을 전체가 학습과 실천이 통합된 공동체로 변화하게 되었다(김찬호, 2016).

주민들은 교육을 통해 지역 문제에 대한 이해를 넓히고, 공동체 운영에 직접 참여함으로써, 지역사회 내에서 민주적 의사결정 역량을 키웠다. 이는 교육이 단순히 지식을 전달하는 수단을 넘어, 주민 조직화와 공동체 형성의 핵심 동력으로 기능할 수 있음을 보여 주는 실천적 예시이다.

② 참여연대 복지학교

시민단체 참여연대와 지역 복지단체들이 협력하여 운영하는 '복지학교'는, 복지국가 담론, 인권 교육, 사회비판적 교육 등의 주제를 중심으로 강좌를 구성하여 주민의 복지 권리의식과 비판적 시민의식을 향상시키는 데 기여하였다(참여연대, 2019).

이 교육은 지역주민이 단순한 복지 수혜자에서 벗어나, 사회적 의제를 형성하고 제도 개선에 참여하는 주체로 성장할 수 있도록 유도함으로써, 지역사회복지 운동의 교육 기반을 강화한 사례로 평가된다.

③ 부산 사하구 '다행복교육지구'

부산 사하구에서는 지역 교육청과 지방자치단체가 협력하여 지역주민이 주도하는 교육공동체를 구축하였다. '마을 선생님 양성과정', '우리 마을 교과서 만들기' 등은 교육을 지역사회 자산과 연결하는 실천적 교육 모델로 기능하였으며, 지역 특성에 맞춘 주민 중심의 교육 시스템을 성공적으로 정착시켰다(부산광역시교육청, 2022).

이처럼 교육의 기획과 실행이 지역주민에 의해 주도되고, 그 내용이 지역의 실정에 밀착되었기 때문에, 교육이 곧 지역복지와 공동체 회복의 촉매로 작용하게 되었다는 점에서 실천적 가치가 크다.

(2) 해외 주요 사례

지역사회교육운동은 전 세계적으로 다양한 형태로 전개되어 왔으며, 특히 미국과 영국의 실천 사례는 이론적 정당성과 실천적 가능성을 동시에 보여 주는 대표적인 모델로 평가된다.

① 미국 하이랜드 민중학교(Highlander Research and Education Center)

하이랜드 민중학교는 1932년 미국 테네시 주에서 설립된 교육기관으로, 노동운동, 시민권 운동, 여성운동, 환경운동 등에 깊이 관여하며 '변화를 위한 실천적 교육(education for social change)'의 상징으로 자리 잡았다(Glen, 1996).

이 기관은 로자 파크스(Rosa Parks), 마틴 루터 킹 주니어(Martin Luther King Jr.) 등 미국 인권운동의 핵심 인물들에게 교육의 장을 제공함으로써, 교육이 단순한 정보 전달이 아니라 사회정의 실현의 수단임을 보여 주었다(Horton & Freire, 1990).

② 영국 커뮤니티 유니버시티 프로그램(Community-University Partnership Programme, Cupp)

영국 브라이튼대학교를 중심으로 운영되는 커뮤니티 유니버시티 프로그램은 지역 대학과 지역사회 주민이 협력하여 공동 연구, 문제 해결형 학습, 주민참여 워크숍 등을 기획·운영하는 형태로 발전해 왔다(Hart & Wolff, 2006).

5. NGO 단체의 역할

1) 비정부기구(NGO)의 지역사회복지운동에서의 역할

비정부기구(Non-Governmental Organization, NGO)는 국가나 시장 부문과 구별되는 비영리적이고 자발적인 시민사회 조직으로, 사회적 약자를 위한 공공선 추구와 사회문제 해결을 중심으로 실천을 전개한다(Ebrahim, 2003). 특히 복지 영역에서 NGO는 제도권 복지가 미처 포괄하지 못하는 영역에서 복지 사각지대를 보완하고 사회 변화를 이끄는 실천 주체로서의 역할을 수행한다(김수현, 2020).

복지NGO는 권익옹호(advocacy), 정책 감시(watchdog), 시민교육, 주민 조직화 등의 전략을 통해 지역사회 내 복지운동을 주도하며, 주민참여를 기반으로 실질적인 정책 변화와 제도 개혁을 견인한다(Gil, 1976). 이들은 행정 중심의 수직적 복지체계의 한계를 극복하고, 주민 중심의 참여적 복지 실천을 구현하는 핵심적 매개체로 기능한다.

2) 실제 사례 : "주민이 만든 변화, 대구 희망지원센터"

① 배경

대구의 한 저소득 주거지역은 오랜 기간 동안 공공복지의 손길이 미치지 않는 복지 사각지대였다. 이러한 상황에서 우리복지시민연합은 시민의 권리를 중심에 둔 주민 조직화 운동을 전개하며 지역사회 개입을 시작하였다.

② 실천 내용

- 현장 실태 조사 및 심층 인터뷰를 통해 주거 취약 문제를 구체화
- 주거권 확보를 위한 캠페인 전개 및 권리담론으로의 전환
- 시민교육 및 주민 간담회를 통해 참여 확대
- 행정과의 협력 채널 구축을 통한 제도화 시도

③ 성과

이러한 활동 결과, 대구시는 NGO의 제안을 수용하여 "희망복지지원센터"를 설립하였다. 이는 시민단체의 문제 제기→주민 조직화→정책 제안→행정 수용으로 이어지는 복지운동의 이상적 순환을 보여 주는 대표 사례이다.

3) NGO의 국내외 대표 사례와 지역사회복지운동에서의 의의

비정부기구(Non-Governmental Organization, NGO)는 자발성, 비영리성, 공익성을 바탕으로 활동하는 시민사회 조직으로서, 특히 제도권 복지의 한계를 보완하고 시민의 권리 실현을 위한 핵심 주체로 자리매김하고 있다. 이들은 정책 제안, 시민교육, 권익 옹호, 연대 활동 등을 통해 사회문제에 대한 대안적 접근을 시도하며, 지역사회복지운동의 실질적인 변화를 이끌고 있다.

(1) 국내 대표 NGO 사례

① 참여연대

참여연대는 시민의 권리를 보장하고 민주주의를 강화하기 위한 정책 감시 및 대안 제시 활동을 활발히 수행해 온 대표적인 NGO다. 특히 '사회복지공공성강화 캠페인'은 민영화 반대와 공공복지 확대를 주제로 사회적 담론을 형성하고 복지 제도의 개선을 촉진하는 데 기여하였다.

② 우리복지시민연합(대구)

이 단체는 대구 지역을 중심으로 활동하는 복지 NGO로, 복지 사각지대 실태조사, 주민 조직화, 정책 간담회 및 시민교육을 통해 지역사회 내 자발적 참여 기반의 복지운동을 실천하고 있다. 예컨대 주거권 운동을 통해 지역주민의 권리 인식을 제고하고, 공공정책 수립에 실질적으로 기여하였다.

③ 한국빈곤문제연구소

이 연구소는 도시 빈민 및 노숙인 문제를 중심으로 활동하며, 거리 홈리스에 대한 실태 조사, '홈리스 월간지' 발간, 캠페인을 통해 공공의 인식 전환과 제도 개선을 이끌고 있다. 특히 사회적 배제를 해소하고 인권 기반의 복지 실천을 강화하는 데 주력하고 있다.

(2) 해외 대표 NGO 사례

① Oxfam(UK)

Oxfam은 세계적인 빈곤 문제 해결을 목표로 활동하는 국제 NGO로, 불평등 해소, 세금 정의, 긴급구호 활동 등을 포함한 다양한 전략을 활용하고 있다. 'Make Poverty History' 캠페인은 전 세계의 관심을 유도하여 빈곤 문제를 정치적 의제로 부각시킨 대표적인 사례다.

② Médecins Sans Frontières(MSF, 국경없는의사회)

MSF는 의료 접근이 어려운 분쟁지역 및 재난지역에서 중립적이고 전문적인 긴급 의료 지원을 제공하는 NGO이다. 인도주의적 가치에 입각하여 세계적 보건 불평등을 완화하는 데 중대한 기여를 해왔다.

③ Community Organizing Japan(COJ)

COJ는 일본 내 지역 기반 NGO로, 주민 조직화와 지역 문제 해결을 위한 리더 발굴 및 참여형 복지 모델 확산에 주력한다. 특히 주민 주도의 정책 결정 참여와 지역 역량 강화를 통해 지속가능한 지역사회를 구축하는 데 이바지하고 있다.

4) NGO의 강점과 과제 : 지역사회복지운동의 핵심 동력으로서의 가능성과 한계

비정부기구(Non-Governmental Organization, NGO)는 국가나 시장이 신속하게 대응하지 못하는 복잡하고 다층적인 사회문제에 대해 민첩하고 창의적인 방식으로 개입할 수 있는 조직체로 자리매김하고 있다. 특히 지역사회복지운동의 맥락에서는 주민 주도성과 공공성, 복지 사각지대 해소를 위한 실천의 중심축으로 기능하며, 제도 복지의 한계를 보완하는 핵심 동력으로 간주된다(강정묵 외, 2021 ; 박정수, 2022).

(1) NGO의 강점

NGO의 가장 두드러진 강점은 유연성과 현장성에 있다. 공공부문이 지닌 관료적 한계와 절차 중심의 행정체계로 인해 대응이 지연되는 상황에서도, NGO는 빠른 의사결정 구조와 비공식적 네트워크를 활용하여 문제에 즉각적으로 대응할 수 있다. 또한 주민과의 긴밀한 접촉을 통해 생활밀착형 복지 수요를 신속히 파악하고, 이를 기반으로 실천 가능한 대안을 설계할 수 있는 능력을 갖추고 있다.

아울러 NGO는 전문성과 헌신성을 갖춘 활동가 집단에 기반하여, 정책 제안, 권익옹호, 주민 교육 등 다방면의 역할을 수행하고 있다. 자발적인 자원봉사자들과 지역주민이 조직의 중요한 구성원으로 참여함으로써, 제도권 복지의 손길이 미치기 어려운 소외계층 및 복지 사각지대에 대한 지속적이고 포괄적인 실천이 가능하다(양정하 외, 2025).

(2) NGO의 과제

그러나 이러한 강점에도 불구하고, NGO가 지역사회복지운동의 지속가능한 주체로 기능하기 위해서는 몇 가지 핵심적인 과제를 해결해야 한다.

첫째, 재정 자립성의 확보가 시급하다. 현재 많은 NGO는 정부 보조금, 국제기구 지원금, 민간 기부에 의존하고 있으며, 이로 인해 사업 지속성이 위협받는 경우가 많다. 단기 프로젝트 위주의 재정 구조는 장기적인 사회 변화 실현에 제약이 되므로, 다양한 수익 모델의 개발과 기금 조성 전략의 체계화가 요구된다.

둘째, 전문성의 강화가 필요하다. NGO 활동이 단순한 자원봉사를 넘어 정책 분석, 입법 제안, 지역 조직화, 사회 조사 등 복합적 기능을 수행하는 만큼, 활동가와 조직의 역량 제고는 필수적이다. 정기적인 교육훈련, 리더십 개발, 지식 기반의 학습 조직화가 NGO의 지속가능성을 좌우하는 요인으로 작용한다(김영란, 2025).

셋째, 정부와의 균형 있는 관계 설정도 주요 과제이다. NGO는 정부와 협력함으로써 제도 내 영향력을 확보할 수 있지만, 동시에 감시자와 비판자로서의 역할도 수행해야 하므로, 협력과 견제 사이의 긴장관계를 건강하게 유지해야 한다. 이를 위해 NGO는 구조적 독립성, 투명성, 윤리적 원칙을 바탕으로 자율성을 지켜나갈 필요가 있다.

단 원 평 가

1. 다음 중 지역사회복지운동에 대한 설명으로 옳지 않은 것은 무엇인가?
   ① 단순한 복지 서비스 제공이나 제도 개선에 그치지 않는다.
   ② 주민을 수동적 수혜자가 아닌 능동적 권리 주체로 전환시킨다.
   ③ 국가 중심의 위계적 복지 전달체계를 강화하는 것을 목표로 한다.
   ④ 사회정의와 인권 실현을 위한 지속적 참여를 지향한다.

해설 ③ 지역사회복지운동은 국가 중심의 위계적 복지체계를 강화하는 것이 아니라, 수평적이고 주민참여 기반의 실천을 추구한다.

2. 다음 중 지역사회복지운동의 핵심 구성 요소에 해당하지 않는 것은 무엇인가?
   ① 주체에는 지역주민, 시민사회단체, NGO 등이 포함된다.
   ② 목적은 공동체 의식 회복과 지역사회 통합을 지향한다.
   ③ 방식은 일회성 행사 중심의 단발적 참여에 초점을 둔다.
   ④ 주민 조직화, 캠페인, 정책 제안 등 다양한 방식으로 전개된다.

해설 ③ 지역사회복지운동은 일회성 참여에 그치지 않고, 지속적 · 체계적 참여와 조직화를 지향한다.

3. 다음 중 한국 지역사회복지운동의 역사적 전개에 대한 설명으로 옳은 것은 무엇인가?
   ① 1997년 IMF 위기는 주민 주도의 지역복지운동을 약화시켰다.
   ② 2000년대 이후 지역사회복지운동은 점차 사라졌다.
   ③ IMF 위기를 계기로 주민과 민간 중심의 실천이 활성화되었다.
   ④ 복지운동은 정부 주도 정책의 수혜자로 주민을 한정하였다.

해설 ③ IMF 경제위기는 국가 복지의 한계를 드러내면서, 주민과 민간 중심의 자발적 복지운동이 본격화되는 계기가 되었다.

4. 다음 중 지역사회복지운동의 특징으로 옳은 것은 무엇인가?
   ① 문제 해결의 전 과정을 전문가 중심으로 설계한다.
   ② 주민의 참여는 단순히 정책 홍보를 위한 수단이다.
   ③ 주민이 지역 문제를 인식하고 해결에 주체적으로 참여한다.
   ④ 국가 복지체계에 종속되어 주민 주체성이 약화된다.

해설 ③ 지역사회복지운동은 주민이 문제를 스스로 인식하고, 해결 과정에 주체적으로 참여하는 것을 핵심으로 한다.

5. 다음 중 사회경제운동의 특징으로 옳지 않은 것은 무엇인가?

① 이윤 중심의 시장경제를 대체하는 대안적 경제활동을 지향한다.

② 구성원 간 상호 협력과 민주적 운영을 핵심 원칙으로 한다.

③ 지역사회의 고용 창출과 복지 서비스 제공에 기여한다.

④ 모든 수익을 개별 주주의 이익 극대화에 배분한다.

해설 ④ 사회경제운동은 수익을 특정 개인의 이익에 배분하지 않고, 공동체 전체의 복지와 사회적 목적을 위해 사용한다. 개별 주주의 이익 극대화는 전통적 자본주의 시장경제의 특징이다.

생각해 보기

- 지역사회복지운동이 단순한 복지 서비스 제공이나 정책 제안을 넘어서는 이유는 무엇이며, 이러한 운동이 지니는 실천적 의미는 무엇이라고 생각하는가?

참고문헌

강정묵 · 김미혜 · 이현주(2021). 시민사회와 NGO의 이해. 서울 : 집문당.

강철희 · 김기원(2021). 지역사회복지론(개정판). 경기 : 나남출판.

광산구 사회적경제네트워크(2022). 사회적경제 사례보고서 : 클린광산의 성장 이야기. 광주 : 광산구청 사회적경제과.

김범수 · 박태영 · 이윤기(2020). 지역사회복지론. 경기 : 공동체.

김수현(2020). 한국 복지 NGO의 정책참여 유형과 실천 전략. 한국사회복지정책, 47(1), 103-125.

김영란(2025). 지역사회복지론. 경기 : 공동체.

김영란 · 김형준 · 전진호 · 한상미(2024). 지역사회복지론. 경기 : 공동체.

김찬우 · 박정민 · 박해준(2025). 지역사회복지론. 서울 : 학지사.

김찬호(2016). 사회학적 상상력 : 성미산 마을의 실험과 민주주의 교육의 가능성. 서울 : 문학과지성사.

김현정 · 박지숙(2021). 다함께돌봄사업에서의 민관협력 실태와 과제. 아동복지연구, 56, 89-113.

김형수 · 백경진 · 박혜순(2020). 지역사회복지론 : Theories and skills for community practice. 서울 : 학지사.

김형수 · 양성관 · 주익수(2010). 지역사회복지론. 경기 : 학현사.

김형용(2022). 지역사회 중심의 복지전달체계 개편 방향. 한국사회복지정책학회 동계학술대회 자료집, 33-52.

남기민(2023). 사회복지정책론(3판). 서울 : 학지사.

도광조(2025). 지역사회복지론. 경기 : 양서원.

민소영(2019). 지역 간 복지 자원 격차와 사회복지 전달체계의 과제. 사회복지정책, 46(2), 89-112.

박정수(2022). 복지NGO의 참여와 영향력 : 우리복지시민연합 사례를 중심으로. 사회복지정책, 49(2), 95-117.

박진(2015). 밀양 송전탑 반대운동과 생존권. 사회운동연구, 17(3), 89-113.

박차상(2017). 지역사회복지실천론. 서울 : 학지사.

박태영(2017). 지역사회복지실천론. 경기 : 양서원.

박태현 · 채현탁(2020). 지역사회복지론. 경기 : 정민사.

보건복지부(2024). 지역사회 통합돌봄 기본계획.

__________(2025a). 2025 지역사회보장협의체 운영 안내.

__________(2025a). 2025 지역사회서비스 투자사업 안내.

__________(2025b). 2025 지역사회보장협의체 운영 안내.

__________(2025b). 2025 지역사회서비스 투자사업 안내.

__________(2025c). 2025년 자활사업 안내.

_________(2025d). 2025년 정신건강사업 안내.

_________(2025e). 2025년 지역아동센터 지원사업 안내.

부산광역시교육청(2022). 다행복교육지구 운영사례집.

서울연구원(2021). 지역자치와 주민참여를 통한 지속가능한 도시 발전 사례집. 서울: 서울연구원.

세이브더칠드런(2020). 공동육아나눔터 10년 백서: 지역사회 돌봄의 혁신. 세이브더칠드런코리아.

양옥경 · 권진숙 · 김영란 · 김기환 · 김정진(2019). 지역사회복지론 (개정판). 경기 : 나남출판.

양정하 외(2024). 지역사회복지론. 경기 : 공동체.

양정하 · 배의식 · 강가영 · 김남숙 · 김정희 · 손지아 · 이진열(2024). 지역사회복지론. 경기 : 양서원.

오정수 · 류진석(2024). 지역사회복지론. 서울 : 학지사.

오현선(2018). 공동육아 실천을 통한 부모의 사회적 관계망 확장과 의미 형성. 한국보육지원학회지, 14(2), 33-56.

유동철 · 홍재봉(2024). 실천가를 위한 지역사회복지론(제2판). 경기 : 양서원.

유해숙 · 이현숙(2014). 드림스타트사업의 효과성과 활성화 방안. 벤처창업연구, 9(2), 175-186.

이경우 · 이현주 · 정세나(2018). 사회복지조사론. 서울 : 학지사.

이경은 · 장덕희 · 김휘연 · 문도원 · 이마리아(2018). 지역사회복지론. 서울 : 학지사.

이소하라 미도리(2021). 일본의 지역포괄케어시스템의 현황과 과제 : 도야마현 사례를 중심으로. 일본사회복지학, 65(2), 27-49.

이인정 · 김연옥(2022). 지역사회복지론. 경기 : 나남출판.

이준영 · 이현숙(2020). A study on the application of resource mobilization theory to elderly care network building. *Korean Journal of Social Welfare Administration, 22*(3), 33-59.

이한나(2020). 청년의 주거권 실현을 위한 시민단체의 역할 : 민달팽이유니온의 사례를 중심으로. 도시사회복지연구, 11(2), 55-72.

전재일 · 김기환 · 김미혜 · 이윤로 · 이은정(2022). 사회복지실천론. 경기 : 형설출판사.

정봉수 · 이영철 · 김나현(2024). 지역사회복지론(제4판). 경기 : 정민사.

중앙사회서비스원(2023). 2023년도 사회서비스 품질평가 편람(지역사회서비스투자사업).

참여연대(2019). 시민과 복지를 잇다 : 참여연대 복지학교 10년의 기록. 참여연대 사회복지위원회.

한경호(2021). 지역사회복지론(제2판). 서울 : 학지사.

한국보건사회연구원(2008). 드림스타트 사업지원단 운영결과보고서. 서울 : 한국보건사회연구원.

한국장애인단체총연합회(2020). 장애인 이동권 보장을 위한 대중교통 개선 캠페인 보고서. 서울: 한장총.

한밭레츠 운영위원회(2021). 두루가 바꾼 마을 : LETS 사례집. 대전 : 한밭레츠.

함철호(2024). 지역사회복지론. 서울 : 학지사.

홍봉수 · 곽일준 · 박영애 · 양미정 · 오현숙 · 홍성희(2025). 지역사회복지론(제5판). 경기 : 공동체.

황성동 · 송정부(2019). 사회복지실천 기술론. 서울 : 학지사.

Abers, R. N. (2000). *Inventing local democracy : Grassroots politics in Brazil.* Lynne Rienner Publishers.

Anttonen, A., & Sipilä, J. (2012). Universalism in the British and Scandinavian social policy debat es. *Social Policy & Administration, 36*(6), 655–666. https://doi.org/10.1111/1467-9515.00300

Bambra, C. (2005). Worlds of welfare and the health care discrepancy. *Social Policy & Society, 4*(1), 31–41. https://doi.org/10.1017/S1474746404002183

Béland, D., & Gran, B. (2008). *The politics of social policy in a global context*. Palgrave Macmillan. Bradshaw, J. (2010). Social exclusion. In F. G. Castles, S. Leibfried, J. Lewis, H. Obinger & C. Pierson (Eds.), *The Oxford handbook of the welfare state* (pp. 469–482). Oxford University Press.

Berger, P. L., & Luckmann, T. (1966). *The social construction of reality: A treatise in the sociology of knowledge.* Anchor Books.

Berman-Rossi, T. (2000). Scientific charity movement and charity organization societies (COS). *Social Welfare History Project.* https://socialwelfare.library.vcu.edu/organizations/charity-organization-societies/

Best, J. (1995). *Images of issues: Typifying contemporary social problems.* Transaction Publishers.

Blau, P. M. (1964). *Exchange and power in social life.* Wiley.

Bracht, N., & Tsouros, A. D. (1990). Principles and strategies of effective community *participation. Health Promotion International, 5*(3), 199–208. https://doi.org/10.1093/heapro/5.3.199

Bradshaw, J. (1972). A taxonomy of social need. In G. McLachlan (Ed.), *Problems and progress in medical care* (7th ed., pp. 71–82). Oxford University Press.

Brager, G., & Specht, H. (1973). Community organizing. Columbia University Press.

Bronfenbrenner, U. (1979). *The ecology of human development: Experiments by nature and design.* Harvard University Press.

Brooks, S. M., Patterson, D. A., & McKiernan, P. M. (2020). *Designing and implementing social welfare programs : Planning, implementation, evaluation.* Routledge.

Campbell, C., Wood, R., & Kelly, M. (2007). Social capital and health. *Health Education Authority Bulletin, 9*(3), 5–9.

Checkoway, B. (1995). Six strategies of community change. *Community Development Journal, 30*(1), 2–20. https://doi.org/10.1093/cdj/30.1.2

Cho, Y. H. (2011). Local Service Delivery Reform and Service Congruence : A Study on Regional Integration in South Korea. *Korean Journal of Social Welfare, 63*(2), 95–118.

Coleman, J. S. (1988). Social capital in the creation of human capital. *American Journal of Sociology*, 94(Supplement), S95–S120. https://doi.org/10.1086/228943

Coyne, A. (2018). Social rights and social work : Imperatives for political engagement.

International Social Work, 61(5), 683–694.

Cropanzano, R., & Mitchell, M. S. (2005). Social exchange theory: An interdisciplinary review. *Journal of Management, 31*(6), 874–900.

Dahl, R. A. (1961). *Who governs? Democracy and power in an American city.* Yale University Press.

__________ (1982). *Dilemmas of pluralist democracy: Autonomy vs. control.* Yale University Press.

Deci, E. L., & Ryan, R. M. (1985). *Intrinsic motivation and self-determination in human behavior.* Plenum.

Defourny, J., & Nyssens, M. (2006). Defining social enterprise. In M. Nyssens (Ed.), *Social enterprise : At the crossroads of market, public policies and civil society* (pp. 3–26). Routledge.

Dexter, M., & Hebert, W. (2007). *Home-based social services : Principles and practice.* Oxford University Press.

Dye, T. R. (2001). *Top down policymaking.* Chatham House.

Ebrahim, A. (2003). *NGOs and organizational change : Discourse, reporting, and learning.* Cambridge University Press.

Edwards, B., & Foley, M. W. (2003). Social capital and civil society beyond Putnam. *American Behavioral Scientist, 42*(1), 124–139. https://doi.org/10.1177/0002764203256180

Emerson, R. M. (1976). Social exchange theory. *Annual Review of Sociology, 2*, 335–362.

Esping-Andersen, G. (1990). *The three worlds of welfare capitalism.* Princeton University Press.

Farrell, C., & Bryant, W. (2009). *Social and community development practice : Stories, principles and skills.* Palgrave Macmillan.

Fawcett, S. B., Suarez-Balcazar, Y., Balcazar, F. E., White, G. W., Paine, A. L., Blanchard, K. A., & Embree, M. G. (2000). Conducting intervention research : The design and development process. In Rappaport, J., & Seidman, E. (Eds.), *Handbook of Community Psychology* (pp. 775–794). Springer.

Fischer, C. S. (1982). *To Dwell Among Friends : Personal Networks in Town and City.* University of Chicago Press.

Fraser, N., & Gordon, L. (1994). A genealogy of dependency: Tracing a keyword of the U.S. welfare state. *Signs: Journal of Women in Culture and Society, 19*(2), 309–336. https://doi.org/10.1086/494886

Freire, P. (1970). *Pedagogy of the oppressed.* Herder and Herder.

________ (2018). Pedagogy of the oppressed (M. B. Ramos, Trans.). Continuum. (Original work published 1970)

Froelich, K. A. (1999). Diversification of revenue strategies: Evolving resource dependence in nonprofit organizations. *Nonprofit and Voluntary Sector Quarterly, 28*(3), 246–268.

Gamble, D. N., & Weil, M. (2010). *Community practice skills : Local to global perspectives.*

Columbia University Press.

George, V., & Wilding, P. (1994). *Welfare and ideology.* Prentice Hall/Harvester Wheatsheaf.

Gergen, K. J. (2001). *Social construction in context.* Sage.

Germain, C. B., & Gitterman, A. (1980). *The life model of social work practice.* Columbia University Press.

Gil, D. G. (1976). *Unraveling social policy: Theory, analysis, and political action toward social equality.* Schenkman.

_________ (1998). *Confronting injustice and oppression : Concepts and strategies for social workers.* Columbia University Press.

Gilbert, N., & Specht, H. (1977). *Dimensions of social welfare policy* (1st ed.). Prentice Hall.

Gilbert, N., & Terrell, P. (2013). *Dimensions of social welfare policy* (8th ed.). Pearson.

Gilchrist, A., & Taylor, M. (2016). *The short guide to community development* (2nd ed.). Policy Press.

Glen, J. M. (1996). *Highlander : No ordinary school.* University of Tennessee Press.

Granovetter, M. (1973). The strength of weak ties. *American Journal of Sociology, 78*(6), 1360-1380. https://doi.org/10.1086/225469

Gutmann, A. (1999). *Democratic education* (Rev. ed.). Princeton University Press.

Hardcastle, D. A., Powers, P. R., & Wenocur, S. (2011). *Community practice : Theories and skills for social workers* (3rd ed.). Oxford University Press.

Harder, A. (2010). Using the community capitals framework to build local assets : A case study. *Journal of Extension, 48*(6).

Hardina, D. (2002). *Analytical skills for community organization practice.* New York : Columbia University Press.

Harris, J. (2004). *The origins of the British welfare state : Society, state and social welfare in England and Wales, 1800-1945.* Palgrave Macmillan.

Hart, A., & Wolff, D. (2006). Developing local 'communities of practice' through community-university partnerships. *Planning, Practice & Research, 21*(1), 121-138.

Hasenfeld, Y. (2010). *Human services as complex organizations* (2nd ed.). Sage.

Hawtin, M., & Percy-Smith, J. (2007). *Community profiling : A practical guide to auditing social needs* (2nd ed.). Maidenhead : Open University Press.

Haynes, K. S., & Mickelson, J. S. (2010). *Affecting change : Social workers in the political arena* (7th ed.). Pearson.

Homans, G. C. (1961). *Social behavior: Its elementary forms.* Harcourt Brace.

Horton, M., & Freire, P. (1990). *We make the road by walking : Conversations on education and social change.* Temple University Press.

Hyde, C. A., & Hopkins, K. M. (2004). *Social work activism : Going beyond the call of duty.* Lyceum Books.

Ife, J. (2013). *Community Development in an Uncertain World : Vision, Analysis and Practice.* Cambridge University Press.

Irvine, J. M. (1990). *Disorders of desire: Sex and gender in modern American sexology.* Temple University Press.

Jane Addams Hull-House Museum. (n.d.). Jane Addams and Hull-House. https://www.hullhousemuseum.org/jane-addams

Jansson, B. S. (2018). Becoming an effective *policy advocate : From policy practice to social justice (*8th ed.). Cengage Learning.

Kadushin, A. (2013). *The social work interview : A guide for human service professionals* (6th ed.). Columbia University Press.

Kang, S. H. (2012). A historical review of Korean social welfare and the role of religious organizations. *Korean Journal of Social Welfare History, 33*, 7–35.

Kettner, P. M., Moroney, R. M., & Martin, L. L. (2013). *Designing and managing programs : An effectiveness-based approach* (4th ed.). Thousand Oaks, CA : SAGE Publications.

Kooiman, J. (2003). *Governing as governance.* Sage.

Kotler, P., & Lee, N. (2005). *Corporate social responsibility : Doing the most good for your company and your cause.* Wiley.

Kriesi, H. (1996). The organizational structure of new social movements in a political context. In D. McAdam, J. D. McCarthy, & M. N. Zald (Eds.), *Comparative perspectives on social movements* (pp. 152–184). Cambridge University Press.

Lee, J. A. B. (2011). *The empowerment approach to social work practice : Building the beloved community* (3rd ed.). Columbia University Press.

Lee, Y. J. (2020). 지역사회복지실천의 통합적 접근에 관한 연구 : 실천모델의 활용 가능성을 중심으로. **한국지역사회복지학**, 74, 43–70.

Leutz, W. N. (1999). Five laws for integrating medical and social services : Lessons from the United States and the United Kingdom. *The Milbank Quarterly, 77*(1), 77–110. https://doi.org/10.1111/1468-0009.00125

Loseke, D. R. (2003). *Thinking about social problems: An introduction to constructionist perspectives.* Aldine de Gruyter.

Luhmann, N. (1995). *Social systems* (J. Bednarz Jr. & D. Baecker, Trans.). Stanford University Press.

Maclean, M., & Harrison, R. (2009). Social enterprise and the "institutionalization" of social welfare : The case of fair trade. *Journal of Business Ethics, 86*(3), 355–369. https://doi.org/10.1007/

s10551-008-9856-2

Mandelbaum, S. J. (1979). A Reexamination of the Concept of Community in Planning. *Journal of the American Planning Association, 45*(3), 273–280.

Marx, K. (2004). *The communist manifesto. Penguin Books.* (Original work published 1848)

Mattessich, P. W., & Monsey, B. R. (1997). *Community Building : What Makes It Work.* Amherst H. Wilder Foundation.

Mayo, P. (1999). *Gramsci, Freire and adult education : Possibilities for transformative action.* Zed Books.

McCarthy, J. D., & Zald, M. N. (1977). Resource mobilization and social movements: A partial theory. *American Journal of Sociology, 82*(6), 1212–1241.

McDavid, J. C., Huse, I., & Hawthorn, L. R. L. (2019). *Program evaluation and performance measurement : An introduction to practice* (3rd ed.). Sage Publications.

McKnight, J. L., & Kretzmann, J. P. (1996). *Mapping community capacity.* The Asset-Based Community Development Institute.

McMillan, D. W., & Chavis, D. M. (1986). Sense of Community : A Definition and Theory. *Journal of Community Psychology, 14*(1), 6–23.

Meehan, J. (2021). Reimagining racial justice in social work : Lessons from Black Lives Matter. *Journal of Ethnic & Cultural Diversity in Social Work, 30*(4), 331–347.

Mendell, M. (2009). The three pillars of the social economy. In J. J. McMurtry (Ed.), *Living economics* (pp. 176–207). Emond Montgomery Publications.

Merton, R. K. (1968). *Social theory and social structure.* Free Press.

Midgley, J. (1996). *Social Development : The Developmental Perspective in Social Welfare.* SAGE Publications.

Midgley, J. (1999). *Social development : The developmental perspective in social welfare.* SAGE Publications.

Midgley, J., & Livermore, M. (2009). *The handbook of social policy* (2nd ed.). SAGE Publications.

Miley, K. K., O'Melia, M., & DuBois, B. (2017). *Generalist social work practice : An empowering approach* (8th ed.). Pearson.

Mills, C. W. (1956). *The power elite.* Oxford University Press.

Ministry of Health, Labour and Welfare. (2013). *The community-based integrated care system.*

Minkler, M. (2012). *Community organizing and community building for health and welfare* (3rd ed.). Rutgers University Press.

Minkler, M., & Wallerstein, N. (2008). *Community-based participatory research for health : From process to outcomes* (2nd ed.). Jossey-Bass.

______________________ (2012). *Community-Based Participatory Research for Health : From*

Process to Outcomes (2nd ed.). Jossey-Bass.

Mullaly, B. (2010). *Challenging oppression and confronting privilege : A critical approach to anti-oppressive and anti-privilege theory and practice* (2nd ed.). Oxford University Press.

Nam, H. J. (2005). The development of community welfare in Korea : From Saemaul Movement to community building. *Journal of Regional Social Welfare, 19,* 45–67.

National Association of Social Workers. (2020). *NASW stands in solidarity with Black communities.*

Neier, A. (2012). *The international human rights movement : A history.* Princeton University Press.

Netting, F. E., Kettner, P. M., McMurtry, S. L., & Thomas, M. L. (2012). *Social Work Macro Practice* (5th ed.). Pearson.

Nettles, S. M., & Mincy, R. B. (2011). The community context of social problems. In S. M. Nettles (Ed.), *Understanding community change* (pp. 45–72). Jossey-Bass.

OECD (2015). *Integrating social services for vulnerable groups: Bridging sectors for better service delivery.* OECD Publishing.

______ (2020, July 30). *Social economy and the COVID-19 crisis : Current and future roles.* OECD Publishing.

Osborne, S. P. (2010). *The new public governance?: Emerging perspectives on the theory and practice of public governance.* Routledge.

Park, J. M., & Lee, Y. J. (2017). Community care and policy transition in Korea : From institutional to integrated community care. *Korean Journal of Social Welfare Policy, 44*(2), 1–28.

Parsons, T. (1951). *The social system.* Free Press.

Parsons, W. (1995). *Public policy: An introduction to the theory and practice of policy analysis.* Edward Elgar.

Patton, M. Q. (2012). *Essentials of utilization-focused evaluation.* Sage Publications.

Pawson, R., & Tilley, N. (1997). *Realistic evaluation.* Sage Publications.

Payne, M. (2014). *Modern social work theory* (4th ed.). Oxford University Press.

________ (2021). *Modern social work theory* (4th ed.). Oxford University Press.

Pfeffer, J., & Salancik, G. R. (1978). *The external control of organizations: A resource dependence perspective.* Harper & Row.

Pierson, C. (2006). *Beyond the welfare state? The new political economy of welfare* (3rd ed.). Polity Press.

Pollack, H. A., Danziger, S. K., & Seefeldt, K. S. (2012). From welfare to work: What the evidence shows. *The Future of Children, 17*(2), 17–23. https://doi.org/10.1353/foc.2007.0014

Popple, K. (2015). *Analysing community work : Theory and practice* (2nd ed.). Open University Press.

Popple, P. R., & Leighninger, L. (2019). *Social work, social welfare, and American society* (11th ed.). Pearson.

Putnam, R. D. (1993). *Making democracy work: Civic traditions in modern Italy.* Princeton University Press.

___________ (2000). *Bowling alone: The collapse and revival of American community.* Simon & Schuster.

Rappaport, J. (1981). In praise of paradox. *American Journal of Community Psychology, 9*(1), 1-25.

Rhodes, R. A. W. (1996). The new governance: Governing without government. *Political Studies, 44*(4), 652-667. https://doi.org/10.1111/j.1467-9248.1996.tb00323.x

Ross, M. G. (1955). *Community organization : Theory and principles.* New York : Harper & Brothers.

Ross, M. G., & Lappin, B. W. (1967). *Community organization : Theory, principles and practice* (2nd ed.). Harper & Row.

Rothman, J. (1967). Three models of community organization practice. In National Association of Social Workers (Ed.), *Social work practice* (pp. 1-36). NASW Press.

_________ (1995). Approaches to community intervention. In J. Rothman, J. L. Erlich, & J. E. Tropman (Eds.), *Strategies of community intervention* (5th ed., pp. 26-63). F. E. Peacock Publishers.

_________ (2008). *Multi modes of intervention at the macro level.* Allyn & Bacon.

Rothman, J., Erlich, J. L., & Tropman, J. E. (2001). *Strategies of community intervention* (6th ed.). F. E. Peacock Publishers.

Rubin, H. J., & Rubin, I. S. (2001). *Community organizing and development* (3rd ed.). Boston, MA : Allyn & Bacon.

_____________________ (2008). *Community organizing and development* (4th ed.). Pearson.

Saunders, P. (2002). *The ends and means of welfare : Coping with economic and social change in Australia.* Cambridge University Press.

Schattschneider, E. E. (1960). *The semi-sovereign people: A realist's view of democracy in America.* Holt, Rinehart and Winston.

Sintomer, Y., Herzberg, C., & Röcke, A. (2012). Participatory budgeting in Europe. *International Journal of Urban and Regional Research, 36*(1), 164-178.

Spicker, P. (2014). *Social policy : Theory and practice* (3rd ed.). Policy Press.

Stepney, P., & Popple, K. (2008). *Social work and the community : A critical context for practice.* Palgrave Macmillan.

Swaner, R. & Brownell, G. (2020). *Community Resilience and Social Capital : A Strategic Social Work Perspective.* New York : Routledge.

Taylor, S. H., & Roberts, R. E. (1987). *Theory and practice of community social work.* Columbia

University Press.

The National Archives (UK). (n.d.). Localism Act 2011 : Policy overview. *UK Government.* https://www.nationalarchives.gov.uk/documents/information-management/localism-act-2011-policy-overview.pdf

Truman, D. B. (1951). *The governmental process: Political interests and public opinion.* Knopf.

Turner, J. H. (2001). *The structure of sociological theory* (7th ed.). Wadsworth.

U.S. Social Security Administration. (n.d.). Historical background and development of Social Security. https://www.ssa.gov/history/briefhistory3.html

University Settlement. (n.d.). History of the Settlement House Movement in the U.S. *Social Welfare History Project.* https://socialwelfare.library.vcu.edu/settlement-houses/history-of-the-settlement-house-movement/

Utting, P. (2015). *Social and solidarity economy : Beyond the fringe.* Zed Books.

Wallace, R. A., & Wolf, A. (2006). *Contemporary sociological theory: Expanding the classical tradition* (6th ed.). Pearson Prentice Hall.

Warren, R. L. (1971). *The community in America* (3rd ed.). Chicago, IL : Rand McNally.

________ (1978). *The Community in America* (3rd ed.). Rand McNally College Publishing.

Weil, M., & Gamble, D. N. (1995). Community practice models. In R. Edwards (Ed.), *Encyclopedia of Social Work* (Vol. 1, pp. 563–576). NASW Press.

________ (2005). Community practice : Models in action. In M. Weil (Ed.), *Handbook of community practice* (pp. 217–250). Sage Publications.

________ (2020). *Community practice : Theories and skills for social workers* (3rd ed.). Oxford University Press.

Weil, M., Reisch, M., & Ohmer, M. L. (2013). *The handbook of community practice* (2nd ed.). Sage Publications.

Wellman, B. (1979). The Community Question : The Intimate Networks of East Yorkers. *American Journal of Sociology, 84*(5), 1201–1231.

Wirth, L. (1938). Urbanism as a Way of Life. *American Journal of Sociology, 44*(1), 1–24.

저/자/약/력

■ 박주영
동국대학교 사회복지학 박사
CANADA CHRISTIAN COLLEGE 상담학 박사
현 영산대학교 사회복지정보학과 학과장

■ 김서연
고신대학교 교육학 박사
현 영산대학교 사회복지정보학과 외래교수

■ 허태봉
동아대학교 교육상담학 박사 수료
현 영산대학교 사회복지정보학과 외래교수

■ 안헌주
부산대학교 교육심리학 박사 수료
현 영산대학교 사회복지정보학과 외래교수

■ 홍현정
동의대학교 사회복지학 박사 수료
현 영산대학교 사회복지정보학과 외래교수

지역사회복지론

|공저자| 박주영 · 김서연 · 허태봉 · 안헌주 · 홍현정

|1판 1쇄| 발행 2025년 9월 10일

|발행인| 김동훈
|발행처| 공동체

|주소| 경기도 고양시 일산동구 호수로 358-39, 동문타워 I 905호(백석동)
|전화| 031)814-3000(대표)
|팩스| 031)814-3100
|홈페이지| http://www.compub.co.kr
|전자우편| compub@naver.com
|출판등록| 2005년 10월 6일
|등록번호| 제396-2005-36호

|ISBN| 979-11-6725-978-3
정가 22,000원